SV

Geert Buelens

Europas Dichter und
der Erste Weltkrieg

Aus dem Niederländischen
von Waltraud Hüsmert

Suhrkamp Verlag

Titel der Originalausgabe: *Europa Europa! Over de dichters van de Grote Oorlog*
Erschienen 2008 bei Ambo/Anthos Amsterdam 2008

Die Übersetzung dieses Buches wurde gefördert vom Flämischen Literaturfonds
(Vlaams Fonds voor de Letteren – www.flemishliterature.be)

Die Arbeit der Übersetzerin förderte der Deutsche Übersetzerfonds e.V.

Bibliografische Information der Deutschen Nationalbibliothek
Die Deutsche Nationalbibliothek verzeichnet diese Publikation
in der Deutschen Nationalbibliografie;
detaillierte bibliografische Daten sind im Internet
über http://dnb.d-nb.de abrufbar.

Satz: TypoForum GmbH, Seelbach
Druck: Druckhaus Nomos, Sinzheim
Printed in Germany
ISBN 978-3-518-42432-2

»Der Chauvinismus ist die ständige Lebensgefahr
der Menschheit.«
– Franz Pfemfert, »Die Besessenen«,
Die Aktion, 1. August 1914

In memoriam Alfons Buelens (1894-1975)
1. Karabinier-Regiment
Soldat im Ersten Weltkrieg

Inhalt

1

Etwas liegt in der Luft

Europa am Anfang des 20. Jahrhunderts

Ich habe jetzt vier Eisberge gesehen.

    – Bertrand Russell, auf dem Atlantik, Juni 1914[1]

Preisen wir das Leben ohne Scheu vor großen Worten – so wie im Juni 1914 der junge Schiffsbauingenieur in London, in einem Ton, der zu seinen Ambitionen passt, zu seiner Seelenlage und zu seiner Zeit. Eine »Triumph-Ode« schreibt er, ein Lobgedicht auf das moderne Leben. Eine überschwängliche, fast sexuelle Feier der Sinneseindrücke, die die neuen Fahrzeuge, Maschinen, Fabriken und Kommunikationsmittel dem Geist eines feinnervigen und zugleich äußerst scharfsichtigen modernen Dichters bescheren. Nicht mehr das Zirpen der Grillen besingt er oder die zugige Grotte des menschlichen Herzens, sondern die vollständige Autonomie der modernen Maschinerie, die kurz zuvor noch unvorstellbaren Zerstreuungen des Stadtlebens und die sich ständig erneuernde Gegenwart des neumodischen Daseins. »Ach«, seufzt er, »wie gern wär ich *souteneur* [Zuhälter] von alledem!«[2] Dieser urbanistische Sinnenrausch verleiht selbst dem politischen Leben, dem Verbrechen und den Medien Charme. Vertreter sind nicht einfach Handlungsreisende, sondern fahrende Ritter der Industrie. Die Geburt des Konsumismus entgeht dem Dichter nicht (»Ihr überflüssigen Waren, nach denen alle Welt lechzt!« S. 51), aber in diesem von blinkender Lichtreklame gerahmten Paradies – im »unmittelbaren Weltensystem« (S. 51) – enthüllt sich ihm das Wesentliche. Dieser Mann ist ein urbanisiertes Pendant des amerikanischen Dichters Walt Whitman (1819-1892). Der Pantheismus des technisierten, mobilen Lebens – das ist sein Thema, die »Neue Offenbarung, metallene und dynamische Offenbarung Gottes« (S. 51). Kein wohlwollender Gott jedoch, sondern ein vollkommen amoralischer. Dieses Leben ist ja keineswegs ohne Gefahr und Gewalt. Für den buchstäblich gewissenlosen Dichter ist das kein Nachteil. Er preist nicht nur die neuen Konstruktionsverfahren, sondern auch den Fortschritt in der Rüstungsindustrie. »Panzern, Kanonen, Maschinengewehren, U-Booten und Aeroplanen« erklärt er ausdrücklich seine Liebe. Auch Zugunglücke, Bergwerkskatastrophen, Schiffbrüche gehören dazu. Einem Motor, der ihn zermalmt, gäbe er sich mit Wonne hin, wie eine Frau sich hingibt. Denn auch die Sexualität erfährt eine Transformation: »Masochismus durch Mechanismus!«, ruft er erregt (S. 53). Vernunft und Maß haben jede Bedeutung verloren, er will extreme Erfahrungen ohne Grenzen und Skrupel. Anders als die italienischen Futuristen, seine gleichgesinnten Zeitgenossen, fordert er jedoch nicht den Abriss alter Gebäude. Ausgiebig rühmt er die europäischen Kathedralen und gibt seiner Sehnsucht Ausdruck, sich den Schädel an ihnen einzurennen, um dann blutüberströmt von der Straße getragen zu werden, ohne dass jemand weiß, wer er ist.

Ist das der moderne Mensch? Ein Mensch, dessen Nerven so angespannt sind, dass er sich wünscht, er könne sie auf Kommando zerspringen lassen, wenn ihm alles zu viel wird? Schon gleich am Anfang macht diese Ode deutlich, dass ihr Verfasser auch die Schattenseite des Triumphs der Technik sieht: »Im schmerzenden Licht der großen elektrischen Fabriklampen / Fiebere ich und schreibe.« (S. 45). Das Schreiben ist offenbar eine Möglichkeit, sich selbst zu beruhigen, ein Ersatz für die gewalttätigen Varianten, die der Dichter in seinem Text erforscht und reflektiert. »He da ho, ihr Revolutionen hier, da und dort. / Verfassungsänderungen, Kriege, Verträge und Invasionen, / Unruhen, Unrecht, Gewalt, und vielleicht bald schon das Ende, / Der große Einfall der gelben Barbaren in Europa, / Und eine andere Sonne am neuen Horizont!« (S. 57) Ein gewisser Hang zur Apokalypse ist dem Dichter nicht fremd, zugleich aber relativiert er die Umwälzungen. Was bedeuten sie schon im Licht des sich ewig neu entfaltenden »Augenblicks« (S. 57), der die Erfahrung des modernen Lebens stützt? Der Einzelne hat kein inneres Leben mehr, kennt nur noch die Außenseite, wo er an alle Züge gekoppelt, auf alle Kais gehisst wird und in den Schrauben aller Schiffe kreist. »Heida! Ich bin die Reibungshitze und die Elektrizität! / Heida! Und die *rails* und die Maschinenhäuser und Europa!« (S. 59) Mitgerissen und aufgenommen in das Stampfen und Dröhnen, stößt er zum Schluss nur noch Schreie aus. Der Mensch ist Maschine geworden.

Dann aber gerät die Dynamik offenbar doch ins Stocken:

Zzzzzzzzzzzzzzzzz!
Ach, daß ich nicht alle Menschen bin und von allem Teil! (S. 59)

Das eine »Triumph-Ode«? Was für eine Farce! Es war nichts als ein gedanklicher Trip, ein mentales futuristisches Experiment, das mit dumpfem Aufprall wieder in der Realität landete. Dieser Mann war weder Maschine noch Zuhälter des modernen Lebens. Er war nicht Europa, nicht alle Menschen und nicht Teil von allem. Vollkommen individuell waren seine ekstatischen und katastrophentrunkenen Visionen indes auch nicht. Der Autor dieser Ode, Álvaro de Campos, entwickelte hier eigenwillige Variationen auf Themen, die auch andernorts in der europäischen Avantgarde erklangen. Eindeutig war sein Text nicht, trotz der provokanten Extreme. Wie hätte er das auch sein können?

De Campos' Leben, Werk, Ansichten und Visionen entsprangen ja dem vielseitigen Geist von Fernando Pessoa (1888-1935). Die Ode entstand gar nicht in London, sondern in Lissabon, am Schreibtisch eines Autors, der diese Stadt fast nie verließ, in seinem Kopf aber Welten schuf. Pessoa nahm das »I contain multitudes« (»ich enthalte Vielheiten«) von Walt Whitman wörtlich und veröffentlichte nicht nur unter eigenem Namen, sondern auch unter den Namen einer ganzen Reihe von »Heteronymen«. Für diese Parallelexistenzen ersann er neben dem Namen, der Biographie und dem Œuvre auch eine Literaturauffassung, der er zuneigte, die er sich jedoch nicht eindeutig zu eigen machen konnte oder zu eigen machen wagte. Im Frühjahr 1914 entstanden so der unerschütterliche heidnische Meister Alberto Caeiro und seine beiden Schüler, der von Disziplin besessene Neoklassizist Ricardo Reis und der mitunter leicht hysterische Futurist Álvaro de Campos. Was auf den ersten Blick vielleicht wie ein zusammengewürfeltes Potpourri von Stimmen erscheint, erweist sich in der Summe der verschiedenen Strategien und Methoden als nahezu repräsentativer Chor des intellektuellen Europa.

Pessoas Lösung mag radikal anmuten, doch die ihr zugrundeliegende prinzipielle Doppeldeutigkeit war in jenem Zeitabschnitt keineswegs eine Ausnahmeerscheinung – Hoffnung und Verzweiflung kämpften um die Vorherrschaft, so wie die europäischen Großmächte um Hegemonie stritten. Die einem Kalten Krieg ähnlichen Konflikte und Krisen unter anderem in Marokko (1905, 1907, 1911), Bosnien-Herzegowina (1908, 1909, 1912-1913) und der Türkei (1911) konnten nur mit knapper Not auf regionale Dimensionen beschränkt oder mit diplomatischen Kunstgriffen eingedämmt werden.[3] Die Russen und vor allem die koloniale Supermacht Großbritannien fürchteten sich vor dem ökonomischen und territorialen Expansionsdrang der jungen deutschen Nation. Die Franzosen teilten diese Angst, waren jedoch zugleich auf Revanche aus und wollten die in der schmachvollen Niederlage von 1870/71 verlorenen Provinzen Elsass und Lothringen zurückgewinnen. Das auffallend militaristische Deutschland hatte infolgedessen viele Feinde und klammerte sich an sein gutes Verhältnis zu Österreich-Ungarn. Doch die in ihrem Dünkel versinkende Doppelmonarchie war ihrerseits so verhasst und bedroht – sowohl die ethnischen Minderheiten innerhalb ihrer Grenzen als auch die Nachbarn in Italien, auf dem Balkan und in Russland wollten sie ganz oder teilweise auflösen –, dass Deutschland unweigerlich Gefahr lief, in die Auseinandersetzungen hineingezogen zu werden. Machtzentren und Waffenarsenale wurden erweitert, Allianzen geschlossen und auf die Probe gestellt. Nicht wenige Menschen spürten, dass sie an einem Wendepunkt der Geschichte standen.

Auch wenn Pessoa in Wirklichkeit nicht in London war, ganz mangelte es der zumeist allerdings eher phlegmatischen Literaturszene dort im Juni 1914 nicht an großen Worten. Am Zwanzigsten jenes Monats erschien die erste Nummer von *Blast. Review of the Great English Vortex*, der ausgeprägteste angelsächsische Beitrag zur Avantgarde. Mit zahlreichen Großbuchstaben und Ausrufezeichen machte Herausgeber Wyndham Lewis (1882-1957) auf den ersten Seiten klar, dass sein Blatt ein Forum sei für alle »vivid and violent ideas«, die ohne *Blast* niemals ein Publikum finden würden.[4] Dieses Lebendige und Gewalttätige sprach natürlich schon aus dem Namen des Blattes, der so viel bedeutet wie »explodier« (als Aufforderung und als Verwünschung), nach britischer Gewohnheit aber auch einfach als Euphemismus für »verflucht« gelesen werden konnte.

Was verflucht war oder auch getrost in die Luft gesprengt werden konnte, verdeutlichten Lewis und seine Mitstreiter in mehreren Manifesten, in denen sie schon mal selbst einige »vivid and

violent ideas« vorstellten. Aus »Höflichkeit« nahmen sie sich als
Erstes das eigene Land vor, wobei auffällt, dass sie das Problem
als Folge äußerer Umstände schilderten. Schuld sei das Klima:
Was wir brauchen, so Lewis und Co., sind heftige Schneestürme,
denn das schlappe englische Wetter macht uns mild und sanft
(S. 10-12). Die Sanftmut hielt sich freilich in Grenzen, denn als
Nächstes nahm man sich eine Reihe französischer Eigenschaften
vor (Sentimentalität, Sensualismus, Pariser Borniertheit ... S. 13-
14) und dann wieder britische (Ästhetizismus und Snobismus,
Humor als Flucht vor dem wirklichen Leben, die Mittelmäßigkeit des viktorianischen Zeitalters, S. 15-20). Unverblümt wurden dann rund fünfzig Institutionen und Persönlichkeiten mit
einem aufrichtigen »BLAST« bedacht, darunter Sozialisten und
Fürsorgebeamte neben den damals populären ausländischen Phi-
losophen Benedetto Croce und Henri Bergson (bei dem Lewis in
Paris studiert hatte und von dem er sich anfangs stark beeinflussen ließ). Ebenfalls auf der Liste: der 1913 mit einem Nobelpreis
ausgezeichnete bengalische Dichter Rabindranath Tagore und
der britische Pazifist Norman Angell, der in seinem Megabest-
seller *The Great Illusion* (1910) nachzuweisen versucht hatte, dass
ein Krieg in der modernen Zeit für alle Beteiligten auf eine finanzielle Katastrophe hinausliefe und der Verlust niemals durch das
eventuell eroberte Territorium würde ausgeglichen werden können.[5] Und selbstverständlich richteten sich die Verwünschungen
auch an einige Künstler, die als akademisch gebrandmarkt wurden, wie Edward Elgar. Die neue Kunst begann auch hier damit,
die alte wegzusprengen.

Alles schien ein Riesenjux, aber hinter dem Draufgängertum
und der Großsprecherei verbarg sich Unzufriedenheit über die
internationale Stellung Großbritanniens und den Stand der Dinge im britischen Empire.[6] Lewis behauptete zwar, seine Aussa-
gen hätten keinesfalls etwas Chauvinistisches oder Patriotisches
(S. 34), doch innerhalb des dreiunddreißig Seiten langen Mani-

fests betonte er immer wieder den einzigartigen Beitrag Englands zur Entwicklung der westlichen Kultur (»Die moderne Welt verdankt sich fast vollständig dem angelsächsischen Geist«, S. 39) und er versäumte es nicht, seine gewaltige (wieder: »violent«) Langeweile zu artikulieren angesichts des »kraftlosen Europeanismus« und »kosmopolitischen Sentimentalismus«, den er allerorts wahrnahm. (S. 34) Gesunde Nationen sollten einander nicht imitieren und schon gar nicht nach einer undefinierbaren Art Europudding streben. Sie sollten ihre ureigenen Stärken zutage fördern und kultivieren. Oder etwa nicht?

Die Rhetorik von *Blast* war gewalttätiger als auf den britischen Inseln üblich, doch Unmut und Unsicherheit über *mighty Albions* Position in der Welt schwelten schon länger. Das ließ sich auch aus den Essays und Gedichten eines in diesem Umfeld vielleicht eher nicht vermuteten Mitarbeiters von *Blast* ablesen, Ford Madox Hueffer (1873-1939).[7] Der damals tonangebende, eigentlich als »Impressionist« geltende Autor formulierte es natürlich besonnener als Lewis; er bevorzugte nicht das Ausrufezeichen, sondern lange, mäandernde Sätze und Understatement. Aber auch seine gewinnende Eloquenz konnte nicht darüber hinwegtäuschen, dass er sich große Sorgen machte. Auch wenn er es nicht unbedingt zugegeben hätte – das frühe zwanzigste Jahrhundert war von mehr Widersprüchen gekennzeichnet, als selbst er noch verbal ins Lot bringen konnte. Und so wollte er natürlich kein vulgärer Patriot sein, war sich aber durch und durch seiner *Englishness* bewusst. Und er versuchte mit der Zeit zu gehen, ohne seine britischen Upperclass-Privilegien in Gefahr zu bringen. Obwohl er sich als Konservativer sah, befürwortete er Frauenwahlrecht und Home Rule (Autonomie) für Irland. In der ersten Ausgabe seiner Zeitschrift *The English Review* vom Dezember 1908 druckte dieser paternalistische Sozialist[8] sogar ein Plädoyer für die Einführung einer staatlichen Rente und anderer sozialer Absicherungen für Witwen ab. Doch er war alles andere als ein Revolutionär; vor allem wollte er Kultur verbreiten, und sei es nur, damit er in Ruhe gelassen wurde und Zeit hatte, feinsinnige Betrachtungen über die Entwicklung von Gedichtstrukturen anzustellen.

Aus den Aufsätzen in der *English Review*, in denen er sich mit dem aktuellen politischen Geschehen beschäftigte, sprach jedoch große Besorgnis. Hier versuchte jemand, wider besseres Wissen Ruhe zu bewahren, in der absurden Hoffnung, mit dieser Haltung die Entwicklungen beeinflussen zu können. Nicht, dass er blind gewesen wäre für die Realität: »Großbritannien treibt unweigerlich einem Krieg mit Deutschland entgegen« (April 1909), »hundert Faktoren weisen in diese Richtung, kein einziger deutet in Richtung Frieden.«[9] Die Panikmache und Sensationsgier von Medien und Parlamentariern, völlig im Bann des Wettrüstens mit Deutschland, machten es seiner Ansicht nach nur schlimmer. Das Reich mit der stärksten Marine der Welt verhalte sich so, als sei es alles andere als kriegsbereit, es zeige sich schwächer, dekadenter und kränker, als es im Grunde sei, sodass Deutschland auf die Idee kommen könne, es anzugreifen. »Wir ermutigen einen Angriff auf eine Art, die sich für den Frieden in Europa als verhängnisvoll erweisen wird«, stellte Hueffer bestürzt fest. (S. 359)

Gelassenheit und Stärke solle England ausstrahlen, und um dem von Natur aus militaristischen Preußen etwas entgegenzusetzen, müsse es eine nationale Armee aufstellen. Das schulde das Land seiner Stellung als »Imperial race«, so Hueffer: »Wir stehen auf einer anderen Kulturebene als fast alle unsere Nachbarn, und da wir friedfertiger und zivilisierter sind, müssen wir, um der Menschlichkeit willen, bereit sein, nicht nur uns selbst zu behaupten, sondern auch die Integrität unserer engsten Bündnispartner zu erhalten, die wie wir Frieden und Kultur lieben.« (S. 144) Einen Vorwurf an Preußen dürfe man nicht herauslesen, betonte der Autor: »Das ist das, wofür Preußen steht und warum Preußen besteht. Und wer wagt es, im Lichte der Ewigkeit, zu behaupten, dass nicht sie, sondern wir das eigentliche Wohl der Menschheit verkörpern?« (S. 137) Der Begriff fiel nicht, aber eigentlich prognostizierte Hueffer hier einen fast darwinschen Kampf ums Überleben zwischen zwei legitimen, aber leider völlig unvereinbaren Weltanschauungen. Mit anderen Worten, einen *clash of civilizations*. Hueffer bemühte sich dennoch um Großmut. Streng genommen habe jeder das Recht auf sein eigenes Reich. Aber die Briten seien nun mal beim Ausbau des ihren die Ersten gewesen, also bliebe ihnen nichts anderes übrig, als es zu verteidigen. Würden sie das nicht tun, stünde ihnen das traurige, ja jämmerliche Los der einst so stolzen Polen und der ehedem die Kultur des Abendlandes begründenden Griechen bevor. (S. 357) England würde Weltmacht sein oder untergehen. Das sei das Schicksal der zur Errichtung eines Imperiums geborenen Nation.

Solche Gedanken zogen sich, mit etwas weniger Nachdruck vorgebracht, auch durch Hueffers oft lange, virtuos dahinströmenden Gedichte aus jener Zeit. 1911 veröffentlichte er den Lyrikband *High Germany;* er enthält neben der »freien Bearbeitung« eines Poems, das angeblich von einem Freiherrn von Süssmund stammt, Gedanken über das Land, das dem Buch den Titel gab und in dem Hueffers Vater geboren wurde. »To all the Dead« war das zentrale Gedicht: dreizehn Seiten, teils Reisebericht, teils Träumerei, teils Klagelied, teils Vision erzählte es unter anderem von einer *gothic* anmutenden Begegnung mit einem Liebespaar, das aus seinem deutschen Hünengrab aufersteht. Die lokale Bevölkerung schien die bange Faszination für Tod und Verfall des Erzählers nicht zu teilen. »Das ist das Wahre Deutschland« [High Germany]. / Erhebt die Gläser. ›Prosit!‹ auf die Vergangenheit, / auf die Toten!«[10] Das Gefühl absoluter Sinnlosigkeit und die Angst vor Verfall und Vergänglichkeit herrschten auch in der »Canzone a la Sonata« vor, in der Hueffer seinem jungen und dynamischen amerikanischen Schüler Ezra Pound eine Reihe rhetorischer Fragen stellt, die von tiefem Kulturpessimismus und nicht länger getarnter Furcht vor totaler Vernichtung zeugen. Was, außer »unbestimmter Angst«, habe die moderne Zeit eigentlich hervorgebracht? (S. 59) Heiterer scheint es in »Rhyming« zuzugehen; hier hängt der Dichter Tagträumen nach und malt sich Was-wäre-wenn-Situationen aus. Die am detailliertesten geschilderte Phantasie verriet in ihrer ganzen ostentativen Unschuld vielleicht etwas von Hueffers eigenen ambivalenten Gefühlen: Was wäre, wenn wir London nach Deutschland verpflanzten, es dort wiederaufbauten als eine Stadt »like old Cokayne« – wie das Schlaraffenland –, »wo alte tote Leidenschaften wieder aufleben« (S. 52-53)? Lag die Zukunft vielleicht doch auf dem Kontinent?

Zu dieser fast blasphemischen Schlussfolgerung kam auch der junge Schotte Charles Hamilton Sorley (1885-1915).[11] Zunächst führte er das Leben – britischer als britisch –, das zu den Kindern eines Philosophieprofessors in Cambridge gehörte: Eliteinternat Marlborough, Geländelauf und Lyrik. Aus seinen Briefen geht hervor, dass er sich schon in frühem Alter für die Gedichte in *The English Review* interessierte.[12] Ob er auch die politischen Aufsätze las, ist nicht überliefert, aber seine Gedanken gingen fast in die gleiche Richtung. Mit siebzehn, im Oktober 1912, verfasste Sorley ein dreiteiliges Gedicht, dreizehn Vierzeiler lang, das von dem schmerzlichen Kontrast zwischen dem stolzen England von einst und der durch hohle Worte und Apathie gekennzeichneten Dekadenz seiner eigenen Zeit handelte. Sein »Call to Action« endet mit den Worten:

Soldat der Feder, kümmerlich und blass
Vertieft in tintenblaues Streben
Sei so wie einst: Ein Mann war noch ein Mann
England es selbst und Leben war noch Leben.[13]

Mit seinem schriftstellerischen Talent schien er selbst auch eine eher verkopfte Richtung einzuschlagen, aber Ende Januar 1913 eröffnete er seinen Eltern in einem Brief, dass er zwar nach Oxford gehen wolle, jedoch nicht, um – wie sie gehofft hatten – klassische Sprachen zu studieren und in Indien Karriere zu machen. Er wolle Lehrer werden oder in einer Wohlfahrtseinrichtung arbeiten.[14] Ein Stipendium für Oxford wurde ihm auch zuerkannt, allerdings erst ab Herbst 1914. Sorleys Vater hatte seine eigenen Studentensommer in Berlin und Tübingen in bester Erinnerung, deshalb schien es ihm eine gute Idee, seinen Sohn in der Zwischenzeit nach Deutschland zu schicken. Schwerin gefiel dem Sohn ausgezeichnet; in langen, begeisterten Briefen berichtete er seinen Eltern, ehemaligen Klassenkameraden und Lehrern ausführlich von seinen Erlebnissen und Gedanken. Oft ging es darum, wie anders die Deutschen doch seien. Und fast immer meinte Sorley das als großes Kompliment: Sie seien spontaner und unbefangener, ihre Sprache lasse die banalsten Gedanken geistvoll klingen, und wenn sie sängen, vor allem die Soldaten ... »War das Gesang? Eine Art Gebrüll war es – etwas Glorioses und Sinnloses über das Vaterland (in England wäre das verwerflicher Jingoismus gewesen, in Deutschland also nicht).« Sorley war nicht nur tief beeindruckt, fast schien es wie eine Bekehrung: »Als ich nach Hause kam, fühlte ich mich als Deutscher und war stolz, ein Deutscher zu sein: Als der stürmische Gesang am lautesten erschallte, hatte ich das Gefühl, ich könnte vielleicht sogar für Deutschland sterben – nicht im Entferntesten hatte ich dieses Gefühl jemals für England und werde es auch nie haben.«[15] Dort, im fremden Land unter fremden Menschen, entdeckte Charles Hamilton Sorley die Bedeutung des Patriotismus.

Für Guillaume Apollinaire (1880-1918) war das immer ein eher nebulöser Begriff gewesen. Der Dichter war im ersten Jahrzehnt des zwanzigsten Jahrhunderts zum Anführer und Sprachrohr der französischen Avantgarde geworden, ohne selbst Franzose zu sein. Als Sohn einer russisch-polnischen Mutter und eines unbekannten italienischen Offiziers galt er den Behörden als Russe, der Presse und seinen Freunden als Pole.[16] Im grenzenlosen Europa der Belle Époque schien das keine Rolle zu spielen, solange man nicht in Schwierigkeiten geriet. 1911 wurde Apollinaire jedoch fast des Landes verwiesen, nachdem er zu Unrecht des Diebstahls der Mona Lisa aus dem Louvre beschuldigt worden war und eine Woche im Gefängnis verbringen musste. Als ultranationalistische Blätter sich zu antisemitischen Äußerungen gegen ihn hinreißen ließen (für die Presse sei jeder Pole automatisch Jude, bemerkte Apollinaire später dazu[17]), überlegte der schockierte Dichter, ob er versuchen solle, französischer Staatsbürger zu werden. Im Geiste und mit dem Herzen war er das schon immer gewesen. Wie international orientiert er auch wirken mochte, wie kosmopolitisch auch sein Freundeskreis war, sein Bezugssystem war unverkennbar französisch, und er pochte auf sein »Franzosentum« mit dem Fanatismus, der assimilierten Migranten manchmal eigen ist.[18] Assimilation und Nationalitätenprobleme zogen sich wie ein roter Faden auch durch seine journalistische Arbeit. So verurteilte er die Russifizierung Finnlands als »einen machiavellistischen Plan, der nicht nur eine Kultur, sondern auch das Leben eines ganzen Volkes vernichten will«.[19] Oder er zeigte Interesse am verfassungsrechtlichen Status von Bosnien-Herzegowina (S. 449), erläuterte dem französischen Publikum detailliert die sich verschiebenden Allianzen zwischen Panslawisten, dem Zarenreich und der Doppelmonarchie (S. 456-458) und zitierte ausführlich aus einem Artikel über die Assimilation von Juden in Polen, dessen Verfasser alle Hoffnungen auf den Liberalismus setzte als Bastion gegen »die preußische Gewalt und die russische Barbarei«. (S. 454)

Neben den geopolitischen Strukturen existierte für Apollinaire jedoch auch deutlich ein europäischer Kulturraum, in dem sich gleichgestimmte Seelen von ihrem unterschiedlichen Hintergrund aus begegnen, herausfordern und inspirieren konnten. Von überall her in Europa trafen suchende Künstler in Städten wie Paris, Berlin und München zusammen, um mit neuen Formen und Werten zu experimentieren. Zum Pariser Kreis von Apollinaire gehörten unter anderem die spanischen Maler Pablo Picasso und Juan Gris, der französische Maler und Dichter Max Jacob, der Schweizer Schriftsteller Blaise Cendrars und der italienische Maler und Autor Ardengo Soffici. Sein Gedicht »A travers l'Europe« (Quer durch Europa) widmete Apollinaire dem weißrussisch-jüdischen Maler Marc Chagall, der ebenfalls in Paris eine zweite Heimat gefunden hatte. Über Apollinaire kam Chagall in Kontakt mit dem Berliner Galeristen und *Sturm*-Gründer Herwarth Walden. Apollinaire hatte ihm im Januar 1913 einen Besuch abgestattet und dabei u. a. den Lyriker und Romancier Peter Baum (1869-1916) kennengelernt.[20] So breiteten sich die europäischen Avantgarde-Netzwerke immer weiter aus. »Quer durch Europa« wurde im Mai 1914 in *Der Sturm* veröffentlicht, auf Französisch.

Europa war für Apollinaire Wirklichkeit und Traum zugleich. Es war der Ort, über den er in dem Eröffnungsgedicht »Zone« in *Alcools* (1913) ironisch behauptete, der konservative Papst Pius X. sei dessen modernster Repräsentant.[21] Aber noch viel mehr war es der Ort, den er in »Vendémiaire« (Weinmond), dem Schlussgedicht des Bandes, in der Hoffnung anrief, dessen Städte könnten seinen beispiellosen Durst stillen.[22] Europa schien zwar eine gigantische Kelterei, doch der Durst war mindestens ebenso groß – »schrecklich« nannte der Dichter ihn sogar (S. 159), was natürlich die Frage aufwirft, wonach eigentlich so verzweifelt gedürstet wurde. »Du wirst alles Blut Europas trinken« (S. 159), prophezeite der Dichter der Stadt Paris, ein hedonistisches, aber auch apokalyptisches Bild. Bedeutete es, dass der Kontinent, wenn es wirklich darauf ankäme, den Bedürfnissen der französischen Hauptstadt untergeordnet wäre und dass Europa dann selbstverständlich geopfert würde?[23]

Es waren verwirrende Zeiten für Europäer. Begriffe wie Nation, Rasse und »Stamm« waren in aller Munde, aber längst nicht jeder verstand darunter das Gleiche. Junge Staaten wie Deutschland und Italien befanden sich noch auf der Suche nach dem, was sie eigentlich wollten und waren. Andere Länder wie etwa Großbritannien, Frankreich oder Portugal, die schon viel länger existierten, zeigten – wie etliche ihrer tonangebenden Bewohner meinten – Spuren von Verschleiß und Verfall. Und dann gab es noch die viel zahlreicheren Völker, die einen eigenen Staat anstrebten und auch bereit waren, ihn durch Revolution und Kampf zu erringen. Und während jeder auf der Suche nach sich selbst war und nie versäumte, die Nachbarn lautstark zu informieren, sobald man glaubte, etwas gefunden zu haben (»Wir sind rational!«, »Ja, aber wir respektieren das Individuum!«), entwickelte sich im fernen Amerika ein neuer Superstaat, und von Osten her fühlten sich die Europäer noch immer von den Tataren (Mongolen) bedroht, die vor allem im dreizehnten Jahrhundert bis tief in den Kontinent vorgedrungen waren. War das die Definition eines Europäers – jemand, der kein Nachfahre von Dschingis Khan war? Aber wo lag dann die Grenze Europas? Irgendwo am Schwarzen Meer? Brachte der Aufstand der französisch sprechenden und intellektuellen Jungtürken 1908 das Gebiet des Osmanischen Reichs erneut ins westliche Lager? Und was war mit den Russen, dieser Verschmelzung von slawischem und tatarischem Blut, die sie immun machte gegen alles, was deutsch war, wie der russische Dichter Chlebnikow 1913 behauptete, der in der Steppe am Kaspischen Meer geboren war?[24] Und die Juden in Galizien und die Muslime auf dem Balkan – gehörten die auch dazu? Und die Ungarn – diese seltsam unbe-

greifliche Melange aus Magyaren, Hunnen, Slawen, Juden, Sumerern, Skythen und Tataren – wie europäisch waren sie eigentlich?[25]

Das waren Fragen, die auch der ungarische Dichter und Journalist Endre Ady (1877-1919) mit einer Mischung aus Belustigung
und Selbstkritik in den Artikeln aufwarf, die er als Korrespondent aus Paris an seine Zeitung *Budapesti Napló* sandte. Japan
habe von Europa in fünfzig Jahren mehr gelernt als die Ungarn
in tausend, so Ady im Mai 1906, und während moderne Staaten
wie Amerika und Japan zukunftsorientiert bauten und däch-
ten, kultivierten die Ungarn nur die Vergangenheit.[26] Sich selbst
nahm er dabei nicht aus, denn in Gedichten wie »A Tisza-par-
ton« (An der Theiß, 1906) fragt sich eine Ich-Figur, was sie, vom
erhabenen Ganges stammend, eigentlich an diesem osteuropäi-
schen Fluss verloren habe.[27] Ungarns Rückständigkeit fiel Ady in
Paris besonders auf, und nicht ohne Sarkasmus erwähnte er, die
bedeutendste Leistung der Ungarischen Akademie der Wissenschaften sei eine Aktennotiz zu der Frage, ob man Adelstitel
groß oder klein schreiben müsse. (S. 68)
   Dieser Seitenhieb findet sich in einem bemerkenswerten sati-
rischen Artikel vom April 1905, dessen Inhalt im Jahr 2085 spielt.
Nach jahrhundertelangem Kampf bilden die europäischen Mächte endlich die Vereinigten Staaten von Europa. Diese Entwicklung wird misstrauisch beäugt von den Vereinigten Staaten von
Südamerika, den Vereinigten Staaten von Südafrika, von Indien,
China, Japan und dem asiatischen Russland. Adys Klassifizie-
rung war aufschlussreich: Stockholm, Paris, Berlin, Genf und
Sankt Petersburg waren selbstverständliche Kulturstädte in diesen neuen Vereinigten Staaten von Europa; Russland war in einen europäischen und einen asiatischen Teil gespalten (S. 66-68).
War die Kluft zwischen Ost und West der letztendliche *clash of
civilizations*?

Als westlich orientierter Intellektueller und späterer Mitre-dakteur der wegbereitenden Zeitschrift, die schon im Titel *Nyugat* (»Westen«, »Abendland«) angab, in welche Richtung Ungarn gehen sollte, war sich Ady sehr bewusst, dass verschiedene reaktionäre Kräfte sein Land in die andere Richtung steuern wollten. Ungarn könne sich 2085 auf der richtigen Seite der Grenzlinie wiederfinden, aber das setze harte und zukunftsorientierte Arbeit voraus. In seinem langen und verletzenden Artikel »Randbemerkungen zu einem unbekannten Corvinus-Kodex« (1905) benutzte Ady das später bekannte Bild des Fähren-Landes: unschlüssig, ob es zum Westen oder zum Osten gehöre, bewege sich Ungarn wie ein Fährboot hin und her.[28] Auf diese Weise würde es nie etwas mit Ungarn, so der Dichter. Aber wenn man schon weiterhin in der Vergangenheit schwelgen wolle, solle man sich besser ein Beispiel am ruhmreichen Transsilvanien nehmen – jener multikulturelle Staat habe die europäische Kultur angenommen, Kunst und Wissenschaft erblühen lassen und religiöse Toleranz zu einem Zeitpunkt entwickelt, als »am Rhein das große *Kulturvolk*« noch Juden auf dem Scheiterhaufen verbrannte.[29] (S. 90-91) Drei Jahrhunderte nach jener Zeit der Aufklärung drohe erneut die Finsternis eines unproduktiven Fundamentalismus. Zustimmend zitierte Ady in einem anderen Aufsatz die Worte eines französischen Wissenschaftlers: »Wir glauben, dass Europa den Europäern gehört und dass der Pfad des Fortschritts endgültig gesichert ist. Wenn man jedoch nach Osten schaut, nach Ungarn, Russland und dem Balkan, wird man feststellen, dass in unserer gegenwärtigen Kultur überhaupt nichts garantiert und sicher ist und dass auch heute Europa sich in Richtung Asien zu neigen droht.« (S. 118-119)

Geopolitisch stand das Barometer auf »Veränderlich«, und auch in ihren gesellschaftlichen Verhältnissen konnte die Welt nicht bleiben, wie sie war. Belle Époque, das hörte sich zwar schön an, aber vor allem die Arbeiter und die linken Intellektuellen hatten alles gründlich satt. Die soziale Ungleichheit und das Demokratiedefizit waren zu groß. Der flämische Lehrer und Dichter René De Clercq (1877-1932), der zuvor mit Versen in der Nachfolge Guido Gezelles über die Schönheit der Natur und des Landlebens von sich reden gemacht hatte, überraschte 1909 in seinem Lyrikband *Toortsen* (Fackeln) Freund und Feind mit einigen radikalen Gedichten:

> Ich lehre dich den Schrei
> Des hungrigen, durstigen, rasenden Leu,
> Der den Schrecken verbreitet und die Wildnis
> An dem Ort, wo der Reichtum der Welt ist.[30]

In einer zündenden Rede zum 1. Mai 1912 attackierte Hendrik de Man, das damals sechsundzwanzigjährige Wunderkind des flämischen Sozialismus, die Versuche der »Bourgeoisie«, dieses Arbeiterfest zu neutralisieren. Er stellte einen »unversöhnlichen Klassenkampf« in Aussicht, plädierte auch in dieser Rede »für den Achtstundentag und gegen den Militarismus« und warnte vor »einer allgemeinen Kriegskatastrophe«, die durch das Pokern der europäischen Großmächte immer näher rücke. Nein, der 1. Mai sei für ihn kein Fest »bukolischer Dichter, die schneeweiße Lämmchen über smaragdgrüne Wiesen tollen lassen«. Der Tag falle in einen »nordischen Frühling, wo zwischen den dunklen, ungestümen Mächten des Winters und der aufkommenden, wärmenden Zukunftskraft der Frühlingssonne noch ein stürmischer Kampf ausgefochten wird«.[31]

Auch wenn Begriffe wie »Kampf« und »Sturm« zur rhetorischen Grundausstattung in der politischen Auseinandersetzung gehörten, nun waren es mehr als nur Worte. Als im Februar und März 1907 in Rumänien ein großer Bauernaufstand ausbrach, forderte dessen Niederschlagung durch die Armee rund elftausend Menschenleben. Im Herzen Europas schien ein derartiger

Gewaltausbruch inzwischen undenkbar,[32] doch den Großmäch-
ten war Wachsamkeit angeraten, wenn es um die vielen Randge-
biete des gigantischen Kontinents ging. Unruhen oder Macht-
verlagerungen in fernen Gegenden konnten das oftmals prekäre
Kräftegleichgewicht ins Wanken bringen.

Nicht jede politische Änderung ging notwendigerweise mit
Gewalt einher. 1905 löste sich Norwegen aus der Union mit
Schweden, und dieser Prozess verlief – nach anfänglicher Angst
vor einem Krieg – ohne große Widerstände. Auch hier spielten
geopolitische Beziehungen eine entscheidende Rolle: Norwegen
sympathisierte eher mit Großbritannien, Schweden mit Deutschland. Die Großmächte – im Sommer 1905 mit der Marokko-Krise
(siehe weiter unten) und dem Krieg zwischen Russland und Japan
vollauf beschäftigt – wollten vor allem, dass die Ablösung in Ruhe
vonstatten ging, aber hätten wahrscheinlich interveniert, wenn
eine Lösung durch Verhandlungen nicht möglich gewesen wäre.[33]

Mehr Turbulenzen waren dort zu erwarten, wo sich der Nationalismus von einer romantischen, auf kulturelle Identität und
Geschichte gerichteten Strömung zu einer politischen Bewegung entwickelte, die auf der Grundlage ethnischer oder sprach-
licher Eigenart Autonomie oder sogar einen eigenen Staat erzwingen wollte. Solche Entwicklungen wurden in ganz Europa
mit großer Aufmerksamkeit und zuweilen nicht ohne Nervosi-
tät verfolgt. Eine beliebig ausgewählte Ausgabe von *The English
Review* vom März 1909 widmet sich nicht nur dem Schicksal
kleiner Staaten (»Hiermit ist bewiesen, dass kleine Länder kein
Mitleid erwarten können«, S. 357), auch die Revolution der Jungtürken und der Zerfall des Osmanischen Reichs (und die Massa-
ker an den Armeniern) kommen ausführlich zur Sprache, ebenso wie die Gründung einer allpolnischen Partei und die Lage in
Griechenland. Fast der ganze Kontinent war in Aufruhr, und auch
die Großmächte blieben nicht verschont. Die Iren und, zunächst
in viel geringerem Maße, Schotten und Waliser stellten ihren

Status innerhalb Großbritanniens zur Diskussion. Die Russen waren mit entsprechenden Bestrebungen der Armenier, Georgier, Ukrainer, Polen, Letten, Esten, Litauer und Finnen innerhalb ihres Reichs konfrontiert. In Deutschland herrschte Unmut unter den Polen, Dänen und Franzosen (in Elsass-Lothringen). Und auch die polnischen, rumänischen, kroatischen, serbischen, slowenischen, bosnischen, tschechischen, slowakischen, ukrainischen, ruthenischen, italienischen und deutschen Minderheiten in der Doppelmonarchie Österreich-Ungarn strebten nach mehr Rechten und in einigen Fällen nach Unabhängigkeit oder Anschluss an ihr Mutterland.

Da es bei diesen Kampagnen oft um Sprachrechte ging und man glaubte, das Wesen der Sprache werde in Literatur ausgedrückt, fand der politische Kampf meist literarische Unterstützung. Die Lyriker standen dabei in der ersten Reihe. Ihre Aufgabe war es, in Worte zu fassen, was im tiefsten Innern der nationalen Seele verborgen lag, und sie trugen auf diese Weise dazu bei, diese Seele zu formen. Auch wenn eine nationalistische Bewegung den Schritt von der kulturellen zur politischen (und manchmal militärischen) Aktion machte, spielten Dichter eine herausragende Rolle. Wer den Ehrgeiz hatte, ein Nationaldichter zu werden, musste nicht nur das Reimwörterbuch beherrschen, sondern durfte vor allem keine Angst vor der Rednerbühne und der Barrikade haben.

Das turbulente Leben des revolutionären lettischen Dichterpaars Aspazija (1865-1943) und Rainis (1865-1929) kann in dieser Hinsicht als exemplarisch gelten.[34] Obwohl sie einer lettischen Adelsfamilie entstammte, schärfte eine unglückliche und auch finanziell desaströse arrangierte Ehe Aspazijas soziales Bewusstsein. In ihren Gedichten und Theaterstücken brachte sie ihren Freiheitsdrang als junge Frau und als Lettin zum Ausdruck. Ihr offizielles Debüt im Herbst 1887 war nicht länger als sechs Vierzeiler, doch von der ersten Strophe an (»Ein neues Jahr bringt neue Arbeit / uns ruft der Geist der Zeit«[35]) las es sich als ein Plädoyer für Unabhängigkeit.

Bestärkt wurde sie in diesem Kampf durch die Begegnung mit dem jungen Journalisten Jānis Rainis, damals führendes Mitglied der marxistisch orientierten Bewegung Jaunā Strāva (Neue Strömung). Aspazija erkannte in ihrem neuen Geliebten nicht weniger als den lettischen Goethe und ermutigte ihn, sein Talent einzusetzen, um die Welt durch Literatur zu verändern: »Ich bin nur die Dämmerung dieses ausklingenden Jahrhunderts / du aber bist die helle Morgenröte.«[36] Rainis ging auf ihre Bitte ein, wurde aber 1897 wegen seiner politischen Aktivitäten verhaftet. Im Gefängnis arbeitete er an der Übersetzung des *Faust* weiter, mit der Aspazija begonnen hatte. Ihre fast mystische Beziehung wurde auch vor dem Gesetz besiegelt – sie heirateten in einer kleinen Gefängniskapelle, die Braut in einem schwarzen Kleid. Aspazija durfte Rainis in die Verbannung nach Russland begleiten, kehrte aber nach einer Weile aufgrund ihrer verzweifelten finanziellen Situation nach Riga zurück, wo sie wie besessen Gedichte, Theaterstücke, Erzählungen und Artikel schrieb. Ständig geriet sie in Konflikt mit der Zensur, was sie nur in ihrer Überzeugung bestärkte, Poesie und Freiheit seien im Grunde das Gleiche. »Wenn sich eine Nation in einer Zeit des Wandels zu einem Ziel hin bewegt, weist das Gedicht den Weg der Erlösung, so wie der Stern im Morgenland.«[37]

1903 durfte Rainis aus der Verbannung zurückkehren, und schon bald bildete das Paar den Kern eines umfassenden Netzwerks nationalistischer Schriftsteller, Komponisten, Schauspieler, Lehrer und Arbeiter. Rainis wurde zum geistigen Führer der Lettischen Sozialdemokratischen Arbeiterpartei, die von Zar Nikolaus II. nationale Autonomie, den Gebrauch der lettischen Sprache in den Schulen, Frauenrechte und bessere Bedingungen für die Arbeiter forderte. 1905, auch im übrigen russischen Reich ein Jahr der Revolution, kam es zu Aufständen, die sich nicht nur gegen das autokratische Regime des Zaren richteten, sondern auch gegen die deutschen Aristokraten, die im Baltikum über die Landbevölkerung herrschten. Beide schlugen erbarmungslos zurück, und etwa neuntausend Revolutionäre wurden exekutiert, eingekerkert, deportiert oder aus den baltischen Provinzen verbannt. Ungefähr fünftausend von ihnen konnten entkommen, unter ihnen auch Rainis und Aspazija. Von der Schweiz aus setzten sie ihre literarische und revolutionäre Arbeit fort, und vor allem Rainis' in Riga häufig aufgeführtes Theaterstück *Uguns un Nakts* (Feuer und Nacht) fachte den Geist der Revolte weiter an: »Der Kampf geht weiter und wird nicht enden.«[38]

Kampf, Sturm, Gefecht – starke Bilder, die aber Anfang des zwanzigsten Jahrhunderts oft sehr wörtlich gemeint waren. Soziale und kulturelle Unzufriedenheit war auf dem Kontinent relativ verbreitet, und nicht selten ging damit eine Metaphorik von Kraft und Agression einher. Umstürzler unterschiedlichster Couleur fühlten sich davon angesprochen. In einem Klima, in dem Friedrich Nietzsches Zarathustra (»darum muss ich erst tiefer hinab als ich jemals stieg: – tiefer hinab in den Schmerz als ich jemals stieg, bis hinein in seine schwärzeste Flut!«[39]) und Henri Bergsons Vitalismus (»Man muss die Dinge überstürzen und durch einen Willensakt die Intelligenz aus ihrem Heim hinausdrängen«[40]) zu intellektuellen Parolen geworden waren, schienen die Impulse, diese gefährlichsten Tiefen auszuloten, die Ratio hinter sich zu lassen und revolutionären Tatendrang zu kultivieren, einander noch zu verstärken.

Am spektakulärsten manifestiert sich diese Mentalität vielleicht bei Filippo Tommaso Marinetti (1876-1944). Der Sohn eines wohlhabenden italienischen Rechtsanwalts und einer Musikerin, deren Vater Literaturprofessor war, hatte bereits in jugendlichem Alter beschlossen, sein rhetorisches Talent dazu einzusetzen, eine Revolution in der seiner Ansicht nach völlig verschlafenen Kunstwelt Italiens zu bewirken.[41] Und wie konnte er besser verkünden, dass die Zukunft begonnen habe, als mit einem Manifest, das er im Ausland mit großem Tamtam in einer Zeitung, dem modernen Medium par excellence, drucken ließ. Dank eines ägyptischen Geschäftsfreundes seines Vaters, der Teilhaber des *Figaro* war, gelang es Marinetti Ende Februar 1909, sein futuristisches Manifest auf die Titelseite der Pariser Zeitung zu bekommen. Nicht ohne Pathos sang er das Lob der Geschwindigkeit, Tollkühnheit und Revolution. Selbst geboren in der legendären Bibliotheksstadt Alexandria, äußert er in diesem Manifest sein Verlangen, durch die Zerstörung von Museen und Bibliotheken die Vergangenheit hinter sich zu lassen. Und er postuliert einen bemerkenswerten Zusammenhang zwischen Krieg und Hygiene: »Wir wollen den Krieg verherrlichen – diese einzige Hygiene der Welt – den Militarismus, den Patriotismus, die Vernichtungstat der Anarchisten, die schönen Ideen, für die man stirbt, und die Verachtung des Weibes.«[42] Marinetti wollte mit dieser Veröffentlichung Aufsehen erregen, und das gelang ihm. Aber man verlangte auch Erklärungen. Das alles war doch wohl nicht ernst gemeint? Diese Verherrlichung des Krieges, gab ein französischer Reporter zu bedenken, impliziere doch eine Form von barbarischer Regression, die man schwerlich als futuristisch bezeichnen könne. Geduldig erläuterte der Dichter seine Auffassung: So wie sich ein Mensch bedrohlicher Infektionen und überschüssigen Bluts nur durch Bäder und Aderlässe entledigen könne, so müsse sich auch jedes Volk mindestens einmal pro Jahrhundert einer »gloriosen Blutdusche«[43] hingeben. So Marinetti kaum drei Monate nach dem 28. Dezember 1908, als in Süditalien mehr als hunderttausend Menschen bei einer der größten Katastrophen in der europäischen Geschichte umgekommen waren, dem Erdbeben von Messina und dem darauf folgenden Tsunami.[44] Marinetti hatte deshalb den Start seiner neuen Bewegung so lange verschoben, bis auf den Titelseiten wieder Platz frei war für künstlerische Themen, doch auf seine von Todessehnsucht durchdrungene Rhetorik hatte die Tragödie keinen Einfluss.

Die Ruinen, Flutwellen und Flammenmeere von Sizilien und Kalabrien spukten inzwischen andernorts in Europa dem prominenten russischen Dichter Alexander Blok (1880-1921) durch den Kopf. In seinem Vortrag »Die Elementarkräfte und die Kultur« artikulierte er im Januar 1909 in Sankt Petersburg die eigenen Ängste in apokalyptischen Bildern, die seiner symbolistischen Literaturauffassung entsprachen: »Entbrannt ist die Rache der Kultur, die sich aufbäumt mit einem ›Wald von Bajonetten‹ und Maschinen. Es ist lediglich ein Zeichen dafür, daß auch die andere Rache entbrannt ist – die Rache der Elemente und die Erdenrache. Zwischen diesen beiden Feuern entbrannter Rache, zwischen diesen beiden Lagern leben wir. Das ist das Furchtbare: Was für ein Feuer ist es, das aus der ›spiegelglatt gewordenen Lava‹ hervorbricht? Solches, das Kalabrien verwüstet hat, oder ist es – ein reinigendes Feuer? Wie dem auch sei, wir durchleben eine furchtbare Krise. Noch wissen wir nicht genau, was für Ereignisse wir zu gewärtigen haben, *doch in unserem Herzen hat der Seismographenzeiger bereits ausgeschlagen.*«[45] Diesen Ausschlag des Zeigers habe die Menschheit über sich herabgerufen, so Blok. Das ganze Geschwätz über Fortschritt, Technik und Wohlstand diene lediglich dazu, die geistige Leere des modernen Menschen zu kaschieren. Dieser Mensch erobere den Luftraum und steige in den Schoß der Erde hinab, aber auch hier komme Hochmut vor dem Fall. Gegen die Elementarkräfte der Natur helfe kein Akt der Kultur. Blok befürchtete das Schlimmste für die Menschheit. Dem Schlussgedicht im Zyklus »Auf dem Kulikowo-Feld«, den er im Dezember 1908 vollendete, stellte er als Motto ein entschieden Unheil verkündendes Zitat von Wladimir Solowjow voran: »Und der Nebel des unabwendbaren Bösen / breitet Schleier über den kommenden Tag«. Sein Gedicht sollte denn auch eine Warnung und Ermahnung sein. Als Dichter konnte er in die Zukunft schauen, und die Botschaft war deutlich: ohne jeden Zweifel stand ein Krieg bevor. »Jetzt bete. Es ist deine Stunde gekommen.«[46]

Das in der Literatur jener Zeit so häufig artikulierte Verlangen nach Regeneration und Läuterung überspielt in vielen Fällen ein nicht geringes Sündenbewusstsein. War Gott auch für tot erklärt worden, für die selbstbezichtigende christliche Kultur galt das nicht: Dürre, Unfruchtbarkeit, Stagnation – alles Symptome einer kranken Gesellschaft, die intensiv damit beschäftigt war, ihre eigene Bestrafung zu organisieren. Wenn der Mensch buchstäblich und im übertragenen Sinn tief in die Erde kröche, würde er dann sein solipsistisches Bewusstsein begraben können und lernen, mit leidenschaftlichem Elan zu leben, der ihm Sinngebung und Spannung garantierte? Kurz gesagt: War es nicht vielleicht Zeit für einen – kleinen und überschaubaren – Krieg, damit die Sünden der Welt getilgt würden?

Noch immer war es Juni 1914. Ethnische Gruppierungen, Völker und Kulturen schwebten in ständiger Gefahr. Am 16. jenes Monats sandte der italienische, in Paris lebende symbolistische Dichter Gabriele D'Annunzio (1863-1938) einen strengen Brief an den französischen Botschafter in Sankt Petersburg. Warum den Krieg fürchten? In einer Welt, in der der »Lateinische Genius« in Gefahr sei, an Demokratie und »Tyrannei der Plebejer« zugrunde zu gehen und sich besinnungslos »in Schlamm und Erniedrigung« suhle, könne nur »ein großer, nationaler Krieg« die Rettung bringen. »Nur durch Krieg können degenerierte Völker ihren Niedergang verhindern; Krieg bringt ihnen unfehlbar entweder Ehre oder Tod.«[47] Der Dichter, gerade von einer Geschlechtskrankheit genesen, war unverkennbar zu großen Taten bereit.

In einigen Schlüsselwerken der Moderne aus diesem Zeitraum

werden Krieg und damit einhergehende Opfer in einen Zusammenhang gestellt mit der Regeneration des Landes und dem Fortbestand der Kultur.[48] *Le Sacre du Printemps* (1913) von Igor Strawinsky und T. S. Eliots *The Waste Land* (1922) sind die bekanntesten. Doch auch in weniger avantgardistischen Kreisen stand dieses Thema im Mittelpunkt. Bei D'Annunzio zum Beispiel, doch nicht weniger in dem legendären Versepos, das Charles Péguy (1873-1914) im Jahr 1913 dichtete. Hier zwei der vierzeiligen Strophen aus seinem fast achttausend Alexandriner umfassenden Magnum Opus *Ève*:

Selig, die für ein irdisch Land gefallen,
Sofern sie im gerechten Krieg gelitten,
Die Toten, die für Erdenflecken stritten.
Selig, die wie im Fest dem Tod verfallen.

[...]

Selig die Toten, da sie heimwärts kehren,
Wo erster Ton und erster Lehm sich ballen.
Selig, die im gerechten Krieg gefallen.
Selig das reife Korn, der Ernte Ähren.[49]

Was einen Krieg zu einem gerechten Krieg macht, war für Péguy keine Frage: Es ging darum, die Kultur zu schützen. Die Pflicht eines jeden zivilisierten Mannes sei es, die raren Oasen der Freiheit und Kultur gegen die Barbarei zu verteidigen. Frankreich, England, Norditalien, Teile von Amerika, ein paar Gebiete Belgiens und der Schweiz: das sei die Hoffnung der Welt. Und auch diese Hoffnung scheine bedroht, denn es sei durchaus vorstellbar, dass nach den antiken Kulturen und den Kulturen auf dem amerikanischen Kontinent nun auch diese wenigen Inseln moderner Zivilisation untergehen würden und damit im Grunde die gesamte Menschheit.[50] Péguy notierte diesen Gedanken 1905, vier Jahre bevor Ford Madox Hueffer fast zu dem gleichen Urteil

kam (siehe oben). Péguy war zutiefst schockiert über Deutschlands aggressive diplomatische Manöver in Marokko, die das
Ziel hatten, Frankreich und Großbritannien zu entzweien.[51]
Diese – im Licht der Geschichte weniger bedeutsame – Krise bewirkte bei dem eigenwilligen Katholiken und Sozialisten Péguy
einen Gesinnungswandel. Internationalismus wurde auf einmal
zu einem hohlen und sogar gefährlichen Begriff, Patriotismus
war nun die oberste Richtschnur. Der Feind: das barbarische
Deutschland. Der Retter: das Athen und Rom der modernen
Zeit, Wiege und Alleinerbe der revolutionären Ideale – Frankreich. In dem sich verhärtenden geopolitischen Klima waren das
für einen tonangebenden Intellektuellen nicht nur unverbindli-
che Betrachtungen.[52] Und Péguy stand mit dieser Ansicht nicht
allein. Auch wenn Deutschland die hervorragendsten höheren
Schulen und Universitäten der Welt hervorgebracht hatte und
auf künstlerischem wie auf wissenschaftlichem Gebiet weltweit
große Beachtung fand, so verkörperte die noch junge Nation
doch vor allem jene Aspekte der Moderne, die zum Beispiel
auch Blok und Ady ablehnten: den Kult von Technik, Effizienz
und Fortschritt.[53]

In direktem Gegensatz zu diesem eindimensionalen Deutsch-
landbild steht der Nimbus, um nicht zu sagen der Kult, der sich
dort im ersten Jahrzehnt des zwanzigsten Jahrhunderts um den
Dichter Stefan George (1868-1933) gebildet hatte. In seinem Werk
und seinem Handeln bewies dieser Schüler Mallarmés und Nachfahre Hölderlins nahezu im Alleingang, dass es auch in der modernen Zeit möglich war, ein klassisches aristokratisches Dich-
terideal zu verkörpern. Das Wort war heilig, Zentrum einer
Religion, welche die Schönheit und das Transzendente besang
und das Seelenleben unendlich höher schätzte als den Intellekt.
Zeitungen las ein Dichter wie George selbstverständlich nicht.[54]
Er war ein Seher. Und was er sah, kündete von Hybris, Unheil
und Katastrophe. Davon berichtete er unter anderem in seinem

Ende Januar 1914 veröffentlichten Gedichtband *Der Stern des Bundes*.[55] Belehrender als in seinem früheren Werk umreißt er darin unter anderem, wie ein alttestamentarischer Gott auf die Panik reagiert, von der die modernen Babelturm-Erbauer ergriffen werden, als ihr vermessenes Bauwerk ins Wanken gerät:

Der lacht: zu spät für stillstand und arznei!
Zehntausend muss der heilige wahnsinn schlagen
Zehntausend muss die heilige seuche raffen
Zehntausende der heilige krieg.[56]

Prophetie, Wunschtraum oder Verzweiflung? Das ist in der europäischen Dichtkunst jener Jahre oft nicht auszumachen. Es gibt Verse, in denen der Krieg als eine Art Turnübung betrachtet wird, vor allem aber fällt auf, wie explosiv, um nicht zu sagen von wollüstigen Gewaltphantasien geprägt, die meisten Gedichte sind. Wie ein Gott gibt und nimmt der Krieg, vor allem Letzteres. Auch in Zirkeln, in denen über Politik und Poesie ganz anders gedacht wurde als im George-Kreis, finden sich diese Ideen und Bilder. Bei Kurt Hiller (1885-1972), Jacob van Hoddis (geboren als Hans Davidson, 1887-1942) und Georg Heym (1887-1912) zum Beispiel, jungen Autoren des Expressionismus, die von einem starken apokalyptischen Bewusstsein durchdrungen waren. Auf den ersten Blick nicht so getragen-feierlich wie George und dessen Jünger – nicht ohne Selbsterkenntnis nennen sie ihren Club »Neopathetisches Cabaret für Abenteurer des Geistes« –, beschreiben ihre Verse nichts Geringeres als den Weltuntergang. Oder war das lediglich neopathetische Ironie? Van Hoddis' bekanntestes Gedicht heißt schlicht »Weltende«. Im ersten Vers fliegt einem Bürger der Hut vom Kopf. Sieben Zeilen weiter fallen die Eisenbahnen von den Brücken. Eine kausale Beziehung zwischen diesen Ereignissen ist nicht nötig, und van Hoddis relativiert manches, indem er in diesem Kontext auch erwähnt, dass die meisten Menschen einen Schnupfen haben.

Eher als das Ende der Welt markiert dieses Gedicht von 1910 das Ende der Lyrik – zumindest, wie sie bis dahin in Deutschland überwiegend betrieben wurde. Keine tiefsinnigen Gedanken oder langatmigen Darlegungen hier, sondern lauter Einzelbilder, montiert wie in einem Film.

Und doch ging es den Expressionisten um weitaus mehr als um eine Erneuerung der Form. Als Propheten der neuen Zeit wollten sie vor allem eine ethische Revolution initiieren und die Menschen aus ihrer Lethargie wachrütteln. Zielscheibe war selbstverständlich der Kleinbürger, dem Ordnung über alles ging, da er im Grunde nur seine Ruhe wollte. Junge Menschen aber wollten Nervenkitzel und Spektakel, und da Gitarrenverstärker und Graffitisprühen noch nicht erfunden waren, rückten diese Deutschen dann eben der Kunst, der Literatur und dem Theater zu Leibe.

Vor allem für Georg Heym war die Situation offenbar unerträglich. Am 6. Juli 1910, fünf Wochen nachdem er als Gast dem ersten Neopathetischen Cabaret-Abend beigewohnt hatte, beklagt er sich in seinem Tagebuch: »Ach, es ist furchtbar. Schlimmer kann es auch 1820 nicht gewesen sein. Es ist immer das gleiche, so langweilig, langweilig, langweilig. Es geschieht nichts, nichts, nichts. Wenn doch einmal etwas geschehen wollte, was nicht diesen faden Geschmack von Alltäglichkeit hinterläßt.« In sich selber fand Heym offenbar nicht die Kraft, sich über diese Alltäglichkeit zu erheben, also hoffte er, die Außenwelt reiche sie ihm dar: »Geschähe doch einmal etwas. Würden einmal wieder Barrikaden gebaut. Ich wäre der erste, der sich darauf stellte, ich wollte noch mit der Kugel im Herzen den Rausch der Begeisterung spüren. Oder sei es auch nur, daß man einen Krieg begänne, er kann ungerecht sein. Dieser Frieden ist so faul ölig und schmierig wie eine Leimpolitur auf alten Möbeln.«[57] Einen Monat später verliebte sich Heym hoffnungslos in ein Mädchen aus Hamburg, und das Pendel seines Herzens schlug wild in die andere Richtung aus. Einen weiteren Monat später erschienen zum ersten Mal einige seiner Gedichte im Druck, und es meldeten sich Verlage bei ihm. Doch das konnte die apokalyptischen Bilder nicht aus seinem Kopf vertreiben, geschweige denn aus seiner Lyrik. Dämonen und erbarmungslose Götter bevölkerten seine Visionen, finstere Stadtlandschaften gingen in einer Feuersbrunst auf. Er sah, wie Kurt Hiller schrieb, »alles Geschehen […] in monströser Vergrößerung, Vergröberung, Überbetonung«.[58] Für Hiller ein großes Kompliment, für Heym aber bitterer Ernst. In der expressionistischen Zeitschrift *Die Aktion* artikulierte er im Juni 1911 eine tiefe Sehnsucht nach altmodischer Heroik, Größe und Begeisterung: »Früher sah die Welt manchmal die Schatten dieser Götter am Horizont. Heut sind sie Theaterpuppen. Der Krieg ist aus der Welt gekommen, der ewige Friede hat ihn erbärmlich beerbt.«[59]

Nur wenige Wochen später sah es so aus, als sei der verfluchte ewige Friede vorbei und als würden Heyms Wünsche in Erfüllung gehen: Der Sommer 1911 stand im Zeichen einer erneuten Krise um Marokko. Nachdem Frankreich einen kleinen Zwischenfall in Fès zum Anlass genommen hatte, die Stadt zu besetzen, hatte ein übereifriger deutscher Außenminister – ohne Rücksprache mit dem Kabinett oder der Armeeführung – das Kanonenboot *Panther* nach Agadir geschickt. England, Bündnispartner Frankreichs, aber vor allem Weltseemacht, fühlte sich durch diesen »Panthersprung« provoziert und brachte das in einer Rede von Minister David Lloyd George unmissverständlich zum Ausdruck. Es folgten neue wechselseitige Verdächtigungen. Im September hieß es sogar, Deutschland bereite die Invasion Belgiens vor, und Mobilmachungsgerüchte veranlassten viele Deutsche dazu, in Panik die Banken zu stürmen und ihre Ersparnisse abzuheben. Die Welt schien am Rand des Abgrunds zu stehen.[60]

In diesem Klima schrieb Heym vom 7. bis 10. September

eine erste Version des unvollendet gebliebenen Gedichts »Der Krieg«:

Aufgestanden ist er, welcher lange schlief,
Aufgestanden unten aus Gewölben tief.
In der Dämmrung steht er, groß und unerkannt,
Und den Mond zerdrückt er in der schwarzen Hand.

Ein kosmischer Koloss hatte sich erhoben, der imstande war, Himmelskörper und Städte mit einem Griff zu zerquetschen, und dessen Kraft alles verstummen ließ.

In den Abendlärm der Städte fällt es weit,
Frost und Schatten einer fremden Dunkelheit,
Und der Märkte runder Wirbel stockt zu Eis.
Es wird still. Sie sehn sich um. Und keiner weiß.

Entfesselt präsentierte er sich als Abgesandter des Todes, blind-wütig, überwältigend, mordgierig:

Auf den Bergen hebt er schon zu tanzen an
Und er schreit: Ihr Krieger alle, auf und an.
Und es schallet, wenn das schwarze Haupt er schwenkt,
Drum von tausend Schädeln laute Kette hängt.

Einem Turm gleich tritt er aus die letzte Glut,
Wo der Tag flieht, sind die Ströme schon voll Blut.
Zahllos sind die Leichen schon im Schilf gestreckt,
Von des Todes starken Vögeln weiß bedeckt.

Eine absolute Regression vollzog sich. Auch das Großartigste, das jemals durch Menschenhand entstanden war, kehrte nun in den Bauch zurück, aus dem alles hervorgeht. Gigantisch ragte er hinaus über die schwelenden Überreste:

Eine große Stadt versank in gelbem Rauch,
Warf sich lautlos in des Abgrunds Bauch.

Aber riesig über glühnden Trümmern steht
Der in wilde Himmel dreimal seine Fackel dreht.

Erst in der letzten Strophe wird deutlich, was diesen erzürnten Kriegsgott zu seinem Tun veranlasst hat:

Über sturmzerfetzter Wolken Widerschein,
In des toten Dunkels kalten Wüstenein,
Daß er mit dem Brande weit die Nacht verdorr,
Pech und Feuer träufet unten auf Gomorrh.

Und so erweist sich Heyms Gott als ebenso alttestamentarisch wie der Gott Georges. Die Welt ist sündig und verdient eine endgültige Züchtigung. Aber die Realität entschied vorerst anders. Die Marokko-Krise wurde durch Diplomatie und Kompromisse beigelegt, und Heym stellte am 15. September enttäuscht fest, dass sich sein *Sturm und Drang* schwerlich mit der Zeit, in der er lebte, in Einklang bringen ließ. »Denn ich bedarf gewaltiger äußerer Emotionen, um glücklich zu sein. […] Ich hoffte jetzt wenigstens auf einen Krieg. Auch das ist nichts.«[61] Um auf jeden Fall an vorderster Front zu stehen, falls doch noch etwas geschah, bemühte er sich im Herbst 1911 und Anfang Januar 1912 um die Aufnahme in die Armee. Am 16. Januar geschah dann schließlich etwas Dramatisches in seinem Leben. Zusammen mit seinem Freund Ernst Balcke lief er auf der Havel Schlittschuh in Richtung Wannsee. Sie brachen im Eis ein. Waldarbeiter hörten ihre Hilferufe, konnten jedoch nicht zu ihnen gelangen. Erst Tage später wurden die Leichname geborgen.[62] Aus Metz erhielten seine Eltern kurz darauf die Nachricht, dass Heym als Offiziersanwärter zugelassen worden sei.[63]

Wäre Heym als Italiener geboren worden, der Herbst 1911 hätte ihm ganz andere Möglichkeiten geboten. Während die Welt mit Spannung den Ausgang der Marokko-Krise verfolgte, schlug

Italien in Nordafrika zu: es fiel in die osmanischen Provinzen Tripolitanien und Cyrenaika ein. Warum sollten nur Frankreich und Deutschland Gebietsansprüche in Nordafrika erheben dürfen? Als ehemalige Herrscher über den Mittelmeerraum sahen sich die Italiener als selbstverständliche Großmacht. Der Anfang eines weiteren Kolonialkrieges, so sah es zunächst aus, doch die Auswirkungen waren in ganz Europa spürbar.

Die Futuristen waren natürlich begeistert. In Flugblättern mit Titeln wie *Krieg, einzige Hygiene der Welt* und *Tripoli italiana* erklärten sie stolz und zufrieden, dass das Volk und die Regierung endlich genauso kriegerisch und futuristisch geworden seien wie sie, und verkündeten ohne weitere Argumente, dass das Wort »Italien« in jeder Hinsicht Vorrang haben müsse vor dem Wort »Freiheit«.[64] Und ihre Freude war grenzenlos, als während dieses Krieges die italienische Armee zum ersten Mal in der Geschichte Flugzeuge einsetzte, erst zur Aufklärung, später auch für Luftangriffe. Der futuristische Krieg schien tatsächlich Realität geworden zu sein. Aber ging es hier wirklich um einen kleinen, läuternden Konflikt?

Dem manchmal verzehrenden Verlangen nach einem radikalen Ausbruch aus dem als monoton und erstickend empfundenen Leben, das junge Künstler und Schriftsteller Anfang des zwanzigsten Jahrhunderts ergriff, wurde später oft prophetische Kraft zugeschrieben. In der Tat kommt es einem so vor wie eine schmerzlich spektakuläre Variante des Spruchs: »Sei vorsichtig mit deinen Wünschen, sie könnten in Erfüllung gehen.« In diesem Fall: Sturm säen und einen Orkan ernten. Aber auch eher nüchterne Köpfe waren zu Beginn des vorigen Jahrhunderts von dem Gedanken des Zusammenhangs zwischen Kultur und Krieg durchdrungen. Der amerikanische Philosoph und Sozialist William James (Bruder des bekannten Romanciers Henry James) betrachtete sich als einen überzeugten Pazifisten, wollte aber nicht naiv sein: »Kriegerische Werte müssen der feste Zement sein; Unerschrockenheit, die Verachtung des Schwachen, der Verzicht auf persönliche Vorteile, [...] das alles muss der Fels bleiben, auf dem Staaten errichtet werden.«[65] Das schrieb er 1910 und behauptete damit im Grunde das Gleiche wie die Futuristen: die persönliche Freiheit sei dem Wohlergehen der Nation untergeordnet. Die wichtigste Schule der Nation sei somit nicht die Universität, sondern die Armee. Und lebenslanges Lernen war, was das betraf, auch damals schon in einigen Ländern üblich. In Bulgarien zum Beispiel blieben Männer bis zum Alter von sechsundvierzig Jahren Reservisten. Nicht ohne Stolz verkündete ein bulgarischer General im Jahr 1910, dass sein Land der »militaristischste Staat der Welt« geworden sei.[66]

Das war nicht nur Machismo. In der geopolitischen Ordnung jener Zeit befand sich das erst 1908 unabhängig gewordene Bulgarien auf einer Bruchlinie zwischen dem Osmanischen Reich (Türkei) im Osten und dem ständig gärenden Balkan im Westen. Die Erde bebte mehr als einmal in dieser Region. Als Italien die Türken in Nordafrika in die Enge trieb, schien für die europäischen Nachbarn der Moment gekommen, die geschwächten Osmanen für immer aus dem Abendland zu vertreiben.[67] Serbien, Montenegro, Griechenland und Bulgarien ließen im Herbst 1912 ihre Rivalitäten beiseite und beschlossen, in den Krieg zu ziehen, um anschließend die eroberten Gebiete – Makedonien, Thrakien und Kosovo – unter sich aufzuteilen. Und so geschah es dann auch. Freilich war abzusehen, dass sich die Sieger streiten würden, wer welches Stück vom Kuchen abbekäme. Serbien hatte ein Auge auf Saloniki geworfen, doch das wurde griechisch. Bulgarien wiederum riss sich einen Küstenstrich an der Ägäis unter den Nagel, den sich auch Serbien gern einverleibt hätte. Und um den serbischen Expansionsdrang in Richtung Adria einzudämmen, entstand unter großem Druck Österreichs 1912 Albanien. Der Expansion Serbiens war damit mehr oder weniger Einhalt geboten, doch Österreich blieb in Alarmbereitschaft. Und Bulgarien war frustriert, weil es große Gebiete Makedoniens seinen Bündnispartnern hatte überlassen müssen. Die Folge: Bulgarien wandte sich, noch keinen Monat nach der Unterzeichnung des Friedensvertrages, Ende Juni 1913 gegen seine Verbündeten, und es kam zum zweiten Balkankrieg. Bulgariens Feldzug scheiterte spektakulär. Das Land wurde besiegt von einer neuen Gelegenheitskoalition, zu der sich Serbien, Griechenland, Rumänien und … die Türkei zusammengeschlossen hatten. Allianzen änderten sich also schneller als die Windrichtung, und allgemeine Instabilität war die Folge.

Bei den Zusammenstößen zwischen diesen kleinen Ländern ging es jedes Mal auch um die Belange der europäischen Supermächte Großbritannien, Frankreich, Deutschland, Russland und Österreich-Ungarn. Wobei sich unweigerlich die Frage stellte, ob Österreich-Ungarn überhaupt noch dazu zählte: Hatte es sich nicht immer wieder übertölpeln lassen und würden Serbien und Russland nicht die Gelegenheit ergreifen, das Habsburger Reich weiter zu demontieren? Schlimmer noch: Hatte die Doppelmonarchie dieser Implosion nicht selbst Vorschub geleistet, unter anderem, als sie 1908 bedenkenlos Bosnien-Herzegowina annektiert und damit die Deutschen verärgert, die Russen gedemütigt, die Serben provoziert und den Rest Europas von sich entfremdet hatte?[68] Der Einsatz in diesem Spiel war hoch. Der weiter oben beschriebene Balkanbund konnte sich leicht gegen Österreich wenden. Oder umgekehrt: Um dem Bündnis zuvorzukommen, konnte auch Österreich selbst auf dem Balkan in den Krieg ziehen. Wenn Deutschland dann seinen Sprach- und Bündnispartner unterstützen und Russland seinen slawischen Brüdern zu Hilfe eilen würde, woraufhin Deutschland und Frankreich einander den Krieg erklären müssten und England Frankreich beistehen würde (wie es die Triple Entente zwischen England, Frankreich und Russland vorsah) – dann wäre das Ausmaß der Katastrophe unabsehbar. Aber so weit würde man es sicherlich nicht kommen lassen, konnte doch jedermann erahnen, wohin eine solche Eskalation führen würde in einer Welt, in der die Waffen immer moderner und mörderischer wurden.

Und noch immer war es Juni 1914. In London ging die neue Zeitschrift *Blast* nach dem gnadenlosen Niedermachen ans Aufbauen. Die Lobpreisungen an die Adresse Englands (gesegnet seien seine Schiffe, seine Häfen, sein barbarischer Humor … (S. 22-26) und Frankreichs (welche Vitalität! Was für meisterhafte Pornographen und Skeptiker! Welch ein bitterer Strom, der aus der Wunde von 1870 sprudelt … S. 27) hätten auch gut in die »Triumph-Ode« von Pessoa/de Campos gepasst. Noch faszinierender war die Liste von Personen, Institutionen und Produkten, die als Nächste »gesegnet« wurden: heute vergessene Sänger, Schauspieler, Kunstflieger, Boxer und Cricketspieler zusammen mit damals noch nahezu unbekannten Autoren wie James Joyce, bekannte Suffragetten, die durch Hungerstreiks von sich reden machten, wie Lillian (Lillie) Lenton, bewaffnete Gegner von Home Rule in Irland und der fundamentalistische Papst Pius X. (S. 28). *Rebels with a cause,* wie es scheint. Doch was hatte Henry Newbolt (1862-1938) in dieser Gesellschaft zu suchen? Der in jenen Tagen in britischen Internaten meistgelesene Autor verherrlichte in seinen entschieden vormodernen Gedichten ritterlichen Heldenmut und bedingungslose Opferbereitschaft, wobei seine Schlachtfeldmetaphorik eher durch Sportwettkämpfe auf dem Schulhof als durch echte Kriegserfahrung inspiriert schien. Noch kurz zuvor, im Jahr 1913, war er für seine patriotisch-militaristischen Verse mit einem Orden ausgezeichnet worden.[69]

The Great English Vortex ging es demnach offenbar weniger um eine nietzscheanische *Umwertung aller Werte* als vielmehr um die Propagierung einer – zurückhaltend ausgedrückt – selbstbewussten, in der Praxis jedoch ausgesprochen aggressiven britischen Präsenz in der Welt. Die Lobpreisungen in *Blast* stützten die Machtansprüche des britischen Empire. Die neuesten Erkenntnisse des Avantgarde-Künstlers (»Entmenschlichung ist das bedeutendste Kennzeichen der Heutigen Welt«, S. 141) standen im Widerspruch zu seinen tiefsten, nicht zensierbaren Sehnsüchten. Und was Letztere betraf, war Wyndham Lewis sehr deutlich: »Es gibt im Leben bestimmt kein größeres Vergnügen, als jemanden zu ermorden.« (S. 133) Selbstverständlich war das nur eine Pose. Dass er seine abstrakten Illustrationen in *Blast* »Plan of War« und »Slow Attack« nannte, sollte natürlich auch nicht überinterpretiert werden. Er behauptete zwar, dass »Kunst und Leben überall aufs Neue ineinander übergehen« (S. 132), doch das bedeutet nicht, dass wir alles wörtlich nehmen müssen. Oder?

Kein zurechnungsfähiger Mensch in Sarajevo glaubte am 28. Juni 1914, dass sich der österreichische Thronfolger Franz Ferdinand und seine Frau Sophie in einem offenen Wagen durch die Stadt chauffieren ließen, weil das Wetter dafür ideal war. Sich in der annektierten Hauptstadt Bosniens öffentlich zu zeigen, war erklärtermaßen eine Provokation. Und es im Anschluss an die Inspektion von Truppenmanövern am Vidovdan zu tun, dem heiligen Gedenk- und Feiertag der Serben, war schlichtweg eine Beleidigung. Man konnte es befremdlich finden, dass die Serben einer Schlacht gegen die Türken im Jahr 1389 gedachten, in der sie eine gnadenlose und demütigende Niederlage erlitten und ihren Herrscher verloren hatten; Sinn für Pathos, Dramatik und Masochismus konnte man ihnen schwerlich absprechen. Aber es war nun einmal ihr nationaler Feiertag, der Tag, an dem sie Rache und Vergeltung schworen und ihrem Traum einer territorialen Ausbreitung Nachdruck verliehen, indem sie eines der vielen Lieder sangen und eines der vielen Gedichte rezitierten, die über die Jahrhunderte hin an die Schlacht auf dem Amselfeld im Kosovo erinnerten.[70] Die verhassten Osmanen, gegen die sie damals verloren hatten, waren erst seit 1912 vom heiligen Boden des Kosovo vertrieben worden, und nun standen die verfluchten Österreicher vor den Toren!

Andererseits hätte man es als Versuch Franz Ferdinands sehen können, Serbien auf symbolische Weise zu verdeutlichen, dass es seine Träume von einem Großserbischen Reich besser zurückstellen solle und sie auf keinen Fall auf dem Rücken der Donaumonarchie verwirklichen könne, er im Gegenzug aber bereit sei, den Slawen ein hohes Maß an Autonomie innerhalb seines Reiches zu gewähren … – doch so ein Andererseits bekam an diesem achtundzwanzigsten Juni keine Chance. Franz Ferdinand und seine Frau wurden von einem jungen serbischen Bosnier ermordet, der höchstwahrscheinlich vom serbischen Geheimdienst unterstützt worden war.[71] Die Symbolik war überdeutlich: So wie ein heldenhafter Serbe 1389 in der Stunde der Niederlage den osmanischen Sultan auf dem heiligen Boden des Kosovo getötet hatte, so hatte in der wichtigsten Stadt des bosnischen Brudervolks der verhasste Reaktionär Franz Ferdinand am Jahrestag seiner Hochzeit den Tod gefunden.

Der Attentäter, Gavrilo Princip (1894-1918), wollte eigentlich Dichter werden. Er las Walt Whitman und Oscar Wilde, besaß Bücher der Anarchisten Bakunin und Kropotkin und kannte Gedichte von Friedrich Nietzsche auswendig.[72] Wenn er schon ein unreifer Wirrkopf war, dann einer, der ganz in seine Zeit passte, in der poetische und revolutionäre Ambitionen oft Hand in Hand gingen. Ein Mann des Wortes war auch ein Mann der Tat. Als er sich beim Ausbruch des Balkankrieges von 1912-1913 freiwillig zum Militär melden wollte, wurde Princip von dem serbischen Offizier weggeschickt, weil er »zu klein und zu schwach« sei. Das hätte der Offizier besser nicht gesagt.

Die Nachricht vom Attentat verbreitete sich schnell um die ganze Welt. Sofort kam es zu den ersten Missverständnissen und Verschwörungstheorien. Freimaurer, die deutschen Geheimdienste, die Regierung Österreich-Ungarns selbst – offenbar hatten nicht wenige ein Motiv, Franz Ferdinand aus dem Weg zu räumen. Insidern zufolge soll sogar sein Onkel, der steinalte Kaiser Franz Joseph, gemurmelt haben, nun habe er eine große Sorge weniger.[73]

Konfusion auch in den Kreisen von Miloš Crnjanski (1893-1977).[74] Der serbisch-ungarische Dichter studierte seit 1913 in Wien. Zusammen mit anderen Slowenen, Serben und Kroaten, die in der imperialen Hauptstadt lebten, hatte er gerade im Stadtpark an einer Versammlung zum Vidovdan teilgenommen. Am Abend sollte ein großer Ball stattfinden, zu dem auch der serbische Gesandte eingeladen war. Crnjanski sollte die Gattin des Gesandten zum Tanz auffordern. Dazu kam es nicht. Während Crnjanski nach dem Mittagessen mit seinen Freunden eine Partie Billard spielte, überbrachte ihnen ein Kellner die Nachricht, der *serbische* Thronfolger sei ermordet worden. Etwas stimmte nicht. Jedenfalls war es nicht mehr der rechte Moment zum Walzertanzen.

Dramatische Veränderungen auch im Dasein eines anderen jungen Dichters aus der Region, des Bosniers Ivo Andrić (1892-1975).[75] Die Buchpublikation, die sein Leben völlig auf den Kopf stellen sollte, eine Anthologie neuer kroatischer Lyrik, lag genau an diesem achtundzwanzigsten Juni frisch gedruckt in den Buchhandlungen von Zagreb.[76] Noch in seiner Gymnasialzeit hatte Andrić die »Geheime Jugendorganisation Sarajevos« gegründet, deren Ziel die Förderung der kroatisch-serbischen Einheit und Freiheit war. Er übersetzte Walt Whitman und meinte aus der Lektüre von Bakunin und Kropotkin folgern zu können, dass nationale Befreiung zu einer sozialen Revolution führen und die Rückständigkeit seines Heimatlandes beenden würde.

Als Sympathisant des »Jungen Bosnien« glaubte Andrić offenbar, dass Terror ein legitimes Mittel sei, um die verhassten Besatzer zu vertreiben. Geradezu begeistert von dieser Vorstellung, schreckte er zugleich davor zurück: »Oh, wie schlägt mein Herz vor Freude, wenn ich an die künftigen großen Taten denke. Das *Hajduk*-Blut wallt und kocht. Mein Leben vergeht ohne den Wert und die Segnungen des Opfers. Aber ich liebe das Gute. Hoch lebe, wer auf der Straße stirbt, begeistert von Revolte und Schießpulver … Hoch lebe, wer zurückgezogen und ruhig, in dunklen Hinterzimmern, den Aufstand vorbereitet und neue Listen ersinnt.«[77] Auch Andrić kam 1913 als Student nach Wien, ging aber im Frühjahr 1914 nach Krakau. In der oben erwähnten Anthologie wurde er als sensibler, ehrgeiziger junger Mann »ohne den geringsten türkischen Atavismus« vorgestellt.[78] In einem der Gedichte – »Vorfrühlingslied« – sah der Dichter einen »blühenden Zweig«, »brennende Blumen« und »Wolken die am Himmel dahinsegeln wie eine Armee« als Vorboten »großer Taten«: »Wann kommt die Armee des Königs?«[79] Vielleicht schneller, als er dachte oder hoffte. Der Mord in Sarajevo zwang ihn jedenfalls dazu, Krakau sofort zu verlassen, denn Jugoslawen schlug nun überall in der Doppelmonarchie Misstrauen entgegen. In Andrić' Fall vielleicht nicht ganz so abwegig – als Schulfreund von Danilo Ilić, der 1915 wegen Verschwörung und dem Mord an Franz Ferdinand gehängt werden sollte, sprach seine Vergangenheit sicherlich gegen ihn.

Der ungarische Dichter Endre Ady agitierte am 28. Juni für die Radikale Partei im Distrikt Szatmár. Der Überlieferung nach soll er in Tränen ausgebrochen sein, als er in einem visionären Moment ausrief: »Ungarn wird in diesem Weltkrieg verschlungen werden, ob die Entente ihn gewinnt oder verliert. Ungarn wird gespalten werden, und reaktionäre Kräfte werden die Macht ergreifen.«[80]

Alexander Blok steckte unterdessen in einer Sackgasse. Nach

alter Gewohnheit verbrachte er den Sommer auf dem von ihm ererbten Landgut Schachmatowo. Wenn Bauern aus der Gegend erschienen, um den großen Meister der Symbolisten zu begrüßen, bekamen sie ein Glas Wodka, dem Heilkräfte zugeschrieben wurden. Blok hatte keine anderen Pläne als in den Vorjahren: lesen, schreiben, Flaubert übersetzen, endlos Wald und Feld durchstreifen und dabei über das Leben und die Liebe nachsinnen.[81] Die Übersetzung kam jedoch nur zäh voran, und auch aus dem Schreiben wurde nichts. »Sollte mein Lied ausgesungen sein?«, fragte er sich in einem Tagebucheintrag vom 28. Juni etwas beunruhigt.[82]

Der deutsche, aus dem jüdischen Bürgertum stammende Dichter Alfred Lichtenstein (1889-1914) leistete gerade seinen einjährigen Militärdienst ab, als das Attentat geschah. Genau am achtundzwanzigsten Juni freute er sich in dem Gedicht »Abschied« schon auf das Ende seiner Militärzeit, fort von den »unbarmherzgen Menschenmühlen«.[83] Man braucht ihm nicht zwangsläufig prophetische Gaben zuzuschreiben, doch während die deutsche Armeeführung Anfang Juli einfach in die Sommerfrische abreiste, der Oberkommandant der serbischen Streitkräfte sich sogar zur Kur nach Österreich begab, die Briten sich akut Sorgen machten über einen möglichen Bürgerkrieg in Irland und die Franzosen sich weiter an einem amourösen Skandal um Minister Caillaux ergötzten,[84] verfasste er am 9. und 10. Juli dieses Gedicht:

Doch kommt ein Krieg. Zu lange war schon Frieden.
Dann ist der Spaß vorbei. Trompeten kreischen
Dir tief ins Herz. Und alle Nächte brennen.
Du frierst in Zelten. Dir ist heiß. Du hungerst.
Ertrinkst. Zerknallst. Verblutest. Äcker röcheln.
Kirchtürme stürzen. Fernen sind in Flammen.
Die Winde zucken. Große Städte krachen.

Am Horizont steht der Kanonendonner.
Rings aus den Hügeln steigt ein weißer Dampf
Und dir zu Häupten platzen die Granaten.[85]

2

Ein heißer Sommer

Juli–September 1914

Für mich ist es ein Vorspiel von schrecklicher Schönheit.

– Louis Couperus, München, 8. August 1914[1]

Am Donnerstag, dem 23. Juli 1914, kam die gerade fünfundzwanzig Jahre alt gewordene Dichterin Anna Achmatowa (1889-1966) in der Datscha ihrer Schwiegermutter in Slepnjowo nahe der Stadt Beschezk an.[2] Ihr fast zweijähriger Sohn Lew erwartete sie dort. Ihr Mann, der flamboyante Dichter und Weltreisende Nikolai Gumiljow (1886-1921), wollte lieber einen einsamen Sommer am Finnischen Meerbusen verbringen, im karelischen Grenzland. Obwohl es ruhig war in Slepnjowo und Achmatowa in den Sommern dort immer literarisch produktiv war, war ihr der Ort zuwider. An das mondäne Leben in Sankt Petersburg gewöhnt, konnte sie dem in jeder Hinsicht platten Landstrich in der abgelegenen Provinz Twer nichts abgewinnen. Nun, wo fünfhundert Kilometer weiter nördlich das sprühende Salonleben ihres geliebten Sankt Petersburg für ein paar Monate pausierte, war sie verurteilt zur Gesellschaft zweier Frauen – ihrer Schwiegermutter und einer alten Tante Gumiljows –, die die Zeit damit verbrachten, ihr eigenes Totenhemd zu besticken.[3] Das Leben dort sei manchmal unerträglich, schrieb sie dem symbolistischen Dichter Georgi Tschulkow, und die absolute Ruhe und die Langeweile hinderten sie sogar daran, an einem Text weiterzuarbeiten, der ihr erstes Langgedicht werden sollte, »Am Ufer des Meeres«. Hin und wieder erreichten sie Nachrichten aus der Außenwelt, doch die kamen ihr, so betonte sie, »vollkommen unwahrscheinlich« vor.[4]

Am Sonntag nach ihrer Ankunft schrieb sie ihrem Mann und fragte ihn ungeduldig, ob er nicht auch nach Slepnjowo kommen wolle und ob er noch Neuigkeiten und Klatschgeschichten aus Sankt Petersburg für sie habe. Den stumpfsinnigen Nachbarn ginge sie aus dem Weg. Vier Tage später, am Donnerstag, dem 30. Juli, war alles noch öder: Nun herrschte auch noch schlechtes Wetter – »ich sage einen frühen Herbst voraus.«[5] Mit Nachdruck bat sie ihren Mann, ihr Geld zu schicken. In dem Brief an Tschulkow sprach sie von Plänen, für sechs Wochen in die Schweiz zu reisen, doch wie sie diesen Aufenthalt bezahlen wollte, ist angesichts ihrer chronischen Geldsorgen unklar. Der Lauf der Geschichte machte eine Antwort auf diese Frage überflüssig.

An diesem dreißigsten Juli ordnete Zar Nikolaus II. die Generalmobilmachung an. Die Spannungen zwischen Österreich und Serbien, dem Brudervolk der Russen, hatten sich in der letzten Juliwoche dramatisch zugespitzt.[6] Nachdem es nicht vorbehaltlos auf sämtliche Bedingungen eines – von Beobachtern als kriegstreiberische Provokation bezeichneten – Ultimatums Österreichs hatte eingehen können, hatte sich Serbien am 25. Juli gezwungen gesehen, mobilzumachen, und drei Tage später hatte Österreich auch im wörtlichen Sinn das Feuer eröffnet.[7] Die Hetze und die Provokationen von deutscher Seite machten den Zaren und seine Generäle sehr nervös. Länger zu zögern schien gefährlich, denn im großen russischen Reich würde es viel länger dauern als beim so modernen Feind, die Armee einigermaßen geordnet in Kampfbereitschaft zu versetzen. Kaiser Wilhelm II., Nikolaus' Cousin, der nicht einmal annähernd mitbekam, was seine Generäle hinter seinem Rücken alles ausheckten, bat den Zaren eindringlich, seinen Entschluss zur Mobilmachung zurückzunehmen: »Noch kann der Friede Europas durch Dich erhalten bleiben.«[8] Nikolaus, der seinen Entschluss bereits bereute, ließ sich von seinen Generälen und Ministern überzeugen, dass es keinen Weg zurück mehr gab, und teilte dem Kaiser schweren Herzens mit, »die militärischen Vorbereitungen einzustellen« sei »*technisch* unmöglich«, Russland liege es jedoch fern, einen Krieg zu wünschen. Am nächsten Tag war auch über Sankt Petersburg der Himmel grau; das entspreche seiner Gemütslage, notierte der Zar niedergeschlagen in seinem Tagebuch. Die militärischen Vorbereitungen dauerten inzwischen unvermindert an. Die österreichischen Truppen rückten rasch in Richtung Serbien vor und ließen die Grenze zu Russland nahezu unverteidigt zurück. Das erhöhte natürlich den Druck bei den Deutschen, die immer auf Österreichs Unterstützung gezählt hatten, um dem slawischen Riesen Paroli zu bieten. Am 1. August sah sich der Kaiser gezwungen, die unvermeidlichen Konsequenzen zu ziehen: Da Russland die Mobilmachung fortsetzte und auf ein deutsches Ultimatum nicht einmal reagiert hatte, nahm das deutsche Reich »die Herausforderung« an und erklärte Russland den Krieg. In Wirklichkeit suchte Deutschlands Militärführung schon seit Jahren nach einem Vorwand, den angestrebten Ausbruch eines europäischen Krieges Russland in die Schuhe schieben zu können.[9] Der Plan war gelungen.

Als die Nachricht von der Kriegserklärung einen Tag später auch Slepnjowo erreichte, waren die drei Frauen – diesmal in seltener Eintracht – völlig fassungslos. Der kleine Lew wusste nicht, wie ihm geschah: Mutter, Großmutter, Großtante – sie alle schienen untröstlich. Einundfünfzig Jahre später erinnerte sich Achmatowa noch immer ganz genau daran. Die Frauen im Dorf brachen in eindrucksvolle Klagen aus, und in dieser Stunde der Verzweiflung teilte die dort sonst so abgeschottet lebende Dichterin die allgemeine Stimmung. Es war ein Gefühl, als stürze ihr Leben ein. In dem zweiteiligen Gedicht »Juli 1914«, das sie an diesem Tag – dem 20. Juli nach dem julianischen Kalender – schrieb, spricht eine apokalyptische Seherin. Die außergewöhnlichen Wetterverhältnisse (»Schon seit Ostern dürstet das Feld«) und der beißende Geruch von brennendem Torf, der anscheinend auch den Gesang der Vögel verstummen und das Laub der Espen erstarren ließ, waren Vorzeichen einer unvorstellbaren Katastrophe:

> Schreckenszeiten sind nahe,
> Frische Gräber dicht an dicht.
> Erwartet Hunger, erwartet Strafen
> Und der Sterne verfinstertes Licht.

Wie bei Alexander Blok haben Achmatowas Visionen einen eschatologischen Beiklang, und es wird sehr konkret eine Verbindungslinie zum Schicksal von Mütterchen Russland gezogen. Der »Einbeinige«, den die Dichterin in diesem Gedicht zu Wort kommen lässt, ist aber nicht ohne Zuversicht, denn eine noch größere Mutter wacht:

> Und doch wird er nicht sich zur Freude
> Unsere Erde zerteilen, der Feind:
> Gottesmutter zum Schutz uns breitet
> Weiß ein Linnentuch über das Leid.[10]

Könnte die unheilverkündende Stimmung in einem Gedicht, das vom Beginn eines Krieges handelt, noch eindrücklicher sein? Das Erste, was die Lyrikerin heraufbeschwört, ist Brandgeruch. Dann ist die Rede von frischen Gräbern, unsäglichem Kummer, Soldatenwitwen und zertrampelten Feldern. Achmatowas radikale, oft biblische Bilder, in denen ein Gebet um Regen mit der Nässe warmen Soldatenbluts beantwortet wird, legen nahe, dass »Juli 1914« nicht als eine realistische, dokumentarische Beschreibung der Ereignisse in diesen dramatischen Tagen gemeint ist. Dennoch deutet manches darauf hin, dass die Atmosphäre dieses Gedichts nicht nur ihrer dichterischen Vorstellungskraft entsprungen ist. Abgesehen von dem Gemeinplatz, dass sich praktisch ihr ganzes Werk als ein intimes Tagebuch liest, scheinen in diesem Teil Nordeuropas im Sommer 1914 tatsächlich seltsame Wetterphänomene beobachtet worden zu sein. Ob sie die gleiche Erfahrung oder aber eine ähnliche Phantasie teilten, ist nicht deutlich, aber in einem Gedicht von Achmatowas Mann Gumiljow über diesen Schlüsselmoment fällt eine ähnliche Beschreibung auf:

Der Sommer war gewitterschwül durchloht
Mit stickigen und glühend heißen Tagen,
so daß das Herz, von Dunkelheit bedroht,
erstickt von Schwüle, aufgehört zu schlagen.
Und schon am Mittag war die Sonne rot.
Die Ähren konnten kaum die Körner tragen.[11]

Ob Symbolik oder Wirklichkeit, worum es geht, dürfte deutlich sein: die atmosphärische Spannung konnte jeden Moment mit einem großen und zerstörerischen Knall zur Entladung gebracht werden. Und als das geschah, so betonte Achmatowa später mehrmals, begann das zwanzigste Jahrhundert.[12]

Die fast hysterische Stimmung im Russland jener Tage lässt Alexander Solschenizyn in seinem Dokumentarroman *August Vierzehn* (1971) durch eine Collage von historischen Zeitungsschnipseln aufleben. Patriotische Gedichte beschworen in den Blättern die Einheit mit den Serben als Slawen und Glaubensbrüdern. Gott würde den deutschen Aggressor strafen in dem, was sich als der allerletzte und entscheidende Krieg in der europäischen Geschichte ankündigte. Gusseiserne Statuen wurden vom Dach der deutschen Botschaft gezogen und in der Moika versenkt.[13] Vertreter jeder ethnischen Gruppe und Religion im russischen Reich versammelten sich in der Duma und erklärten sich solidarisch. Hunderttausend Russen strömten vor dem Winterpalais zusammen und knieten dort feierlich nieder, Fahnen und Ikonen in der Hand. Gott, Zar und Volk bildeten eine unbesiegbare Dreieinheit.

> … Die Serben kamen, unsre Brüder,
> Im hehren Glanz erschien der Hof,
> Den Reservisten, immer wieder
> Entrang sich einiges »Hurra!«
> Man betete für unsre Waffen,
> Und in der Kirche sang der Chor,
> Da trat nach unsrer Väter Sitte
> Zu seinem Volk der Zar hervor.[14]

Schriftsteller und andere Intellektuelle, die zuvor oft dem Vorwurf der Dekadenz und des Elitismus ausgesetzt waren, fanden plötzlich wieder Anschluss an das, was das Volk beschäftigte. Symbolisten der alten Garde (Fjodor Sologub, Wjatscheslaw Iwanow) ebenso wie ihr junger akmeistischer Kollege Sergej Gorodezki holten nicht nur das Reimwörterbuch, sondern auch den Säbel hervor und rühmten den ehrenvollen, heiligen Krieg, der die lang erwartete Neubelebung des russischen Geistes bewirken solle.[15] Für sie war es ein Kulturkampf, der Sieg über den Feind von außen würde auch das Übel im Innern töten.

Im Hintergrund stand eine zentrale Frage, die Russlands Platz in Europa betraf: Ließ sich die slawische Seele überhaupt mit der deutschen in Einklang bringen? Für einen Dichter wie Wjatscheslaw Iwanow (1866-1949), der wie so viele seiner russischen Zeitgenossen in Deutschland studiert hatte und durch die Lektüre von Goethe, Novalis und Nietzsche geprägt war, war das keine theoretische Frage, sondern ein Problem, das den Kern seiner Identität berührte. Um dem Dilemma zu entgehen, unterschied Iwanow strikt zwischen dem »klassischen« und dem von preußischen militaristischen und materialistischen Werten durchdrungenen »modernen« Deutschland.[16] Die Organisationswut und der Kollektivismus des jungen deutschen Staates waren unvereinbar mit seinem Traum von *sobornost*, einer Art organischer Volksgemeinschaft auf der Grundlage gemeinsamer spiritueller Werte.[17] Der Krieg würde Russland die Chance bieten, wieder zu sich selbst zu finden und Europa zu beweisen, dass es viel mehr war als die rückständige Kultur, die vor allem Deutsche in ihm sahen. Wo Großbritannien und Frankreich in dieser Frage eingeordnet wurden, war nicht ganz klar: Auch das waren natürlich große westliche Mächte, die oft auf Russland hinabblickten und, vom russischen Standpunkt aus gesehen, nicht unbedingt die richtige religiöse und metaphysische, »östliche« Einstellung zeigten.[18] Der Krieg würde sichtbar machen, wer zu wem gehörte und warum. Der Vertrag, der Russland mit Frankreich und Großbritannien verband, würde von einer papierenen in eine geistige Allianz umgewandelt werden können. Wenn Deutschland nicht nur besiegt, sondern auch vernichtet würde, könnte Russland seinen Platz unter den freien europäischen Mächten finden, ohne ständig angstvoll auf seine Ostflanke achten zu müssen.

Gleich am ersten Tag des Krieges brachte Waleri Brjussow (1873-1924) in einem Gedicht zum Ausdruck, dass es um einen entscheidenden europäischen Konflikt ging: »Und durch Europas alte Fluren / Zieht dieser letzte Krieg.«[19] Noch am selben Tag verließ er seine Datscha und bemühte sich in Moskau um eine Anstellung als Kriegsberichterstatter. Der große Dichter wollte in vorderster Linie stehen, wenn Geschichte geschrieben wurde. Mehr noch: er hoffte, sie selbst mit aufzeichnen zu können. Wenn die Geschichte ruft, lässt sich sogar ein dekadenter Symbolist dazu herab, als Kriegsreporter tätig zu sein.[20]

Auch die neue Generation russischer Dichter trat auf den Plan. Die Futuristen und insbesondere ihr führender Vertreter

Wladimir Majakowski (1893-1930) schienen für solche Erschütterungen und Verwerfungen wie geschaffen zu sein.[21] Gerade einmal zwölf Jahre alt, hatte Majakowski während der Revolution von 1905 seiner Schwester Olga berichtet, dass in der Schule gestreikt werde und sie in der Kirche die Marseillaise gesungen hätten, worauf die Schule geschlossen worden sei. Zwei Jahre später wurde er zum ersten Mal wegen bolschewistischer Umtriebe verhaftet. Aufgrund seines jugendlichen Alters kam er sofort wieder frei, doch von diesem Zeitpunkt an registrierten die Geheimdienste des Zaren akribisch, wann der junge Wladimir auch nur ein Brot kaufen ging. Im Januar 1909 wurde Genosse Konstantin (so genannt nach seinem jung verstorbenen Bruder) festgenommen und mehrere Wochen inhaftiert. Im Sommer desselben Jahres war es schon wieder so weit: Diesmal landete er für sechs Monate hinter Gittern, fünf davon in Einzelhaft im Moskauer Butyrki-Gefängnis. Seine Jugendzeit schien mit Sechzehn endgültig vorbei zu sein. Die Haft zeichnete ihn fürs Leben, aber – wie zu erwarten in einer Heldenvita – markierte auch den Anfang von etwas Neuem: Im Gefängnis begann er zu lesen und zu dichten. Das Ergebnis bezeichnete er später als »geschraubt und trübselig«,[22] doch zum ersten Mal hatte er etwas für sich entdeckt, das ihm wichtiger sein könnte als Politik. Nach seiner Entlassung im Januar 1910 ließ er die Parteiarbeit eine Weile links liegen und begann sich durch Selbststudium zu einem Künstler zu entwickeln. Im August 1911 wurde er zur Moskauer Kunstakademie zugelassen. Dort lernte er den ukrainischen kubistischen Maler und futuristischen Dichter Dawid Burljuk (1882-1967) kennen, ein extravagantes Naturtalent, der ihm endgültig den Weg wies und mit dem er schon bald den Kern des russischen Futurismus bilden sollte.

Mit dem Manifest »Eine Ohrfeige dem öffentlichen Geschmack« machten Burljuk, Majakowski und ihre Dichterfreunde Aleksej Krutschonych und Welimir Chlebnikow kurzen Prozess mit der symbolistischen Generation von Blok, Brjussow und Sologub. Hier und jetzt – Moskau 1912 – begann die neue Zeit, mit einer neuen Sprache und einer neuen Moral.[23] Auf formaler Ebene verwirklichten sie diesen Anspruch zweifellos: Sprachschöpferischer als die Gedichte von Chlebnikow und Krutschonych war die Lyrik vielleicht nie mehr, und die Art und Weise, wie sie Buchstaben und Wörter auf dem Blatt anordneten, machte aus Literatur zugleich eine Form von bildender Kunst und Musik.[24] Als der Krieg ausbrach, reagierten die Futuristen jedoch im Wesentlichen ähnlich wie die Dichter der vorigen Generation. Ihre Einstellung war zwar radikal anders – sie schwelgten nicht in Vorstellungen vom Ewigweiblichen und der griechischen Muttergöttin Demeter –, und ihr Werk war durch mehr Bravour und Ausrufezeichen gekennzeichnet, doch auch ihre Kunst war in hohem Maße darauf fixiert, zu erkunden, was Russland und die slawische Kultur im Grunde ausmachte. Kurzum, ihr Nationalbewusstsein war sehr ausgeprägt. Als Marinetti im Januar 1914 nach Russland reiste, um für seine Spielart des Futurismus zu werben, warf sich die lokale Jugend ihm fast zu Füßen. Die vielen braven oder sensationsgierigen Bürger, die Marinetti beinahe wie ein ausländisches Staatsoberhaupt empfangen hatten, wurden von Chlebnikow und seinem Mitfuturisten Benedikt Liwschitz in einem Flugblatt als Verräter »der russischen Kunst auf dem Wege der Freiheit und Ehre« angeprangert und, schlimmer noch, als diejenigen, die »den edlen Hals Asiens unter das Joch Europas« gebeugt hätten.[25] In einem Brief vom Februar 1914, in dem er Marinetti als »unbegabten Schwätzer« titulierte, äußerte Chlebnikow, er sei davon überzeugt, dass sie einander irgendwann bei Kanonendonner wiedersehen würden, »im Zweikampf zwischen dem italo-germanischen Bund und den Slawen an den Ufern Dalmatiens«.[26] Diese Ortsangabe wählte der germanophobe Chlebnikow keineswegs zufällig.[27] Auf dem Balkan drohten neue bewaffnete Auseinandersetzungen, und es war unschwer vorauszusagen, dass ein Konflikt über die slawische Seele auch im kroatischen Teil der österreichisch-ungarischen Doppelmonarchie ausgetragen werden würde.

Und dazu war es inzwischen gekommen. »Kriegserklärung« betitelte Majakowski am 2. August ein neues Gedicht. Die kriegerische Rhetorik der Abendblätter und aufgestachelten Russen, die er zitiert (»Die Intrigen des Rheins ertränkt in Blut!«), geht nahtlos über in die seiner eigenen Verse, in denen »Schwall auf Schwall flammendrot Blut« über den Platz schießt, »und vom Westen her fällt roter Schnee / in saftigen Batzen Menschenfleisch«.[28] Am folgenden Tag griffen deutsche Truppen in Russisch-Polen die Städte Dęblin (Iwangorod), Kalisz und Częstochowa (Tschenstochau) an. In den beiden letztgenannten Städten verübten die Deutschen später in diesem Monat Kriegsverbrechen; sie richteten Zivilisten hin, zerstörten Häuser und schändeten in dem Wallfahrtsort Tschenstochau den Schrein der Schwarzen Madonna.[29] Anna Achmatowas düstere Visionen wurden schon in diesen ersten Kriegstagen Realität.

Der Ausbruch eines Krieges wird begleitet von heftigen Emotionen, großen Gesten und propagandistischer Stimmungsmache. Gleichzeitig setzt sich eine logistische, im Zivilleben unvorstellbare Maschinerie in Gang. Millionen junger Männer werden mobilisiert und über halbe Kontinente transportiert, Autos, Pferde und Wagen werden im Interesse der Nation requiriert, Wagen mit schweren Geschützen rollen vorbei und lassen die Erde beben, und überall sieht man Sanitätswagen des Roten Kreuzes.[30] Meist nicht so sichtbar im Straßenbild, aber ein deutliches Symptom des absoluten Ernstes der Lage sind die Verhaftungen von plötzlich verdächtigen Ausländern. Die Regeln ändern sich schlagartig. Wer zuvor noch ein »Gast« war, gilt nun als »Feind«. Wer schon unter Beobachtung stand, wird ohne Wenn und Aber zum Staatsfeind erklärt.

Was das konkret bedeutete, sollten der slowakische Dichter Janko Jesenský (1874-1945) und seine Balkankollegen Miloš Crnjanski und Ivo Andrić schon sehr bald erfahren. Jesenský wurde wegen seiner nationalistischen Aktivitäten sofort verhaftet. Andrić war nach der Ermordung Franz Ferdinands an die dalmatinische Küste gereist, nach Split.[31] So wie viele andere junge revolutionäre Jugoslawen stand er unter strenger Beobachtung der österreichischen Geheimpolizei, und als die Doppelmonarchie am 28. Juli Serbien offiziell den Krieg erklärte, folgte eine erste Verhaftungswelle. Am 4. August – Andrić saß gerade am Meer und trank Kaffee – wurde er festgenommen. Nach kurzen Aufenthalten in Gefängnissen in Šibenik (Kroatien) und Maribor (Slowenien) wurde er in Ovčarevo (Serbien) und in Zenica (Bosnien) interniert. Es waren Orte mit einer unterschiedlichen ethnischen Prägung, aber sie alle gehörten damals zu Österreich. Was man Ivo Andrić vorwarf: die politischen Implikationen seines im vorigen Kapitel erwähnten Gedichts »Vorfrühlingslied«. Während seiner langen Haft erwies sich die Literatur jedoch auch als wichtiger Halt für ihn. Er las die Bücher, die ihm ins Gefängnis geschickt wurden, und er schrieb Gedichte und die lyrische Prosa, die später in dem Buch *Ex Ponto* (1918) veröffentlicht wurde. Die Haft traf ihn dennoch tief, und es vergingen Wochen in absoluter Stille, »begraben in Schweigen und Bescheidenheit, die uns das Unglück lehrt«.[32] Schlaflose Nächte brachten ihn an den Rand des Abgrunds, wo der Tod »etwas Wunderbares, Leichtes und Schönes« schien und er sich entmutigt fragte, wo das »gute Wort« sei, das ihn aus der Finsternis retten könne. (S. 7) Keine ungewöhnliche Reaktion, wenn ein Mensch plötzlich seine Freiheit verliert, doch der politische Kontext machte Andrić' Gefühle nur noch extremer. In dem einen Augenblick schöpfte er Kraft aus dem Gedanken an die »vergessenen Bande des Blutes« (S. 11) mit seinen Vorfahren, dann wieder verzweifelte er bei der Vorstellung, sein Leben werde bestimmt durch das »Erbe« und den »unausweichlichen Fluch der Rasse und des Blutes«. (S. 14) Wie für seinen fiktionalen Altersgenossen Stephen Dedalus im Roman *Ulysses* (1914-1921) von James Joyce war auch für ihn die Geschichte ein Alptraum, aus dem er zu erwachen versuchte. Er sehnte sich nach möglichst uneingeschränkter moralischer und politischer Selbstständigkeit, aber wusste sich durch das Blut und oft auch ganz konkret an die Geschichte und das Schicksal des eigenen Volks gefesselt.

Je nach Definition gehörte auch Crnjanski zu diesem Volk: »Jugoslawe« in der Bedeutung von Teil eines südlichen slawischen Volks, auch wenn er in der ungarischen Hälfte der Doppelmonarchie geboren und in Timişoara (Temeswar) als Mitglied der kleinen serbischen Minderheit in der damals hauptsächlich deutschsprachigen und ungarischen Stadt aufgewachsen war. Nach der Ermordung des Thronfolgers hatte sich Crnjanski zunächst ein paar Tage in einem Wald bei Hinterbrühl, knapp zwanzig Kilometer südwestlich von Wien, versteckt gehalten.[33] Als Mitglied der politischen Studentenvereinigung Zora (Morgenröte) stand auch er unter Verdacht, und die patriotische Presse hatte nach der Ermordung Franz Ferdinands ohnehin die Jagd auf alle Serben für eröffnet erklärt. So schrieb die ungarische Regierungszeitung *Pester Lloyd* Anfang Juli, dass die serbische Regierung ihre Vertrauenswürdigkeit nur beweisen könne, indem sie »das Rattennest ausrotte«, das über die Grenzen gekommen sei, um in der Doppelmonarchie »Tod und Verderben« zu säen. Bei einem Besuch der k.u.k. Macht könne man der serbischen Delegation diese »pestverbreitenden Ratten« mit Freuden zeigen.[34] Den Rest des Monats Juli verbrachte Crnjanski größtenteils im ungarisch-serbischen Novi Sad, in den Armen einer Serbin, die er dort kennengelernt hatte, übrigens die Ehefrau eines hohen serbischen Offiziers. Als Österreich Serbien den Krieg erklärte, begann man auch in dieser Region Ausländer zu verhaften. Die Frau, mit der Crnjanski die serbische Hauptstadt Belgrad zu erreichen versuchte, wurde in Szeged (Szegedin) unter dem Verdacht der Spionage festgenommen. Da er sich in ihrer Gesellschaft befand, landete auch er im Gefängnis. Als sich nach langem Verhör herausstellte, dass man ihm nichts vorwerfen konnte, wurde der Dichter einfach zur Armee geschickt. Die Frau blieb bis zum Kriegsende interniert. Und so kam es, dass der ungarische Serbe Miloš Crnjanski gedrillt wurde, um in der k.u.k. Armee zu kämpfen – gegen die Serben.

Dass die Armeen der Donaumonarchie einen multikulturellen Charakter hatten, ist noch eine Untertreibung.[35] In der österreichischen Armee dienten unter anderem folgende Dichter:[36] der in Salzburg geborene Georg Trakl, der Wiener Ernst Angel, der deutschsprachige böhmische (»tschechische«) Zionist Hugo Zuckermann, der deutschsprachige Prager Jude Franz Werfel, die Tschechen Rudolf Medek, Stanislav Kostka Neumann, Miloš Jirko und František Gellner, der Slowake Janko Jesenský (nach seiner Freilassung), der Pole Jerzy Żuławski, der Kroate Miroslav Krleža, der bereits erwähnte ungarische Serbe Miloš Crnjanski und die galizisch-polnischen, meist Jiddisch sprechenden Juden Samuel J. Imber, Uri Zvi Grinberg, Jacob Mestel, David Königsberg und Melech Rawitsch.[37]

Auch Ber Horowitz (1895-1942) fand sich in der österreichischen Armee wieder.[38] Geboren in einem kleinen Dorf in den Karpaten, hatte er gerade sein polnisches Gymnasium abgeschlossen, als er zum Militär eingezogen wurde. Eine völlig neue Welt war es, und er war sich deutlich bewusst, dass er als Jude nicht gänzlich dazugehörte. In seinem frühen Kriegsgedicht »Galizien 1914« erwähnt er, wie die Polen in seinem Regiment voller Überzeugung ihre Hymne »Noch ist Polen nicht verloren« anstimmen und wie unter Trompetenschall auch die Ukrainer davon überzeugt sind, dass sie die Ukraine befreien werden. Der Kontrast zwischen ihnen und den jüdischen Soldaten ist groß:

Als wir Brüder
In die Schlacht gegangen,
von unseren Lidern
Tränen hangen ...[39]

Das kann pazifistisch gemeint sein, relevanter in diesem Zusammenhang scheint jedoch die einfache Feststellung, dass es für diese Juden überhaupt kein Land zu befreien gab. Mehr noch: die Mehrzahl von ihnen (die polnischen Juden) lebte unter russischer Herrschaft, und für die jungen Männer, die an die Ostfront geschickt wurden, bedeutete das nichts Geringeres, als dass man von ihnen erwartete, andere Juden als Feinde zu sehen und gegen sie auf Leben und Tod zu kämpfen.[40] Das thematisiert Horowitz auch in dem Gedicht »Auf dem Weg zum Exerzierplatz«: Nach einem typischen Soldatenlied, bei dem jede Zeile mit einem forschen »Hej!« endet, denkt er an den Kummer seiner Mutter und daran, wie im gleichen Moment eine Schwester von ihr im Kaukasus Abschied von ihrem Sohn nehmen muss und wie in Neapel eine Frau ihren einzigen Sohn davonziehen sieht ... Und die jungen Burschen erkennen dann plötzlich auch: »Du, ferner, teurer Bruder / und ich werde dein Mörder sein!«[41]

In gewissem Maße hatten die Polen das gleiche Problem. Verteilt über Russland, Preußen und die Doppelmonarchie und folglich auch über die verschiedenen Armeen, wurde der Konflikt für sie unweigerlich zu einer Art Bürgerkrieg. Vom ersten Tag an war abzusehen, dass dieser möglicherweise entscheidende Moment in der polnischen Geschichte einen hohen Preis fordern würde.[42] Sowohl in dem geteilten Land wie im übrigen Europa traten Polen dennoch wie besessen militärisch und diplomatisch für ihre Sache ein. Politiker des rechten Lagers sahen vor allem den deutschen Imperialismus als ein Problem und unterstützten den Zaren in der Hoffnung auf größere Autonomie innerhalb des russischen Reichs.

Józef Piłsudski, Revolutionär und Befehlshaber paramilitäri-
scher Einheiten, die durch Terrorakte die russische Herrschaft
zu untergraben versuchten, beurteilte die Lage vollkommen anders. Er hoffte, zusammen mit den Mittelmächten Russland zu
besiegen, um anschließend das Lager zu wechseln und gemeinsam mit den Alliierten Deutschland und die Doppelmonarchie
in die Knie zu zwingen. Schon vor dem Krieg hatte er in Wien
seine Dienste angeboten, und bereits kurz vor der offiziellen
Kriegserklärung zwischen Russland und Österreich-Ungarn
hatte er Spähtrupps über die russische Grenze geschickt. Bereits
am 16. August waren seine paramilitärischen Schützenverbände
in offizielle polnische Legionen umgewandelt worden. Kurz gesagt, hier agierte jemand, der sich durch Tatkraft, schnelle Ent-
scheidungen und strategisches Geschick hervortat und der mit
Propaganda und Symbolik umzugehen wusste.

Der Name »Polnische Legionen« verwies ja direkt auf den
legendären Beitrag der Polen zu den Napoleonischen Kriegen
Ende des achtzehnten und Anfang des neunzehnten Jahrhunderts. Diese Heldentaten waren 1797 das Thema des von einem
Legionssoldaten gedichteten Liedes »Noch ist Polen nicht verloren«, das zur polnischen Nationalhymne werden sollte; es war
nur eines von vielen Liedern und Gedichten, die in der Zeit der
polnischen Romantik auch Adam Mickiewicz (1798-1855) be-
rührten, den eigentlichen Nationaldichter. Im Revolutionsjahr
1848 gründete Mickiewicz in Italien selbst eine Polnische Legion,
die mit Hilfe slawischer Brüder vom Balkan die Österreicher aus
Norditalien vertreiben sollte; das sollte den Anfang vom Ende
des Habsburgischen Reichs und zugleich ein neues und unabhängiges Polen einläuten.[43] Dass der Plan scheiterte, konnte dem
Ruhm der Polnischen Legionen nichts anhaben. Obwohl dieser
Ruhm weitgehend auf einem Mythos beruhte (die enthusiasti-
schen Polen hatten größtenteils als Kanonenfutter für Napoleon
gedient), versuchte Piłsudski ihn nun doch noch Wirklichkeit

werden zu lassen: durch ihre Tapferkeit und ihre Opferbereitschaft sollten die Legionen den Nachbarstaaten ein freies und
unabhängiges Polen abzwingen.

Diese Opferbereitschaft stand auch im Zentrum des vielleicht
bekanntesten polnischen Gedichts aus dem Ersten Weltkrieg,
»Ta, co nie zginęła« (»Es, das nicht verloren«). Der Titel bezieht
sich durch den aus der Hymne bekannten Satz auf Polen selbst,
aber auch der Dichter dieser Verse war sich darüber im Klaren,
dass sehr viel polnisches Blut würde fließen müssen, bis das
Land aufs Neue tatsächlich existieren könnte. Getrennt durch
das grausame Schicksal, begegneten sich Polen ja in feindlichen
Schützengräben. Der wahre Pole musste dieses grausame Schicksal ohne Murren und Gewissensbisse erdulden – immer mit dem
höheren Ziel vor Augen.

> Denk nicht an mich mein Bruder,
> auf dem Weg in die tödliche Schlacht,
> und im Feuer meiner Kugeln
> harr aus mit Mut und Kraft!

Die Waffen haben sich zwar weiterentwickelt seit der Zeit Napo-
leons, die Bilder und Werte aber sind gleich geblieben. Obwohl
sie Brüder sind, werden die Polen standhaft und mutig gegeneinander kämpfen.

> Erblickst du mich von weitem,
> nimm mich gleich ins Visier
> und ziel mit Moskaus Feuer
> aufs Polenherz in mir.

Letzteres war nicht einfach ein Bild, sondern Realität. Eine Realität, welche wiederum die polnischen Leser mitten ins Herz
treffen sollte: Polen töten einander mit feindlichen Kugeln. Aber
das Opfer sollte nicht vergebens sein:

Denn immer seh ichs vor mir
im Wachen und im Schlaf
wie ES, DAS NICHT VERLOREN
aus unserem Blut erwacht.[44]

Der Dichter dieser Verse, Edward Słoński (1872-1926), beschränkte sich auf Worte, doch ganz in der Tradition der napoleonischen polnischen Legionen beteiligten sich auch nun die
Dichter nach Kräften. Mindestens zehn Kollegen Słońskis meldeten sich zum Militär,[45] darunter auch Jerzy Żuławski (1874-
1915). Auf den ersten Blick ein traditioneller patriotischer Dichter – ein nicht besonders reflektierter Haudegen und Naturbur-
sche (begeisterter Bergsteiger und Mitgründer eines freiwilligen
Bergrettungsdienstes in der Tatra), der mehr oder weniger in
der Romantik steckengeblieben war und sich deshalb anscheinend leicht zu patriotischen Heldentaten verleiten ließ. In Wirklichkeit jedoch war er der komplexe, facettenreiche Prototyp
einer möglichen dichterischen Existenz zu Beginn des zwanzigsten Jahrhunderts.[46] Als Sohn eines Teilnehmers an der niederge-
schlagenen Revolution von 1863 promovierte er in Bern über
Kausalität bei Spinoza. Er war stark von Nietzsche und Bergson
beeinflusst, unternahm lange Reisen durch Italien, Frankreich
und Deutschland und wurde vor allem durch einige philosophische Theaterstücke, aber auch durch die ersten polnischen
Science-Fiction-Romane in der Tradition von Jules Verne und
H. G. Wells bekannt. In der Trilogie *Auf dem Silbermond* (1903-
1910) malte er in allegorischen Geschichten über Mondlandun-
gen und Mondbewohner aus, wie Europa im siebenundzwan-
zigsten Jahrhundert aussehen könnte – falls überhaupt die Rede
sein konnte von »Fortschritt«, dann lag der in der Überwindung
nationaler Gegensätze und materialistischer Begierden. In der
Realität jedoch war Europa noch nicht so weit. Bevor die Polen
Europäer werden konnten, mussten sie erst einmal selbststän-

dige Polen sein können. Und wenn er davon sprach – auch in den Gedichten, die er während des Krieges schrieb –, schöpfte Żuławski aus dem bekannten romantischen Bilderreservoir des sich aus der Asche erhebenden Phönix und des Frühlings als Beginn der nationalen Morgenröte. Und dieser Frühling begann also im heißen Sommer von 1914.

Żuławski zauderte nicht und trat, wie er in dem Gedicht »An meine Söhne« explizit äußert, in die Fußstapfen seines Vaters und seiner Vorfahren. Und sollte das Schicksal den Polen auch diesmal nicht gewogen sein, dann gelte sein Opfer zugleich als Vorbild für die nächste Generation:

Ihr Söhne wisset, wenn Gott es tut,
Dann fallen Ketten von unserm Fuß.
Bevor die Manneskraft ihr erreicht,
Großvaters Traum zur Erfüllung reift:
Glücklich erblüht, von dem Kampfblut fruchtbar,
die freie Flur unsrer Heimat.[47]

Das ist die Aufgabe des Dichters und die Aufgabe des Soldaten: sich opfern – auf dem Land und für das Land. Säen und ernten bekamen so im Erntemonat August 1914 eine völlig neue Bedeutung.

Geblieben ist dieses Bild: Im sonnenüberfluteten Europa entflammte im Sommer 1914 eine bis dahin beispiellose Form von Kriegshysterie. Politische Gegner fielen einander in die Arme, davon überzeugt, dass die Not des Vaterlandes wichtiger sei als alle internen Konflikte. Am 31. Juli war in *Pester Lloyd* zu lesen, dass die oft geschmähte Doppelmonarchie durch den unausweichlichen Krieg im Grunde eins geworden sei und dass ein »vereintes Ungarn und ein vereintes Österreich zu einer neuen und höheren geistigen Einheit« gefunden hätten.[48] Fünf Tage später druckte die wichtigste österreichische Zeitung, die *Neue Freie Presse*, auf ihrer Titelseite das Gedicht »Das ist der Kampf ...« von Gräfin E. Salburg ab. Alles, was »Kleinheit war und Streit des Tags«, wurde gebannt im »Kampf, dem die Begeist'rung schäumt«, jubelnd und zugleich feierlich stellt sie fest: »Wir geh'n zur Schlacht wie Priester zum Altare.«[49] Jenseits der Grenze klang es genauso. Am selben Tag, dem fünften August, gelangte die linksliberale Zeitung *Den'* zu ihrer großen Zufriedenheit zu dem Fazit, dass Russland nicht mehr in Bevölkerungsgruppen gespalten sei und dass das Schicksal und die Zukunft des Landes von allen seinen Bewohnern getragen würden.[50] Der Krieg war transzendent: Alles wurde auf eine höhere Ebene gebracht, die Politik, das Gefühlsleben, das ganze Dasein.

Nirgendwo schien das in höherem Maße zu geschehen als in Deutschland. Nachdem Kaiser Wilhelm von seinem Berliner Balkon herab verkündet hatte, er kenne keine Parteien und auch keine Konfessionen mehr, sondern nur noch Deutsche, zogen Millionen Männer singend an die Front. Der niederländische Schriftsteller Louis Couperus staunte am 5. August in München über den »hochmütigen« Idealismus der Bevölkerung: »nun singen sie ringsum die patriotischen Lieder! Wie das klingt, voller Gefühl. Vor dem Konsulat Österreichs, vor dem Wittelsbacher Palais und vor der Residenz schmettern sie aus tausend Kehlen Lieder und Hymnen in einem Taumel der Begeisterung ...«[51] Wenig später musste das Rote Kreuz die Bevölkerung nachdrücklich bitten, die in den Krieg ziehenden Soldaten nicht ganz so großzügig mit Schokolade zu beschenken, denn sie wurden davon krank.[52]

Welche Aufgabe diesen Soldaten bevorstand, ist fast unvorstellbar. Das Deutsche Reich kämpfte nicht nur im Osten gegen das barbarische Russland, sondern inzwischen auch im Westen gegen die allzu liberalen und egalitären Vertreter der Ideale der Französischen Revolution und gegen den englischen Pragmatismus.[53] Das Ziel war fest umrissen: in einem Blitzkrieg sollte

Frankreich ausgeschaltet werden, dann sollten die Truppen umgehend in den Osten verlegt werden und gegen die zahlenmäßig viel stärkeren Russen kämpfen. Wie das genau ablaufen sollte, hatte General von Schlieffen bereits im Jahr 1905 in einer Denkschrift niedergelegt. Deutschland sollte Frankreich in erster Linie nicht von der eigenen Westgrenze aus angreifen – dieses Gebiet war durch französische Festungsgürtel zu stark geschützt –, sondern von Norden her.[54] Frankreich sollte schnell erobert werden; innerhalb von sechs Wochen sollte Paris eingekesselt sein, und die Westfront würde nicht mehr existieren. Der Plan hatte nur eine Schwachstelle: das Gebiet nördlich von Frankreich war nicht deutsch. Hier lag Belgien, und die Neutralität dieses Landes war durch mehrere internationale Verträge garantiert. Und deshalb fragte Deutschland – übrigens Mitunterzeichner dieser Verträge – seinen kleinen Nachbarn, ob es dieses eine Mal belgisches Territorium für den Durchzug seiner Truppen nutzen dürfe.[55] Es gebe keine Alternative, hieß es in einem offiziellen Ultimatum aus Berlin, das der belgischen Regierung am 2. August überreicht wurde, denn die Franzosen planten angeblich das Gleiche: über Namur wollten sie Deutschland angreifen. Das Deutsche Reich wisse es sehr zu schätzen, wenn Belgien tatsächlich neutral bleiben, seine Grenzen aber dennoch öffnen würde. Für etwaige Schäden, die die deutschen Truppen auf ihrem Durchzug verursachten, werde Deutschland selbstverständlich aufkommen. Zeige Belgien sich jedoch weniger gastfreundlich, sehe sich Deutschland gezwungen, das Nachbarland als Feind zu betrachten. Was wie ein schreckliches Dilemma aussah, war eigentlich keins, denn Belgien hatte gar keine Wahl: Wenn es Deutschland freien Durchzug gewährte, würde es zu einem deutschen Satellitenstaat degradiert werden oder – bei einer deutschen Niederlage – die lebenswichtige Unterstützung Frankreichs und Englands verlieren. Darum wies das Land das deutsche Ultimatum am 3. August zurück, und König Albert übernahm das Kommando über die Armee. Am selben Tag marschierten die Deutschen in Russland ein. Vom bereits überrumpelten Luxemburg aus verbreiteten sie das falsche Gerücht, Frankreich würde das Großherzogtum als Angriffsbasis benutzen, und erklärten Frankreich offiziell den Krieg. Der britische Außenminister Grey überzeugte sein Parlament, das einen Kriegseintritt bis dahin abgelehnt hatte, das Land könne unmöglich neutral bleiben, wenn die Gefahr drohe, dass der Kontinent unter die Herrschaft der Deutschen fiele.[56] Selbst der Parteiführer der irischen Nationalisten im Parlament, John Redmond, bot spontan Unterstützung und Truppen an; das Königreich, das in Irland eben noch am Rand eines Bürgerkriegs gestanden hatte, würde vereint wie nie zuvor den Kampf aufnehmen. Als Deutschland am 4. August Belgien den Krieg erklärte, wurde Großbritannien automatisch in den Konflikt hineingezogen. Und da das Land auch über Kanada, Australien, Neuseeland, Indien und große Teile Afrikas herrschte, wurde aus dem europäischen Krieg plötzlich ein Weltkrieg. Was für die Österreicher anfangs nicht viel mehr gewesen war als eine Strategie, Serbien zu zerschlagen – konkrete Pläne dafür machte Wien im Übrigen schon zwei Wochen vor dem Mord in Sarajevo[57] –, war durch ein verhängnisvolles Zusammentreffen von Großsprecherei, Opportunismus, Mutwillen und Missverständnissen zu dem eskaliert, was schon sehr bald als der Große Krieg bezeichnet wurde.

Vom ersten Tag an war alles an diesem Konflikt tatsächlich groß: angefangen bei der Zahl der mobilisierten Soldaten (von einer halben Million Serben bis zu mehr als fünf Millionen Russen und Deutschen) bis hin zur Zahl der Gedichte, die sich dem Thema widmeten. Die Zahlen, die hierzu im Umlauf sind, sind heute kaum vorstellbar.[58] Laut Julius Bab, Schriftsteller und Herausgeber von Lyrik-Anthologien, wurden in Deutschland im ersten Kriegsmonat an die fünfzigtausend Kriegsgedichte pro

Tag verfasst.[59] Das scheint unglaublich, aber nicht unmöglich, wenn man bedenkt, dass z. B. in den Niederlanden jedes Jahr zum Nikolaustag etwa fünf Millionen Gedichte fabriziert werden. Und das traditionelle »Sinterklaas-Gedicht« der Niederländer ist vielleicht als Vergleichsgröße gar nicht so abwegig: in meist simplen Versen werden Gefühlsregungen wie Freude und Verbundenheit ausgedrückt. In Kulturen wie der europäischen vor hundert Jahren, wo Lyrik einen zentralen Platz im Schulunterricht einnahm und die Zeitungen zu besonderen Anlässen auch an prominenter Stelle Gedichte abdruckten, war es nicht so befremdlich, dass die Menschen massenweise begannen, Gedichte zu schreiben, als der Krieg ausbrach. Von der kleinsten Provinzzeitung bis zum größten Massenblatt öffneten die Medien ihre Seiten für poetische Beiträge. Und auch im häuslichen Kreis wurde fleißig gereimt. Es ging ja auch um ein Ereignis von Dimensionen, die einen lyrisch stimmen konnten. Nur eine kleine Minderheit der damals lebenden Europäer hatte jemals einen Krieg miterlebt. Es war ein Wechselbad der Gefühle: Anspannung, Aufregung, Hoffnung, Pflichteifer und Furcht. Berühmt wurden diese Verse aus dem Gedicht »Soldatenabschied«, das der Dichter und Kesselschmied Heinrich Lersch (1889-1936) aus Anlass der Mobilmachung verfasst hatte; auch er rückte freiwillig ein:

Nun lebt wohl, Menschen, lebet wohl!
Und wenn wir für euch und unsere Zukunft fallen,
soll als letzter Gruß zu euch hinüber hallen:
Nun lebt wohl, ihr Menschen, lebet wohl!
Ein freier Deutscher kennt kein kaltes Müssen:
Deutschland muß leben, und wenn wir sterben müssen![60]

Mit einem strengen Reimschema versuchten manche Dichter vielleicht auch ihre Panik unter Kontrolle zu halten. Auch wenn die meisten keine konkreten Kriegserfahrungen hatten, wussten sie nur allzu gut, was sie erwartete. Kurz bevor er an die Front fahren musste, ließ Alfred Lichtenstein im Gedicht »Abschied« keinen Zweifel daran:

Die Sonne fällt zum Horizont hinab.
Bald wirft man mich ins milde Massengrab.

Am Himmel brennt das brave Abendrot.
Vielleicht bin ich in dreizehn Tagen tot.[61]

Diese niederschmetternde Vorstellung schloss freilich nicht ein, dass der Soldat, den Lichtenstein zu Wort kommen lässt, sein Schicksal beklagte. Eine schluchzende Geliebte und eine weinende Mutter konnten ihn nicht aufhalten: »Ich gehe gerne ein.« Pflichtbewusstsein spielte dabei eine wichtige Rolle, aber auch das Gefühl, in etwas Größeres aufgenommen zu werden, Teil einer Gemeinschaft zu sein, Teil der Geschichte.

Niemand kleidete dieses Gefühl in jenen frühen Augusttagen treffender in Worte als Rainer Maria Rilke (1875-1926). Geboren in Prag, auf Deutsch schreibend, vorzugsweise in Paris wohnend und fest davon überzeugt, eine russische Seele zu besitzen, war der introvertierte und hochsensible Ästhet Rilke so ungefähr der Letzte, von dem man erwarten würde, dass er einen europäischen Krieg begreifen, geschweige denn begrüßen konnte. Und doch war es so, und er tat es auf höchst individuelle, aber auch repräsentative Weise. Schon in sehr jungen Jahren war ihm klar geworden, dass er für eine militärische Laufbahn nicht geschaffen war. Seine Eltern sahen das anders und schickten ihn auf die Militärakademie. Mit zehn Jahren wurde René in der Militär-Unterrealschule St. Pölten bei Wien angemeldet, vier Jahre später wechselte er in die Militär-Oberrealschule von Mährisch-Weißkirchen (heute Hranice, Tschechien).[62] Er sollte die Offizierslaufbahn einschlagen – Offizier war eine mehr als respektable Funktion, die in der Doppelmonarchie viele Türen öffnen würde. Doch daraus wurde nichts. Obwohl seine Schulleistungen überdurchschnittlich gut waren, ist nur das Wort Trauma angemessen, um auszudrücken, welche Auswirkungen diese Umgebung auf den Jungen hatte. Dennoch finden sich in seinem Werk viele Spuren des Militärlebens, und die sind längst nicht immer negativ. Mehr noch: *Die Weise von Liebe und Tod des Cornets Christoph Rilke* (1899-1906), lange Zeit das bekannteste Werk des Autors, ist eine bemerkenswert virile Verherrlichung der Ekstase, in der das Leben und der Tod erfahren werden können, vom Standpunkt eines jungen Fähnrichs aus, der als Inbegriff für Mut und Heroik sein Ende findet, die noch brennende Fahne neben sich auf dem Schlachtfeld. Nachdem der *Cornet* 1912 mit großem Erfolg als erster Band in der Insel-Bücherei erschien, wurde er zu einem für diese Art lyrischer Prosa beispiellosen Bestseller. In den ersten Wochen und Monaten des Krieges gehörte das Buch, so will es die Überlieferung, zum festen Inventar im Tornister vieler deutschsprachiger Soldaten.[63] Nicht in dem des Dichters selbst, denn er wurde noch nicht sofort eingezogen. Durch Zufall hielt sich Rilke gerade in Deutschland auf, als der Krieg ausbrach. Er war am 19. Juli aus Paris abgereist, um sich mit seinem Verleger zu treffen und einen Arzt aufzusuchen. Am 1. August, dem Tag, an dem das Deutsche Reich Russland den Krieg erklärte, befand er sich wie Louis Couperus in München. Beide nahmen die Nachricht in charakteristischer Weise auf.

Couperus (1863-1923) versuchte es zunächst mit einer ziemlich snobistischen Distanzierung: der Konflikt sei natürlich »eine kolossale, interessante Sache«, aber noch gar nichts im Vergleich zum Kampf zwischen den viel mächtigeren und hyperfortschrittlichen »Marsianern oder Jupiterianern« in seiner Phantasie ...[64] Dennoch räumte er ein, dass er sich als neutraler Niederländer nun, da sich dieser »Weltbrand« über »ganz Europa« verbreite, plötzlich »sehr klein« fühle. (S. 8-9) Die Katastrophendramatik des Krieges riss ihn unübersehbar mit (»das rote

Feuer, der rote Brand – oh, das herrliche Bild! Man kann sich nicht satt sehen!«, (S. 9) bezeichnend für den ästhetisierenden Blick des Autors. Rilke lebte natürlich ebenso wie Couperus im Elfenbeinturm, und seine Betrachtungen sagen sicher so viel über sein mythisches Weltbild aus wie über seine konkreten politischen Anschauungen. Dennoch schlug er in dem langen, komplexen und hymnischen Gedicht »Fünf Gesänge. August 1914« eine Saite an, die auch ein Jahrhundert später noch nachschwingt. Wie Couperus erscheint er als neutraler Beobachter; nichts in diesen Gedichten bezieht sich auf Österreich oder Deutschland oder die nationalistische Rhetorik jener Tage. Für Rilke war der Krieg kein Kampf zwischen Nationen, sondern ein Geschehen, das dem scheinbar so willkürlichen und zufälligen Handeln des modernen Menschen plötzlich und unerwartet Sinn, Richtung und Notwendigkeit verlieh. In eine Welt, die Gott für tot erklärt hatte, trat nun doch noch etwas Absolutes ein:

> ihn, der noch eben
> hundert Stimmen vernahm, unwissend, welche im Recht sei,
> wie erleichtert ihn jetzt der einige Ruf; denn was
> wäre nicht Willkür neben der frohen, neben der sicheren Not?
> Endlich ein Gott.[65]

Es hätte auch ein friedlicher Gott sein können, so der Dichter, aber den haben die Menschen »oft nicht mehr ergriffen«. Und so ergreift sie nun alle der »Schlacht-Gott«, und es wird sofort deutlich, dass der die Menschheit nicht auf einen harmlosen Ausflug mitnehmen wird. Er »schleudert den Brand«, und »über dem Herzen voll Heimat schreit, den er donnernd bewohnt, sein rötlicher Himmel«. Auch dieser Autor war sich also vollkommen im Klaren, welche Tragödie sich entfalten würde. Aber das tat dem Gefühl der gespannten Erwartung, ja der Auserwähltheit keinen Abbruch. »Heil mir, dass ich Ergriffene sehe«, beginnt der zweite Gesang. Dass er das noch erleben durfte – es geschah *wirklich* etwas. Es geschah etwas *Wirkliches*. Im Angesicht der Realität des Dramas vielleicht eine eher absurde Reaktion, doch ähnliche Gedanken dürften am 11. September 2001 auch so manch einem durch den Kopf gegangen sein. Rilke ging noch weiter, in einer inzwischen bekannten Metaphorik: auch hier heißt es, dass »die Ernte beginnt«. Mädchen und Frauen werden wieder dorthin gestellt, wo er ihre ursprüngliche Position und Rolle sieht – die Mütter als »Gebende«, die Mädchen als »sagenhaft Liebende« wie in der »Vorzeit«. Schmachten, weinen, klagen, ja, aber auch diese Gefühle sollen absolut sein, nicht mehr verhalten oder kontrolliert. Selbst für den einzelgängerischen Dichter änderte sich nun alles. Wenn sich der Kriegsgott ankündigte, ging das Individuum im Kollektiven auf:

> Und wir? Glühen in Eines zusammen,
> in ein neues Geschöpf, das er tödlich belebt.
> So auch bin ich nicht mehr; aus dem gemeinsamen Herzen
> schlägt das meine den Schlag, und der gemeinsame Mund
> bricht den meinigen auf.

An diesem Punkt im dritten Gesang – am dritten Tag des Krieges verfasst, suggeriert der Text – schleicht sich ganz kurz ein gewisser Vorbehalt in diese Verse ein. Denn wenn dieser Gott absolut ist und mithin auch voraussehen kann, was sich vollziehen wird, kann er dann willentlich seine eigene Schöpfung vernichten? Ja, das kann er. Es war eine gewaltige, gewalttätige Regression, die sich hier vollzog, zu einer »immer noch unaufgelebten Vorzeit«, in der »herrlich / gefühlte Gefahr, heilig gemeinsam« machte. Nur ein einziges Mal kommt das Wort vor, um das es hier eigentlich geht, das Wort, das auf das Einzige verweist, das ebenso absolut ist wie der Gott, der diese Gefühle auslöst; nicht zufällig geht dieses Wort mit einem Adjektiv einher, das es verklärt und ins Zentrum rückt: in jedem der Soldaten »tritt ein gefürsteter

Tod auf den erkühntesten Platz«. Ihnen bleibe nichts anderes übrig, als dem Schicksal unerschrocken ins Auge zu sehen und zu versuchen, den schrecklichen Gott selbst zu schrecken und zu bestürzen. Aus Schmerz und Not – nicht aus Hass – werde dann ein neues Gesicht geboren, aus der Konfrontation mit dem anderen, mit dem »Feind«, mit »Fremdem«, erwachse eine neue Erkenntnis. Triumphierend endeten die fünf Gesänge allerdings nicht. Das Weltall mochte die Kämpfer berührt haben, doch sie selbst waren nicht das All; sie blieben »aufs Eigne wieder beschränkt«. Die Schlussverse, wenig lyrisch in Klammern gesetzt, verdeutlichen mit verhaltenem Trost, was sie noch erwarten durften: »(Euer eigenes Irrn / brenne im schmerzhaften auf, im schrecklichen Herzen)«– möge ihr Irren und Scheitern aufgewogen, ja aufgehoben werden in jenem Herzen, das jäh von etwas Absolutem berührt wurde und voll Heimat ist, aber letztendlich aus Schmerz und Schrecken bestehen wird. Der Monat August und der Krieg waren noch keine Woche alt, Spannung und Erwartung lagen noch fast greifbar in der Luft, doch wer dachte und fühlte, konnte wissen, woran er war.

Intuitives Wissen und Erfahrungswissen sind jedoch zwei verschiedene Dinge. Das zeigt auch das Werk von Ernst Stadler (1883-1914). 1913 hatte er in seinem expressionistischen Gedicht »Der Aufbruch« eine starke Verwandtschaft mit Rilkes *Cornet* erkennen lassen: Das Leben muss voll ausgekostet werden, auch wenn das den Tod impliziert:

Vorwärts, in Blick und Blut die Schlacht, mit vorgehaltnem
     Zügel.
Vielleicht würden uns am Abend Siegesmärsche umstreichen,
Vielleicht lägen wir irgendwo ausgestreckt unter Leichen.
Aber vor dem Erraffen und vor dem Versinken
Würden unsere Augen sich an Welt und Sonne satt und glühend
     trinken.[66]

Dennoch sprach hier kein abgebrühter Militarist. Eher war Stadler der Prototyp des europäischen Intellektuellen. Von deutscher und französischer Herkunft (geboren in Colmar ein Jahrzehnt nachdem die Stadt im Elsass erneut deutsches Territorium geworden war), studierte er am berühmten Magdalen College in Oxford und wirkte ab 1910 als Professor an der Université Libre in Brüssel.[67] Während der Sommerferien 1914 entwarf er in Straßburg Pläne, die Universitätsstadt zu einem kulturellen Zentrum zu machen, in dem Deutschland und Frankreich und bedeutende Intellektuelle aus beiden Ländern wie Georg Simmel und Henri Bergson eine zentrale Rolle spielen sollten. (S. 518-519) Er selbst würde die Entwicklungen nicht aus der Nähe miterleben können, denn er hatte eine Dozentur in Toronto angenommen und wollte Anfang September nach Kanada reisen. Doch dann kam die deutsche Mobilmachung und er musste sich »sofort« als Reserveleutnant in Colmar melden. (S. 529) In dem nüchtern geschriebenen Tagebuch, das er von da an führte, findet sich keine Spur der Kriegsbegeisterung, die oft mit dem August 1914 assoziiert wird. In Sankt Moritz (Saint-Maurice), wo sie am 2. August Quartier bezogen, war die Bevölkerung sehr verängstigt, und sein Hauptmann hoffte, Blutvergießen durch Gebete verhindern zu können. (S. 530) Alles vergeblich. Am folgenden Tag trafen sie beim Frühstück nur weinende Frauen und Mädchen – aus dem Dorf mit seinen 300 Einwohnern mussten 57 Männer einrücken. Nachrichten über die ersten Gefallenen trafen ein. Ein »Zigeunerehepaar mit 2 Töchtern u. 1 Jungen«, das über die Grenze gekommen war, wurde verhaftet. (S. 532) Deutsche Soldaten kamen durch eigenes Feuer um: »C'est la guerre. Schon beginnen ein paar Menschenleben wertlos zu werden.« (S. 532) Nachdem Witze über gefallene Franzosen gemacht wurden, pfiff sich der Hauptmann selbst zurück: »Im Krieg müssen die blutdürstigen Instinkte geweckt werden. Das ist schlimm, aber soldatisch notwendig.« (S. 533) Die Neuigkeiten, die Stadler in seinem Tagebuch festhält, entsprechen nicht immer unbedingt der Wahrheit: Die Niederlande und voraussichtlich auch Schweden würden sich Deutschland anschließen. (S. 534) Beide Länder blieben in Wirklichkeit und manchmal mit großer Mühe neutral. Was Stadler selbst erlebte, war jedoch real. Am 6. August beging ein Leutnant Selbstmord: die »fieberhafte Erregung« war dem Mann zu viel geworden. (S. 535) Die Einheit befand sich inzwischen in einem Gebiet, wo – trotz der Ortsnamen Bassemberg und Weiler – Französisch gesprochen wurde. »Selbst der Mobilmachungsanschlag [ist] in französischer Sprache«, konstatierte der Mit-Elsässer Stadler, dem auffiel, dass in der Bevölkerung hier offenbar eine andere Stimmung herrschte, »obwohl die Leute aus Angst höflich sind.« (S. 535)

Wie Colmar, Bassemberg und Weiler gehörte also auch Straßburg im Juli 1914 zum deutschen Reich – als Folge des Deutsch-Französischen Kriegs von 1870/71. Die Bewohner hegten durchaus zwiespältige Gefühle, und es kam zu aufschlussreichen Missverständnissen. Als bei einem Treffen von Schriftstellern ein Bote mit der Mitteilung hereinplatzte, Deutschland habe Frankreich den Krieg erklärt, standen die elsässischen Dichter spontan auf und sangen ihre Hymne: La Marseillaise.[68] Sie waren nicht die Einzigen, die sich einfach nicht an ihre neue Nationalität gewöhnen konnten. So gab es einen Mann, der sich sonntags oft ins nahe gelegene Nancy aufmachte, um dort den französischen Soldaten bei der Parade zuzuschauen. »Ich habe sie gesehen«, seufzte er dann hinterher, sichtlich gerührt vom Anblick seiner ehemaligen Landsleute, mit denen er sich noch immer verbunden fühlte. Der Neffe dieses Mannes, der junge Dichter und Künstler Hans (Jean) Arp (1886-1966), nahm am 1. August in seiner Geburtsstadt Straßburg den Zug nach Paris – ins Epizentrum der modernen Kunst, wo er einige Jahre zuvor Wassily Kandinsky kennengelernt hatte. In einer Bank in der Nähe der Pariser Gare de l'Est wollte Arp sein deutsches Geld wechseln.

»Sie Ärmster«, war die Reaktion des Angestellten, »Ihr ganzes Geld ist nichts mehr wert, soeben wurde der Krieg erklärt.«[69]

Auch jener andere Herold der modernen Kunst, Guillaume Apollinaire, war an diesem Tag auf Reisen. Überstürzt kehrte der Dichter und Kritiker mit seinem Freund André Rouveyre aus Deauville zurück. Die Autofahrt nach Paris verewigte er einige Monate später in dem Gedicht »La Petite Auto«: »Lebewohl unsere Epoche es war der Abschied von ihr / Zornige Giganten drohten auf Europa loszugehen / [...] / Die Völker eilten um einander gründlich zu begegnen.«[70] Als sie in Paris ankamen und überall die Anschläge zur Mobilmachung hängen sahen, wurde den Freunden bewusst, »daß uns dies kleine Automobil / in ein neues Zeitalter befördert hatte / Und obwohl wir beide schon gestandene Typen waren / hatten wir geradezu unsere Geburt bestanden«. (a. a. O.) Als wollten sie feiern, dass sie das neue Zeitalter betreten hatten, gingen die beiden Freunde zu einem Fotografen auf dem Boulevard Poissonnière und ließen ein Daumenkino machen: fünfzig Fotos, die beim schnellen Blättern die Illusion eines kleinen Films erzeugen. Lachend und aufgekratzt blicken sie in die Kamera. Jetzt beginnt die neue Zeit.[71]

Erneut eine Anekdote, die nahelegt, dass der Krieg mit freudiger Spannung und Begeisterung begrüßt wurde. Das war jedoch nicht der Fall, zumindest längst nicht so einhellig und weit verbreitet, wie oft behauptet und vermutet wird.[72] Während sich fast alle seine Freunde zu ihren Kasernen begaben, sprach der Dichter und Romancier Jules Romains (1885-1972) am 4. August von der »unheilkündenden Leere«, die sich auf Paris herabgesenkt habe.[73] Auch in Deutschland war die Euphorie relativ. Bereits am 10. August notierte Couperus in München, wie ein Soldat der jubelnden Bevölkerung zurief: »Gebt uns lieber Trinkgeld, statt so hurra zu brüllen: dann können wir uns wenigstens besaufen!!« (S. 27) Am folgenden Tag fiel Couperus auch die »trübe Stimmung« der Menschen auf (S. 28) und ihr Schweigen in den

Kaffeehäusern.«»Jetzt ruft doch mal *hurra*!«», rief ein Soldat, der vorbeiging, obwohl er insgeheim vielleicht ähnliche Gefühle hegte.« (S. 29) Diese Randnotiz lässt erahnen, dass auch die lauten Jubelrufe im Grunde ein Mantra waren, das die Todesangst bannen sollte.

Offene Ablehnung, Wut und Verzweiflung zeigten in diesen turbulenten Tagen hauptsächlich die wenigen Sozialisten, die nicht jäh vom nationalistischen Virus befallen worden waren. Sie versuchten deutlich zu machen, dass dieser Krieg keinesfalls der Krieg der Arbeiter sein konnte. Schon am 30. Juni (aber eventuell später vom Dichter zurückdatiert) fragte Marcel Martinet (1887-1944) in dem verzweifelten Poem »Tu vas te battre« (»Du gehst zum Kampf ...«), was die Arbeiter in diesem europäischen Krieg glaubten gewinnen zu können. Wenn es wenigstens um einen Kampf ginge gegen die Ausbeuter und die Fabrikanten, »gegen die Reichen, gegen die Herren, / Gegen sie, die dein Teil verzehren, / Gegen sie, die dein Leben verzehren« ... Aber nun solle ein Gießer aus Creusot einen Gießer aus Essen töten, ein Bergmann aus Sachsen einen Bergmann aus Lens, ein Dockarbeiter aus Le Havre einen Dockarbeiter aus Bremen? Das war einfach absurd. Sieh auf deine schweren, schwarzen Hände, schrieb Martinet, sieh deine blassen, mageren Kinder an, deine ausgelaugte Frau, deine Kameraden: »Und jetzt, jetzt, / Geh! Kämpfe!«[74]

Zweifellos war das jedoch ein Minderheitenstandpunkt. In Frankreich herrschten außer Angst vor allem Empörung und die stolze Entschlossenheit, das Land gegen den Angreifer zu verteidigen. Nach Präsident Poincarés Aufruf zur *Union sacrée*, einer Art Burgfrieden, schienen alle Gegensätze im so uneinigen Frankreich wie durch Zauberhand aufgehoben zu sein. Alte Fehden – die zwischen Kommunarden und ihren Unterdrückern von 1871, oder die zwischen Anhängern und Gegnern von Dreyfus, zwischen Sozialisten und Nationalisten oder zwischen Katholiken und antiklerikalen Republikanern – traten angesichts der gewaltigen Herausforderung in den Hintergrund. Auch hier schien der Krieg die Menschen auf eine andere Ebene zu erheben. Nicht, dass sie plötzlich zu besseren Wesen wurden, aber ihre Wertmaßstäbe änderten sich durch die Katastrophe oft abrupt.

Eher unerwartet zeigte sich das in jenen ersten Augustwochen auch bei Gabriele D'Annunzio. Auf den ersten Blick reagierte er ganz so, wie man es erwarten würde von dem schwülstigen, kriegerischen Nationalisten, der er sicherlich war. *Le Figaro* brachte am Donnerstag, dem 13. August stolz, über die ganze Breite der unteren Hälfte der ersten und zweiten Seite, die elfteilige und von D'Annunzio gleich auf Französisch komponierte »Ode pour la résurrection latine« (Ode an die Auferstehung der lateinischen Kultur). Die nahezu masochistische Weise, in der der Dichter am Anfang Schönheit mit Tod und Grauen paarte (»Welche Schrecken und welcher Tod / und welche neuen Arten der Schönheit / besäen allerorts die Finsternis?«)[75], kann als charakteristisch für seine Auffassungen gelten: dieser Krieg biete der »lateinischen Rasse« die Chance, aus ihrer Lethargie zu erwachen und ihren rechtmäßigen Platz im Zentrum der Weltkultur zurückzuerobern. Das stellte er als göttlichen Auftrag hin und konterte so auch gleich jede mögliche Kritik, denn wer würde es wagen, sich einem göttlichen Auftrag zu widersetzen? Auch die Länder, die diesen Kampf aufnehmen würden – »O Italien! O Frankreich!«[76] –, waren mithin göttlich. Reichlich viele Ausrufezeichen also in diesem Gedicht, aber in der täglichen Realität bedeutete der Krieg, dass auch der Aristokrat D'Annunzio sich zurücknehmen musste. Welch ein schmerzlicher Kontrast: im Gedicht der Stolz auf die eigene Auserwähltheit, im Tagebuch das Lamento, wie mühsam es für ihn in diesen misslichen Zeiten sei, sein beeindruckendes Rudel Windhunde durchzubringen. Am 17. August bemerkte der große Antidemokrat, Krieg sei eigentlich gleichbedeutend mit der Abschaffung des Individuums.

Der Anblick von Militäruniformen konnte ihn noch begeistern, aber die beklemmende Atmosphäre in den Straßen von Paris beunruhigte ihn. Im Schaufenster einer Buchhandlung sah er zu seiner Bestürzung nur noch Bücher über Kriegskunst. Trotz seiner Sehnsucht nach Heroik überkam ihn in der Abgeschlossenheit beim Schreiben des Tagebuchs das Gefühl, dass alles wertlos geworden war.[77]

Am 14. August stand D'Annunzios Gedicht auch in der Mailänder Zeitung *Corriere della Sera;* in Anbetracht des Tons und Inhalts dieser Verse war das alles andere als selbstverständlich. Der Redakteur Luigi Albertini hatte ihn am 8. August noch beschworen, nur Texte einzusenden, die eine neutrale Zeitung in diesen schwierigen und sehr heiklen Zeiten abdrucken könne.[78] Italien versuchte ja mit aller Macht, sich aus dem Konflikt herauszuhalten. Noch am 2. August hatte der italienische Generalstabschef verlauten lassen, sein Land könne auf keinen Fall an einem Krieg teilnehmen, da nicht genügend Uniformen für die Soldaten vorhanden seien.[79] Am folgenden Tag erklärte Ministerpräsident Salandra im Parlament, da Österreich gegen eine getroffene Vereinbarung verstoßen habe, erkenne Italien seine Bündnispflicht aus dem Dreibund mit der Doppelmonarchie und dem Deutschen Reich nicht an und werde Neutralität wahren.[80] Die Bevölkerung des Landes war darüber sehr erleichtert. Kaum jemand war auf Krieg erpicht, und zudem hätte das bedeutet, in einer Allianz mit den Besatzern von Triest und Trentino zu kämpfen. Deutschland und Österreich waren natürlich aufgebracht, weil sie darin nur einen Akt großer Feigheit sahen. Die Franzosen reagierten erleichtert. Hier und da wird man dabei sicherlich an den Zusammenhalt zwischen den romanischen Völkern gedacht haben, doch der wichtigste Grund war strikt militärischer Art. Seine Grenze an den Alpen konnte Frankreich nun nahezu unverteidigt lassen und die frei gewordenen Truppen gegen Deutschland einsetzen.

Für die Futuristen waren es frustrierende Zeiten. Da brach nun endlich ein großer Krieg aus, und ihr Land erklärte sich für neutral. In der 1.-August-Nummer der Literaturzeitschrift *Lacerba* hatte Carlo Carrà (1881-1966) sein Bildgedicht »Dipinto Parolibero (Festa patriotica)« veröffentlicht: eine Explosion von Farben, Schreien und Zeitungsausschnitten; Ausrufe wie »Evvivaaa l'esercito« (»Hoch lebe die Armee«) und »Abbassoooo (l'Austria)« (»Nieder mit Österreich«) ließen keinen Zweifel, auf welcher Seite er stand.[81] In der ersten – auf den 2. August datierten – Collage seines Mitfuturisten Paolo Buzzi (1874-1956) aus der Serie, die später *Conflagrazione* (Flammenmeer) heißen würde, sind auf rot gefärbtem Hintergrund Zeitungsausschnitte zusammengestellt, die den Ausbruch des »Europäischen Krieges« bekanntgeben; hinter die Mitteilung von Italiens Neutralität hat Buzzi Frage- und Ausrufezeichen gesetzt.[82] Für wirklich neutrale Zuschauer waren diese Tage vor allem aufreibend. Aus Rom berichtete der niederländische Dichter P. N. van Eyck (1887-1954) seinem Freund Albert Verwey (1865-1937): »In der ersten Woche habe ich *nichts* getan als ständig auf die neuen Zeitungen zu warten und mit meinem Gehirn als Mühlstein die Nachrichten zu zermahlen.«[83]

Nicht jeder war von den Ereignissen paralysiert. Kaum war der Krieg ausgebrochen, meldete sich Álvaro de Campos, der Futurist in Fernando Pessoa, im neutralen Lissabon zu Wort. Am 2. August begann er mit der »Ode marcial«. Die »Kriegsode« war eine Variante der »Triumph-Ode« vom Juni, jedoch der neuen Situation angepasst. Doch was für eine Situation war das eigentlich? Ganz anders als in seiner »Triumph-Ode« begann der Dichter diesmal tastend. »Was wird anders und ändert sich schon in der Ferne – / In der Entfernung, in der Zukunft, in der Angst – man weiß nicht wo –«[84] Das waren nicht nur rhetorische Fragen. Pessoa spürte, dass große, einschneidende Umbrüche bevorstanden, konnte sie aber vorerst schwer deuten. In seiner

Vision nahender Reiter und bebender Erde beschwor der Dichter vielleicht die Apokalypse herauf, doch die Gestalten, die in diesen Versen das Spiel zu bestimmen scheinen, kommen offenbar aus der Unterwelt, »aus dem Abgrund der Dinge«, »vom Sitz der Gesetze, die alles bestimmen«. Die weltlichen Machthaber scheinen ein Spielball in den Händen dieser Urherrscher zu sein; der Dichter nahm die Erschütterungen wahr, doch für eine Deutung, geschweige denn für einen Blick in die Zukunft, war es noch viel zu früh. Länder und Imperien würden zu Fall kommen. Aber welche? »O Zivilisationen, die ihr anlangt am nächtlichen Scheideweg, / Den man seines Wegweisers beraubte, / Ausgangspunkt gewundener Wege wohin weiß ich nicht.« (S. 151) Das war in der Tat der Zustand im »Europa der Wirren« (S. 151). Ein entscheidender Stützpfeiler war weggebrochen, das Gleichgewicht war gestört, die althergebrachte Konstruktion stürzte ein. Was nun? Man tappte im Dunkeln. Das machte den Dichter tatsächlich sentimental, und er blickte auf seine Kindheit zurück, als er vom Fenster aus fasziniert Soldaten betrachtet hatte, ohne dabei an die »blutige und fleischliche Wirklichkeit« zu denken, die mit diesem Beruf einherging. (S. 155) Er wollte der tieferen und höheren Bedeutung dieser Ereignisse nachspüren, ihrer mythologischen Vielschichtigkeit, der astralen Konstellation, die das alles erklären konnte, unterdessen aber kreisten seine Gedanken erneut um den wirklichen Krieg – »Mit der Wirklichkeit von Menschen, die wirklich leben / Mit seiner Strategie, wirklich angewandt bei wirklichen Armeen wirklicher Menschen / Und dann seine Folgen [...], wirklich menschliche Verluste, wahrhaftig gestorbene Tode, / Und die Sonne ebenfalls wirklich über der ebenso wirklichen Erde / Wirklich in der Tat und die gleiche Scheiße inmitten von alledem!« (S. 157)

An diesem zweiten August fand sich Charles Sorley in Trier im Gefängnis wieder. Er hatte den restlichen Frühling und den

Sommer in Deutschland verbracht, wo es ihm immer besser gefiel. Er vermisste zwar das leckere britische Frühstück, Kleingeld (»a big downright English penny«) und die Satire-Zeitschrift *Punch*, sonst aber fand er, Deutschland sei ein phantastisches Land.[85] Die zunehmende internationale Spannung entging ihm nicht. »Der Heuhaufen hat Feuer gefangen«, schrieb er am 26. Juli aus Jena an seine Eltern und berichtete von Korpsstudenten, die »Weg mit den Serben« brüllten und sich auf die Zeitungen stürzten, die jede halbe Stunde neu aus den Druckwalzen kamen, jedes Mal mit noch wilderen Gerüchten. (S. 176) Obwohl sein Vater darauf drang, dass er nach Hause zurückkehrte, fuhr Sorley am 28. Juli nach Marburg, um seinen Freund Arthur Hopkins abzuholen. Die beiden wollten eine Woche lang durchs Moseltal wandern. Nachdem sie von Koblenz aus losgezogen waren, erreichten sie am Abend des 1. August den Ort Neumagen. Dort forderte sie der Bürgermeister auf, umgehend das Land zu verlassen. Am nächsten Morgen fanden sie die Kinder in Tränen vor, die Frauen »schniefend und schluchzend«. Im Zug nach Trier sahen sie nur stumme und niedergedrückte Männer, die zu ihren Einsatzorten fuhren. (S. 264) Von Kriegsbegeisterung war auch hier kaum die Rede. In ganz Deutschland herrsche Angst vor Spionen, erzählten die Soldaten, deshalb hielten Sorley und sein Freund es für geboten, sich in Trier beim nächsten Wachposten zu melden. Sorley hatte dummerweise keinen Pass dabei, und so landeten die beiden unter Gejohle und Gebrüll einer Menschenmenge (»Totschießen!«) (S. 265) im Gefängnis. Als sie nach einem halben Tag freigelassen wurden, wartete dieselbe Meute draußen auf sie. »Dann seid ihr ja gar nicht die Engländer, die das Wasser vergiftet haben.« (S. 266) Nun wurden sie fast als Helden verabschiedet, denn inzwischen kursierte das Gerücht, England würde an der Seite Deutschlands kämpfen.[86] Das wäre der endgültige Kulturkampf gewesen: Germanen gegen Slawen und Romanen. Über Köln, Lüttich und

Brüssel kam Sorley am Abend des dritten August in Antwerpen an. Es warf ein bezeichnendes Licht auf das Vertrauen in die Kampfkraft ihrer Truppen, als ihnen die Antwerpener erklärten: »In zwölf Stunden stehen die Deutschen hier. Keine Frage.« (S. 267) Ein vom britischen Konsul gechartertes Schiff brachte Sorley und ein paar andere gestrandete Briten und Amerikaner auf die andere Seite der Nordsee.

Zu Hause fand Sorley ein ganz anderes Land vor als das England, das er sieben Monate zuvor verlassen hatte. Ein Land im Kriegszustand. Noch am 2. August war eine riesige pazifistische Demonstration durch London gezogen. Aber das schien inzwischen unvorstellbar lange her zu sein. Die scheinbar so zivilisierten Kricketspieler hatten sich von einem Moment auf den anderen in blutrünstige Krieger verwandelt:

We mean to trash these Prussian Pups,
We'll bag their ships, we'll smash old Krupps,
we loathe them all, the dirty swine,
We'll drown the whole lot in the Rhine.[87]*

Subtilere Varianten wurden auch verfasst, aber dieser anonyme Beitrag verdeutlicht gut, worum es den Briten ging. Der wichtigste Anlass für diese Wut scheint heute vielleicht unbegreiflich, sogar unglaubwürdig. Aber sowohl in der offiziellen Propaganda als auch für die Motivation der vielen tausend jungen Männer, die sich spontan zum Militär meldeten, stand das Schicksal *eines* Landes im Mittelpunkt: Belgien. Nach der Rede von Minister Grey im Parlament hatte *The Morning Post* am 4. August geschrieben, eine gigantische Sympathiewelle sei durch das Un-

---

* Wir machen es fertig, das Preußengelump,
    versenken die Schiffe, haun die Krupps zu Klump,
    wir hassen den Preußen, das dreckige Schwein,
    wir ersäufen die ganze Bande im Rhein.

terhaus gegangen, »ein Gefühl, dass wir wirklich vorhatten, ›das Spiel zu spielen‹, wie es gespielt werden muss, und dass wir unseren Freunden Beistand leisten würden«.[88] Und so entdeckten die Belgier, dass sie am anderen Meeresufer Freunde hatten.

Die hatten sie auch mehr als bitter nötig, denn am frühen Morgen dieses vierten August rückte die deutsche Armee in Belgien ein. In seinem Kriegsbuch »Besetzte Stadt« stellt der flämische Dichter Paul van Ostaijen (1896-1928) die Invasion als eine Art Spaziergang dar, in vier Wörtern fasst er sie zusammen: »Visé Marsch Lüttich Mörser.« In Wirklichkeit dauerte es etwas länger, und es lässt sich durchaus mehr darüber berichten. Durch den kleinen Grenzort Gemmenich marschierten die deutschen Truppen ins Land, gegen Abend waren sie in Visé an der Maas.[89] Von dort aus startete der Angriff auf Lüttich, den ersten strategischen Schlüsselpunkt der belgischen Verteidigung. Die Deutschen würden die Belgier einfach überrennen, glaubte jeder. Das war auch notwendig, denn ob ihr Plan gelang, hing weitgehend davon ab, wie schnell sie Paris erreichen konnten. Wider Erwarten hielt der Festungsgürtel um Lüttich jedoch mehrere Tage lang stand. Nach schweren Gefechten und hohen Verlusten änderten die Deutschen ihre Taktik und setzten nicht mehr nur auf die reine Truppenstärke: Ein Bombenangriff von einem Zeppelin aus und der Beschuss mit schwerer Artillerie – auch durch die eiligst herangeschaffte »Dicke Bertha«, die neue Wunderwaffe von Krupp – führten schließlich zum Fall Lüttichs.[90] »Lüttich« wurde dennoch zum Symbol für den tapferen belgischen Widerstand gegen den brutalen deutschen Überfall. Der in ganz Europa verehrte Lyriker Emile Verhaeren (1855-1916) entpuppte sich sogleich als belgischer Nationaldichter und prophezeite, niemand werde je die Helden und Opfer von Lüttich vergessen.[91] Waleri Brjussow erwähnte sowohl Verhaeren als auch Lüttich in seinem bemerkenswerterweise »An die Flamen« betitelten Huldigungsgedicht; darin ließ er die Besiegten wissen, dass

Vaterlandsliebe stets mehr gelte als militärische Stärke.[92] Etwas bessere Landeskenntnisse zeigte der französische Pazifist Henri Guilbeaux (1885-1938), der in »Stances à la ville de Liège« die heimgesuchte Heldenstadt als die erste »verletzte Metropole« bezeichnete, ihre Einwohner aber mit dem Gedanken trösten wollte, dass ihnen zum Glück das traurige Schicksal von Visé und Dinant erspart geblieben sei, wo »brutale Vergewaltigungen und wüste Brandstiftungen« unsägliches Leid verursacht hatten.[93] Ganz korrekt war diese Einschätzung nicht (in Lüttich wurden 67 Zivilisten getötet und 42 Häuser in Brand gesteckt)[94], doch im Vergleich zu den erwähnten Orten war Lüttich tatsächlich vor noch Schlimmerem bewahrt geblieben. In Dinant zum Beispiel wurden 674 Männer, Frauen und Kinder an die Wand gestellt, elfhundert Häuser wurden zerstört. (S. 642) Der Mann der Lyrikerin Maria Benemann (geb. Dobler, 1887-1980) war in Visé dabei, als 23 Zivilisten hingerichtet und sechshundert Häuser niedergebrannt wurden.[95] In einem Gedicht, dem Briefe und Tagebuchaufzeichnungen ihres Mannes zugrunde lagen, nach seinem Tod ergänzt durch Berichte von Mitsoldaten, die später in jenem Jahr kurz auf Heimaturlaub waren, lässt sich ein Anflug von Schuldgefühlen erkennen:

> Ein Aschenhaufen hinter dir verfolgt dich,
> den du vom reichen Hause so verwandelt,
> als du nach Mördern diesen Bau durchsuchtest.[96]

Letzteres war mit Sicherheit auch die offizielle Lesart: Die deutschen Soldaten konnten nicht anders, wurden sie doch überall von feigen belgischen Heckenschützen unter Beschuss genommen. Die Realität sah meist anders aus. Die Vorfälle in Visé spielten sich fast zwei Wochen nach der Besetzung des Dorfs ab, sämtliche Häuser waren längst durchsucht, alle Waffen beschlagnahmt. Der Schuss, der die betrunkenen deutschen Soldaten in Panik versetzt hatte, kam also höchstwahrscheinlich aus den eigenen Reihen. Die systematische Zerstörung des Dorfs begann zudem erst am nächsten Morgen, als – so ein niederländischer Journalist, der vor Ort war und dort auch mit Landsleuten vom Roten Kreuz sprach – wieder einmal betrunkene Soldaten fast alle Häuser plünderten, in Brand steckten und auf alles schossen, was sich bewegte – »Schweine, Pferde, Kühe, Hunde«.[97]

Die Länder der Entente stellten die deutschen Gräueltaten schnell in den Mittelpunkt ihrer Propaganda. Der Gipfel der den Deutschen zugeschriebenen Barbarei – das Abhacken von Kinderhänden – hat sich nach eingehender Forschung als Mythos erwiesen (S. 628), sonst aber waren die Gräuelgeschichten keineswegs aus der Luft gegriffen. Von Paranoia erfasst, da seit dem Deutsch-Französischen Krieg in deutschen Militärkreisen Geschichten über Franktireure kursierten, und oftmals schlichtweg fassungslos, weil die starrköpfigen Belgier ihnen nicht einfach freien Durchzug gewährten, benutzten deutsche Soldaten Zivilisten als lebende Schutzschilde, und sie mordeten, raubten und vergewaltigten.[98] Die spätere Zerstörung der Universitätsbibliothek von Löwen und der Kathedrale von Reims erschwerte es den Deutschen, ihren Krieg noch länger als einen Kulturkampf hinzustellen. In den Ländern der Entente sorgten Plakate, Postkarten und Gedichte dafür, dass diese Vorfälle ins kollektive Gedächtnis eingingen.[99] »Die Eiserne Hand schlug zu, doch schrieb mit diesem Schlag / sie auch die eigne Schande an die Wand / und Belgiens Scheiterhaufen erleuchten nun die Welt«, schrieb die Britin Mary Booth in dem Gedicht »The Women of Belgium to the Women of England« (Von den Belgierinnen an die Engländerinnen), das sowohl die moralische Entrüstung als auch die propandistische Lehre ausdrücken sollte.[100] Von ihrer französischen Kollegin Valentine de Saint-Point (1875-1953) ist, soweit bekannt, keine Reaktion auf die Untaten überliefert, aber völlig überrascht war sie davon vermutlich nicht. In ihrem »Futuristischen Manifest der Wollust«

(1913) führte sie aus, dass es völlig normal sei, wenn Soldaten nach einer Schlacht, in der ihre Kameraden gefallen sind, Vergewaltigungen begehen, »um so neues Leben zu erschaffen«.[101] Die physische Eroberung eines Landes führt bei ihr automatisch zur physischen Überwältigung der Frauen in jenem Land.

Im überfallenen Land selbst fand man das nicht so selbstverständlich. Empört – und mit einer im politisch so uneinigen Belgien selten erlebten Eintracht – versuchte man den Angriff abzuwehren. Die Dichter standen dabei nicht abseits. Der für gewöhnlich sanftmütige Katholik Constant Eeckels (1879-1934), ein Anhänger der Flämischen Bewegung, ließ keinen Zweifel an der erwarteten Haltung:

> Ein Angriff auf das Vaterland!
> Alle in Reih und Glied.
> Stolz pflanzen wir die Fahne auf.
> Löwen, die Zähne geschärft![102]

In der nächsten Strophe bezieht er auch die Wallonen ein, um dann in den Schlussversen, auf Gott und Gerechtigkeit vertrauend, kampfbereit auszurufen:

> Werden wir des Tyrannen Beute?
> Wird er Freiheit, Recht vernichten?
> Nie und nimmer! Fort mit euch!
> Hier sind die Belgier!

In einem langen Brief an die niederländische Kritikerin Maria Viola berichtete der flämische Autor Karel van den Oever (1879-1926) aus Antwerpen vom entschlossenen Optimismus der Belgier. Das kleine Land würde zum Grab des arroganten Preußen werden, so hoffte, betete und dachte man. Dieser Preuße mochte sich zwar für organisiert und modern halten, aber um einen Krieg zu gewinnen, brauchte es einiges mehr. Der richtige Glaube spielte eine wichtige Rolle – in einem späteren Brief erwähnte

Van den Oever einen belgischen Pater, der bei Aarschot »durch Luthers Kugel« gefallen sei –, außerdem bedürfe es eines inbrünstigen Volks- und Seelenadels: »so mag es ja sein, dass der Tornister des deutschen Soldaten zweckmäßig unterteilt ist und dass Deutschland die beste Armee Europas besitzt; der mathematischen Berechnung des deutschen Generalstabs fehlt gleichwohl die patriotische Volkskraft, die aus einem Säbel mehr macht als einen Stab aus Stahl.«[103] Auch für Van den Oever wurde der Konflikt so zu einem Kampf der Kulturen, einem Gefecht, um von der katholischen Kultur zu retten, was zu retten war.

Eine ähnliche Haltung zeigte auch der irische Dichter Thomas Kettle (1880-1916), ein liberaler Katholik.[104] Der brillante Jurist und Wirtschaftswissenschaftler befand sich in seiner Rolle als ehemaliges Parlamentsmitglied zufällig in Belgien, als der Krieg ausbrach. Die Waffen, die er dort für die paramilitärischen Irish Volunteers gekauft hatte, übergab er schließlich als Geschenk den lokalen belgischen Truppeneinheiten. Aus seinen Artikeln und Reportagen spricht eine vorbehaltlose Identifikation mit der Sache der Belgier. »Es ist unmöglich, nicht auf der Seite Belgiens zu stehen in diesem Kampf«, schrieb er am 5. August aus Brüssel. »Es ist unmöglich, noch länger passiv zu bleiben. Deutschland hat mit voller Absicht den Kern unserer Kultur herausgefordert.«[105] Die Zerstörungen, die er in den folgenden Tagen und Wochen im ganzen Land erblickte, wie bei der Kathedrale von Mecheln und der Universitätsbibliothek von Löwen, bestätigten seine Sicht auf Deutschland, das er bereits zu einem früheren Zeitpunkt analysiert hatte. Im Bann des Militarismus von General Friedrich von Bernhardi (der den Alldeutschen nahestehende Autor des Bestsellers *Deutschland und der nächste Krieg*, 1911), des Nationalismus des Historikers Heinrich von Treitschke, des Blutdurstes von Bismarck und der machtbesessenen Brutalität Nietzsches habe Deutschland das »Evangelium des Teufels« angenommen und die Berufung Europas als

Leuchtturm für Fortschritt und Kultur verleugnet. Europa verkörperte für Kettle Demokratie und Souveränität. Der Angriff Deutschlands war für ihn die Negation dieser Werte und damit auch eine Bedrohung der Zukunft Irlands. Bemerkenswert eigentlich (Großbritannien, nicht Deutschland stand ja der irischen Autonomie im Wege), aber in Anbetracht von Kettles europäischen Idealen war der Gedankengang nachvollziehbar. Bereits 1905 hatte er die These aufgestellt, sein Land müsse, um wirklich irisch zu werden, europäisch sein. Die Zukunft lag für ihn also nicht in einem sich selbst genügenden Nationalstaat, sondern in einem engagierten Internationalismus, bei dem kleine und große Staaten und Kulturen einander respektieren würden und voneinander lernen könnten. Die deutsche Handlungsweise stand im Widerspruch zu diesem Traum und musste folglich mit allen Mitteln bekämpft werden. »Nun gilt es: Europa gegen die Barbaren.« (S. 106) Irlands Ehre und die Ehre Europas seien unlösbar miteinander verbunden. Nur indem es auf der Seite der Gerechtigkeit und der Kultur kämpfe, könne sich Irland seinen rechtmäßigen Platz in Europa sichern.

Die Belgier kämpften unterdessen um ihr eigenes Überleben. Manche fest entschlossen, manche in Todesangst. Es herrschte Panik, aber es erklang auch Trompetenschall. In diesen intensiven und verwirrenden Tagen sahen Kulturpessimisten plötzlich auch einen Hoffnungsschimmer. Der recht barocke Dichter und Priester Cyriel Verschaeve (1874-1949) zum Beispiel schrieb an seinen Freund Jozef Lootens, dank dieses Krieges sei es doch noch möglich, dass sich die unverhoffte Regeneration von Gottes Volk vollziehe:

Ich bin beinahe stolz darauf als Mensch, dass Menschenmassen zu derartiger Ausdauer imstande sind, und verspüre eine grenzenlose Neugierde, Genaueres zu erfahren über den Ablauf dieses gewaltigen Kampfes. Ich bekenne: Ich habe mich in meiner Zeit geirrt, als ich glaubte, die Menschheit heutzutage sei aus viel weicherem Stoff gemacht [...] Gott hat die Dinge wohl getan und ich glaube, dass Er mit den Skalpellen des Krieges viel Kleinheit, viel Halbheit und viel Fäulnis aus der Welt schneidet; auch aus unserem Volk. Möge ich nicht fehlgehen und möge aus der Drachenzahnsaat des Krieges, so wie einst in der griechischen Mythologie, eine Menschenrasse erwachsen, die lauter ist und groß in ihrer Liebe.[106]

Jenseits der Nordsee beurteilte Verschaeves Altersgenosse Ford Madox Hueffer die Lage weniger euphorisch. Der Krieg deprimierte ihn. Beim besten Willen vermochte er nicht zu erkennen, was daraus an Positivem hervorgehen könnte. Für das Society-Leben – er bewegte sich von einem Diner zum anderen und nahm zwischendurch noch Partys, Theatervorstellungen und Bälle mit[107] – war der Krieg selbstverständlich desaströs. Aber für die Literatur natürlich auch. Wer finde noch Ruhe zum Lesen? Und dann diese scheußliche moralische Haarspalterei und all die Klischees, die im Umlauf seien über an und für sich sehr kultivierte und interessante Nationen. Obwohl ... »Ein merkwürdiger Gedanke, dass die normalerweise gutmütigen und freundlichen Deutschen, die unheimlichen Russen, die verabscheuenswürdigen Serben, die exaltierten Franzosen, die höchst kultivierten Österreicher und wir einander plötzlich an die Gurgel gehen.«[108] Er wollte zwar noch glauben, dass es eigentlich besser sei, draußen im Regen an seinen Verletzungen zu sterben als in einem stinkenden Lazarett allmählich zu verdämmern, doch diese Phrasen, die einem das alles schmackhaft machen sollten ... Das Einzige, was Intellektuelle in diesen schrecklichen Zeiten tun könnten, sei, »im Namen der Menschheit und der menschlicheren Literatur alle Poesie aus dem Krieg zu pressen, die sich daraus pressen lässt«. (S. 209) Und er ließ keinen Zweifel daran, dass er die nationalistische Großsprecherei der

Mehrzahl seiner Kollegen nicht zur Poesie zählte. Angesehene Dichter wie Thomas Hardy, Laurence Binyon, *Blast*-Liebling Henry Newbolt und Rudyard Kipling (»Erhebt euch, auf zum Kampf / Der Hunne steht vorm Tor!«[109]) boten dem staatlichen britischen Propagandabüro ihre Dienste an.[110] Und auch das deprimierte Ford ... all die erbärmlich schlechten Gedichte mit ihren Bildern tollwütiger Hunde und die Gurgel zudrückender Fäuste. (S. 209)

Wer die Gewalt unterdessen am eigenen Leibe erfuhr, durchlebte Gefühle, die er sich niemals hätte vorstellen können. Aus Geiswasser im Elsass berichtete der expressionistische Dichter August Stramm (1874-1915) in der Nacht des 20. August seinem Verleger Herwarth Walden und dessen Frau Nell, wie der Krieg alles in ein anderes Licht rücke: menschliche Beziehungen, Gefühle, Erfahrungen ... nichts sei mehr wie vorher. Das galt auch für die Sprache, die er benutzte. Seine Sätze flossen ineinander wie in der experimentellen Prosa, die James Joyce in diesem Moment noch erfand. »Krieg. Alles liegt hinter mir. Hoffnungen Freundschaft und Liebe. Ich liebe Euch aber Ihr liegt hinter mir weit weit seid nicht böse aber ein andrer hat Euch erlebt ein andrer nicht ich.«[111] Hier geht es nicht um Verklärung, sondern um eine offenbar nicht weniger willkommene Regression. Wie »Schulbuben« durften sich die Soldaten betragen, alle Hemmungen über Bord werfen. »Oh Kraft ist herrlich Kraft Nun warten wir auf den Feind warten warten er soll kommen er muß kommen wir wollen es wollen nichts anderes mehr in der Welt 250 Gewehre meine Gewehre er soll davor.«[112] In dieser Wörtersalve konnte ein Fragment wie »Leben hat keinen Wert« nahtlos übergehen in eine Passage, die vielleicht das Gegenteil nahelegte: (»Ihr Lieben wie geht es Euch«), um dann wieder aufzugehen in einem Delirium von angespannter Erwartung und Angst (»Nur eine Angst er könnte nicht kommen«) und in einem Befehl (»Feind komme!«) und dem Bewusstsein, dass er vielleicht nicht mehr würde schreiben können, dass sie tapfer sein sollten, denn was er, Stramm, könne, ach, das könne ein anderer sicher besser. (S. 173) Auch hier versuchte ein Dichter, die Todesangst zu bannen. Die Worte, die er an die Adressaten richtete, halfen dem Briefschreiber vielleicht, selbst tapfer zu bleiben.

Als Anna Achmatowas Mann Nikolai Gumiljow von der Mobilmachung erfuhr, meldete er sich voller chauvinistischer Überzeugung und geradlinigem Enthusiasmus sofort freiwillig zum Kriegsdienst. »Die Stimme des Krieges ruft mich«,[113] notierte er an jenem Tag in einem Gedicht und verließ sogleich seinen einsamen Rückzugsort in Terijoki (nach der russischen Annexion Selenogorsk). Am 5. August kam er in Slepnjowo an, um sich von seiner Familie zu verabschieden. Achmatowa war entsetzt, dass er zum Militär ging, aber ihre Meinung interessierte nicht. Am nächsten Tag reisten die Eheleute in ihre Heimatstadt, die inzwischen in einem Überschwang von Patriotismus in das weniger deutsch klingende Petrograd umbenannt worden war. Am 18. August nahm Gumiljow den Zug Richtung Nowgorod, um sich dort der Kavallerie anzuschließen. Beim Abschied auf dem Bahnhof von Zarskoje Selo trafen er und Achmatowa ihren Dichterkollegen Alexander Blok. Obwohl beide sich als tonangebende Akmeisten mehrmals gegen den gefeierten Symbolisten gewandt hatten, hoffte der bereits uniformierte Gumiljow, dass Blok nicht an die Front geschickt werde: »Das ist doch, als ob man Nachtigallen brät.«[114] Sich selbst betrachtete er nicht als einen solchen Luxusvogel, sondern als stattlichen Adler. Der Krieg gab ihm und seinem geliebten Russland die Chance zur Läuterung. Der Gedanke, *nicht* in den Militärdienst einzutreten, kam bei diesem durch und durch kämpferischen Geist gar nicht erst auf. Er würde seine Kraft und seinen Mut beweisen und endlich so leben können wie die Konquistadoren in seinen frühesten Dichtungen.

Blok selbst stand dem Krieg mit sehr gemischten Gefühlen gegenüber.[115] Sein Aufenthalt in Schachmatowo war Ende Juli abrupt gestört worden – sein Stiefvater teilte ihm per Telegramm mit, er müsse sich unverzüglich bei seiner Einheit in Sankt Petersburg einfinden. Gleich nachdem der Krieg begonnen hatte, zeigten die ihm Nahestehenden Entschlossenheit. Seine Frau war als Krankenschwester an die Front gegangen, seine neue Geliebte, die Schauspielerin Ljubow Delmas, hatte es ihr gleichgetan. Blok selbst aber fand kein Ziel mehr im Leben. Er wollte zwar tätig sein und seinen Beitrag leisten, aber auf seine Fähigkeiten schien niemand Wert zu legen. Er versank in tiefe Melancholie. In seinem Tagebuch dachte er über Selbstmord nach, und seine Mutter war jedes Mal fassungslos, wenn sie einen Brief von ihm erhielt. Aber es geschah ja auch etwas Tiefgreifendes mit Mütterchen Russland, und das bestätigte, was er als visionärer Dichter immer schon vorausgeahnt hatte.

Die Mobilmachung und der Krieg setzten die russische Gesellschaft stark unter Druck. Seit der gescheiterten Revolution von 1905 hatte sich die Paranoia der Regierung ins Maßlose gesteigert, und nun, da der Feind auch von jenseits der Grenze kam, schrillten alle Alarmglocken. Die Opposition und mögliche Verschwörer wurden schon immer scharf überwacht, und man scheute weder Zensur noch Staatsterror. Nach wie vor herrschte große soziale Unruhe im Zarenreich. 1913 streikten fast eine Million Arbeiter, und noch zu Beginn des Sommers 1914 legten eine halbe Million Russen die Arbeit nieder. In Sankt Petersburg und Baku fanden Massenkundgebungen statt, bei denen öffentlich rote Fahnen geschwenkt wurden.[116] Große, staatlich gelenkte Kampagnen sollten zu Beginn des Krieges Einigkeit erzielen und jeden revolutionären Impuls durch patriotisches Pathos ersticken. In den Städten gelang das am besten, auf dem Land jedoch – wo sich der überwiegende Teil der 6,5 Millionen im Jahr 1914 mobilisierten Soldaten befand – kam es in fast der Hälfte der 101 russischen Provinzen zu kleineren Aufständen.[117] Radikale kulturelle oder ethnisch nationalistische Bewegungen wurden überwacht und in ihren Aktivitäten eingeschränkt. So verboten die Behörden auch die gerade erst gegründete futuristische Bewegung in der Ukraine. Die drei führenden Futuristen wurden an die Front geschickt, ihre Zeitschrift und ihre Zeitungsredaktionen wurden geschlossen.[118]

An der Ostfront erging es den Russen nach anfänglichen Erfolgen auf preußischem Territorium inzwischen immer schlechter. Ende August erlitten sie bei Tannenberg eine schmachvolle Niederlage. Nahezu die gesamte 2. Armee, 150.000 Mann stark, wurde von den Deutschen eingekesselt. Weniger als zehntausend Soldaten konnten entkommen, fast fünfzigtausend wurden getötet oder verwundet, und 92.000 gerieten in Gefangenschaft. Der gedemütigte General Samsonow erschoss sich. Zum ersten Mal seit 1905 geriet das Zarenregime ins Wanken.[119]

In Serbien, wo alles seinen Ausgang genommen hatte – das jedoch durch diese zuvor undenkbare Eskalation im wahrsten Sinne des Wortes an den Rand der Kriegslandkarte verwiesen worden war –, kämpfte unterdessen auch die österreichische Armee nicht nur um ihr Überleben, sondern zugleich um den Fortbestand des Habsburgischen Reichs. Ungewollt musste Österreich-Ungarn einen Zweifrontenkrieg führen. Statt einer schnellen Strafexpedition gegen die widerspenstigen Serben, die allein aufgrund der zahlenmäßigen Überlegenheit mit einem mühelosen Sieg geendet hätte, war die Doppelmonarchie durch die Umstände gezwungen, ihre Truppen vor allem in Galizien einzusetzen, im Osten. Tollkühn und relativ unterbesetzt zogen die k.u.k. Balkanstreitkräfte dennoch über die Flüsse Save und Drina. Die Serben (nach den Worten Kaiser Wilhelms »Orientalen, daher verlogen, falsch und Meister im Verschleppen«[120]) gaben sich jedoch nicht geschlagen, und nach einer außerordentlich blutigen Schlacht im Cer-Gebirge mussten die Besatzer das eroberte Gebiet erneut verlassen. Beim Rückzug verübten sie grausame Repressalien gegen die Zivilbevölkerung.[121] Kinder wurden getötet und verstümmelt, Frauen vergewaltigt, ermordet und mit abgeschnittenen Brüsten in einen Wassergraben geworfen, andere wurden mit Seilen aneinandergefesselt und dann exekutiert.[122] Der niederländische Rotkreuz-Arzt van Tienhoven gehörte zu einer internationalen Untersuchungskommission, die diese Gräuel dokumentierte. Aus seinem Bericht geht eindeutig hervor, dass es sich um Racheakte handelte. So fand er an den Haustüren vollständig ausgeplünderter und zerstörter Häuser Texte vor wie »Schöne Erinnerung an die Strafexpedition der österreichischen Armee – 15. August. Serbien verwüstet, es lebe Österreichs Armee!« (S. 20) Auch das Verlieren mussten die Truppen im Jahr 1914 noch lernen.

An der Westfront sah es für die Entente-Mächte inzwischen immer schlechter aus. Der deutsche Vormarsch auf Paris schien nicht mehr zu stoppen. Bei einer katastrophalen französischen Offensive in den Ardennen erlitten die Franzosen ungeheure Verluste. Allein am 22. August fielen 27.000 französische Soldaten. In den ersten Septembertagen zogen sich die übrig gebliebenen Franzosen und die zu Hilfe gekommenen britischen Truppen bis beinahe an die Seine zurück. Die gedemütigten Soldaten hatten keine Ahnung, was ihnen weiter bevorstand, sie waren verzweifelt und desillusioniert. Die französische Regierung floh in Panik nach Bordeaux.[123] In der Hauptstadt warnte Luigi Barzini, der damals bekannteste italienische Kriegsberichterstatter, seinen Landsmann D'Annunzio und riet ihm nachdrücklich, Paris so schnell wie möglich zu verlassen.[124] Der Dichter blieb jedoch und beauftragte seinen Privatsekretär Antongini, Lebensmittelvorräte anzulegen, die für die beiden Männer, zwei weibliche Hausangestellte und 22 Kanarienvögel für ein Jahr reichen sollten. Die Nahrungsmittelknappheit zwang ihn dazu, einige seiner Lieblingshunde zu töten, weil nicht genügend Futter aufzutreiben war. Allmählich wurde auch für ihn die Spannung unerträglich. Am Sonntag, dem 6. September notierte er in seinem Tagebuch:»Unruhe, Angst, das Gefühl zu ersticken. Wenn man allein ist, scheint sich die Persönlichkeit aufzulösen. Es ist nicht mehr möglich, allein zu sein, sich allein zu fühlen, ohne dass einem die Welt auseinanderbricht.«[125] An demselben Sonntag empfand auch Jules Romains die Atmosphäre als quälend. Die kollektive Seele, die der Begründer des Unanimismus in seinem Werk postulierte, war offenbar ganz im Bann von Hass, Kriegslust und Angst: »Es scheint keinen Sauerstoff mehr zu geben in Paris. Die Panik macht die Menschen niederträchtig.«[126]

Für die Kämpfer an der Front hatte die Anspannung natürlich eine ganz andere Dimension. Physische Einsamkeit herrschte dort nicht, Momente der Ruhe, um tiefer über das eigene Schicksal nachzudenken, gab es ebenso wenig, es sei denn am Sonntag, wenn die Messe gelesen wurde. Charles Péguy, der bei der Mobilmachung am 1. August den letzten seiner vielen polemischen Artikel mitten im Satz abgebrochen hatte, um seine patriotische Pflicht zu erfüllen,[127] besuchte am 4. September einen Gottesdienst in Montmélian. Am folgenden Tag nahm der Leutnant der Reserve an der Schlacht bei Villeroy (Seine-et-Marne) teil. An der Spitze seiner Truppe wurde der Dichter getötet. »Er sehnte sich nach dem Krieg, also muss dessen Ausbruch ein Glück für ihn gewesen sein«, schrieb Paul van Ostaijen einige Zeit später. »Sein Tod war buchstäblich die Apotheose seines Lebens.«[128] Péguy fiel tatsächlich in einem fast glorreichen Moment. Villeroy kann als der Auftakt zur ersten Marneschlacht bezeichnet werden. Vom 5. bis 10. September kämpften etwa zwei Millionen französische Soldaten für das Überleben ihres Landes. Wie neugeboren schienen sie manchen Beobachtern, andere sahen vor allem Trostlosigkeit und Verzweiflung.[129] Dennoch: es gelang. Etwa eine halbe Million Opfer später war der deutsche Vormarsch Richtung Paris gestoppt.[130] »Die Alliierten gewinnen die erste Phase der großen Schlacht«, titelte die *New York Times* am 13. September.[131] Lobgedichte rühmten danach die Heldentaten, blendeten aber auch die horrenden Verluste nicht aus.

Einer der Teilnehmer an der Schlacht, François Porché (1877-1944), erinnerte an die Geschehnisse in dem langen Gedicht »L'arrêt sur la Marne« (Der Halt an der Marne), das er zum Gedenken an seinen Freund Péguy schrieb. Die drei Teile reflektieren, wie die Franzosen die Schlacht erfuhren und erinnerten: »L'agression« (die feindliche Invasion), »Paris« (die bedrohte Hauptstadt) und »La bataille« (die Entscheidungsschlacht). Die letzten beiden Verszeilen bedürfen weder einer Erläuterung noch einer Paraphrase:

> Und dass wir nun ein ruhiges Dasein haben
> verdanken wir den andern, die ihr Leben gaben.[132]

Wer diese Tragödie nicht selbst durchlitten hatte, vermochte meist nicht so lakonisch damit umzugehen. Anna de Noailles (1876-1933) etwa rang deutlich mit dem, was sich abgespielt hatte. Als Comtesse griechisch-rumänischer Abstammung und Mittelpunkt eines bekannten Pariser literarischen Salons war sie eine der wichtigsten republikanischen Kulturträger Frankreichs. Der Fortbestand des Landes lag ihr wahrscheinlich mehr am Herzen als beispielsweise einem namenlosen Bauern aus den Vogesen. Doch wie groß konnte, ja durfte das Opfer eigentlich sein? In ihrem langen Gedicht »Les morts pour la Patrie« (Die für ihr Vaterland starben) versuchte de Noailles im Oktober 1914, ihr Gewissen zu erleichtern. In getragenen Alexandrinern verklärt sie die Opfer zu Helden eines klassischen mythologischen Epos. Sie stellt sie auf ein unerreichbares Podest, denn nur so wird der Abstand deutlich zu denen, die sich nicht geopfert haben. Oder genauer: um zu vermeiden, dass sie selbst in die tiefsten Tiefen hinabsteigen müsste (auch eine Art, darzustellen, wie unermesslich groß der Abstand ist), muss sie die Gefallenen in allerhöchste Sphären erheben. Aus azurnen Äthergefilden können die engelsgleichen Helden dann die übrig gebliebenen Sterblichen trösten.[133]

Weitab von dieser Märtyrer-Rhetorik stehen die Schlussverse der »Kriegsode«, die Fernando Pessoa / Álvaro de Campos nach der Marneschlacht schreibt. Zwischen seinen Versen lässt er systematisch Totenglocken läuten (»Dong-dong-dong-dong ...«[134]), und er gibt Gefühlen Raum, die dem täglichen Erleben zweifellos näher standen als das weihevolle Pathos bei de Noailles: »Noch hast du seine Wiege in einem Winkel zuhaus ... / Noch hältst du seine Kinderkleider verwahrt ... / Noch hütest du in einer Schublade zerbrochenes Spielzeug ... / Jetzt, ja, jetzt, schau sie an und benetz sie mit Tränen ... / Du weißt nicht, wo das Grab deines Sohnes liegt ... / Er war eine Nummer, namenlos in irgendeinem Regiment, / Fiel irgendwo an der Marne ... fiel ... (S. 171) Die völlige Illusionslosigkeit der Fortsetzung hält die unverkennbare Sentimentalität dieser Verse in Balance:

Jetzt ist er Moder ... An der deutschen Front genügte
Ein winziges Stück Blei, nagelgroß, [...]
Dein Sohn war ein Held, wird es heißen ...
(Wobei niemand weiß, ob er ein Held war oder nicht)
Er ist ein Namenloser für die Geschichte ...
»Zwanzigtausend Mann fielen in der und der Schlacht ...« Er war
   einer von ihnen ... (S. 171)

So nüchtern auszusprechen, wie die Dinge lagen, fiel natürlich leichter, wenn man sich im neutralem Ausland befand. Die Skizzen und Aufzeichnungen, die Paolo Buzzi in den Tagen der Marneschlacht in seinem Collage-Tagebuch anfertigte, waren in den ersten Tagen schwarz-weiß, aber nach der Lektüre der Zeitungen vom 12. und 13. September in flammendem Rot. Zwischen den grob hingeworfenen Buchstaben, die zusammen den Begriff »Battaglia Marna« bilden, steigen Rauchfahnen auf. Die gesamte Szene ruht buchstäblich auf der wiederholten Wendung »Stapel Kadaver«.[135] Sein Mitfuturist Marinetti schien auf den ersten Blick für Heroik durchaus empfänglich zu sein. In dem Bildgedicht »Après la Marne, Joffre visita le front en auto« zeichnete er die Route nach, die der französische General Joffre nach dem Sieg genommen haben könnte. Die Großbuchstaben, die zusammen das Wort »Belle« (»schön«) bilden, werden nach der ersten Silbe jedoch von starren Reihen +- und x-Zeichen unterbrochen.[136] Ein kleiner Friedhof mitten im futuristischen Furor.

Die Deutschen zogen sich unterdessen zurück bis in ein Gebiet, das ihnen für die Fortführung des Kampfs strategisch geeignet schien. Denn das hatte die New York Times richtig eingeschätzt: der Kampf war noch nicht vorbei, dies war tatsächlich nur die erste Phase. Der Feind war nicht bis nach Paris gelangt, aber auch nicht in sein eigenes Land zurückgejagt worden. Die sechs Wochen, die Schlieffen vorgesehen hatte, würden sich zweifellos verlängern. Nach den überrumpelnden und erschöpfenden Geschehnissen der ersten vierzig Kriegstage war es Zeit, Atem zu schöpfen, sich neu zu formieren, sich zu besinnen. Eine neue Phase des Konflikts brach an: der Stellungskrieg.

3
Jetzt spricht der Stahl
Herbst und Winter 1914

… dieser Großkrieg ist ein europäischer Bürgerkrieg,
ein Krieg gegen den inneren, unsichtbaren Feind des
europäischen Geistes …
– Franz Marc, »Das Geheime Europa«, November 1914[1]

Trotz des beispiellosen Grauens auf den Schlachtfeldern hatte
der Krieg bereits ein Resultat von unschätzbarem Wert für die
Menschheit: phantastische Lyrik. So lautete jedenfalls ein fast
amoralischer Gemeinplatz aus den ersten Monaten des Krieges.[2]
Hatten sich die Dichter zuvor meist in ihren Elfenbeinturm
zurückgezogen, so entdeckten sie nun, dass es ihre eigentliche
Aufgabe war, die Stimme des Volkes zum Ausdruck zu bringen.
Zusammen mit der Volksseele wurde so auch die Lyrik neu
geboren. »Alles Vage, alles Zaudern sind plötzlich verschwun-
den«, so der junge russische Dichter Georgi Iwanow (1894-
1958), »Kummer und Glück, Ekstase und Wut – einfache Worte
und klare Gefühle sind an die Stelle der langweiligen Fratzen all
jener selbstgefälligen Dichter getreten. Eine Welle herrlicher
Vitalität und schlichter, freudiger Begeisterung hat unsere Poesie
gereinigt.«[3] Iwanow benutzte hier die Kriegsumstände, um die
Überlegenheit seiner akmeistischen Literaturauffassung zu beweisen; diese Äußerung verrät aber auch das schlechte Gewissen

des modernen Dichters: Sein zunehmend spezialisierter Sprachgebrauch schloss viele Menschen aus – der Krieg bot Dichtern und Publikum eine unverhoffte Gelegenheit, einander neu zu finden.

Der Preis jedoch, den die Dichtkunst für diese Revitalisierung zahlte, war unermesslich hoch. Anfang August, bevor er zur Front aufbrach, hatte Alfred Lichtenstein in dem Gedicht »Abschied« noch lakonisch festgestellt, dass er in dreizehn Tagen vielleicht tot sei. Eine allzu pessimistische Einschätzung: in Wirklichkeit hatte er noch etwa sieben Wochen zu leben. Bis zum Ende schrieb er Gedichte mit nüchternen, auffallend unheroischen Beobachtungen. In »Gebet vor der Schlacht« deckte der expressionistische Dichter ohne falsches Sentiment auf, was den Soldaten durch den Kopf ging, wenn sie mit lautem Gesang zum Schlachtfeld marschierten. Ehre und Opferbereitschaft waren dabei längst nicht ihre wichtigste Sorge. Sie sehnten sich einfach danach, nach dem Krieg ihr Alltagsleben wieder aufzunehmen: »Kühe melken, Mädchen stopfen«, sich besaufen und hin und wieder einen Schuft verprügeln. Sieben Rosenkränze täglich würden sie sogar fortan beten, solange Gott sie nur verschonte und stattdessen ihre Freunde Huber oder Meier umkommen ließe. Und sollte es sie doch treffen, dann bitte nicht zu hart – »Schick mir einen leichten Beinschuß, / eine kleine Armverletzung« –, damit sie als Helden würden zurückkehren können und etwas zu erzählen hätten.[4] Die Realität des Krieges ließ solche Träume selten wahr werden. Nur ganz selten kam ein Soldat mit einer Schramme davon. »Auf gelben Feldern lohn in roten Hosen, / Aschfahl von Tod und Pulver, die Franzosen«, notierte Lichtenstein trocken in »Nach dem Gefecht«. (S. 99) »Ich [...] biete dem Tode die Stirn«, hieß es in »Die Schlacht bei Saarburg« (S. 100), am 16. September von der Front aus versandt. Neun Tage später musste Lichtenstein den Kopf vor dem Tod neigen.

Zwei weitere Tage später fiel auch Ernst Wilhelm Lotz (1890-1914). Der vielverheißende Schriftsteller war, wie sein Freund, der expressionistische Maler Ludwig Meidner bezeugte, mit Begeisterung an die Front gezogen, er hatte »seinen Verstand in die Jackentasche gesteckt wie eine Schnupftabakdose, die man nur ab und zu hervorholt«.[5] Aus den ersten Feldpostbriefen an seine Eltern und seine Frau spricht eine kraftvolle Stimme voll jugendlichem Überschwang. Das Vaterland – »die unsichtbar schwebende Wohnung der Nation«[6] – rief, also stand er bereit. Er hatte immer eine große, bedeutende Zukunft für sich gesehen (»als Faktor einer neuen hellen Kultur«, S. 193), doch das musste in diesem historischen Moment hintangestellt werden. Was in seinen Versen noch wortgewaltige Bildsprache gewesen war, konnte er nun am eigenen Leib erfahren: »Ein Stoß ging durch uns, Not schrie, wir rollen geschwellt, / Wie Sturmflut haben wir uns in die Straßen der Städte ergossen / Und spülen vorüber die Trümmer zerborstener Welt«, heißt es in dem Gedicht »Aufbruch der Jugend« (S. 67). Schneidende Verse, die beschreiben, wie eine neue Generation eine neue Zeit erzwingt. Bereits am 21. August schrieb er seiner Frau Henny, der Krieg sei ihm in diesen Tagen »ein Greuel« geworden (S. 198), vier Tage später teilt er ihr mit, seine Brigade habe keineswegs den Mut verloren, aber »alle Hurrahbegeisterung«. (S. 200) Am folgenden Tag verlor seine Kompanie 82 Soldaten. (S. 201) Anfang September bereitete ihm eine Postkarte von Kurt Hiller »eine schöne Freude«; aufgeklebt war eine – von Hiller lancierte – Notiz aus dem *Berliner Tageblatt*, in der er zusammen mit »den besten der jungen Literaten«, u. a. Robert Musil, Franz Werfel, Alfred Lichtenstein und Ernst Stadler, als »Künstler im Felde« namentlich aufgeführt war. (S. 203) Ab Mitte September war seine Kompanie ständig in Gefechte mit französischen Einheiten verwickelt, die nur etwa 150 Meter entfernt lagen. Am 25. September schlug eine Granate in seinen Unterstand ein – der nur seine Zigarette zum Opfer fiel. »Ich muß wirklich einen Schutzengel haben«, berichtete er Henny. (S. 205) Einen Tag später hatte der Schutzengel ihn verlassen.

Kurt Hillers kleine Liste mit vielversprechenden Autoren lichtete sich zusehends. Nach Lichtenstein und Lotz fiel an der Westfront am 30. Oktober auch Ernst Stadler. Sein Kriegstagebuch aus diesen letzten Wochen und Monaten liest sich fast wie eine amtliche Aufstellung von Wetterberichten, Artillerieangriffen, Truppentransporten und -bewegungen, Plünderungen von Häusern, Beschaffung von Lebensmitteln, Alkohol und trockenen Schlafgelegenheiten, abwechselnd mit Szenerien zerstörter Städte (darunter Löwen) und Massengräbern. Nur selten notierte er eine Gefühlsregung: »Einer, dessen Gehirn ganz bloß liegt. Er lebt noch. Man trägt ihn gar nicht mehr zur Verwundetenstelle, sondern in ein gegenüberliegendes Haus: er hat doch nur noch ein paar Augenblicke zu leben. Das Grauenvolle des Krieges. Ich fühle mich schlecht.«[7] Am 17. Oktober erwähnte Stadler »Soldaten, deren Nerven durch das Gefecht so angespannt werden, daß sie irrsinnig werden«. (S. 569) Der Dichter registrierte sehr genau, was in ihm vorging und was sich um ihn herum abspielte. Ein baldiges Ende des Krieges schien ihm schon Anfang Oktober äußerst unwahrscheinlich. Mit den Franzosen und den Russen wäre ja noch fertig zu werden, teilte er seiner Tante Marta mit, aber dazu auch noch die Engländer … das sei dann doch zu viel. Nur die »wirtschaftlichen Störungen« in den kriegsführenden Staaten könnten eine Änderung der Lage herbeiführen. Angesichts der ungeheuren Verluste aller Kriegsteilnehmer war eine solche Krise nach Ansicht des Dichters nicht auszuschließen. (S. 522) Wie es weiterging, erlebte er nicht mehr, auch er starb im Gefecht.

In der expressionistischen Wochenschrift für Politik, Literatur und Kunst *Die Aktion* wurde der Tod des festen Mitarbeiters Stadler in der Ausgabe vom 21. November mit schwarzem Trauerrand bekanntgegeben. Er sei, so der Herausgeber Franz Pfemfert, »seinem Freund Charles Péguy, dessen Werke er uns vermittelte«, gefolgt. Unter dieser Nachricht auf der ersten Seite folgten fünf Gedichte, die der Militärarzt Wilhelm Klemm aus Frankreich eingesandt hatte. Streng wies *Die Aktion* zugleich darauf hin, dass die Aufnahme dieser Verse in »sogenannte ›lyrische Kriegsflugblätter‹ oder ähnliche Coupletsammlungen« unter allen Umständen verboten sei.[8] Die Zeitschrift berichtete selbstverständlich über den Krieg, ließ sich aber nicht von dem Hetzpatriotismus mitreißen, der die deutsche Kultur fest im Griff hatte. Auch weiterhin wurden französische Autoren abgedruckt, und der Tod des Mitarbeiters Péguy wurde mit Respekt und großer Trauer mitgeteilt. Die Gefahr, dass Klemms Feldspitalgedichte in nationalistischen Hurra-Blättchen landen würden, war davon abgesehen nicht besonders groß. Der schmerzhafte Realismus des nach dem Krieg oft in Anthologien aufgenommenen Gedichts »Lazarett« bot wenig propagandistisches Potenzial. Die mittlere Strophe lautet:

> Es stinkt nach Blut, Unrat, Kot und Schweiß.
> Unter zerrissnen Uniformen sickern die Verbände.
> Klebrige, zitternde Glieder, verfallene Gesichter.
> Halb aufgerichtet neigen sich sterbende Häupter.[9]

Zu diesen sterbenden Häuptern gehörten auf deutscher Seite in den ersten Kriegsmonaten noch weitere Schriftsteller, unter ihnen der viel gelesene Natur- und Heimatdichter Hermann Löns (26. September); auch der deutschnationale Lyriker Paul Ernst Köhler (14. Oktober), der Verfasser von Studentenliedern Justus Koch (31. Oktober), der Dichter und sozialdemokratische Politiker Ludwig Frank (3. November), der von Tuberkulose geschwächte Verleger und Autor Alfred Walter Heymel (26. November) und der *Aktion*-Dichter Hugo Hinz (7. Dezember) kamen um.[10] Ein anderer *Aktion*-Dichter, der junge, wahrscheinlich an Syphilis erkrankte Expressionist Hans Leybold, erschoss sich am 8. September, nachdem er in Namur verwundet worden war.[11] Ob es ein Wunschtraum, eine Vorahnung oder eine nüchterne Feststellung war, sei dahingestellt, aber in seinem Gedicht »Ende« – Ende September posthum in der *Aktion* veröffentlicht – schrieb dieser Freund von Hugo Ball: »In mein Gehirn / hat eine maßlos große Faust sich eingekrampft« und »Die Wellen meiner bunten Räusche sind verdampft«.[12] Das galt inzwischen auch für Klemm. Hatte er Ende August noch siegesgewiss und euphorisch ausgerufen: »Nirgends ein Mißton. Wir leben in einer großen Zeit«,[13] so schrieb er einen Monat später, der Krieg könne so scheußlich sein, dass man sich geradezu nach einer Kugel sehne, die einen aller Aufregungen und Qualen enthebe. (S. 115) In seinem Lazarett watete Klemm förmlich im Elend – Schmutz, Eiter, Fäulnis und ein »infernaler Geruch«. Er hatte, wie er schrieb, »wahnsinnig zu tun« und inzwischen so viele praktische Erfahrungen gesammelt, dass er Amputationen schon selbstständig hätte ausführen können. (S. 117-118)

Auch in den anderen Armeen forderte der Krieg einen hohen Preis. Das größte Opfer brachten die Franzosen. Unter den 27.000 französischen Soldaten, die am 22. August umkamen, befanden sich neben dem bekannten Prosaisten Ernest Psichari unter anderem auch die Lyriker Jean Allard-Méus, Pierre Amar, Jacques Baguenier Desormeaux, André du Frenois, Jean Reutlinger und Robert de Saint-Just.[14] Drei Tage später wurden Pierre Boutet und der Chansonnier Auguste Gien als verschollen gemeldet. Am 30. August fielen in den Ardennen Henri-Charles Grégoire und Antoine Yvan, an der Aisne Jean-François Marichal und in Faux Charles Mokel. Albert Hombek wurde am 1. September in Maubeuge getötet. Charles Péguy fiel, wie weiter oben bereits erwähnt, am 5. September, einen Tag später kam Gustave Valmont an der Marne ums Leben. Diese Schlacht kostete am 8. September auch die Dichter Jacques Balder, Henri de Boisanger und Louis Dulhom-Noguès das Leben. Auch nachdem die Franzosen den Sieg an der Marne verkündet hatten, wuchs die Liste weiter: Maurice Colin (12. September), Louis Granier (13. September), Paul Feuillâtre (21. September), Joseph de Joannis-Pagan (23. September), Éduard Bernard (27. September), Tony Rigaud (29. September), Robert Drouin (2. Oktober), Charles Roguet (6. Oktober), François de Lartigue (12. Oktober), Louis Ménagé und Charles Perrot (13. Oktober), Auguste Massacrier (im Oktober), Robert Marchal (1. November), Léon Gignoux (5. November), Charles Dumas (7. November), Émile la Senne (11. November), Marcel Paoli (16. November), Pierre Corrard und Olivier Hourcade (21. November), Paul-Marie Thomas (25. November), Jean de la Ville de Mirmont (28. November), Jacques Nayral (9. Dezember) und Louis Lemas (14. Dezember) … alles französische Dichter, die in den ersten fünf Kriegsmonaten ihr Leben ließen.

Die italienischen Futuristen ließen sich durch all das Leid nicht aus dem Konzept bringen.[15] Seitdem der Krieg ausgebrochen war, zählte für sie nur noch eines: Italien hineinzuziehen. *Lacerba*, so kündigte die Redaktion in der Nummer vom 15. August an, werde fortan nur noch Politik zum Thema haben, außerdem werde der Preis gesenkt (S. 241) – so wurde klargestellt, wo die Prioritäten lagen. Mit provokanter Offenheit wollte das Blatt seine Meinung verbreiten, doch der Zensor dachte darüber anders; gleich im ersten Beitrag – einem scharf formulierten Aufsatz von Giovanni Papini (1881-1956) mit dem Titel »Italiens Pflicht« – wurden wesentliche Passagen geschwärzt.[16] Nun war Politik für Italiens Regierung nicht etwa über Nacht zu einem schmutzigen Wort geworden, nur: es stand zu viel auf dem Spiel, also musste man jedes Risiko vermeiden. Der Zensor zeigte sich vor allem empfindlich gegenüber beleidigenden und feindseligen Äußerungen gegen Deutschland. Man könnte ja noch einmal auf diese Großmacht angewiesen sein, also vermied man besser jeden Affront. Ministerpräsident Antonio Salandra äußerte, die Haltung seines Landes beruhe auf »sacro egoismo« (heiligem Egoismus). Während Frankreich durch ein heiliges Zusammengehörigkeitsgefühl (*Union sacrée*) vereint war, beabsichtigte Italien demnach, sich wie eine Hure dem Höchstbietenden anzudienen. Das Ziel war letztendlich, aus der Halbinsel eine Weltmacht zu machen. Deutschland war der Ansicht, Österreich-Ungarn solle in diesem Kontext besser auf den wesentlichen Teil seiner italienischen Gebiete (Triest, Tirol …) verzichten. In der Doppelmonarchie war man sich darüber im Klaren, dass ein solches Opfer den Anfang vom Ende bedeutete. Wenn sich die italienischen Bewohner des Habsburgerreichs Italien anschließen dürften, würden zweifellos auch die Serben entsprechende Rechte fordern, ebenso die Rumänen und alle anderen Minderheiten.

Für die Futuristen war es gar keine Frage, auf welche Seite sich Italien stellen sollte. Schon am 12. August sprach Marinetti in einem Brief über Kampagnen, die seine Bewegung führen würde, um den Boden zu bereiten für einen Krieg gegen Österreich. Auch Papini ließ keinen Zweifel daran, wem sich das Land anzuschließen habe. Frankreich sei das Land der Revolution, das Land der Freiheit. Was die Futuristen von den Österreichern hielten, drückten sie mit allen möglichen künstlerischen Mitteln aus. Giacomo Balla (1871-1958) benutzte auch die Mode. In seinem Manifest »Die antineutrale Kleidung« vom 11. September schlug er eine nationalistische, grün-weiß-rote futuristische Kleidertracht vor – Anzüge, die die Dichter dann auch wirklich bei einigen ihrer vielen interventionistischen Kundgebungen trugen. Am 15. September stürmten sie in Mailand das Teatro dal Verme während der Premiere einer Puccini-Oper. Nach dem ersten Akt entrollte Marinetti vom höchsten Balkon eine große italienische Flagge, Umberto Boccioni (1882-1916) zerriss eine österreichische Fahne und warf die Stofffetzen ins Publikum.

Am folgenden Tag verbrannten sie während einer Aktion auf der Piazza vor der Kathedrale gleich acht österreichische Fahnen und verteilten Flugblätter. Zusammenstöße zwischen Studenten und Polizisten endeten schließlich mit der Verhaftung von sieben Futuristen, darunter Marinetti, Boccioni und Carrà.

Am 20. September gab die Mailänder Gruppe die *Futuristische Synthese des Krieges* heraus – ein interventionistisches Flugblatt, unterschrieben von Marinetti, Boccioni, Carrà, Russolo und Piatti. Auf der Basis des Volkscharakters der verschiedenen Länder wurde die Weltkarte hier neu geordnet. Der Krieg wurde als Kampf zwischen futuristischen und »passatistischen« Kräften gesehen, zwischen Zukunft und Vergangenheit, beide verteilt über Lager und Länder, denen höchst unterschiedliche Eigenschaften zugeschrieben wurden. Österreich (assoziiert mit Stumpfsinn, Inquisition und Spionage …), Deutschland (Brutalität, Aufgeblasenheit, Archäologie, oberlehrerhafte Pedanterie …) und die Türkei (lediglich durch eine provozierende »0« charakterisiert) standen einer viel stärkeren Koalition gegenüber, die u. a. aus dem unabhängigen, ehrgeizigen, furchtlosen Serbien bestand, dem energischen, tatkräftigen, industriellen und exzellenten Belgien, dem intelligenten, mutigen, schnellen und eleganten Frankreich, dem kraftvollen, robusten und uneinnehmbaren Russland, dem praktisch eingestellten England, das außerdem gepriesen wurde für sein Pflichtbewusstsein, den fairen Handelsgeist und den Respekt vor dem Individuum, Montenegro (mit den gleichen Eigenschaften wie Serbien) und dem entschlossenen und dem Fortschritt zugewandten Japan. Auch Italien gehörte selbstverständlich zu diesem Club, wie im Flugblatt zu lesen war, auf der Grundlage »aller Stärken und Schwächen des Genies«.[17] Dieser durch und durch romantische Geniebegriff stand für die Futuristen offenbar nicht im Widerspruch zur Zukunftsorientiertheit. Mehr noch: gerade von diesem Faktor X leiteten sie eine Superiorität ab, die ihnen in dem entscheidenden Kulturkampf, als den sie den Weltkrieg eindeutig sahen, moralische Überlegenheit verlieh. Dem Rigiden, Analytischen und Methodischen der deutschen Kultur wird in diesem Manifest die Geschmeidigkeit, intuitive Synthese und Erfindungsgabe des kreativen Genies entgegengesetzt. An den Anfang des Manifests stellten die Autoren einen in dieser Hinsicht auffallenden Kommentar. Obwohl die Zerstörung historischer Monumente vom ersten Tag an auf dem futuristischen Programm stand, lehnten sie die deutschen Angriffe auf alte Kathedralen mit scharfen Worten ab.[18] Den unbeholfenen, mittelalterlichen und eklektizistischen Deutschen, so argumentierten sie, fehle das futuristische kreative Genie und somit das Recht, Kunstwerke zu zerstören. Dieses Recht sprachen sie nur sich selbst zu, »dem italienischen kreativen Genie, das imstande ist, neue und größere Schönheit auf den Ruinen der alten Schönheit zu erschaffen«. Das Argument, mit dem der Stefan-George-Jünger Friedrich Gundolf die Zerstörung von Kunstschätzen gerechtfertigt hatte: »Wer stark ist zu schaffen, der darf auch zerstören«,[19] wendeten die Futuristen damit gegen die Deutschen.

In den neutralen Niederlanden ließ sich Albert Verwey, ein Freund von George und auch von Gundolf, von solchen der Selbstverteidigung dienenden Sprüchen nicht beeindrucken. Mehr noch: Gerade der nicht abreißende Strom apologetischer Schriften und Bemerkungen war für ihn der Beweis, dass seine deutschen Freunde im Grunde ihr schlechtes Gewissen beruhigen wollten.[20] In den scharfsinnigen Notizen, mit denen er in seiner Zeitschrift *De Beweging* den Krieg kommentierte, ließ Verwey Anfang Oktober keinen Zweifel daran, dass Deutschland tatsächlich in schändlicher Weise gegen das Völkerrecht verstoßen habe. Dennoch stufte er die anderen deutschen Verteidigungsphrasen nicht unbedingt als pure Rhetorik ein. Alle kämpfenden Parteien glaubten ja fest daran, nur in bester Absicht zu handeln und im Recht zu sein, auch wenn ihre Haltung nur sel-

ten konsequent war. So habe Großbritannien in Belgien zweifellos seine »traditionelle Aufgabe als Hüter der Freiheit und des
öffentlichen Rechts« übernommen, gleichzeitig aber »im Bündnis mit Russland kämpfend der Freiheit Finnlands und dem
öffentlichen Recht Osteuropas« geschadet. (S. 16) Verwey sah es
als die Aufgabe des neutralen Beobachters, allen Parteien Gerechtigkeit widerfahren zu lassen, eine Haltung, die für Gundolf
völlig abwegig war, wie er in einem Brief an George äußert.[21]

Für die irischen Nationalisten war die Beurteilung der Lage
mehr als ein interessantes Gedankenspiel. Aufs richtige Pferd
zu setzen, würde ihnen die lang ersehnte politische Autonomie
bringen können, eine falsche Wette aber wäre verhängnisvoll.
Der gemäßigte Parlamentarier John Redmond hatte seine Analyse schnell parat: Deutschland habe durch den Einmarsch in
Belgien die Rechte kleinerer Nationen verletzt, außerdem würde
Irland, wenn es an der Seite Englands kämpfe, nach dem Krieg
sicherlich Home Rule innerhalb des britischen Reichs erhalten.
Er rief die paramilitärischen Irish Volunteers deshalb dazu auf,
sich zur britischen Armee zu melden. Sein ehemaliger Parla-
mentskollege Tom Kettle hatte gar nicht erst auf diesen Appell
gewartet. Noch stark unter dem Eindruck seiner Erlebnisse in
Belgien startete er eine große Rekrutierungskampagne und hielt
fast zweihundert Reden, um seine Landsleute für die Sache der
Entente zu gewinnen.[22] Mehr als 175.000 Volunteers erklärten
sich prinzipiell einverstanden mit Redmonds Haltung, und etwa
80.000 von ihnen traten im ersten Kriegsjahr auch tatsächlich in
die Armee ein. Sie bildeten die National Volunteers und kämpften in den verschiedenen irischen Regimentern der britischen
Armee, wie sie Kettle in seinem Gedicht »A Song of the Irish
Armies« besang.[23] Auch Kettle selbst meldete sich, wie sein Dichterkollege und Mit-Volunteer Francis Ledwidge (1887-1917), zum
Militärdienst. Eine fanatische Minderheit der Volunteers weigerte sich vehement, weil sie den Militärdienst als Kollaboration

mit dem britischen Besatzer betrachteten. Sie beanspruchten den Namen Irish Volunteers für sich, spalteten sich ab, suchten Kontakt mit den Deutschen und schmiedeten Pläne für einen bewaffneten Aufstand.

Nach sechzig Kriegstagen in einem Klima, in dem sich die kriegführenden Staaten und Kulturgebiete auf kultureller, moralischer und militärischer Ebene offenbar endlos überbieten wollten, begann der französische Dichter Jules Romains sehr bewusst mit einem «Chant de l'Europe», dem Anfang dessen, was 1916 als der Gedichtband *Europe* erscheinen würde.[24] Für Romains, die treibende Kraft hinter dem Unanimismus – einer Strömung, die alle Menschen durch eine einzige Seele (una anima) miteinander verbunden sah –, war der Krieg ein wahrer Albtraum. Der Mann, der schon auf der ersten Seite seines neuen Gedichts Europa »mein Land« nannte (S. 9), war inzwischen zu den Hilfstruppen eingezogen worden und erlebte von seiner Pariser Armeedienststelle aus mit, wie dieses Land Europa »der Waffengewalt preisgegeben war«. (S. 10)[25] Romains plädierte aber nicht etwa für die Abschaffung des Nationalstaats. Gerade durch Frankreich, so schrieb er, sei sein »Körper mit Europa verbunden«. (S. 10) Die eine europäische Seele war also in verschiedene kleine nationale Seelen aufgespalten. Dass sich diese Seelen nun gegenseitig bekämpften, brachte selbstverständlich auch die Allseele in akute Gefahr. Und deshalb, so argumentierte Romains lyrisch, habe er ein Lobgedicht auf Europa geschrieben und wolle er Europas Geburt verkünden, obgleich allerorts sein Todesschrei erschalle. (S. 12) Die Massen, die einander abschlachteten, trügen auch die Möglichkeit in sich, den Kontinent zu retten. Romains' Europa ist kein altmodisches arkadisches Reservat, sondern ein Ort, wo große Menschenmengen einander begegnen und ineinander aufgehen: »Europäische Massen! Europäische Götter!« (S. 65) Die Bilder, mit denen er das Heil Europas beschwört, sind aufschlussreich: die Bewohner des Kontinents sind seit jeher miteinander verknüpft (»Ce vieux relai noueux«, S. 31), sie begegnen einander auf einer »Kreuzung« (S. 23, 33, 43, 79, 80) und in Music Halls, Parks, Häfen und Theatern. Diese Massen, so Romains, sind der Beweis für das Leben Europas, sie bilden die Antithese des Todes. (S. 83)

In der täglichen, nicht-poetischen Realität bedeutete die Stabilisierung nach der Marne-Schlacht jedoch keineswegs, dass die Lage an der Westfront an Gefährlichkeit verlor. Von Mitte September bis Mitte November vollzog sich nun der »Wettlauf zum Meer«; die Entente wollte mit allen Kräften verhindern, dass die Deutschen die strategisch entscheidenden Häfen von Dunkerque und Calais unter Kontrolle bekämen. Seltsamerweise spielte Antwerpen trotz seiner Lage im Norden des Landes eine wichtige Rolle bei diesem Wettlauf. Ende September wurden britische Truppen in die Hafenstadt entsandt, was für die Deutschen bedeutete, dass sich die ohnehin schon mühsame Eroberung Belgiens weiter zu verzögern drohte. Und das war auch beabsichtigt; je länger die deutschen Truppen im Norden aufgehalten wurden, desto leichter war es für die Entente, die französischen Häfen zu verteidigen.

Einer der britischen Soldaten, die nach Antwerpen geschickt wurden, um den wankenden Belgiern beizustehen, war der vielversprechende junge sozialistische Dichter Rupert Brooke (1887-1915).[26] Von blendendem Aussehen, sehr talentiert und in den allerhöchsten Kreisen verkehrend (kurz vor seiner Abreise aus England traf er sich noch mit Winston Churchill zum Lunch), litt Brooke schon seit einigen Jahren unter seelischen Störungen, fühlte sich sexuell unsicher und moralisch ungefestigt. Den Krieg sah er als Chance, seinem Leben auf radikalste Weise Sinn und Richtung zu geben. Zeit zum Zweifeln und Suchen würde er fortan nicht mehr haben, Pflichtbewusstsein und Urinstinkte würden ihn nun leiten. In einem der »1914«-Sonette, an denen er im Herbst und Winter jenes Jahres arbeitete, dankte er Gott

daß uns die Stunde traf,
Die unsere Jugend riß aus Schlaf und Enge,
Daß wir uns hellen Blicks, stark und gefaßt
Abwenden, Schwimmern gleich, die froh ins Reine springen,
Von Herzen ohne Herzschlag für die Ehre,
Von einer Welt, gealtert, kalt und müde,
Halbmenschentum aus Schmutz und trüber Leere,
und all den kleinen Hohlheiten der Liebe.[27]

Wieder einmal war ein Dichter am Werk, der hoffte, seine eigenen dekadenten Neigungen und fast unerträglichen Schuldgefühle überwinden zu können, indem er am läuternden Ritual namens Krieg teilnahm. Brooke schrieb diese Ode an die Reinheit übrigens, nachdem er den Krieg mit seinen stinkenden Leichen bereits am eigenen Leib erfahren und trostlose Flüchtlingstrecks gesehen hatte. Um den 6. Oktober war seine Royal Naval Division in Antwerpen angekommen, ungefähr zu dem Zeitpunkt, als sich die belgische Armee aus der Stadt zurückzog und die belgische Regierung nach Ostende flüchtete.

Am Tag zuvor hatten die Deutschen in Duffel den Fluss Nete überquert; der Weg zum letzten Antwerpener Festungsgürtel lag nun offen. Um dem Feind einen wichtigen Orientierungspunkt und ein Ziel zu nehmen, hatten die belgischen Truppen am 1. Oktober die Kirchturmspitze der Duffeler St.-Martins-Kirche absprengen wollen. Das Experiment war gescheitert, und die Kirche brannte fast völlig ab. Das Feuer war bis in den nahe gelegenen Ort Hove zu sehen, wo der achtzehnjährige Paul van Ostaijen, wie er später in *Besetzte Stadt* schreiben würde, beobachten konnte, wie der »lodernde Turm […] aufging in Flammen«. Van Ostaijen schilderte den Brand der Duffeler Kirche auch in einem kurzen Zeitungsartikel vom Dezember 1914 – »eine helle Flammenglut, spitz in den blauen Himmel mündend«.[28] In diesem Artikel wird noch eine andere Szene beschrieben, die sich ihm ins Gedächtnis eingrub – der »fantastische, traurige Abzug einer mächtigen Rot-Kreuz-Kolonne«, ebenfalls aus Duffel, tauchte sechs Jahre später ebenfalls in seinem epischen Besatzungsgedicht auf:[29]

de ganse landweg 200 R · K · automobilen

geklo ven nacht door 200 auto's

200 Sirenen _____!*

Während Tausende belgische Flüchtlinge – »Flüchtlinge der endlose Treck der Flüchtlinge« (*Besetzte Stadt*)– und Soldaten nach Antwerpen hasteten, mussten Brooke und seine Kameraden versuchen, den Feind noch eine Weile aufzuhalten in »Vieux Dieu«, wie der britische Dichter seiner Freundin schrieb[30] – gemeint war Mortsel Oude-God, ein Städtchen nördlich von Hove. Erst schien der Krieg noch weit entfernt zu sein, doch um zwei Uhr nachts geriet Mortsel unter Beschuss. Schon bald waren auch die Briten zum Rückzug gezwungen. Am linken Scheldeufer fanden sie sich unter den anderen Flüchtlingen wieder – »mit ihrer ganzen Habe auf Schubkarren und Leiterwagen … bleich, erschöpft, ohne jede Gefühlsregung«. (S. 625) Der Beschuss Antwerpens begann am 7. Oktober. Wer, wie die Familie van Ostaijen, dort Zuflucht gesucht hatte, machte sich erneut auf den Weg, diesmal in die Niederlande:

---

* 200 Rotkreuzwagen auf der Landstraße
Die Nacht von 200 Autos durchschnitten
200 Sirenen _____!
Übersetzung von Hansjürgen Bulkowski, in: van Ostaijen 1991, S. 38.

Salut bedrohte Stadt
>> das Heil liegt im Norden

Jahrmarkt

Karussell

Menschen und Dinge

Kinderwagen
>> Hutschachtel
>> Glaslampe

stundenlang dieselben Dinge

ist dieses Volk von Gott verlassen

Auch auf Leutnant Brooke machte das Bild einen unauslöschlichen Eindruck. »Sorg dafür, dass die Amerikaner den Belgiern helfen«, schrieb er an eine amerikanische Freundin im Dezember. »Ich habe ihr Leiden gesehen. Es ist schrecklich. Das Leiden der Franzosen und Engländer ist unwichtig. Aber sie sind so hilflos.« (S. 640) In einem Brief an einen amerikanischen Dichter verglich er die erlebten Szenen mit der »Hölle, einer Danteschen Hölle, grauenhaft ... Das ist Belgien heute: ein Land, in dem für jeden Soldaten drei Zivilisten getötet wurden ... Es ist eigenartig, zu wissen, dass man Zeuge eines der größten Verbrechen in der Geschichte war.« (S. 632-633) Große Opfer würde jeder in England auf sich nehmen müssen, erkannte Brooke. Und nicht wenige übernahmen Verantwortung, oft Menschen, die selbst in Schwierigkeiten waren. Ein Bekannter Brookes, der an Tuberkulose litt und dringend in ein Sanatorium gemusst hätte, organisierte in London eine Anlaufstelle für belgische Flüchtlinge. Ihn stellte Brooke als Vorbild hin, als ihn ein Freund um Geld bat, weil ein anderer Bekannter, der an Bronchitis litt, zur Erholung nach Amerika reisen wollte. »Das ist jetzt nicht der Zeitpunkt, in Los Angeles zu überwintern. Ich finde, wenn auch nur die geringste Chance besteht, dass er etwas Gutes tun kann, indem er sein Leben gibt, muss er versuchen, sein Leben zu ge-

ben. Und wer Geld übrig hat, muss versuchen, die ausgestoße-
nen belgischen Witwen und Kinder zu unterstützen.« (S. 629)

Der Anblick der belgischen Flüchtlinge brachte auch Ford
Madox Hueffer dazu, sein erstes Kriegsgedicht zu verfassen. Anfang September hatte er noch geäußert, er sei gar nicht imstande, ein Gedicht dem Krieg zu widmen. Er wolle es zwar, doch
der Krieg sei ihm zu fern. Was er darüber in den Zeitungen lese,
könne er nicht glauben, und ohne visuelle Eindrücke könne er
keine Gedichte schreiben. Das fehle ihm vor allem – eine klare
Sicht auf den Konflikt, buchstäblich und im übertragenen Sinn:
»Dieser Krieg ist nur eine Wolke – ein abscheulicher und anhal-
tender Schleier der Finsternis.«[31]. Dieses Wort – *doom* – wurde
zum Leitmotiv des als eigenständiges Buch veröffentlichten Gedichts *Antwerp* (Antwerpen), das Hueffer im Oktober schrieb,
nachdem er im Londoner Bahnhof Charing Cross mit der er-
bärmlichen Lage der belgischen Flüchtlinge konfrontiert worden war. Hier gab es keine Heroik. Warum hatten die armen Belgier den Durchzug der Deutschen nicht einfach zugelassen? Sie
hätten »ihr Leben, die Frauen, die Kinder, die Rinder und all
ihre Habe behalten«.[32] Offenbar existierte eine Form von Patriotismus, die so weit ging, dass Menschen dafür ein solches Elend
auf sich nahmen. Und das war dann doch beeindruckend und
damit auch Material für ein Gedicht. Hueffer hatte geäußert,
er sei nicht imstande, Verse zu machen, in denen Worte vorkä-
men wie »rächen« und »abschlachten« oder eine Wendung wie
»das Schwert der Freiheit aus der Scheide ziehen«.[33] Doch diese
Bilder, diese Erfahrungen inspirierten ihn und brachten ihn
zugleich dazu, seine Vorstellungen über Poesie und Schönheit
auf den Prüfstand zu stellen. Die belgischen Soldaten in ihren
hässlichen Uniformen würden an die Stelle der stolzen Reiter
und Helden aus vorigen Kriegen treten. Und die erbarmenswer-
ten Szenen, meinte Hueffer in seinem Gedicht, erzeugten eine
»strange new beauty«. Schönheit …

Und ein größeres Wort dafür gibt es wohl nicht.
Denn man kann es nicht preisen mit Wörtern
Zusammengefügt aus Leiern und Schwertern[34]

Und so wurden in einem modernen Kriegsgedicht die Wörter
»Belgier« und »belgisch« Synonyme für heroischen Widerstand
entgegen jeder rationalen Überlegung:

Und das ist nun ein Mann voll Ehre;
»Belgier« ist nun ein Name voller Ehre,
Voll Ehre wie der Ruhm der Schwerter und Gewehre,
Voll Ehre wie der vielsaitigen Leier Ton. (S. 95)

Diese elegische Ode konnte vielleicht so verstanden werden,
dass der Kampf in Belgien nach dem Fall Antwerpens am
10. Oktober entschieden war, doch die Gefechte gingen am linken Scheldeufer unvermindert weiter. Die ausgedünnte belgische Armee war dem Zusammenbruch nahe, und bei dem hasti-
gen Rückzug ging auch ein wichtiger Teil des Nachschubsystems
verloren.[35] Aus Überzeugung oder um gegen seine Verzweiflung
anzukämpfen, schrieb Karel van den Oever an diesem 10. Oktober ein Sonett über das, was er »Am Scheldeufer in Antwerpen«
zu beobachten glaubte. Die grauenhafte Szenerie unterscheidet
sich kaum von den Beschreibungen in einem Brief von Rupert
Brooke – »der Himmel war von brennenden Dörfern und Häusern erhellt … Flüsse und Seen aus Flammen erstreckten sich
Dutzende Meter weit … im Feuerschein von Granaten verwüstete
Häuser, tote Pferde, zerstörte Bahnhöfe« (S. 624-625) – doch der
flämische Dichter legte einen noch stärkeren Akzent auf die pla-
netarische Apokalyptik:

Es brennt der Horizont, lohende Wolkenglut
und bröckelnde, zerstörte Zinnen künden Tod,
Kaimauern rußgeschwärzt, Gehöfte rostig-rot
darüber tropfet aller Völkerscharen Blut.

[...]
Bis alles durcheinander stiebt im Schlachtgetümmel ...
Und siehe da, zum Rückzug bläst ein Heer in dem Gewimmel!
Hurra! Die Belgier siegten über hunderttausend Preußen.[36]

Letzteres war mit Sicherheit Wunschdenken. Die Belgier konnten die Deutschen bei Gent noch ganz kurz aufhalten, richteten
dann aber alle Energien darauf, sicherzustellen, dass die belgischen Einheiten vor dem Feind die Küste erreichten. Vom
12. Oktober an sammelten sich die stark geschwächten belgischen Truppen in der Westhoek, der Region in Westflandern,
die an Frankreich grenzt. An der Yser begannen sie sich einzu-
graben. In den folgenden Tagen besetzten die Deutschen Gent,
Brügge und Ostende. Am Sechzehnten griffen sie Diksmuide an,
wurden aber von französischen Truppen abgewehrt. Auch die
Briten waren inzwischen in großer Zahl versammelt, und am
20. Oktober traf noch das britische I. Korps unter dem Kommando von Sir Douglas Haig ein. Gerade rechtzeitig für die
Ypernschlacht.

Auch an der Ostfront konnte von einer Ruhepause nicht die
Rede sein. Und auch dort gehörten Dichter zu den Opfern. So
war ab 13. September der vielseitige tschechische Schriftsteller
und Künstler František Gellner (1881-1914) verschollen. Vor allem in Galizien fanden im Herbst grauenvolle Gefechte statt.
Anfang September wurden die Österreicher dort von der russischen Armee fast völlig aufgerieben.[37] Sie verloren ungefähr
350.000 Mann. Beim überstürzten Rückzug aus der galizischen
Hauptstadt Lemberg (Lwów) mussten sie um die tausend Loko-
motiven und fünfzehntausend Waggons zurücklassen – ein lo-
gistischer Alptraum. Feldmarschall Franz Conrad von Höt-
zendorf, der Mann, der im Juli durch seine kriegstreiberischen
Intrigen eine entscheidende Rolle für die Eskalation des Kon-

flikts gespielt hatte, gestand nach diesen demütigenden Niederlagen gegenüber seinem Stab ein, Erzherzog Franz Ferdinand,
wäre er noch am Leben, hätte ihn wohl erschießen lassen.[38]
Doch in der bitteren Realität der Hölle von Galizien waren es in
der zweiten Septemberwoche seine österreichischen Untergebe-
nen, die darum flehten, getötet zu werden. Zurückgelassen von
ihren fliehenden Kameraden befanden sich etwa neunzig schwer
verwundete Soldaten in einer Scheune nahe dem Hauptplatz
von Gródek, ohne Arzt, ohne Medikamente oder andere Mittel,
ihre unsäglichen Schmerzen zu lindern. Die unmögliche Aufgabe, ihnen in dieser Lage beizustehen, oblag dem siebenund-
zwanzigjährigen Dichter und Apotheker Georg Trakl (1887-1914).
Doch Trakl, gezeichnet von Alkohol, Depressionen und düste-
ren Vorahnungen, war meist nicht einmal imstande, für sich
selbst zu sorgen. Die Szenen, die sich nun vor seinen Augen ab-
spielten, übertrafen in erschütternder Weise die blutigen und
destruktiven Visionen, die ihn im Drogenrausch oft heimgesucht hatten. Im Krieg fand er die Bestätigung seiner finstersten
kulturpessimistischen Gedanken und zugleich die Möglichkeit
der Erlösung. Zu Beginn der Schlacht bei Gródek war er noch
von anderen Soldaten mit Gewalt entwaffnet worden, als er un-
besonnen, wie in Todessehnsucht, in die Feuerlinie laufen wollte.
Doch jetzt, in dieser Scheune konfrontiert mit den Folgen der
Kriegsgewalt, war er hilflos. »Was kann ich tun? Wie soll ich helfen? Es ist unerträglich«, sagte er atemlos, wie in einem Mantra.[39] Zwei Tage und Nächte lang flehten sterbende Soldaten
darum, dass er ihrer Qual ein Ende machte. Einer von ihnen
schoss sich selbst eine Kugel durch den Kopf – Teile seines
Gehirns klebten an der Wand. Trakl wurde unterdessen fast irre
durch die Schmerzensschreie und seine eigene Ohnmacht. Als
er in Panik hinausrannte, spielte sich dort eine neue Höllen-
szene ab: Auf dem Platz wurden der Kollaboration verdächtige
Ruthenen gezwungen, den Kopf in die Schlinge zu stecken, und

wurden gehängt. Am 22. September erlitt der Dichter einen Nervenzusammenbruch und kündigte an, er werde seinem Leben ein Ende machen. Erneut konnte er gerade noch rechtzeitig entwaffnet werden. Trakls traumatische Erfahrungen bildeten den Nährboden für ein Gedicht, das zu einem Klassiker der deutschen Literatur werden sollte.

GRODEK

Am Abend tönen die herbstlichen Wälder
Von tödlichen Waffen, die goldnen Ebenen
Und blauen Seen, darüber die Sonne
Düstrer hinrollt; umfängt die Nacht
Sterbende Krieger, die wilde Klage
Ihrer zerbrochenen Münder.
Doch stille sammelt im Weidengrund
Rotes Gewölk, darin ein zürnender Gott wohnt
Das vergoßne Blut sich, mondne Kühle;
Alle Straßen münden in schwarze Verwesung.
Unter goldnem Gezweig der Nacht und Sternen
Es schwankt der Schwester Schatten durch den schweigenden
   Hain,
Zu grüßen die Geister der Helden, die blutenden Häupter;
Und leise tönen im Rohr die dunkeln Flöten des Herbstes.
O stolzere Trauer! ihr ehernen Altäre
Die heiße Flamme des Geistes nährt heute ein gewaltiger
   Schmerz,
Die ungebornen Enkel.[40]

Der zürnende Kriegsgott aus der Vision von Georg Heym wohnt hier in »rotem Gewölk«; das »vergoßne Blut« der »sterbenden Krieger« mit ihren »zerbrochenen Mündern« wird von den Wolken absorbiert, als nähmen sie neben allen Farben (dem Gold der Ebenen, dem Blau der Seen) auch alles Leid auf Erden in sich auf. Am Himmel zeigt sich noch ein schwaches Glühen – von »goldnem Gezweig der Nacht und Sternen« –, darunter aber wird alles immer dunkler: »alle Straßen münden in schwarze Verwesung«. Hier vollzieht sich kein Gefecht zwischen Armeen, sondern ein Urkampf zwischen den Elementen und dem, was einmal als Krone von Gottes Schöpfung galt. Deutlich ist, wer dabei unterliegt. Bewusst und stolz und wollüstig zerstören die Menschen ihre Zukunft (»Die ungeborenen Enkel«). Besiegt und gänzlich verlassen bleiben sie zurück.

Trakls Einheit zog sich Anfang Oktober nach Limanowa bei Krakau zurück, hinter die Front. In kurzen Berichten an Freunde in Wien und Innsbruck sprach er davon, dass er »nach monatelanger Kreuzfahrt durch ganz Galizien« einige Tage krank gewesen sei, wie er glaube, »vor unsäglicher Trauer«.[41] Am 7. Oktober ließen ihn seine Vorgesetzten wegen seines auffälligen Verhaltens in ein Garnisonsspital in Wadowice einweisen. Am nächsten Tag wurde er nach Krakau verlegt; auf der Fahrt dorthin soll er vergeblich versucht haben, an die Front zu fliehen. Im Garnisonsspital von Krakau, in einem vergitterten Zimmer von delirierenden, schwer geistesgestörten Soldaten umgeben, wurde er von neuen Angstattacken gepeinigt – er befürchtete, sein Selbstmordversuch könne ihm die Todesstrafe wegen Feigheit vor dem Feind einbringen. Am 3. November wurde ihm eine Überdosis Kokain zum Verhängnis.

Die Atmosphäre in Krakau war in jenen Tagen zum Zerreißen gespannt. Nach dem Fall Gródeks am 12. September waren die Russen schnell zum strategisch entscheidenden Przemyśl vorgestoßen, dem letzten von Befestigungsanlagen umgebenen Bollwerk, das Krakau schützte. Am 24. September wurde Przemyśl zum ersten Mal belagert, am 11. Oktober starteten die Russen eine zweite Angriffswelle, am 12. November eine dritte. Einer der Soldaten, die die Festung verteidigen mussten, war der ungarische Dichter Géza Gyóni (1884-1917). Ein geborener Kämpfer war er mit Sicherheit nicht. Seinen Militärdienst hatte er von November 1907 bis April 1909 in Bosnien abgeleistet, und dieses Abenteuer war ihm nicht gut bekommen.[42] Als sein Regiment 1912 erneut auf den Balkan geschickt wurde, schrieb er das leidenschaftlich pazifistische Gedicht »Cézár, én nem megyek« (Cäsar, ich gehe nicht); die Zensur überlistete er, indem er einen historischen Hintergrund wählte, um eine aktuelle Botschaft zu verkünden: »Was deine Krone angeht, / O Cäsar, die musst du selber verteidigen.« (S. 348) Gyóni hatte keine Lust, sich »wie ein Tier ins Schlachthaus« treiben zu lassen. Als der Krieg ausbrach, meldete er sich jedoch freiwillig und schrieb glühende patriotische Verse. Schon bald war er der militärische Stadtpoet von Przemyśl – seine Gedichte wurden mit dem Flugzeug aus der Festung geschmuggelt und mit viel Erfolg und in vielen Nachdrucken unter den Soldaten verteilt. In einem dieser Gedichte, »Levél nyugatra« (Brief an den Westen), ging er nicht nur mit den feigen Daheimgebliebenen scharf ins Gericht, sondern vor allem auch mit der verderblichen westlichen – sprich: volksfeindlichen – Ideologie, der diese als Intellektuelle getarnten Kaffeehausgänger anhingen.

Wo steckt Ihr jetzt, Ihr kleinen »Intellektuellen«,
Verschluckt vom unheilschwangeren Jahrhundert?
Die schwärmend Ihr vorm heil'gen Westen kniet;
Die jeder Klugheit Zügel abgeworfen;
Ihr, die Ihr Ideal und Heimat mild belächelt
Und das ›Café New York‹ als Pantheon verehrt;
Die Ihr den heil'gen Morgen uns verspracht
Und gestern schon zurückgeblieben wart.

Wo steckt Ihr jetzt, verdammte Frankophile,
Vom Eros Angesteckte, Dutzendriesen?
Rasselt noch immer ihr mit Kinderratschen,
Färbt alles schön, und wär es selbst voll Makel?

Ihr, die auf Ungarns große Zeit voll Mitleid saht,
Von Westens Atem eingetrübte Wesen,
Ihr weisen Frühgeburten, Dürre, Kranke,
Was fühlt nun Eure eingedellte Brust?

Wo seid Ihr nun, Ihr närrischen Propheten?
Säh ich von Euch nur einen auf zerwühlter Erde –
Wo seid Ihr denn? So weit mein Auge blickt,
Sieht's Heldenkraft sich mit der Hölle schlagen,
Die aus den Höllenpforten tobend bricht.
»Still jetzt, Ihr Bübchen«, spricht die Kraft.
»Von heut an lache *ich*, und mein Fanal
Ist dies: Schweig, Hölle, denn jetzt spricht der Stahl.[43]

In der damaligen Kriegsrhetorik war »Westen« nahezu gleichbedeutend mit Frankreich und Großbritannien – dem Feind, mit
anderen Worten. Wer sich mit der Kultur und den Werten dieser
Länder identifizierte, war demzufolge ein Volksverräter.[44] Da
das ungarische Wort für »Westen«, *Nyugat*, auch der Name der
führenden liberalen Zeitschrift war, bezog Gyóni (gewollt oder
ungewollt) prominente *Nyugat*-Dichter wie Endre Ady und
Mihály Babits in seine Kritik ein.[45]

Die Mitarbeiter von *Nyugat* agierten freilich keineswegs eindeutig gegen den Krieg.[46] Ignotus (1869-1949), Dichter und Mitgründer der Zeitschrift, stellte z. B. in der Ausgabe vom 1. August
eindeutig klar, wo für ihn die Prioritäten lagen. Auch wenn
die Doppelmonarchie alles andere als die liberale, westliche
Demokratie war, für die sich *Nyugat* einsetzte, stand für ihn fest,
dass eine Neutralität wie die von Ländern wie Luxemburg, Belgien und der Schweiz für Ungarn keine Option sein konnte.
Allzu viele Magyaren lebten ja in der Doppelmonarchie außerhalb des strikt ungarischen Gebiets. Vor die Wahl gestellt zwischen dem existierenden Territorium oder einem geschrumpf-
ten Klein-Ungarn, war die Antwort für Ignotus klar: Er würde

»ein leidenschaftlicher Pro-Habsburger« sein.[47] Der aufstreben-
de Dichter Béla Balázs (1884-1949) begrüßte den Konflikt nicht
nur aus politischen Gründen. In der *Nyugat*-Ausgabe vom 16. August verkündete er, der Krieg sei für ihn »heilig«;[48] die gleiche
Haltung findet sich in seinen Tagebuchaufzeichnungen vom
12. August, in denen er den Krieg als moralisches Bad der Völker
bezeichnet und sich selbst ermahnt, konsequent zu sein und in
den Krieg zu ziehen, weil er die »Schuld begleichen« müsse, die
er mit seinem »monomanische[n] Individualismus« auf sich gezogen habe.[49]

Nicht jeder *Nyugat*-Autor sah den Konflikt freilich so apoka-
lyptisch und moralistisch. In derselben Ausgabe stand auch das
sehr persönliche Gedicht »Mein kleiner Bruder« des prominenten Dichters Dezső Kosztolányi (1885-1936), der im serbischen
Teil der Doppelmonarchie zur Welt gekommen war:

> Mein kleiner Bruder ist jetzt Soldat an der Grenze,
> Franz Josephs Muschkote in den serbischen Bergen,
> Mit meinem Herzklopfen ergründe ich jede Nacht.
> Ich schalte Licht an, um meine Angst zu verbergen.[50]

Sein Dichterkollege Árpád Tóth (1886-1928), der wegen einer
Lungenkrankheit untauglich für den Militärdienst war, stellte
Kosztolányi und *Nyugat* ein Armutszeugnis aus. »Während die
Welt Krieg führt, gleicht die gesamte ›moderne‹ ungarische Literatur einem fetten, kranken, tuberkulösen Flatschen, der von
einem Soldatenstiefel zertrampelt wurde.«[51] Auch der große
Dichter Ady engagierte sich nicht entschlossen, auch nicht auf
politischer Ebene. Er deutete den Krieg in eher prophetischen
und mythischen Begriffen und äußerte, ebenfalls in der Nummer vom 16. August, alles auf der Welt sei vorbestimmt und ein
Krieg breche nur dann aus, wenn es notwendig sei – »auch wenn
er mich traurig macht«.[52] Zu dieser Ausgabe trug er auch das
einen Monat zuvor verfasste Gedicht »Torony az éjszakában«

(Turm in der Nacht) bei, Verse, in denen die Unerschütterlich-
keit des himmlischen Mondes in scharfem Kontrast gezeichnet
wird zur Vergänglichkeit des Irdischen, hier symbolisiert durch
den Turm, der auf die blutigen Geschehnisse wartet. »Dröhnen
wird / Der Ruf aus alten Kampfeszeiten: / Leben oder Tod.«[53] Ein
patriotischer Dichter kann in einer solchen Situation mit den
Wölfen heulen oder abseits stehen und unbequeme Fragen stellen. Ady entschied sich für Letzteres. In einem kurzen Aufsatz,
der Mitte September in *Nyugat* erschien, ergriff er Partei für die
Einzelgänger und Außenseiter, »jene arroganten Individualisten
und Egoisten, wie der Hochstapler Barrès sie höhnisch nennt«.[54]
Der Hinweis auf den Vielschreiber Maurice Barrès (1862-1923)
war aufschlussreich und taktisch geschickt. Seit dem Kriegsausbruch war dieser französische Ultranationalist noch militanter
geworden, sofern eine Steigerung überhaupt noch möglich war.
Indem sich Ady auf diese Weise von ihm distanzierte, zeigte er,
dass er kein unkritischer Frankophiler war, und forderte zugleich auch für sich einen Platz in der ungarischen Gesellschaft,
in der Patriotismus seit Anfang August gleichsam Gesetz war. In
seinem unnachahmlich subtilen und leicht sarkastischen Stil
artikulierte Ady in dem kurzen Text »Der neue Militarismus«, er
sei davon überzeugt, dass der Krieg gewiss einen erzieherischen
Wert haben könne, jedoch – nachdem nun der Militarismus den
Sozialismus als Massenbewegung abzulösen scheine – nicht unbedingt im Sinne der althergebrachten Kulturwerte. Und auch
jetzt machte Ady seinem Ruf als Visionär alle Ehre, indem er
große gesellschaftliche Veränderungen prophezeite: »Wer es miterleben wird (nicht mal zwei Weltkriege werden es aufhalten
können), wird in den Genuss aller Freuden kommen, die die
Entwicklung, die Blüte und die Verrottung der Bourgeoisie in
der Regel verschaffen.«[55] Wo er sich selbst in diesem Szenario
verortete, beließ er im Vagen. In der *Nyugat*-Ausgabe vom 1. Dezember veröffentlichte er das Gedicht »A halottak élén« (An der

Spitze der Toten), eine bittere Elegie, in der die Ich-Figur die Führung eines Trupps Soldaten übernimmt, die schon gefallen sind – dafür hielt Ady sich sicherlich eher geeignet als für das Kommando über ein Bataillon, das in die Offensive gehen musste. Die erste Strophe lautet:

> Jetzt fallen alle auf dem Feld,
> Der Himmel ist mit Blut bedeckt,
> Jetzt stieß ich auf meine treue Schar,
> Jetzt hab ich sie für mich entdeckt,
> Die aus dem Leben Verstoßenen.

Wie bei Trakl sind die Wolken zum Sammelbecken für all das unnütz vergossene Blut geworden. Aber wo bei dem österreichischen Dichter die Finsternis immer absoluter wird, skizziert Ady eine viel doppeldeutigere Szene, in der das Totenreich und profane Lebenslust einander auf seltsame Weise berühren:

> Wie schön ist dieser Spuk der Welt,
> Wie gut für mich, wie wahr und schön:
> Jetzt führe ich die Todesbleichen
> Und kann an ihrer Spitze stehn,
> Wir lächeln dem Leben entgegen.[56]

Das letzte *Nyugat*-Heft des ersten Kriegsjahres äußerte sich innerhalb des Spielraums, den die Zensur zuließ, immer kritischer über den Krieg. In einem Aufsatz aus seiner Reihe »Einfache Gedanken« bezeichnete der Schriftsteller Menyhért Lengyel (1880-1974) den Konflikt als einen unerhörten Anachronismus, der durch den verstockten Militarismus von Polizei und Armeeführung leider unvermeidlich geworden sei. Vielleicht der auffälligste Aspekt dabei: Nun, da die Menschheit sich selbst in ein früheres Kulturstadium zurückgeworfen habe, sei der kämpfende Mensch mühelos imstande, die Regression mitzuvollziehen und auf steinzeitliche Instinkte zurückzufallen. Der Fortschritt habe sich als Illusion erwiesen. Auch wenn es der Menschheit in der Vergangenheit gelungen sei, sowohl Pest wie auch Sklaverei zu überwinden, könne sie sich offenbar nicht vom Übel des Krieges befreien. Dass sich ihm Millionen Menschen vorbehaltlos auslieferten, begriff der Autor dennoch: Die Verknechtung des modernen Daseins – die Gesetze und Bräuche, die Konventionen und Verbote –, »all diese Unterdrückung« würde der Krieg hinwegfegen »wie der Sturm den Nebel«. Frieden und Kultur habe der Mensch gegen eine neue Form der Befreiung eingetauscht: die Freiheit, sich nicht mehr um seine Verpflegung, seine Bekleidung, seinen Seelenfrieden und seine Arbeit kümmern zu müssen (das war nun Sache der Armee) und, vor allem, die Freiheit, nahezu ungestört plündern und töten zu können.[57] In ihrem langen Prosagedicht »Záporos folytonos levél« (»Endloses Briefgewitter«) artikulierte Margit Kaffka (1880-1918) in derselben Ausgabe von *Nyugat* eine völlig andere Sicht auf die von den Soldaten plötzlich erworbene Freiheit. Staubkörner seien sie geworden, diese Millionen winziger Soldaten, die keine Ahnung hätten, wo sie sich befänden und warum sie sich dort befänden, und die in dichten Nebelschwaden durch verwüstete Dörfer marschierten und auf Befehl morden müssten, »da der Nachbar, / Der andere Kleider trägt und eine andere Sprache spricht, das gleiche tut«.[58] Gehorsam werde von ihnen verlangt, mehr nicht.

Géza Gyóni war unterdessen in Przemyśl offenbar zu ähnlichen Schlussfolgerungen gelangt. Anfang November schrieb er in der belagerten Stadt »Csak egy éjszakára« (»Für eine Nacht nur«) – oft als gellende Anklage gegen den Krieg verstanden, lässt sich das Gedicht ebenso gut als eine neue Abrechnung mit den Daheimgebliebenen lesen. Diesmal las der Dichter jedoch nicht den skeptischen Intellektuellen die Leviten, sondern attackierte die vermeintlichen Patrioten, die vom sicheren, warmen Sessel aus für den Krieg nur Lippenbekenntnisse übrig hatten:

Schickt ins Feld sie alle nur für eine Nacht,
Die Hurrah-Helden, die alles erdacht und besser gemacht,
Für eine Nacht nur.
    Wenn am hellen Himmel erglänzt der Sterne schimmerndes
        Licht,
    Möge im San ein jeder erblicken sein eigen Gesicht,
    Sehen, wie die Flut das dampfende Blut wälzt ins Meer,
    Auf daß sie weinend Alle jammern: Nicht weiter o Herr!«[59]

Wäre Gyóni ein Russe gewesen, hätte er das alles sicherlich noch
lauter gerufen, denn trotz ihres emphatisch bekundeten Patriotismus meldeten sich bemerkenswert wenig prominente russische Dichter und Intellektuelle zum Militärdienst. Eine auffal-
lende Ausnahme war Nikolai Gumiljow.[60] Nach der Ausbildung
in Nowgorod wurde er mit seinem Kavallerie-Regiment nach
Ostpreußen geschickt, in ein Gebiet, das die Deutschen Anfang
August von Russland erobert hatten.[61] Anfang Oktober erlebte er
dort seinen ersten Kampfeinsatz. Die Kriegserfahrung desillu-
sionierte ihn nicht. In dem Gedicht »Vojna« (Der Krieg) setzte
auch er das Opfer des Soldaten mit dem Säen des Bauern gleich.
Lob und Ehre gebührte diesen Kämpfern, denn wie niemand
sonst arbeiteten sie an der Zukunft:

    Und wahrhaftig: Heilig und erhebend
    ist das Werk des Kriegers: Hinter ihm
    ahnt man – in den hellen Lüften schwebend –
    leuchtende beschwingte Seraphim.

    All den Arbeitsamen, die da waten
    durch die Felder, die mit Blut genährt,
    ihrer Tat – den Ernten und den Saaten –
    sei, oh Herr, Dein Segen nicht verwehrt.[62]

Wie diese Zukunft, für die die Soldaten ins Feld zogen, genau
aussehen sollte, blieb bei Gumiljow ausgesprochen vage. Es ging

ihm nicht um die Befreiung von Tyrannei oder das Beschwören der slawischen Seele, auch nicht in seinen Gedichten. Nicht das Endziel heiligte für ihn den Krieg, sondern der Kampf selbst. Ein Kritiker verglich Gumiljows Ethos in diesem Zusammenhang mit dem eines Wikingers.[63] Nicht dass der Dichter blind war für die Entbehrungen, die er und seine Kameraden erleiden mussten. In der gerade deshalb von der Zensur gestrichenen Anfangsstrophe des Gedichts »Nastuplenije« (»Der Angriff«) erwähnte er anlässlich ihrer gelungenen Offensive in Ostpreußen, dass sie bereits seit vier Tagen nichts mehr zu essen hätten. Für den heldenhaften Mythomanen Gumiljow war das jedoch kein Problem: Das Wort Gottes gab ihnen ausreichend Nahrung. Und im Übrigen hielten ihn Adrenalin und Überlebenstrieb aufrecht. Im selben Gedicht beschreibt er, dass sein wildes Geschrei wie Kupfer auf Kupfer halle und er durch all diese Erlebnisse das Gefühl habe, unbesiegbar zu sein (»Ich, der Träger einer Großen Idee, kann nicht, kann nicht sterben«).[64] Was diese »Große Idee« ist, erfahren wir nicht; es scheint jedoch, dass auch für Gumiljow der Krieg eine ausgesprochen regenerative Kraft besaß. Gerade durch den Verzicht auf den täglichen Komfort fördert der Mensch das Beste und Stärkste in sich zutage. Das Primitive und Profane des Krieges bringt den Menschen wieder in Kontakt mit einer in der modernen Gegenwart gering geschätzten Urkraft. »Auch in der Morgendämmerung der Menschheit«, so Gumiljow in einer seiner »Aufzeichnungen eines Kavalleristen«, »lebten die Menschen mit ständig angespannten Nerven, sie erschufen vieles und sie starben jung. Ich kann mir schwer vorstellen, dass ein Mann, der täglich zu Mittag isst und jede Nacht schläft, etwas zur Schatzkammer der Geisteskultur beitragen kann. Nur fasten und wachen, auch ungewollt, wecken im Menschen besondere, bis dahin noch schlummernde Kräfte.«[65] Der Krieg bot Gumiljow die Chance, sich zu vervollkommnen und Aspekte seiner Persönlichkeit zu entwickeln, die er bis dahin nur auf seinen langen Expeditionen durch Afrika hatte erforschen können.[66]

Seine Frau Anna Achmatowa deutete den Krieg inzwischen ebenfalls auf sehr persönliche Weise. Das folgende Gedicht vom September 1914 wirkt heute vielleicht wie eine sarkastische Abrechnung mit ihrem säbelrasselnden Ehemann, damals jedoch wurde es problemlos in der russischen Staatspropaganda eingesetzt und oft in Anthologien mit patriotischer Lyrik aufgenommen.

TROST

Erzengel Michael, der Fürst,
Erkor ihn für die Schar des Heers.
                    N. Gumiljow

Nachrichten wirst du von ihm haben wollen,
Du hörst nichts mehr von ihm.
Im brennenden, trauernden Polen
Findest du kein Grab von ihm.

Nimm es ruhig und ergeben,
Sieh es nicht nur als Verlust:
Ein neuer Kämpfer in den Heeren
Des Herrgotts, was betrübst du dich?

Das Klagen lass und lass das Zetern
Zuhause um den Sohn,
Vertrau, du hast in ihm nun betend
Deinen Schutzpatron.[67]

Die enorme Popularität dieses Gedichts in Russland ist nicht verwunderlich. Mehr noch als Brot hatte das Land Trost nötig in diesen Monaten der entsetzlichen Verluste. Achmatowas Auslegung war nicht originell, aber doch wirkungsvoll: Erlöst vom irdischen Leben und Leiden, weiß sich der gefallene Geliebte,

Bruder oder Sohn aufgenommen in Gottes Gnade und kann höchstpersönlich als Fürsprecher und Mittelsmann für seine Hinterbliebenen auftreten. Dass diese Verse auch der Obrigkeit gefielen, ist noch einleuchtender. Die Dichterin gab nicht nur dem Leben der endlosen Reihe Gefallener einen Sinn, sie betonte auch, dass die vielen Soldaten, die spurlos verschwanden und ohne Grab blieben, nicht wirklich verloren waren.

Zur gleichen Zeit produzierte auch Wladimir Majakowski Verse, die sein sonst wohlwollender Biograf Brown als »hurrapatriotischen Kitsch« abtut.[68] Zum ersten Mal schrieb der revolutionäre Futurist Verse auf Kommando; zusammen mit bildenden Künstlern wie Malewitsch, Larionow und Burljuk machte er propagandistische *lubki*, comicartige Plakate, auf denen Österreicher und Deutsche verspottet und die eigene Armee auf schon nahezu groteske Weise in den Himmel gehoben wurde.[69] Davon überzeugt, dass ein wahrer Dichter im Leben alles mit eigenen Augen sehen und am eigenen Leib erfahren muss, versuchte Majakowski auch selbst an die Front zu gelangen. Als einziger Sohn war er vom Militärdienst befreit, aber er hoffte, den Krieg als Berichterstatter aus nächster Nähe erleben zu können. Bürokratische Scherereien vereitelten das Vorhaben, und auch ein neuer Versuch – diesmal gab er ausdrücklich an, als Freiwilliger einrücken zu wollen – führte zu nichts, da die Moskauer Polizeibehörden ihm einen Nachweis seiner politischen Zuverlässigkeit verweigerten. Vorerst beschränkten sich Majakowskis Kriegsanstrengungen deshalb auf künstlerische Beiträge, in denen, wie es sich für einen Avantgardisten gehört, kein Unterschied zwischen dem eigenen Lebenskonzept und dem Wohl des Landes und den Vorstellungen seiner Bewohner zu existieren scheint. Der Dichter nutzte den Krieg, um den von den Futuristen lang ersehnten Großen Sprung nach vorn zu verkünden. In leidenschaftlichen, polemischen und nicht unbedingt immer logisch aufgebauten Zeitungsartikeln kündigte er den neuen Menschen an, das neue

Russland, die neue Welt und eine neue Kunst. Schonungslos rechnete er mit den seiner Ansicht nach völlig austauschbaren und hyperpatriotischen Reimereien von Symbolisten wie Brjussow und Balmont und vermeintlichen Neutönern wie Gorodezki ab, der offenbar von seinem akmeistischen Glauben abgefallen war. Der Krieg werde nicht nur Staatsgrenzen verschieben, sondern auch tiefe Spuren im Seelenleben der Menschen hinterlassen. Nur eine neue Literatur und Kunst könnten deshalb den Krieg und diese neue Realität wiedergeben; oder glaubten die Realisten tatsächlich, sie seien imstande, naturgetreu abzubilden, wie ein Panzerfahrzeug von einer Sprenggranate zum Omelett gemacht werde? Denn darum ginge es im Kern, so Majakowski: die moderne Kunst gebe nicht wieder, sie gebe Form. Und in dem Umbruch, den der Krieg verursache, werde eine neue Kunst und eine neue Form der Schönheit geboren: »Nun, da jede friedliche Familie durch Bruder, Ehemann oder ausgeplündertes Haus in die Kakophonie des Krieges verwickelt ist, nun kann über der Feuerglut der Bibliotheken die Prophetie einer neuen Schönheit entzündet werden.«[70] Zynische Berechnung und eindringliche Überzeugungskraft konnte Majakowski offenbar mühelos vereinbaren. Mochte der Krieg auch grausam sein, so bewies er doch, was die Futuristen schon immer verkündet hatten – alles müsse völlig neu gestaltet werden. Der neue futuristische Mensch werde eine nie dagewesene Furchtlosigkeit an den Tag legen können, da er nicht mehr ein verletzliches Individuum sei, sondern Teil der unsterblichen Masse. Der Krieg stand also nicht für sinnloses Morden, sondern war »ein Poem […] von der befreiten und zur Größe erhobenen Seele«.[71] Zu lyrischen Eruptionen futuristischer Vaterlandsliebe führte das jedoch nicht unbedingt. Majakowskis Gedicht »Mama und ein von den Deutschen erschlagener Abend«, das er im Oktober schrieb, stellte einen auffallenden Bruch mit den formalen und inhaltlichen Konventionen der russischen Kriegslyrik dar. Die harte und herzzerreißende Szene beginnt und endet mit einem Bild, in dem trauernde Kriegsmütter mit Sargdecken verglichen werden. Und die patriotische Presse nahm ohnehin Anstoß an der dritten Verszeile, wo triumphierende Siegesnachrichten in einem Atemzug mit den Tränen dieser Kriegsmütter erwähnt werden. Von einer unsterblichen Seele ist hier nicht die Rede. Zusammen mit Versen seiner futuristischen Mitstreiter Boris Pasternak, Konstantin Bolschakow (»Belgien«), David Burljuk und Nikolai Assejew erschien das Gedicht in der von Majakowski betreuten Literatursparte einer Moskauer Zeitung. Der Dichter durfte sich danach in dieser Zeitung zwar noch gegen Vorwürfe verteidigen, er habe unpatriotische Literatur propagiert, die Rubrik aber wurde ihm schon nach dieser ersten Folge weggenommen. Dass die neue Zeit auch neue Kriegsgedichte verlangte, war längst noch nicht Allgemeingut.

Etwa dreihunderttausend russische Soldaten kämpften unterdessen weiterhin erbittert, aber erfolglos um die Einnahme von Przemyśl. Die Unterstützung an der Heimatfront nahm unterdessen weiter zu, auch bei Schriftstellern und Intellektuellen. Die Eroberung von polnischem Territorium wurde dabei als ein erster, entscheidender Schritt zu einem neuen Polen gesehen, entweder als unabhängiger Staat oder (was wahrscheinlicher war) unter russischer Oberherrschaft. Zumindest Galizien betrachteten viele Russen als Herz des eigentlichen Landes – somit trug jeder Gebietsgewinn zur Wiederherstellung des Mutterlandes bei.[72] Die Grenzen dieses Wunschlandes erstreckten sich in den Vorstellungen vieler Russen bis nach Konstantinopel, dem östlichen Mittelpunkt der byzantinischen Kirche. Schon Puschkin und vor allem Dostojewski hatten laut davon geträumt, das Zentrum des orthodoxen Glaubens von den gottlosen Muslimen zurückzuerobern. Als das Osmanische Reich Anfang November 1914 an der Seite Deutschlands der Entente gegenüberstand, witterte Russland seine Chance: die endgültige Wiedervereinigung der christlichen Welt konnte beginnen. Der Zar veröffentlichte ein Manifest mit der Ankündigung, die historischen Konflikte an den Ufern des Schwarzen Meers könnten nun endlich gelöst werden. Was das konkret bedeutete, verdeutlichte ein zusammen mit dem Manifest abgedrucktes Gedicht von Sergej Gorodezki (1884-1967): statt des unverschämten Halbmondes sollte das Kreuz auf der Hagia Sophia wieder aufgerichtet werden.

Der Kampf würde hart und langwierig sein, aber auf den Altären der orthodoxen Kirche und des Panslawismus kam es auf ein Opfer mehr oder weniger nicht an. Waleri Brjussow erlebte den Krieg in Galizien mit, wie erhofft als Reporter. Jeder russische Terraingewinn bestärkte ihn in der Zuversicht, die er zu Anfang des Konflikts in dem Gedicht »Der letzte Krieg« artikuliert hatte:

Ob unter stampfenden Füßen, donnernden Waffen,
Unter dem dröhnenden Flug der Nieuports,
All das, was wir uns als Wunder
Wünschten, vielleicht ersteht, ganz neu?[73]

Dieser Krieg würde die Befreiung bringen, gewiss auch für das unterjochte und besetzte Polen. Am 2. Oktober erreichte Brjussow Jarosław, eine Stadt in der Nähe von Przemyśl, die damals gerade von den Russen erobert worden war und genau eine Woche später erneut in österreichische Hände fallen würde, um am 23. Oktober abermals von den Russen erobert zu werden. Im Alltagsleben machte es anscheinend gar keinen großen Unterschied, wer gerade über die Stadt herrschte. Als Brjussow dort ankam, regelten österreichische Polizisten den Verkehr, während russische Soldaten und Offiziere durch die Straßen stolzierten und der Rubel überall als Zahlungsmittel akzeptiert wurde.[74] Es waren Anzeichen für Veränderungen, ob zum Guten oder Schlechten, war aber längst nicht ausgemacht.

Die Spannung und Ungewissheit klingen auch in einem Gedicht von Alexander Blok stark an, das in seinem Land zum

Klassiker werden sollte und mit den Zeilen beginnt: »Die wir wie taub geboren waren, / Erinnern nicht, was sie besessen.« Er schrieb es am 21. September nach den bemerkenswerten russischen Siegen in Gródek (Galizien, am zwölften September), Czernowitz (damals Österreich, heute Ukraine, am fünfzehnten) und Sandomierz (Polen, am achtzehnten), hatte dabei aber wahrscheinlich die großen Dramen der neueren russischen Geschichte im Hinterkopf – vom russisch-japanischen Krieg 1904-1905 und der gescheiterten Revolution 1905 bis zur katastrophalen Niederlage bei Tannenberg. Die Last der Vergangenheit wiegt schwer für die Person, die hier spricht; dieser Mensch hat zu viel gesehen, zu viel erlebt, um das Blutvergießen noch als Vorzeichen einer besseren Zeit deuten zu können.

> Liegt Stummheit im Dröhnen der Feuerglocken,
> Die uns den Mund zu schließen zwangen.
> Das Herz, erhoben einst, zu frohlocken,
> Ist uns von Leere so verhangen.
>
> Ob auch der Krähenschwarm schon flöge
> Zum Bett, das sie den Toten bauen –
> Nach uns ein Würdigerer möge
> O Herr, o Gott, dein Reich erschauen.[75]

So eine trotz allem hoffnungsvolle Form der Skepsis war in jenen oft chaotischen Monaten nur wenigen russischen Intellektuellen und Dichtern gegeben. Sinaida Hippius (1869-1945), die symbolistische Kollegin, der Blok diese Verse gewidmet hatte, gehörte vielleicht dazu. Zwar hatte sie im August zunächst scharfe Worte gegen das mechanistische, militaristische, gottlose und (deshalb) schuldige Deutschland gerichtet, doch aus ihren Tagebüchern und späteren öffentlichen Auftritten geht hervor, dass sie den Krieg – wie fürchterlich der Feind auch sein mochte – als absolute Tragödie ansah.[76] Ihr Lyrikerkollege Gorodezki lehnte diese weiche Haltung kategorisch ab. Er begriff auch nicht, warum die russische Armee auch nur die geringste Nachsicht mit deutschen Kriegsgefangenen zeigen konnte. In seinem Artikel »Liebe zu den Deutschen« äußerte er ohne Umschweife, dass die Russen ihre ganze »slawische Liebe und all ihre Sanftheit« besser in das einzige und endgültige Ziel investieren sollten: »Die Deutschen lieben heißt sie besiegen.«[77]

Obgleich also auch russische Autoren bellizistische und chauvinistische Botschaften in die Welt hinaus sandten, war Deutschland für viele von ihnen nach wie vor der Leuchtturm einer Kultur, die sie schwerlich rigoros ablehnen konnten. Einige Verse der jungen Marina Zwetajewa (1892-1941) zeugen von dieser beklemmenden Ambivalenz. Schon mit sechs Jahren las und schrieb sie deutsch, und mit elf war sie eine Zeitlang in einem Internat in Freiburg. Dort verliebte sie sich in den Schwarzwald und in das Land ihrer Vorfahren, das sie aus den deutschen Märchen und Sagen kannte, die ihre Mutter ihr immer vorlas. Im Sommer 1910 – kurz bevor sie, noch im selben Jahr, mit dem Gedichtband *Wetscherny albom* (Abendalbum) debütierte – hielt sich Zwetajewa mit ihrer Schwester Asja in Dresden auf.[78] »In mir sind viele Seelen. Doch meine Hauptseele ist deutsch«, schrieb sie in ihrem Tagebuch.[79] Als der Krieg ausbrach, wurde auch sie von patriotischem Hass auf den Feind ergriffen, den verantwortlichen und gefährlichen Kriegstreiber. Dennoch wurde sie dem Land ihrer Kindheitserinnerungen nicht untreu, wie das Gedicht »An Deutschland« zeigt, das sie Anfang Dezember schrieb.

Du wirst gehetzt von aller Welt,
Hast Feinde ohne Zahl,
Da sollt ich lassen dich im Stich,
Begehen da an dir Verrat?

Woher Verständnis nehmen für:
»Aug um Auge, Blut um Blut«,

Deutschland, du mein Irrsinn,
meine Liebe, du![80]

Charles Hamilton Sorley war in seiner Lyrik immun gegen solches Pathos, befand sich im Grunde aber in einer vergleichbaren Situation. Nach seinem deutschen Abenteuer weilte er seit Anfang August wieder auf heimatlichem Boden. Er plante, nicht lange zu bleiben. Obgleich er den Krieg am 6. August als »beastly nuisance« bezeichnete – vor allem, weil er sich gegen die so liebenswürdigen Deutschen richtete –,[81] ihm die patriotischen Phrasen auf die Nerven gingen und er herrschende Meinungen prinzipiell in Frage stellte, meldete er sich später in diesem Monat dennoch wie selbstverständlich zum Kriegsdienst; wenn auch in unterkühlt ironischem Ton, gab er zu, inzwischen von der Propaganda nahezu völlig eingewickelt worden zu sein: »Ich bin fast davon überzeugt, dass der Krieg gerecht ist und die Geschichten über das deutsche Barbarentum wahr.« (S. 187) Der Plan, in Oxford zu studieren, wurde kommentarlos begraben, und die folgenden Monate verbrachte er in Trainingscamps in Churn und Shorncliffe. Über die militärischen Operationen machte er sich keine Illusionen: »Der Krieg dauert sicher noch drei Jahre und endet dann in einem Patt.« (S. 191) Seine Sympathie für die Deutschen war fast ungebrochen, auch wenn er immer schärfer sah, was er während seines monatelangen Aufenthalts vorher in diesem Jahr auch schon bemerkt hatte: Deutsche sind so überzeugt von ihrer Überlegenheit, dass sie sich gar nicht vorstellen können, jemand könnte anders darüber denken. (S. 193) Letzteres sprach vielleicht gegen sie, aber dass sie überhaupt Prinzipien hatten und auf ihre Weise Idealisten waren, war für Sorley das Wichtigste und machte ihre Taten automatisch ehrenhaft. Auch in einem Brief an seinen früheren Schulleiter in Marlborough trat er für sie ein, obgleich er im selben Brief vom »Feind« sprach. (S. 195) Er hoffte, dass Deutsch noch immer auf dem Lehrplan stand, und kritisierte mit scharfen Worten die ideologische Verblendung der britischen Zeitungen. »Wenn dieser Krieg beweist (was meiner Ansicht nach der Fall sein wird), dass es möglich ist, einen Menschen zu töten und trotzdem sein größter Freund zu bleiben oder, weniger wünschenswert, selbst getötet zu werden und trotzdem Freunde zu bleiben, dann wird er etwas Großartiges bewirkt haben.« (S. 196) Das war ein frommer Wunsch – in einem Klima, in dem englische Gedichte über Väter erschienen, die auf »Hunnenjagd« gingen, und in Deutschland der »Hassgesang gegen England« von Ernst Lissauer populär war, konnte von Freundschaft zwischen zwei Krieg führenden Ländern schwerlich die Rede sein.[82]

Dieser Ansicht war inzwischen auch Rupert Brooke, der wie Sorley lange Zeit in Deutschland verbracht hatte. »Dieser Krieg tut mir weh«, schrieb er am 11. November in einem Brief an einen befreundeten Dichter in Amerika, »denn ich habe Deutschland lieb gewonnen. Es gibt so viel Gutes in diesem Land, und ich hatte immer die Hoffnung, es würde sich rechtzeitig von Preußen und der Oligarchie befreien.«[83] Brooke befand sich zu diesem Zeitpunkt wieder auf heimatlichem Boden und wartete auf seinen nächsten Auslandseinsatz. Nach wie vor führte er ein reges gesellschaftliches Leben, das dadurch, dass er sich nun auch mit der Tochter von Premierminister Asquith verabredete, nicht weniger kompliziert geworden war. Während sein anderer Bekannter Winston Churchill Pläne machte, in der Türkei eine neue Front zu eröffnen, um so die Stagnation an der Westfront zu überwinden, arbeitete der Dichter beständig an seinen Kriegssonetten weiter. Nachdem auch die Erste Flandernschlacht mehr als zweihunderttausend Opfer gefordert hatte, darunter fünfzigtausend Briten, schlug die Botschaft des um die Weihnachtszeit vollendeten Sonetts »Der Soldat« den richtigen Ton an im hart geprüften Land.

Wenn ich denn sterbe, denk nur dies von mir:
Es gibt dann in der Fremde einen Winkel
Der immer England ist.[84]

Die Zahl der Winkel in der Fremde, die auf diese Weise britisch wurden – und belgisch und französisch und deutsch und russisch und österreichisch und ungarisch und … –, hatte unterdessen jedoch Ausmaße angenommen, die im August für die meisten Menschen noch unvorstellbar gewesen wären. Brookes Trost spendender Patriotismus konnte deshalb längst nicht mehr jeden überzeugen. Franz Werfel (1890-1945), der als deutschsprachiger Prager in Ostgalizien in der österreichischen Armee diente, schrieb Ende 1914 ein Gedicht, in dem er – unbewusst, denn Brookes Sonette wurden erst im Jahr darauf veröffentlicht – die Botschaft des jungen Briten ins Gegenteil zu verkehren schien. »Fremde sind wir auf der Erde alle«, hieß es – Verse, in denen für imperialistische Eroberungsideen, auch wenn sie sich auf das Format einer Grabplatte beschränkten, kein Platz war. »Unterm Fuß zerrinnen euch die Orte«, so Werfel; nicht einmal als Friedhof würde der Kriegsschauplatz noch taugen.[85] Es war eine Lüge zu glauben, der Konflikt könne neue Formen der Verbundenheit zuwege bringen. Der Krieg brachte nur völlige Entfremdung und Zerstörung hervor.

Selbst der Schlag des Herzens ist geliehen!
Fremde sind wir auf der Erde Alle,
Und es stirbt, womit wir uns verbinden.

Die Argumente, die alle Seiten als Rechtfertigung für den Krieg vorbrachten, sezierte und analysierte der Wiener Schriftsteller und Journalist Karl Kraus (1874-1936) am 19. November auf unnachahmliche Weise in seinem Vortrag »In dieser großen Zeit«, den er im Dezember auch in seiner Zeitschrift *Die Fackel* abdruckte. Zynismus und Scharfsinn waren hier kaum voneinander zu trennen, offenbar ahmte der Kritiker die Kriegswirklichkeit auch in der Form seiner Erörterung nach. »Ich weiß genau«, so Kraus, »daß es zu Zeiten notwendig ist, Absatzgebiete in Schlachtfelder zu verwandeln, damit aus diesen wieder Absatzgebiete werden.«[86] Und so war dieser große imperialistische Krieg für ihn im Grunde eine ökonomische Angelegenheit: »Hinter Fahnen und Flammen, hinter Helden und Helfern, hinter allen Vaterländern ist ein Altar aufgerichtet, an dem die fromme Wissenschaft die Hände ringt: Gott schuf den Konsumenten!« (S. 11) Die Katastrophe, die sich gerade vollzog, war für Kraus die Konsequenz einer Ehe zwischen diesem Konsumismus und dem Militarismus des Nationalstaats, einer Verbindung, die Tag für Tag, Seite um Seite vollzogen und konsumiert werde in den Zeitungen, die von einer Rhetorik strotzten, die jeden Zusammenhang mit der Realität verloren habe. Nichts verkaufe sich besser als Kriegsnachrichten, also stünden die Rotationsmaschinen nie still. Dass sich so viele Dichter freiwillig dafür hergaben – indem sie sich zum Kriegsdienst meldeten oder patriotische Lyrik produzierten –, bedeutete für Kraus schlicht, dass sie keine Dichter mehr waren. Dichter dürften die Klischees und Lügen ihrer Zeit nicht kultivieren. Tun sie das doch, begeben sie sich selbst ins Abseits. Dann ist Schluss. Punktum.

4

Der Geruch von Giftgas am Morgen

Der Krieg im Jahr 1915

Wären da nicht meine Mutter und meine Freunde, ich
würde für einen raschen Tod beten. Ich will die Schrecken
am eigenen Leib erfahren, und dann – Frieden. Ich will nicht
zurück in das alte, sinnlose Leben, das sich immer wie ein
Gefängnis anfühlte. Ich will Freiheit, nicht Komfort und
Bequemlichkeit.

– Siegfried Sassoon, 3. Dezember 1915[1]

Mit dem unerschütterlichen Selbstvertrauen, das ihn kennzeichnete, reiste der amerikanische Automobilgigant Henry Ford im
Dezember 1915 auf einem Luxusdampfer – den er auf den Namen »Peace Ship« getauft hatte – nach Europa. Er wollte den
Krieg höchstpersönlich beenden: »Ich verwette dieses Schiff gegen einen Penny, dass wir die Jungs bis Weihnachten aus den
Schützengräben raus haben.«[2] Für diesen Optimismus gab es
jedoch keinen Anlass. Ford setzte die Welt zwar im wahrsten
Sinne des Wortes in Bewegung, auf das Kriegsgeschehen aber
hatte er keinen Einfluss. Zum friedvollen Jahresausklang sollte
es nicht kommen; stattdessen versuchten bei Ypern mehr als
tausend vergiftete britische Soldaten, sich von einem erneuten
Gasangriff zu erholen, den die Deutschen am Sonntag vor Weihnachten (am 19. Dezember) unternommen hatten. Für hun-

dertzwanzig Soldaten war jede Hilfe zu spät gekommen.[3] Fords Friedensmission war schmerzhaft naiv gewesen – die Annahme, der Krieg könne 1915 definitiv entschieden werden, entbehrte jeder Grundlage. Wichtige neue Fronten waren in jenem Jahr eröffnet worden, neue Länder und Armeen hatten sich in den Konflikt eingeschaltet. Obwohl der Krieg schon von Anfang an als »Großer Krieg« bezeichnet worden war, wurde er erst 1915 wirklich zu einem Weltkrieg.[4]

Zugleich war die Lage an der Westfront inzwischen so festgefahren, dass externe Interventionen und diplomatische Offensiven aussichtsreicher erschienen als reguläre militärische Operationen. Nach dem »Wettlauf zum Meer« und den Schlachten an der Yser und bei Ypern im Herbst 1914 hatte sich die Front, wie man zu sagen pflegt, stabilisiert. Mit anderen Worten: es war kaum noch Bewegung hineinzubekommen. Von der Nordsee bis zu den Alpen hatten sich die Truppen in geringem Abstand voneinander in Schützengräben verschanzt, die ständig ausgebaut und immer besser befestigt wurden. Schonungslos beschossen sie sich gegenseitig. Ihre abwechselnden Versuche eines Durchbruchs waren jedes Mal erfolglos, die Verluste blieben unverändert hoch, die Terraingewinne waren meist nicht nennenswert.

In der belgischen Westhoek war es den Belgiern und Franzosen gelungen, den deutschen Vormarsch kurz vor Nieuwpoort an der Mündung der Yser zu stoppen. Auf erfinderische Weise hatten sie die Schleusen und Kanäle genutzt, um die Polder unter Wasser zu setzen und ein sumpfiges Niemandsland zu schaffen, das fast uneinnehmbar war. Der flämische Dichter Daan Boens (1893-1977), der an der 1. Flandernschlacht teilgenommen hatte, beschrieb in dem Gedichtband *Van Glorie en Lijden* (1917) (Von Ruhm und Leid) in einer langen Reihe von Sonetten, wie nach dem erschöpfenden Marsch zur Küste und der blutigen Schlacht an der Yser (»rot flammte der Himmel! / und zehn Kolonnen fielen, und danach noch zehn«[5]) eine unwirkliche Ruhe eintrat:[6]

> Ganz langsam kam das Wasser, breitete sich sachte
> über die grünen, weiten Wiesen.
> Der Morgen glitt mit sanften Strahlen
> gleichmütig über dieses Meer des Friedens. (S. 91)

Dieser »Frieden« war natürlich relativ. Außer an den Weihnachtstagen hatte nie Waffenruhe geherrscht, stets drohte Gefahr. Die Gegend um das Dorf Pervijze galt als sicher, und dennoch fiel hier am 13. Dezember 1914 der Lütticher Dichter und Liedtexter Georges Fisse (1890-1914).[7] Zu der Gefahr durch die Deutschen kam die Gefährdung durch Krankheitserreger.[8] Das Wasser hielt den Feind zwar auf Distanz, sickerte aber oft bis in die Unterstände und Schlafplätze der belgischen Soldaten; wegen der ständig darin treibenden Leichen war es eine stinkende, mit Bakterien verseuchte Brühe und die ganze Gegend eine Brutstätte für Ratten und Ungeziefer. Im Vergleich zu den französischen, deutschen und britischen Heeren starben dreimal so viele belgische Soldaten an Krankheiten. Längst nicht alle von ihnen besaßen geeignetes Schuhwerk, manche trugen sogar Holzschuhe, im Schlamm und Morast ein Alptraum für sich. Bei Truppeninspektionen standen die Soldaten manchmal mit Löffel und Gabel im Knopfloch stramm, um ihre armseligen Besitztümer nicht zu verlieren.

Den Winter und das Frühjahr nutzte die belgische Armeeführung dazu, die erschöpften Truppen wieder aufzubauen und für Nachschub an Material zu sorgen. Unter den belgischen Flüchtlingen wurden viele Männer rekrutiert, und aus französischen Ausbildungslagern wurden Freiwillige und Wehrpflichtige des noch im September einberufenen Rekrutenjahrgangs 1914 herantransportiert. Im Frühjahr und Sommer 1915 trafen 34.000 bis

38.000 neue Soldaten an der Yser ein, sodass sich die Zahl der belgischen Kämpfer fast verdoppelte. Unter den Neulingen waren auch die Antwerpener Dichter August Van Cauwelaert (1885-1945) und Fritz Francken (1893-1969). Meist von Pflichtbewusstsein und Tatendrang erfüllt, sahen die neuen Kämpfer aber auch im Schreiben weiterhin eine Aufgabe. »Im Turm aus Elfenbein hab' ich nichts mehr verlor'n. / Nun keine Verse, sondern Taten, reif wie Korn«, schrieb Francken 1915 – in gereimter Form.[9] Diese jungen flämischen Intellektuellen stellten sich, ermutigt durch ihren Mentor, den 1874 geborenen flämischen Dichter Cyriel Verschaeve, eine dreifache Aufgabe: ihr Land mit der Waffe zu verteidigen, durch ihr Vorbild und ihre Teilnahme das geistige Niveau der oft analphabetischen flämischen Frontsoldaten zu heben und mit ihren Gedichten Mut und Kampfgeist zu beflügeln. Zum Dichten kam Van Cauwelaert in den ersten Monaten jedoch nicht. Im Mittelpunkt stand das nackte Überleben; außerdem gründete und leitete er einen flämischen Studienkreis für Frontsoldaten.[10]

Frans Van Cauwelaert, Augusts Bruder und prominenter flämischer Politiker, appellierte Anfang Februar an die flämischen Schriftsteller, die nicht an der Front waren, ebenfalls Verantwortung zu übernehmen: ihr Wort solle sowohl den Kampfgeist Belgiens wie auch die flämischen Emanzipationsbestrebungen befeuern.[11] René De Clercq ließ sich das nicht zweimal sagen. Zusammen mit anderen in die Niederlande geflüchteten Schriftstellern und Intellektuellen verbreitete er in der im niederländischen Bussum erscheinenden Zeitung *De Vlaamsche Stem* (Die flämische Stimme) seine kämpferische Botschaft, ohne jeden Funken Mitgefühl für die »germanischen Brüder«. Wer anders darüber dachte – z.B. der Schriftsteller Stijn Streuvels, wie es jedenfalls hinter vorgehaltener Hand hieß[12] –, wurde von De Clercq in dem Gedicht »Onder den helm« (Unterm Helm) mit einem herben Rüffel bedacht: »Wer Hand in Hand mit ihnen /

147

im Herzen ist ein Schelm.«[13] Und der Feind selbst war natürlich noch viel schlimmer als ein Schelm:

> Deutscher, mit deinen Horden
> Zieh schweigend über den Rhein.
> Wenn du wieder Mensch geworden
> Wollen wir Brüder sein. (S. 30)

Am 11. Juli, dem Feiertag der Flamen, erschienen in der Zeitung *De Belgische Standaard* Verse von Theo Walter, in denen er die Topoi der traditionellen flämischen Heroik auf die aktuelle Lage anwandte. Und am 23. Juli, zwei Tage nach dem belgischen Nationalfeiertag, betonte Henri Veuskens in *De Vlaamsche Stem*, dass – anders als bei der legendären Schlacht der Goldenen Sporen im Jahr 1302 – diesmal nicht die kühnen flämischen Ritter Breydel und de Coninck die Truppen anführten, sondern »der König des Belgierlands, / allseits gefeiert und gerühmt«.[14] Doch die Realität hinter der rhetorischen Fassade sah anders aus. Sowohl im besetzten Land als auch in Flüchtlingskreisen in den Niederlanden begannen Flamen an Belgien zu zweifeln. Die Risse in der Front wurden allmählich sichtbar. Nachdem König Albert sich geweigert hatte, auf die in *De Vlaamsche Stem* erhobene Forderung nach Selbstverwaltung der Flamen innerhalb des belgischen Staats einzugehen, spaltete sich die Redaktion in einen Flügel, der dem König treu blieb (Frans Van Cauwelaert gehörte zu diesen sogenannten »Passivisten«), und eine Fraktion, die »Aktivisten«, die das flämische Wohl über alles stellte, auch wenn das bedeutete, dass man Unterstützung von dem freilich weiterhin verhassten Besatzer annehmen würde. De Clercq war sehr enttäuscht über die späte und ablehnende Antwort des Königs. »Flamen, kämpft und schweigt«, fasste er Alberts Botschaft zusammen.[15] Trotzdem veröffentlichte er im Oktober noch den Lyrikband *De zware kroon* (Die schwere Krone) und widmete einige Gedichte darin Königin Elisabeth und König

Albert. Auch das »Belgische Volkslied« (»Belgisches Volkslied«,
auch »Belgische Hymne«) ließ nicht erahnen, dass ein Bruch
bevorstand:

> Kein Bruderzwist wird je ein Volk entehren
> Das stark und einig stritt für Hab und Gut.
> Zwei Sprachen klangen über seinen Heeren
> Zwei Sprachen huldigen dem Heldenmut.
> [...]
> So bleibt vereint wie Halme eurer Ähren. (S. 50-51)

Dennoch entschied sich De Clercq schließlich für die Schelmen-
rolle und wurde auch »Aktivist«. Die Deutschen wussten diese
Konflikte sehr geschickt für ihre Zwecke zu nutzen: Über den
niederländischen Dichter Geerten Gossaert (Pseudonym von
Frederik C. Gerretson), einen Verfechter der großniederländi-
schen Idee, also des Zusammenschlusses zwischen Flandern und
den Niederlanden, wurde, selbstverständlich ohne De Clercqs
Wissen, deutsches Geld in *De Vlaamsche Stem* gepumpt. Die
Aktion erfolgte im Rahmen der deutschen »Flamenpolitik«; die
Besatzer versuchten zielstrebig, von den Spannungen zwischen
Flamen und Wallonen zu profitieren.

So kam im kleinen Belgien ein Konflikt ans Licht, der auch in
fast allen anderen am Krieg beteiligten Ländern Politiker und
Intellektuelle beschäftigte: Wie würden die europäischen Nationen nach dem Krieg aussehen? Würden – durch die strikte
Befolgung eines flämischen Mottos aus dem neunzehnten Jahrhundert, »*De taal is gansch het volk*« – Sprache und Volk eins
sein, würden also Staaten auf der Grundlage der Sprache eine
Einheit bilden? Aber wie könnte das jemals so trennscharf organisiert werden in einem Europa, in dem so viele große und kleine
Städte multikulturelle Knäuel waren? Während der Kampf auf
den vielen Schlachtfeldern andauerte, standen sich auf ideologi-
scher Ebene unterschiedliche Auffassungen über Nationalismus

und Imperialismus gegenüber. Die führenden Staatsmänner der meisten existierenden Nationalstaaten wollten am liebsten an ihrem bisherigen Prinzip festhalten: lieber große als kleine Länder mit dazugehörigen oder noch zu erwerbenden Kolonien. Mit anderen Worten: Es ging ihnen um Expansion.[16] Zugleich strebten polnische, irische, tschechische, ukrainische, kroatische, finnische, lettische … sprachliche oder religiöse Minderheiten nach Formen von Autonomie, sei es durch Abtrennung vom größeren Ganzen oder, wie die Italiener und Rumänen in der Doppelmonarchie, durch Vereinigung mit ihren Sprachgenossen jenseits der Grenzen. All diese Bestrebungen resultierten in bemerkenswerten Gegensätzen. Während Deutschland auf territoriale und ökonomische Expansion hoffte und mit diesem Ziel vor Augen einstweilen den aktivistischen Flügel der Flämischen Bewegung unterstützte, versuchte sein wichtigster Bündnispartner, die Doppelmonarchie, die Wünsche seiner vielen nationalen Minderheiten[17] zu unterdrücken. Und Großbritannien sah keinen Widerspruch darin, seine indischen, irischen, kanadischen, australischen und neuseeländischen Truppen einzusetzen, um die Souveränität des überrannten Belgien wiederherzustellen. Obwohl das Wort »Balkanisierung« für die großen Länder ohne Frage negativ besetzt war[18] und die kleinen Nationalbewegungen am besten gar nicht erst auf die Idee kommen sollten, sie könnten lebensfähige und respektable Staaten bilden, war auch ein neues »belgisches« oder »flämisches« Staatsgebilde für die Briten bzw. die Deutschen nicht undenkbar, sofern es ihren geopolitischen und wirtschaftlichen Interessen diente.

Das Schicksal Belgiens berührte unterdessen weiterhin die ganze Welt. Nach den Flugblättern und Plakaten in den ersten Kriegsmonaten folgten später Bücher zu Ehren Belgiens und, für die heimgesuchte Bevölkerung weitaus wichtiger, humanitäre Hilfe. In London veröffentlichte der *Daily Telegraph* »zugunsten des Daily Telegraph Belgisch Fonds« kurz vor Weihnachten 1914 *King Albert's Book;* »wichtige und maßgebliche Persönlichkeiten auf der ganzen Welt« sprachen darin dem unerschrockenen König und seinem ebenso tapferen Volk ihre Anerkennung aus.[19] Das Buch sei ausdrücklich als Huldigung und Unterstützung der »Märtyrernation dieses Krieges« (S. 6) gedacht, so der Bestsellerautor Hall Caine in seinem Vorwort. Außerdem sollte es die Entente-Staaten und ihre erhofften Bündnispartner Italien und Amerika vor dem Altar Belgiens vereinen: »So reichen sich hier, aus Liebe zur Gerechtigkeit und Hass auf Unterdrückung, Männer und Frauen aus allen zivilisierten Ländern die Hände; in vielen Stimmen und Zungen, aber aus einer Seele sprechend, die wie mit heiligem Feuer Funken über den Erdball sprüht.« (S. 7) Die Botschaft war unmissverständlich: Der Feind gehörte nicht mehr zur Zivilisation. Die unschlüssigen Neutralen wiederum waren mehr als willkommen. Auch die führenden niederländischen Autoren Louis Couperus und Frederik van Eeden steuerten einen Text bei, ebenso die amerikanische Schriftstellerin Edith Wharton und ihr Landsmann Jack London, die schwedische Reformpädagogin und Autorin Ellen Key, der renommierte italienische Kriegsberichterstatter Luigi Barzini, der spanische Dichter und spätere Nobelpreisträger Juan Ramon Jimenez, der dänische Ex-Premier Jens Christian Christensen und der portugiesische Außenminister Antonio Macieira. Bemerkenswerte Beiträge stammten von dem irisch-nationalistischen Politiker John Redmond (»Die irische Nation ist durch viele starke Herzensbande mit Belgien verbunden«, S. 25) und dessen Landsmann T. P. O'Connor, der die Verteidigung Lüttichs mit dem Kampf der Griechen in der Schlacht bei den Thermopylen gleichsetzte. (S. 181) Diese Parallele zog auch der bekannte Pazifist Romain Rolland (1866-1944), der 1915 den Literatur-Nobelpreis erhielt. (S. 108) Das waren bedeutsame rhetorische Gesten, denn der Vergleich stellte nicht nur die Belgier auf ein Heldenpodest wie die Griechen, sondern setzte die deutschen Invasoren mit den Persern gleich. Auch der einflussreiche französische Philosoph Henri Bergson verlieh seiner Bewunderung Ausdruck, indem er sich auf das klassische Altertum bezog. Er habe immer gesagt, Geschichte sei nichts anderes als eine »Schule der Unmoral«, doch nach dem Beispiel, das Belgien der Welt gegeben habe, müsse er diese Worte zurücknehmen. König Albert sei der Mark Aurel der modernen Zeit – rechtschaffener und heldenhafter könne ein Herrscher nicht sein. (S. 60) Bemerkenswert ist, dass der sonst eher nüchterne Albert Verwey im August 1915 zu ähnlichen Erkenntnissen kam, obwohl er im Allgemeinen keine hohe Meinung von seinen Nachbarn im Süden hatte:

Das Belgien, das König Albert an der Yser aufrecht erhält, ist tatsächlich eine der unauslöschlichsten kleinen Schöpfungen, die es der Geschichte jemals hervorzubringen gefiel. Es ist unwichtig, ob wir, die Zeitgenossen, mit Blick auf die Realität in den Belgiern nur ein winziges und zudem uneiniges Volk sehen, wenig patriotisch, rückständig im Bildungswesen, ohne ursprüngliche Entwicklung, und das sich, obgleich ebenso mutig wie andere, nie durch die Tugend des Heldenmuts hervorgetan hat. Das überrannte und unterjochte Belgien, das plötzlich an der Yser sein letztes Fähnlein hisst und mit glücklichem Ergebnis der stärksten Armee Widerstand leistet, die der mächtige Eroberer gegen es aussenden konnte, bleibt als Bild erhalten, das der Menschheit nie mehr genommen werden kann.[20]

Interessanter noch in diesem Zusammenhang ist Verweys poetologische Schlussfolgerung. In den literarischen Darstellungen des belgischen Königspaars, »die schon jetzt die Form europäischer Legenden angenommen haben«, (S. 48-49) sah er Anhaltspunkte für die Voraussage, dass die Poesie auch in der modernen Zeit Einfluss auf die Wirklichkeit ausüben könne, mehr noch: dazu beitragen könne, die Wirklichkeit zu gestalten.[21] Aktuell seien die lyrischen Lobgesänge auf Albert und Elisabeth Inspiration für die Krieg führenden europäischen Nationen, und demnächst, wenn Belgien befreit wäre, würden die politischen Führer diese unvergesslichen Bilder gewiss in Erinnerung behalten. Das so uneinige belgische Volk, in dem große Teile die eigene Regierung zutiefst hassten, würde aus der schlimmen Heimsuchung doch noch einen gewissen Trost ziehen können und sich der Bedeutung dieser Bilder bewusst werden – um letztlich vielleicht einen politischen, sicherlich aber einen moralischen Vorteil daraus zu ziehen. Verwey war felsenfest davon überzeugt, die Zukunft liege »nicht im abgesonderten Dasein verschiedener Länder, sondern im Gegenteil in ihrer freien und unbeirrbaren Gemeinschaft« (S. 28), doch diese Gemeinschaft könne nur mit Völkern erreicht werden, die gereift und erwachsen seien. Dass Stijn Streuvels in den ersten Kriegsmonaten in der Lage gewesen war, mit Sympathie über seine deutschen »Gäste« (einquartierte Offiziere) zu schreiben, hob Verwey lobend hervor, aber eine Persönlichkeit wie Streuvels war seiner Ansicht nach nur bei »den so wenig zu einer Nation zusammengewachsenen Belgiern« überhaupt denkbar. (S. 25) Er wollte damit also nicht sagen, dass die Belgier mit ihrem geringen Nationalgefühl die Vorläufer des »Welt-Bundes« waren, für den er eintrat (S. 10), sondern dass sie im Vergleich zu den großen Völkern ein Defizit hatten. Sein Plädoyer für eine Weltgemeinschaft ging denn auch mit einem energischen Aufruf zu »einem stärkeren vaterländischen Selbstbewusstsein« bei seinen Landsleuten einher. (S. 28) Beide Punkte waren für ihn eng miteinander verbunden: »Länder ohne starke Volkspersönlichkeit« würden sich in der zukünftigen Gemeinschaft nicht behaupten können. Und die Niederlande hätten zwar eine große Geschichte und die Niederländer seien ein besonderes Volk, aber sie müssten es auch wagen, sich selbstbewusst darauf zu berufen.[22] In diesem zukünftigen Völkerbund könnten Unstimmigkeiten nur vermieden werden, wenn sich die teilnehmenden Völker ausreichend gewürdigt fühlten.

Für Verwey waren das nicht nur theoretische Betrachtungen über die Beziehungen zwischen den verschiedenen Ländern. Trotz der Kriegssituation versuchte er ganz konkret, die Beziehungen zu seinen deutschen Freunden aus dem George-Kreis weiter zu pflegen, obgleich sie es ihm nicht leicht machten. Wie konnte er sich überhaupt anmaßen, von seiner neutralen Warte aus Kommentare abzugeben, wo sie sich doch in einem hehren Kampf um das Menschentum befanden? Verwey wehrte sich unter anderem in einigen Gedichten (»Ich bin auf keiner seite, doch partei, / Teil euern streit nicht, stärke meine sach«[23], aber die Standpunkte waren im Grunde unversöhnlich. Während Verwey den Traum einer von Dichtern geleiteten europäischen Kulturbewegung hegte, entpuppte sich Stefan George, wie Verwey an anderer Stelle dichtete, als »König, Herrscher, Heiland und Verkünder, / Bekennender, auch Knieender zuweilen« eines deutschen Bundes. Er nahm es seinem Freund nicht einmal übel (»Du konntest gar nicht anders, es lebte auch in dir / Der Traum von Herrschermacht, Seele deines Volkes«),[24] doch solche Herrscherträume waren dem niederländischen Dichter fremd.[25] Der Titel des Gedichts, »Von einem kleinen an ein großes Volk«, ist vermutlich nicht einmal sarkastisch gemeint. Verwey hatte Hochachtung vor Deutschland und seinen großen Kulturfreunden. Aber wie er in einem anderen, dem Meister ausdrücklich gewidmeten Gedicht artikulierte: George sei der Dichter des deutschen Volks, gut und schön, doch er, Verwey, sei auch »Ihr Dichter: meines Volks, das mich so nennt«. (S. 178)

Je länger der Krieg andauerte, desto mehr alte Freundschaften und Loyalitäten wurden auf die Probe gestellt. Als Sohn eines in Münster als Franz Hüffer geborenen Musikkritikers fiel es auch Ford Madox Hueffer zunächst schwer, in Deutschland über Nacht den großen Feind zu sehen. Dennoch konstatierte er nach einem halben Jahr, sogar er würde »Thank God« murmeln, wenn er erführe, dass eine Million Deutsche getötet worden seien.[26] Neben seiner regen literarischen Tätigkeit und trotz seiner früheren Vorbehalte gegenüber den Hervorbringungen seiner Kollegen nahm auch er nun Aufträge des War Propaganda Bureau in London an. Er selbst habe nicht den Eindruck, nun plötzlich Propaganda zu betreiben, schrieb er im Vorwort zu *When Blood is Their Argument. An Analysis of Prussian Culture* (1915), denn seine gesamte Ausbildung und Laufbahn hätten im Zeichen der Botschaft gestanden, die er in diesem neuen Zusammenhang verkünde. Und diese Botschaft war einfach (auch wenn das Buch 350 Seiten umfasste): der Militarismus, der Materialismus und die Organisationsmanie der Preußen seien eine Katastrophe für die Menschheit.[27] Theoretisch war es natürlich von Bedeutung, dass Hueffer einen Unterschied machte zwischen dem katholischen Süden Deutschlands, der seinen Vater geprägt hatte, und dem Preußen, das den Horizont erweiternde »Bildung« ersetzt habe durch zweckgerichtete und den Geist einengende »Belehrung« (S. 270) und unter »Kultur« etwas völlig anderes verstünde als ein Engländer oder Franzose unter dem Wort »culture«. (S. 305) Als er sich Ende Juli 1915 zum Kriegsdienst meldete, war dieser Unterschied jedoch bedeutungslos geworden. Er würde gegen die Deutschen kämpfen, ohne Wenn und Aber. »Wenn man sein ganzes Leben die Privilegien der herrschenden Klasse eines Landes genießen konnte, muss man auch für dieses Land kämpfen, wenn es darauf ankommt«, schrieb er an seine Mutter, die wissen wollte, warum er freiwillig in die Armee eingetreten war.[28] Pflichtgefühl und Verantwortungsbewusstsein trieben ihn also an die Front, aber auch die Überzeugung, dass – wie er im letzten Absatz von *When Blood is Their Argument* formuliert hatte – es in diesem Krieg im Grunde um den Kampf zwischen organisierten, materialistischen Ego-

isten und vielseitig talentierten, sportlichen Altruisten gehe.
(S. 318)

Auch Guillaume Apollinaire wurde 1915 immer deutlicher in seinen antideutschen Äußerungen. So konnte er kein Verständnis dafür aufbringen, dass Romain Rolland überhaupt irgendetwas zugunsten der Deutschen hatte schreiben können. »Wenn man sie gewähren lässt, fressen sie uns mit Haut und Haar«, schrieb er einer Freundin, die den Autor des pazifistischen *Au-dessus de la mêlée* (Über den Schlachten) verteidigt hatte.[29] Plump und unfair fand er die Deutschen, und ihre Art des Patriotismus hatte seiner Ansicht nach nichts mit Humanismus zu tun, sondern alles mit dem kaum kaschierten Wunsch der »Boches«, sich die ganze Welt zu unterwerfen (S. 117).

Deutschland-Liebhaber Charles Sorley sah den Konflikt mit einem anderen Blick. Nach einem Gespräch mit einer Deutschen im März 1915 berichtete er seiner Mutter, wie gut es ihm getan habe, von dieser Frau zu hören, dass sie alles andere als stolz und froh sei, ihre Söhne der Armee gegeben zu haben.[30] Das ganze Gerede über einen gerechten Krieg mache ihn krank. »Wir treiben den Teufel mit dem Beelzebub aus.« (S. 218) Natürlich verdiene Deutschland eine Strafe für sein egoistisches Streben nach *Weltmacht*, aber das britische Empire habe sich in seiner Geschichte auch nie durch Edelmut hervorgetan und könne deshalb ruhig die Hälfte der Schuld auf sich nehmen. (S. 219) Ende April, einen Monat bevor sein Regiment auf den Kontinent geschickt wurde, sandte er in einem Brief an seine Mutter auch das Gedicht »An Deutschland« mit. Beide Länder seien verblendet, sagte der Dichter, fixiert auf ihre Vorurteile und, im Fall der Deutschen, natürlich zu sehr der Machtgier verfallen.

Ihr saht nur eure Zukunft unverwandt,
Und wir des eignen Wollens steilen Plan, –

So stehn wir uns im Weg und, haßentbrannt,
Fall'n wir, Verblendete, uns tödlich an.[31]

Nach dem Krieg, so schloss das Gedicht, würden sich die beiden Länder wieder unvoreingenommen begegnen und einander verzeihen. Doch bis dahin würden nur Sturm, Finsternis, Donner und Regen herrschen – Euphemismen für das, was auch der junge Soldat schon bald am eigenen Leib erfahren sollte. Sorley und seine Männer wurden nach Ploegsteert geschickt, wo, abgesehen von ein paar kleinen und meist tödlichen Zwischenfällen, auffallend wenig zu erleben war, wie er immer wieder in seinen Briefen schrieb. Seine wichtigste Tätigkeit, so schien es fast, bestand darin, die Briefe seiner Soldaten zu zensieren (»nach dem Krieg kann ich gleich als Postbeamter anfangen«, S. 236). Sie mussten natürlich auf Patrouille gehen und die Schützengräben systematisch befestigen und verteidigen. Sorley genoss die besondere Freundschaft mit den jungen Männern unter seinem Kommando; ein Jahr zuvor hatten sie ihm nicht viel bedeutet, aber nun waren sie seine Schicksalsgefährten. (S. 243) Zugleich sprach er in einem Brief an seinen besten Freund mit schonungsloser Ehrlichkeit aus, was viele lieber für sich behielten: »Der Tod und diese entsetzliche Dankbarkeit, wenn man merkt, dass der Mann neben einem tot ist. ›Den brauchen wir zum Glück nicht mehr zu tragen, wenn wir unter Beschuss geraten, wegschleifen genügt.‹« (S. 254) Inzwischen war er zum Hauptmann befördert worden. Immer öfter ist in seinen Briefen die Rede von Gefallenen. »Im Übrigen Regen und Dreck und feuchte Kälte. Ach, könnte ich doch mal ein Bad nehmen«, schrieb er am 5. Oktober nach Hause. (S. 261) Seinem besten Freund gestand er an diesem Tag ein, dass er Angst vor der angekündigten Offensive habe: »Es wäre fabelhaft, wenn ich mir selbst beweisen könnte, dass ich kein Feigling bin. Aber was, wenn ich bei diesem Test versage? Ich habe Angst vor meinem selbstkritischen

Ich im bevorstehenden Kampf – Ich habe auch eine große physische Angst vor Schmerzen.« (S. 260) Weitere Briefe gibt es nicht. Acht Tage später, am 13. Oktober 1915, starb Sorley durch die Kugel eines Scharfschützen, als er bei Hulluch in Nordfrankreich sein Bataillon anführte. In seinem Tornister befand sich noch dieses Gedicht:

Siehst du in Bataillonen die Millionen Tote
Verstummt und bleich durch deine Träume ziehn,
Dann sprich nicht sanfte Worte, wie es andre taten –
Du kennst sie. Doch du brauchst sie nicht.

Sei still, kein Lob für sie: Wie sollen Taube wissen,
Daß du nicht Flüche häufst auf ihr Gebein?
Noch Tränen. Tote Augen sehen sie nicht fließen.
Noch Ehre: Leicht ist es, nur tot zu sein.

Sag nur dies eine: »Sie sind tot.« Und füg hinzu:
»Doch mancher Bessere ist schon gestorben.«
Und überblickst du dann die dichtgedrängte Schar,

Erspähst nur ein Gesicht, das du umworben:
Ein Spuk. Geliebte Mienen siehst du nimmer.
Der große Tod hat sie sich gleichgemacht für immer.[32]

Dass diese Millionen Toten Europa verändern würden, stand außer Zweifel. Doch wie und zu wessen Vorteil – das war längst noch nicht abzusehen. Für einen Dichter wie Emile Verhaeren blieb der Kontinent gespalten in Gut und Böse. In »Les tombes« (Die Gräber), dem Schlussgedicht von *Les Ailes rouges de la Guerre* (Die roten Schwingen des Krieges, 1916), umriss er eine Vision, in der die alliierten Heldenvölker (»Belgier, Briten, Franzosen, Italiener und Serben«[33]) Deutschland »kasteien« würden, um so das griechisch-römische Erbe zu retten. Aus dem Boden, der die Gebeine der Gefallenen umgab und bleichte, so der Dichter, werde sich ein geläutertes (»plus clair et plus pur«,

S. 245) und »vollkommen neues Europa« erheben. (S. 243) Verhaeren selbst sollte das neue Europa nicht mehr erleben; am 27. November 1916 geriet er auf dem Bahnhof der französischen Stadt Rouen unter einen Zug. Der Überlieferung nach waren seine letzten Worte »Je meurs ... ma femme ... ma patrie« (Ich sterbe ... meine Frau ... mein Vaterland) – auch wenn das frei erfunden ist, illustriert es sehr gut, in welchem Maße Verhaeren seit dem Sommer 1914 zum belgischen Nationaldichter geworden war. Für *The Times* war er noch viel mehr als das. Im Nachruf würdigte die Zeitung Verhaeren als »den größten Repräsentanten universeller Ideale in der europäischen Poesie«.[34] Dass diese universellen Ideale mit denen der Entente zusammenfielen, war in diesem Kontext selbstverständlich. Die meisten europäischen Zeitgenossen, die mit der Entente sympathisierten, sahen darin keinen Widerspruch: Ein Dichter wie Verhaeren war der Wortführer seiner nationalen Kultur und zugleich der Fahnenträger Europas und der zivilisierten Menschheit.[35]

Der junge Dichter Pierre-Jean Jouve (1887-1976) war für eine der seltenen französischen Dissonanzen in diesem Chor von Kulturpropheten verantwortlich. In dem Gedicht »Les voix d'Europe« (Die Stimmen Europas) in dem Band *Vous êtes des hommes* (1915, deutsch: *Ihr seid Menschen*, 1918) fiel auf, dass er keinen Unterschied machte zwischen »wir« und »sie«. Alle Stimmen Europas, die weisesten und die wahrsten, die gesalbten und die gelehrten, sie alle schrien denselben Imperativ: »Töte! Töte!«[36] Als Pazifist und Jünger Tolstois beließ es der ehemalige Lazarett-Sanitäter nicht bei dieser schmerzlichen Feststellung. In seinem »Chanson pour l'Europe« (Für Europa), verfasst im Frühjahr 1915, setzte er der Mordgier eine Botschaft der Hoffnung entgegen, wenn auch nur rein rhetorisch in der Sprache des Gedichts. »Ich versammle euch und banne euch durch den Zauber eines Sanges«, verkündete er den »Völker[n] von Frankreich, Deutschland, England oder Russland«. (S. 58) Doch das tat er natürlich nicht im Abstrakten – er benutzte die französische Sprache, schwerlich ein neutrales Medium im Jahr 1915. Dem Dichter war das Problem bewusst, und sein Lösungsversuch verdeutlicht schmerzhaft, wie aussichtslos seine Mission im Grunde war: »Achtet nicht der Sprache, höret den Sang ganz allein«, schlug er vor und setzte in Klammern hinzu: »(Kein französischer Sang, noch ein deutscher sondern von schönerer Art.)« (S. 58) Naiv war Jouve jedoch nicht. In dem Gedicht thematisierte er ausführlich den Geltungsdrang Deutschlands, die Profitgier Englands, das Wesen des feudalen Russland, das sich nicht entscheiden könne, ob es zum Westen gehören wolle oder nicht, und Frankreich, das von seiner eigenen Geschichte heimgesucht werde (S. 59-60). Der Kontinent gehe an der gegenseitigen Rivalität zugrunde: »Ich bezichtige den Wetteifer!« (S. 64) Allen Lügen müsse der Mensch abschwören, so Jouve in dem Schlussgedicht »Que faut-il faire?« (Was müssen wir tun?): Zivilisation, Volksglück, Presse, Wissenschaft, Schule, Kunst, koloniale Eroberungen, Wohlstand, Rüstung, Industrie ... alles Lügen. Seinen Nächsten lieben, den anderen als Bruder sehen im vollen Bewusstsein der eigenen Unreinheit, des eigenen Unglücks und unvermeidlichen Scheiterns – das erwarte er vom Menschen. (S. 83-85)

In *Die Weißen Blätter* reagierte der deutsche Dichter und Kritiker Ludwig Rubiner begeistert auf Jouves Gedichtband. Er sah darin nicht nur einen Beweis, dass sich die Dichtkunst endlich wieder mit Politik zu befassen wagte, er begrüßte vor allem die humanitäre Botschaft seines französischen Kollegen.[37] Und diese Buchbesprechung schlug dann wieder eine Saite an bei Paul van Ostaijen, der in der Stadtbibliothek seiner besetzten Stadt ein treuer Leser der *Weißen Blätter* war und in Rubiners Worten und den Zitaten, die Rubiner aus dem französischen (und deshalb in Antwerpen wegen des Krieges vielleicht schwer zu beschaffenden) Buch von Jouve wiedergab, die Bestätigung sah, dass er mit seinen Gedanken über Politik und Poesie auf der Linie der europäischen Avantgarde lag. Vertrat die doch, wie er meinte, nicht das, was er in seinem Aufsatz »Nasionalisme en het nieuwe geslacht« (Nationalismus und die neue Generation, 1916) als »Phrasen-Internationalismus« bezeichnet hatte,[38] sondern »huldigte einem gesunden Internationalismus auf der Grundlage eines gesunden Nationalismus«. (S. 12) So eindeutig hatten sich Jouve und Rubiner eigentlich gar nicht darüber ausgelassen, aber van Ostaijen suchte seine Munition, wo er sie zu finden glaubte. Für ihn stand viel auf dem Spiel. Da er zunehmend dem flämischen Nationalismus – und zwar eindeutig dem Lager der »Aktivisten« – zuneigte, konnte er seine politischen Überzeugungen nur dann als avantgardistisch anpreisen, wenn er dafür Vorbilder aus dem Ausland anführte, Schriftsteller, die ähnliche nationalistische Haltungen einnahmen. Und die glaubte er auf beiden Seiten der Front zu finden. Für van Ostaijen ging es in diesem Krieg nicht um einen Sieg der deutschen oder der französischen »Rasse«; für ihn bewirkte der Krieg die rapide Beschleunigung einer viel wesentlicheren Entwicklung, eine kulturelle Evolution, die insbesondere den Nationalismus in Europa befördere. Er verstand darunter ausdrücklich nicht den einengenden Nationalismus, der den katastrophalen Krieg verursacht habe und nur zu Hass und Zerstörung führe, sondern einen, wie er es nannte, »gesunden Nationalismus«. Er hielt es für eine Illusion, zu glauben, ein neues Europa könne ohne starke, selbstbewusste Völker aufgebaut werden. Das »allgemein Europäische« (S. 10) müsse und könne nicht erreicht werden, indem das Nationale einfach ausgeblendet werde, sondern nur, indem sich dieses Nationale voll entfalte. Oder wie er es in einem folgenden Aufsatz ausdrückte:

… die heutige europäische Bewegung geht [von] einem neuen Internationalismus aus; die Kulturgemeinschaft bildet sich, sogar während der Feindseligkeiten, über die Grenzen hinweg. Die verschiedenen nationalen Kulturen bleiben bewahrt, aber außerhalb von ihnen und mit ihrer Hilfe entsteht eine großeuropäische Kulturgemeinschaft. (S. 15)

Um als vollwertiges Mitglied an dieser europäischen Kulturgemeinschaft teilhaben zu können, müsse Flandern jedoch die Chance bekommen, sich schnell und umfassend zu entwickeln. »Gegenüber der allgemeinen kulturellen Entwicklung Westeuropas im Rückstand, müssen wir aufpassen, dass dieser Rückstand nicht noch größer wird«, warnte van Ostaijen und erteilte damit vor allem dem Provinzialismus in den eigenen Kreisen eine scharfe Absage. Gerade jetzt, wo sich Europa rasend schnell weiterentwickle, dürfe Flandern den Anschluss nicht verpassen, denn sonst laufe es Gefahr, von einer viel stärkeren Kultur, sei es nun die französische oder die deutsche, absorbiert zu werden.[39]

Die »Rückständigkeit« ihres Landes, ihres Volks oder ihrer Kultur war ein Thema, das auch andere Schriftsteller und Intellektuelle während des Krieges beschäftigte. Von Portugal bis Polen und von Flandern bis zum Baltikum hoffte man, einen großen Schritt vorwärts machen zu können, zweifelte aber zugleich, ob das Land tatsächlich reif dazu sei. Das war teils pure Rhetorik (je weiter man dem eigenen Volk voraus zu sein behauptet, desto avantgardistischer wirkt man), aber Lissabon, Antwerpen, Warschau und Riga hatten natürlich eine weniger kosmopolitische Ausstrahlung als Paris, London oder Berlin. Einfach die Pforten zu öffnen, um all das Exquisite und Inspirierende aus dem Ausland hereinströmen zu lassen, war jedoch nicht die Lösung. Wegen des Krieges waren die Grenzen weniger durchlässig, als sie es lange Zeit gewesen waren, zudem hatte van Ostaijen sicherlich nicht unrecht mit der Behauptung, Nationalismus und Internationalismus versuchten auch anderswo in Europa Hand in Hand zu gehen.

Fernando Pessoa zum Beispiel dachte sich nicht nur Heteronyme mit futuristischen Charakterzügen aus, sondern kündigte seit Beginn des Jahrzehnts nachdrücklich das Erscheinen einer neuen Art Nationaldichter an, eines »Supra-Camões« – nach dem bedeutenden portugiesischen Schriftsteller Luís de Camões aus dem sechzehnten Jahrhundert. Auch in Gedichten, die er unter seinem eigenen Namen veröffentlichte, kombinierte er Elemente der internationalen Avantgarde und einheimische nationalistische Motive.[40] So glaubte Pessoa aufrichtig – sofern das in seinem Fall kein Oxymoron ist – an den »Sebastianismus«, die mythologische Lehre, die besagt, dass Portugal durch eine Inkarnation des Königs Dom Sebastião aus dem sechzehnten Jahrhundert errettet werden würde.[41] In einem Brief, den er zu diesem Thema im September 1914 an einen lokalen Experten schrieb, konstatierte er einen Zusammenhang zwischen seiner Faszination für dieses »äußerst wichtige portugiesische Phänomen«, seinem Patriotismus und der, wie er meinte, »nun in Kürze bevorstehenden« Erscheinung eines »Supra-Camões«.[42] In derselben Woche erzählte er einem Freund von seiner soziologischen Studie »Theorie der aristokratischen Republik« und seinen Theorien »über den gegenwärtigen Krieg und die Wirkung der sozialen, nationalen und kulturellen Kräfte«. (S. 108) Wo sich diese Schriften in seinem umfangreichen Nachlass wiederfinden, ist nicht klar, aber es könnten gut die Passagen aus seinem später unter dem Titel »Ultimatum« erschienenen Text sein, in denen er für eine »wissenschaftliche, antitraditionalistische und antierbliche Monarchie« plädiert, »vollkommen spontan, durch das stets unvorhergesehene Erscheinen des Mittelwert-Königs«[43] – eine beinahe moderne Spielart des Sebastianismus.

Neben diesen oft höchst eigenwilligen nationalistischen Gedankengängen versuchte Pessoa sehr bewusst, das Niveau der portugiesischen Kultur zu heben, indem er sein Land an europäischen Standards maß. Diese Standards waren alles andere als selbstverständlich, wie ein ironischer Brief zeigt, den er 1913 an seinen besten Freund, Mário de Sá-Carneiro (1890-1916), schrieb, der gerade einen neuen Text veröffentlicht hatte: »Und dann – schlimmer noch – du schreibst auf Europäisch! Du schreibst, ohne Portugal zu sehen und sein Werk, das ich für genial halte; du kollidierst mit dem ewigen Provinzialismus unserer Mentalität [...] O Unglücklicher, o Unglücklicher! ... Das ist gut für Frankreich, für England, für Deutschland ...«[44] Anfang 1914 hatte Pessoa zusammen mit einigen Freunden den Plan gefasst, eine Zeitschrift mit dem Namen *Europa* zu gründen, um dem rückständigen Portugal Anschluss an die Avantgarde-Bewegungen zu verschaffen, die anderswo auf dem Kontinent von sich reden machten.[45] Die Zeitschrift erschien schließlich unter dem Namen *Orpheu*, und das nur zwei Mal – die beiden Nummern aber reichten, um im politisch und kulturell äußerst instabilen Portugal einen Skandal auszulösen. Der nächste Schock kam im April 1916, als der *Orpheu*-Dichter José de Almada Negreiros (1893-1970) in einem Pamphlet mit einem bekannten akademischen Dichter und anderen Schriftstellern abrechnete: mit ihnen habe Portugal »die Einstufung des hinterweltlichsten Landes Europas und der ganzen Welt erlangt [...]! Das wildeste Land ganz Afrikas! Das Exil der Geächteten und der Gleichgültigen! Das von den Europäern eingeschlossene Afrika!«[46] Das waren harte Worte, einen Monat nachdem Portugal nun auch offiziell in den Krieg eingetreten war, seit es – auf Ersuchen der Briten – deutsche Handelsschiffe beschlagnahmt hatte und Deutschland dem Land daraufhin den Krieg erklärt hatte. Was Portugal betraf, sollte sich der Krieg hauptsächlich in den Kolonien abspielen, doch laut Almada Negreiros war das Mutterland selbst noch primitiver als die Kolonien. Auch wenn diese Worte wie eine typische avantgardistische Provokation erschienen –

bei dem Tempo, mit dem Portugal in jenen Jahren in einer verwirrenden Abfolge von Putschen und Gegenputschen die Regierung wechselte, konnte von politischer Führung und institutioneller Stabilität einer bedeutenden Kolonialmacht nicht die Rede sein.

Territorium – darum geht es bei Kriegen. Um ihr Hoheitsgebiet zu schützen oder zu vergrößern, hatten die europäischen Staaten strategische Bündnisse geschlossen. Strategie ist jedoch nichts Statisches. Rumänien (seit 1877 ein unabhängiges Königreich) und Italien (seit 1860) hatten sich durch Verträge mit Deutschland und der Doppelmonarchie verbündet, waren aber vorerst neutral geblieben. Sowohl die Entente wie die Mittelmächte versuchten diese Länder mit allen möglichen Mitteln in ihr Lager zu ziehen. Durch ihre Lage an zwei Flanken der Doppelmonarchie hatten beide Länder hervorragende Trümpfe in der Hand, um den Preis in die Höhe zu treiben. Was sie wollten, war für jeden deutlich: Erweiterungen ihres Territoriums um die Gebiete, in denen Rumänisch bzw. Italienisch gesprochen wurde.

Italiens Wunschzettel war nicht gerade bescheiden. Abgesehen von kolonialen Ambitionen in Afrika und im Nahen Osten wollte es auch Triest, Südtirol, Istrien, Fiume und die Küste Dalmatiens in sein Territorium eingliedern. Im Frühjahr 1915 sah es nach einer Einigung aus. Obwohl eine große Mehrheit in der Bevölkerung und im Parlament dagegen war, schien es, als würde sich eine kleine Gruppe politischer und kultureller Revolutionäre und ein kriegslüsternes Triumvirat aus König Viktor Emmanuel III., Ministerpräsident Salandra und dem Außenminister durchsetzen. Bis zum letzten Moment drängten die Avantgardisten immer vehementer auf einen Kriegseintritt. Schon seit Jahren hatten sie verkündet, dass ein Krieg das Land reinigen und modernisieren würde. Das sei dringend geboten – es müsse endlich Schluss sein mit der ärgerlichen Verehrung der Vergangenheit Italiens und der sie symbolisierenden, pompösen Kulturstätten. »Das ist kein Leben in diesem Frieden«, so Ardengo Soffici (1879-1964) in seinem Gedicht »Firenze« (Florenz); das größte Ereignis sei die Straßenbahn, die alle zwanzig Minuten vorbeifahre, und »ein Plakat der Folies Bergères / oder von Splendor / ist aufregender / als die ganze Geschichte«, von der die Fassaden und Türme der Stadt kündeten. Doch es war die sprichwörtliche Ruhe vor dem Sturm. Selbstsicher steckte sich die Ich-Figur im Gedicht eine Zigarette an im La Rosa, »einem Café in Europa am 6. März 1915« – auch sie will an der Geschichte des Kontinents teilhaben. Und in gewissem Sinne tat sie das auch schon: Florenz war keine internationale Stadt mehr. An allen Häusern, in denen Ausländer gewohnt hatten, so berichtet das Gedicht, hing ein Schild »Zu vermieten«, in den Straßen hörte man nicht mehr »yes, da, oui, ja«.[47] Am 11. März veröffentlichten Giacomo Balla und Fortunato Depero das Manifest *Die Futuristische Neukonstruktion des Universums*. Dass eine Neukonstruktion Destruktion voraussetzte, kam im Text nicht ausdrücklich zur Sprache, aber die Pläne, das Angesicht der Welt strukturell zu ändern, waren unmissverständlich. Nicht nur die Kunst, auch das tägliche Leben bedürfe einer kräftigen Injektion von fortschrittlichem »lärmerzeugenden konstruktiven komplexen Abstraktismus«. Wie so oft waren die Vorschläge der Futuristen verspielt und gewalttätig zugleich. So planten sie eine »drehplastisch lärmende Fontäne« und das »Abfeuern von Luftkonzerten über die Stadt hinweg« mit Hilfe von »schnell aufsteigenden« Flugzeugen. Modern waren auch die Spiele, die Depero entwerfen wollte. Um die Jugend auf den Kampf vorzubereiten, sollten »enorme Spielzeuge« entwickelt werden, die »gefährlich, drohend« wirkten. Dass das alles auch den Erwachsenen »äußerst nützlich sein« würde, lag auf der Hand: »Wir Futuristen, Balla und Depero, werden Millionen von Metalltieren konstruieren. Für den größten aller Kriege (den Zusammenprall aller schöpferischen Kräfte in Europa, Asien, Afrika und Amerika, der ohne Zweifel auf den momentan wundersamen, kleinen, menschlichen Zusammenprall folgen wird).«[48]

Die Teilnahme an dem kleinen Zusammenprall konnte nun nicht mehr lange ausbleiben. Am 26. April wurde das Londoner Abkommen unterzeichnet: Italien verpflichtete sich dazu, den nur noch auf dem Papier bestehenden Dreibund mit dem Deutschen Reich und Österreich-Ungarn endgültig zu beenden und die Entente-Länder aktiv zu unterstützen; als Gegenleistung – das wurde damals geheimgehalten – sollten Italien nach dem Sieg Territorien zugesprochen werden.[49] Der symbolistische Dichter D'Annunzio war unterdessen von Frankreich nach Italien zurückgekehrt und konnte seine Begeisterung kaum noch zügeln. Am 5. Mai hielt er in Genua eine Ansprache, die als seine »Bergpredigt« in die Geschichte eingehen sollte:

Selig jene, die unfruchtbare Liebeleien verschmähten um jungfräulich zu sein für diese erste und letzte Liebe! [...] Selig jene, die zwar gestern noch gegen das Ereignis sich sträubten, nunmehr aber die tiefe Notwendigkeit stillschweigend hinnehmen werden und nicht mehr die letzten, sondern die ersten sein wollen! Selig die Jünglinge, die nach Ruhm hungern und dürsten, denn sie werden gesättigt werden. Selig die Barmherzigen, denn sie werden ein glänzendes Blut wegzuwischen, einen strahlenden Schmerz zu verbinden haben! Selig, die reinen Herzens sind, selig, die mit den Siegen wiederkehren; denn sie werden das neue Antlitz Roms sehen, die wiederbekränzte Stirne Dantes, die triumphierende Schönheit Italiens.[50]

Am 23. Mai erklärte Italien schließlich Österreich-Ungarn den Krieg. Die Futuristen triumphierten. Auf der Titelseite von *Lacerba* tönte Papini in der Überschrift des Leitartikels: »Wir haben gesiegt.«[51] Der Krieg musste für sie natürlich noch beginnen, aber endlich daran teilnehmen zu dürfen, war für die Futuristen vielleicht noch wichtiger als der Ausgang. Der Feind, auf dessen Territorium man es abgesehen hatte, war zweifellos die Doppelmonarchie. Aber der eigentliche, der kulturelle Gegner, war auch für diese Italiener Deutschland. In derselben Nummer von *Lacerba* sprach sich Soffici in einem Artikel scharf gegen den Imperialismus und Militarismus des deutschen Kaisers und die philisterhafte Moral, die Humorlosigkeit und den Kadavergehorsam von dessen Volk aus.[52] Ungefähr die gleiche Botschaft verbreitete das Gedicht »Wir müssen« von Piero Jahier (1884-1966), das die deutsche Herrschsucht und Kriegsrhetorik anprangerte. Gefügige Mordmaschinen seien die deutschen Soldaten, so der Dichter. Bei den Gemetzeln in Belgien, war in einer Fußnote zum Titel zu lesen, hätten sie ihren zivilen Opfern einfach zugerufen: »Wir müssen«. Diesen berechnenden Tyrannen, die bereits seit Jahrzehnten den Krieg angestrebt hätten, würden die Italiener ihre schlichte Eleganz, ihre Bodenständigkeit und ihre Improvisationsgabe entgegensetzen.

> und doch treten wir euch entgegen mit unserer
> 9-Monats-Armee
> niemals zu unterdrücken und zu quälen bereit
> gegen eure Armee von 50 Jahren vorsätzlicher Schande
> *gemütlich* mit unseren neapolitanischen Liedern
> allegretto con passione
> vorwärts, Italien, immer Freiheitszeit, nie Kirchzeit[53]

Das hieß nicht, dass diese Italiener unbekümmerte und verantwortungslose Chaoten waren. Da ihr Blatt nun nicht mehr erscheinen konnte, weil sie an die Front gingen, teilten die *Lacerba*-Redakteure auf der letzten Seite unten rechts in der Ecke mit, dass die Abonnenten das Geld für die bereits bezahlten Ausgaben zurückbekämen. Auch die anderen Futuristen bewiesen ihren Schneid. Sowohl ihr Anführer, der Dichter Marinetti, als auch der namhafte Bildhauer Umberto Boccioni, der Geräusch-

künstler Luigi Russolo, der visionäre Architekt Antonio Sant'
Elia und die weniger bekannten Mitstreiter Mario Sironi, Achille Funi, Carlo Erba und Ugo Piatti meldeten sich freiwillig
zum Militär. Alle landeten im schnellsten Regiment, das die italienische Armee den dynamischen Futuristen zu bieten hatte:
dem Freiwilligen Lombardischen Radfahrerbataillon. Ausgesprochen futuristisch war das nicht, doch wie in jenem anderen
Bollwerk des Futurismus, Russland, war auch in Italien die Industrialisierung nicht so weit fortgeschritten, dass sie eine moderne Kriegswirtschaft hätte unterstützen können. Statt einer
dynamischen, von futuristischen Fortschrittsidealen geprägten
Kriegsführung war auch die italienisch-österreichische Front
ein Ort der Verluste, der täglichen Routine und des Stillstands.
Wie sie eigentlich auf die Idee komme, »dass es ständig vorwärtsgeht und wir bald einen großen Erfolg haben werden«,
fragte der achtzehnjährige Freiwillige Enzo Valentino seine
Mutter gereizt in einem Brief vom 3. September. »Davon ist hier
keine Rede. Was das Vorrücken betrifft, so bin ich jetzt eineinhalb Monate hier, und *wir treten immer noch auf der Stelle*.«[54]
Sieben Wochen später sollte er fallen.

D'Annunzio bekam vom italienischen Generalstab sehr viele
Freiheiten eingeräumt.[55] In einem regulären Regiment hätte er
mit seinen spontanen und manchmal bizarren Einfällen womöglich für Chaos gesorgt, aber indem er abwechselnd als Flieger, Infanterist, Matrose und, vor allem, Austüftler wahnwitziger Pläne auftrat, war er für die italienische Propaganda Gold
wert. D'Annunzio legte bei all diesen Aktivitäten eine Hingabe
an den Tag, die niemand von dem dekadenten zweiundfünfzigjährigen Dichter erwartet hatte. Dieser Krieg war für ihn die
Apotheose seines Daseins, und er beabsichtigte nicht, sich zurückzuhalten, weder als Soldat noch als Schriftsteller. »Ich bin
der Dichter des Schlachthauses«,[56] sagte er, und obwohl diese
Bezeichnung nach einem Jahr Krieg auch auf andere europäi-

sche Schriftsteller zutraf, meinte niemand das so wörtlich wie er. Er wolle die Schlächtereien besingen, denn er sei der absolute Dichter des Todes, dieser unvergleichlichen Naturgewalt, die sich nirgendwo nackter offenbare als in einem Krieg.

Die Italiener versuchten im Übrigen durchaus, einen Durchbruch zu erzwingen. Seit Ende Juni unternahmen sie unablässige Attacken an der Isonzo-Front an der Grenze zwischen Österreich und Italien (im heutigen Slowenien). Ab Oktober nahmen auch Marinetti und seine radelnden Freunde in dieser rauen, unwirtlichen Gegend am Kampf teil. In seinem Tagebuch beklagte sich Marinetti über Kälte und Schlafmangel, bekundete aber auch, wie sehr ihn die Möglichkeiten der modernen Kriegsgeräte faszinierten.[57] So notierte er, dass der Kanonendonner der Schlacht um Antwerpen im Vorjahr noch bis ins 270 Kilometer entfernte Groningen zu hören gewesen sei. Getreu seinem futuristischen und künstlerischen Interesse versuchte er in seiner Kladde Seite um Seite, den Lärm und die Farben und Gerüche des Krieges mit Zeichnungen, kalligraphischen Experimenten und lautnachahmenden Wörtern festzuhalten. Das Ergebnis dieser Experimente war das visuelle Gedicht »Kampf auf 9 Etagen. Vom Monte Altissimo«: eine Skizze des Berges ergänzte er mit Impressionen dessen, was sich an neun verschiedenen Stellen – von 30 bis 3000 Meter Höhe – bei einem Gefecht zugetragen hatte. Der Krieg ist hier kein Gemetzel, sondern ein Jungenabenteuer mit Klang- und Lichteffekten. Aber auch hier lauert der Tod.

<u>**800 Meter**</u> pik pam pam   Feuergeprassel
TUM TUM hinlegen es ist der Brion er feuert
Scchhrrrappnelle …. PIIING … sssrrr sst sst sst PÄÄNG
= Explosion eines Gasometers zur Rechten
österreichischer Kandidat futsch   Feuer unter
Kontrolle die Feuerwehr kommt zurück[58]

In den vier Schlachten am Isonzo-Fluss im Sommer und Herbst 1915 verloren die Italiener 235.000 Mann, darunter waren mehr als 60.000 Tote. Nennenswerten Geländegewinn konnten sie nicht verbuchen.

Rumänien ging es neben der zu Österreich gehörenden Bukowina und dem Banat in erster Linie um Transsilvanien (Siebenbürgen).[59] Die drei Millionen Rumänischsprachigen dort forderten schon länger, sich dem Mutterland anschließen zu dürfen, und 1848 hatte es Aufstände gegen die ungarische Obrigkeit gegeben. Die Entwicklungen im Sommer 1914 hatten große Erwartungen geweckt. Der transsilvanische Dichter Octavian Goga (1881-1938), der in den vorangegangenen Jahren wegen seines Irredentismus in Ungarn im Gefängnis gesessen hatte, sprach am Vorabend des Krieges, am 30. Juli 1914, in Paris vom »Vorspiel zum Sieg des Traums so vieler Generationen«.[60] Aus juristischen Gründen konnte er nicht in seine Heimat zurück, aber er hoffte, über Marseille und Konstantinopel nach Rumänien zu gelangen, um dort die politischen Entwicklungen abzuwarten. Demonstrationen und eine Petition von mehr als vierzig Professoren der Universität Bukarest forderten die sofortige Invasion und Annexion Transsilvaniens. Was die achtzig Prozent ungebildeter Rumänen davon hielten, ist nicht überliefert. Die literarische und intellektuelle Elite jedenfalls war sich einig. In einer Huldigung Gogas im Jahr 1914 hieß es: »Seine Verse von 1904 – ›Wir haben einen Traum, der sich erfüllen muss, das Kind all unsrer Bitternis / des Leids, das unsre Väter und die Ahnen sterben ließ‹ – sind ein Leitwort für alle Rumänen.« (S. 551) Zu militärischen Aktionen ging man indes nicht sofort über, unter anderem, da Deutschland – wie schon bei den italienischen Ansprüchen auf Triest und Tirol – die Doppelmonarchie aufgefordert hatte, die verlangten Gebiete zu opfern, damit die Allianz gestärkt würde. Es kam jedoch keine Einigung zustande, und es

hatte zunehmend den Anschein, als ob Rumäniens Ministerpräsident Brătianu auf die Entente setzen würde. Deutschland
investierte vierzig Millionen Mark in Propaganda und Beste-
chungsgelder, um die Rumänen umzustimmen. In ihrer Verzweiflung ließen sich die Deutschen sogar auf die Vorschläge
von Verrückten ein, die ihnen weismachten, sie könnten die
Rumänen auf ihre Seite ziehen, wenn sie zweihundert deutsche
Kokotten nach Bukarest schicken würden. Das alles nützte nichts.
Allein: Rumänien entschied sich auch nicht endgültig und offen
für eines der beiden Lager. Die Rumänen steckten das Propagan-
dageld ein, das beide Seiten freiwillig anboten, und gewannen
unterdessen Zeit.

Das Londoner Abkommen führte auch zu einem neuen Schub
von interventionistischem Fieber auf den Straßen und in den
Zeitungen von Bukarest. Goga hielt kräftig mit. In dem Gedicht
»10. Mai 1915« – am nächsten Tag abgedruckt in dem irreden-
tistischen Skandalblatt *Epoca*[61] – besang er die »Rumänischen
Heerscharen« und brachte auch jetzt wieder die vielen Opfer in
Erinnerung, die die Vorfahren im Unabhängigkeitskampf gegen
die Türken auf sich genommen hatten:

> Da ihr heut übergeht zum Spiel der durchscheinenden Schatten,
> Der Helden Schwung bei eurem Fest erwürgt,
> Sehe ich das Heer, Gerippe von erbärmlichen Soldaten,
> Die Brustkörbe durchsiebt, wie es euch folgt.
> Im Schatten jedes Einzelnen reiht Leiche sich auf Leiche ein
> Euch zur Seite, finster und schreckerregend roh;
> Im Stechschritt der Parademärsche, welch eine Pein,
> Weisen die gereckten Arme jenseits der Berge, hoch …[62]

Gogas Botschaft war deutlich: dieser zehnte Mai 1915 sollte eine
Bestätigung der Unabhängigkeitserklärung vom 10. Mai 1877
sein und damit der Beginn eines neuen Krieges. Solange Transsilvanien, das Land »hinter den Wäldern«, nicht zum rumäni-

schen Mutterland gehörte, war der Freiheitskampf noch nicht vollendet. Goga nahm dieses Gedicht auch in seinen Band *Cântece fără ţară* (Lieder ohne Vaterland, 1916) auf, eine ausgesprochen traditionelle Sammlung, in der die Überzeugung, ohne Vaterland zu sein, im Titelgedicht zu Versen führte wie:

> Ich bin der erstickte Schrei in der Stimme
> von Transsilvaniens Witwen.
> Ich bin der Botschafter von Liebe und Hass
> einer, der von Siegen träumt
> und im Mund die Flüche mit sich trägt
> die ich von meinen Vorvätern geerbt.[63]

Der ungarische Dichter Endre Ady fragte sich inzwischen, was in seinen Freund Goga gefahren war. Als Goga im Gefängnis saß, hatte Ady ihm Solidaritätsbekundungen geschickt und sogar die Bannflüche des ungarischen Establishments in Kauf genommen, als er in einem witzig gemeinten Artikel vorgeschlagen hatte, Transsilvanien, einschließlich seines Geburtsortes Erdmindszent, den Rumänen zu schenken, auch wenn es vielleicht sein könnte, dass sie daran erstickten.[64] Doch nun, als der Verlust des Gebiets tatsächlich nicht mehr auszuschließen war und Goga selbst darüber mit der ungarischen Regierung verhandelte, hatte er genug. »Weder als Spieler noch als Zuschauer kann ich dieses ekelhafte Spiel länger ertragen«, schrieb er Ende Januar 1915 in einem offenen Brief an Goga und kündigte schweren Herzens an, dass er seinem Freund künftig nicht mehr die Hand schütteln könne.[65] Dass dieser Freund romantische nationalistische Gedichte verfasste, habe ihn nie gestört. Aber in diesen modernen und dramatischen Zeiten so zu tun, als sei man noch immer im neunzehnten Jahrhundert, sich aufzuführen wie ein rumänischer Déroulède (ein französischer Ultrapatriot) oder wie Garibaldi (die Ikone der Einigung Italiens) – das sei eines »ungarischen Kulturträgers unwürdig«. (S. 286) Dass er

Goga hier erst als Rumänen bezeichnet und dann doch als einen Ungarn, zeigt die Grenzen, in denen Ady dachte. Der ungarische Staat, wie er ihn sich vorstellte, unterschied sich wie Tag und Nacht von dem Staat, der real existierte. Aber wenn Transsilvanien in rumänische Hände überginge, würde nicht nur sein Freund Goga aufhören, ein Ungar zu sein, Ady sähe sich auch gezwungen, seinen multikulturellen Traum von seinem Heimatland aufzugeben. »Die Nation, die sich selbst heute noch den Luxus des Internationalismus erlauben kann, hat das Recht auf ihrer Seite«, so Ady. (S. 287) Dass jemand den einen Staatsnationalismus gegen den anderen tauschen wollte, war ihm völlig unverständlich. Rumäniens Regierung zögerte unterdessen noch immer. Die Lage an der Ostfront hatte sich im Mai und Juni so drastisch geändert, dass sich ein Kriegseintritt Rumäniens an der Seite Russlands als ziemlich schlechte Idee hätte erweisen können.

Zu Beginn des Frühjahrs 1915 hatte es für die Truppen des Zaren noch ganz anders ausgesehen. Am 22. März hatten sie nach monatelanger Belagerung schließlich Przemyśl eingenommen und dabei mehr als hunderttausend Kriegsgefangene gemacht. Für Waleri Brjussow, wenige Tage nach dem Fall der Stadt als Kriegsberichterstatter vor Ort, war es ein Höhepunkt der russischen Kriegsgeschichte. Przemyśl würde die Perle in der Krone der neuen russischen Provinz Galizien sein. Dass 44 Prozent der Bevölkerung Polen waren und 36 Prozent Juden, war für ihn kein Hindernis. Dass die russischen Stellungen, die er besuchte, auffallend primitiv waren, sah er ebenso wenig als Gefahr. Er sollte sich dramatisch täuschen. Während die Kriegsgefangenen, darunter der ungarische Dichter Géza Gyóni, einen neun Monate dauernden Marsch nach Sibirien antraten, bereiteten die Mittelmächte eine großangelegte Gegenoffensive vor.

Da die Westfront stabil schien, konnte Deutschland Truppen und Material für Kämpfe im Osten frei machen. Auch August

Stramm verschlug es so in die Gegend von Gorlice. Die Österreicher, denen er dort Ende April begegnete, bezeichnete er verächtlich als »unbeschreiblich schlappe, unfähige Bande«, die es nicht wert seien, »Bundesbrüder« genannt zu werden, während er fast mit väterlichem Stolz das Durchhaltevermögen seiner eigenen »Schar junger Helden« lobte.[66] Ein Vergnügen war es nicht – die Gefahr von Typhus und Cholera drohte und trotz sengender Hitze wagten es Stramm und seine Männer nicht, aus Brunnen und Flüssen zu trinken –, aber der Kompanieführer fühlte sich bärenstark. In der Nacht vom 1. auf den 2. Mai begann dann der große Angriff. Die Russen wurden vernichtend geschlagen, obwohl sie erbitterten Widerstand leisteten. Sie hatten jedoch zu wenig Gewehre und Munition; oft mussten Soldaten warten, bis einer ihrer Kameraden gefallen war, um selbst an eine Waffe zu kommen. Mehr als vierhunderttausend Mann verlor die russische Armee in Galizien im Mai.[67] Alles was sie bei ihrem Rückzug nicht mitnehmen konnten, steckten sie in Brand.

Am 13. Mai fand Stramm zum ersten Mal wieder Zeit, seiner Frau zu schreiben. Knappe Sätze, Aufschreie wie in seinen skeletthaften Gedichten. Trotz des Adrenalins und der Siegesgewissheit war er oft den Tränen nahe. Er kam fast um vor Heimweh. Tag und Nacht hatten die Kämpfe angedauert, bis Stramm so abgestumpft war, dass er kaum noch wahrnehmen konnte, wer getötet worden war und wer nicht. »Ab und zu wundert man sich so obenhin, wenn das Bewußtsein kommt, daß man noch lebt.«[68] Eine unauslöschliche, unvergleichbare Abfolge erlebte er von blinder Wut, Galgenhumor, Panik und einem übermächtigen Überlebensdrang. Eine Gruppe von Russen durchbrach die deutschen Linien. Stramms geliebter Major fiel als einer der Ersten. Wieder die wilde, rasende Wut. Dann: »Schießen, Hauen, Stechen, Schmettern!« Eine halbe Stunde später »gab es keine Russen mehr, nur noch Leichen.« Denn: »Sie haben preußische Soldaten noch nicht gekannt!« (S. 147)

Es war nicht das einzige erfolgreiche deutsche Militärmanöver. Gorlice wurde am 2. Mai eingenommen, Przemyśl am 3. Juni zurückerobert, Lemberg am 22. Juni. Das russische Drama vor Augen, schrieb Anna Achmatowa am Pfingstsonntag, dem 23. Mai, das Gedicht »Gebet«, in dem sie alles, was ihr lieb und teuer war, in die Waagschale legte, damit ihr geliebtes Land überleben und wiederauferstehen könne:

Gib mir Siechtum durch lange Jahre,
Schlaflos, atemlos fiebernde Nacht,
Leg meinen Freund, mein Kind auf die Bahre,
Nimm meines Sanges Zaubermacht!
Darum bet' ich in Deiner Messe
Jeden angstvollen, grausamen Tag:
Daß mein Land die Stürme vergesse,
Daß im Glanz es erstrahlen mag![69]

Nikolai Gumiljow war außer sich vor Wut, als er das Gedicht las.[70] Wie konnte es sein, dass seine Frau bereit war, ihre Gesundheit, ihr Talent, ihr Kind (auch seins) und ihren Mann (also ihn) für das Wohl Russlands zu opfern? In ihrer immer schon labilen Ehe könnte das Gedicht ein Racheakt gewesen sein für seine – ein Jahr zuvor getroffene und von ihr verabscheute – Entscheidung, sich zum Militärdienst zu melden; auch er opferte ja das Familienglück einem höheren Zweck. Aber Achmatowas Patriotismus war sicherlich auch aufrichtig. Für das Heil von Mütterchen Russland würde sie vieles, wenn nicht alles hergeben. Ihre persönliche Bindung an das Land ging so weit, dass sie bereit war, Buße zu tun, um das Land zu retten.

Ende Juni war Stramm durch die Kämpfe völlig erschöpft, und er litt wie nie zuvor unter Einsamkeit und Heimweh. Eine Krankheit vorzutäuschen, um einen kurzen Urlaub zu bekommen, sei für ihn als deutscher Soldat – und als deutscher Dichter, wie er in einem Brief an seine Freunde Herwarth und Nell Walden ausdrücklich hinzufügte[71] – völlig undenkbar. Seine Nerven stünden schon seit Monaten pausenlos unter Hochspannung, er sei noch lange nicht so weit, die Erfahrungen zu verarbeiten, meinte er. Trotzdem erschienen immer öfter Kriegsgedichte von ihm in der von den Waldens herausgegebenen expressionistischen Zeitschrift *Der Sturm*. In der Nummer vom Juli 1915 war »Triebkrieg« abgedruckt – extremste Erfahrungen, kondensiert zu den dichtesten Versen, die der Krieg hervorgebracht hat:

Augen blitzen

Dein Blick knallt auf

Heiß

Läuft das Bluten über mich

Und

Tränket

Rinnen See.

Du blitzt und blitzest.

Lebenskräfte

Lodern

Moder wahnet um

Und

Stickt

Und

Stickt.[72]

Im August durfte Stramm dann doch für ein paar Wochen nach Hause. Seine Kompanie war unterdessen bei Brest-Litowsk fast ausgelöscht worden. Fünfundzwanzig Soldaten waren noch übrig, alle anderen waren gefallen oder verwundet. »Ach Lieb!«, schrieb er seiner Frau am 18. August, »es ist alles so furchtbar und doch so groß.« Sorgen brauche sie sich um ihn nicht zu machen: »Ich bin stark und komme wieder! Sicher! Es war schön zu Hause bei meinen Drei!«[73] Es waren die letzten Worte, die er an seine Frau richtete. August Stramm fiel am 1. September.

Der Zusammenbruch der russischen Stellungen in Galizien war beileibe nicht die einzige Niederlage der Entente im Jahr 1915. Im Baltikum nahm die deutsche Armee am 18. September Vilnius ein. An der Westfront gelang es den Alliierten nicht, die deutsche Truppenkonzentration im Osten und Norden für sich zu nutzen. Trotz massiver Verluste und großem Materialeinsatz konnten die Briten und Franzosen keinen Durchbruch erzwingen. Sowohl bei der zweiten wie auch bei der dritten Offensive im Artois verloren die Alliierten zwei- bis viermal so viele Soldaten wie die Deutschen, ohne die feindlichen Stellungen wesentlich zu schwächen.[74] Vor allem Loos hinterließ ein bleibendes Trauma: Am 25. September wurden die Briten dort Opfer eines eigenen Gasangriffs; starker Wind trieb das Chlorgas in die britischen Schützengräben zurück. Am folgenden Tag zog eine britische Freiwilligendivision, wie auf dem Exerzierplatz, in zehn Kolonnen von je tausend Mann dem Feind entgegen. Die Deutschen trauten ihren Augen nicht: noch nie war eine Schießübung so einfach gewesen. Zu Hunderten mähten sie die britischen Soldaten nieder. Erst vor der uneinnehmbaren zweiten deutschen Stellung machten die Überlebenden kehrt und zogen sich zurück. Von Mitleid überwältigt hörten die Deutschen auf zu schießen. Mehr als 8.000 der 15.000 Infanteristen der 21. und 24. britischen Division waren tot oder verwundet.[75]

Zwei Tage später, am 28. September, verlor der Schweizer Avantgarde-Dichter Blaise Cendrars (1887-1961) im Kampf bei der »Ferme de Navarin« in der Champagne den rechten Arm. Das brachte ihm einen Orden ein (»Obwohl zu Beginn des Angriffes vom 28.9. schwer verletzt und vom Blutverlust erschöpft, hat er seinen Zug zum Gegenangriff geführt und bis zum Abschluss der Kampfhandlung bei seinen Männern ausgeharrt«) und schließlich auch die französische Staatsangehörigkeit, die er schon so lange anstrebte.[76] Er lernte mit der linken Hand zu schreiben und verfasste so unter anderem die folgende Passage, in der, sicherlich nicht von ungefähr, das *Handwerk* des Krieges im Mittelpunkt steht:

> Ich habe die Minen herausgefordert, die Kanone, das Feuer, das Gas, die Maschinengewehre, die ganze anonyme, dämonische, systematische, blinde Maschinerie. Ich werde nun den Menschen herausfordern. Meinesgleichen. Ein Affe. Auge um Auge, Zahn um Zahn. Es ist nun an uns zwei. Mit Fausthieben, mit Messerhieben. Gnadenlos. Ich springe meinen Widersacher an. Ich verpasse ihm einen schrecklichen Schlag. Der Kopf hängt nur noch an einem Faden. Ich habe den ›boche‹ getötet. Ich bin wendiger und schneller als er. Angriffiger. Ich schlage als erster zu. Ich habe das Gespür für die Wirklichkeit, ich, der Dichter. Ich habe gehandelt. Ich habe getötet. Getötet wie derjenige, der leben will.[77]

Anderswo auf dem Kontinent waren die Deutschen wendiger und schneller. Unter dem Kommando des – schon in Galizien erfolgreichen – Generals von Mackensen gelang den deutschen und österreichisch-ungarischen Truppen im Oktober zusammen mit den Bulgaren, die sich gerade der Koalition angeschlossen hatten, das, woran die Österreicher im Sommer 1914 so schmählich gescheitert waren: Sie drängten die Serben zurück. Für die unerschrockenen slawischen Kämpfer war es eine traumatisierende Erfahrung. In kürzester Zeit wurden sie bis in den Kosovo zurückgetrieben. Der serbische Kommandant entschied sich gegen eine Schlacht an diesem heiligen Ort.[78] Von Kapitulation konnte jedoch ebenso wenig die Rede sein. Also vollzog sich ein völlig anderer Wettlauf zum Meer: durch das benachbarte Montenegro und die schroffen Berge Albaniens versuchte die serbische Armee bei eisiger Winterkälte, zur Adriaküste zu gelangen. Viele Soldaten hatten ihre Familie dabei und ihren Hausrat, auf schwankende Karren geladen. Auch 25.000 österreichische Kriegsgefangene wurden gezwungen, den Exodus mitzumachen. Mit 420.000 Soldaten hatten die Serben den Kampf begonnen; ungefähr 100.000 von ihnen waren gefallen oder verwundet, 174.000 Kämpfer waren verschollen oder in Kriegsgefangenschaft geraten. Keine andere Armee erlitt in diesem Krieg, relativ gesehen, so hohe Verluste. Die Überlebenden und mehr als 10.000 Pferde wurden mit Schiffen der Alliierten nach Korfu evakuiert. Von dort aus wurden die serbischen Soldaten vom 11. April 1916 an nach Saloniki verschifft, das die Briten und Franzosen trotz der Neutralität Griechenlands als Brückenkopf der Entente besetzt hatten. Ihr strategischer Nutzen an diesem Ort war äußerst begrenzt, und ihr Aufenthalt forderte einen hohen Tribut. Zehnmal mehr alliierte Soldaten kamen in Saloniki durch Malaria und andere Krankheiten ums Leben als durch Kampfhandlungen.[79] Das ehemalige Wunderkind Milutin Bojić (1892-1917) gehörte noch ungefähr ein Jahr zu den Überlebenden.[80] In Korfu schaffte er es, ein Theaterstück zu veröffentlichen, das er die ganze Zeit mit sich getragen hatte. In seinem Gedicht »Das blaue Grab« bewahrte er ein ehrendes Andenken an seine verstorbenen Reisegefährten, die über Bord geworfen und von den Schiffsschrauben der Transportschiffe in Stücke gerissen worden waren. Für Bojić symbolisierte diese Szene die Demütigungen, die sein Volk auch jetzt wieder erdulden musste. Aber auch für diesen Kriegsdichter bargen die Opfer zugleich den Keim einer großen Zukunft:

Aber aus diesem Grabe, darinnen
Namenlos die Tapferen ruhen,
Werden Heldenlieder erblühen,
Mahnung und Beispiel künftigen Zeiten,
Vorbild den Nachfahren.[81]

Das serbische Heer war besiegt und heimatlos, aber seine Seele und sein Rückgrat waren ungebrochen. Furchtlos und ohne zu klagen würde es zu neuen Schlachtfeldern aufbrechen, bis endlich die Ernte eingebracht werden könnte. Das war auch die trauernde und zugleich stolze Botschaft des Kriegsbandes *Pesme bola i ponosa* (Gedichte von Schmerz und Stolz), den Bojić 1917 in Saloniki veröffentlichte. Seine serbischen Kameraden lernten die Verse auswendig, aber diesen Erfolg erlebte der Autor nicht mehr mit. Am 8. November 1917 starb er, kaum fünfundzwanzig Jahre alt, an Tuberkulose.

Das größte Fiasko, das die Entente 1915 erlebte, spielte sich nicht an der Ost- oder Westfront ab, sondern in der Türkei.[82] Das durch die früheren Balkankriege geschwächte Osmanische Reich hatte die Flucht nach vorn angetreten: Angriff in der Hoffnung, das sei die beste Verteidigung. Seine Gegner waren nicht abgeneigt, eine neue Front in der Region zu eröffnen. Die Russen hatten, wie bereits erwähnt, ein Auge auf Konstantinopel geworfen; für die Entente war es fast im buchstäblichen Sinn lebensnotwendig, den Zugang zum Schwarzen Meer durch die Meerenge der Dardanellen offen zu halten. Sollte das gelingen, wären die Deutschen zugleich gezwungen, Truppen von der Westfront abzuziehen. Die Mittelmächte hofften, mit Rumänien, Bulgarien und dem Osmanischen Reich auf ihrer Seite einen mächtigen Block in Südosteuropa aufzubauen. Die Briten hingegen glaubten diese Länder durch eine schnelle Eroberung Konstantinopels auf ihre Seite ziehen zu können. Türkische Angriffe auf russische Hafenstädte wie Odessa und Sewastopol und die Absperrung der Dardanellen hatten die Lage für die Entente prekär gemacht. Sie entschloss sich, der Türkei eine Lektion zu erteilen. Angriffe vom Meer aus durch französische und britische Kriegsschiffe erzielten nicht das erhoffte Ergebnis, Landungen im April und August ebenso wenig. Ungefähr eine halbe Million Soldaten fielen, fast die gleiche Anzahl auf osmanischer und alliierter Seite. Die immensen Verluste, die besonders die australischen und neuseeländischen Truppen erlitten, fachten das Nationalbewusstsein in diesen Dominions an und setzten so das britische Empire unter Druck. Das bekannteste Opfer dieses Feldzuges unter den Literaten war Rupert Brooke. Auf dem Weg nach Gallipoli erkrankte er an Ruhr. Am 23. April starb er an einer Blutvergiftung. In der *Times* sagte Winston Churchill voraus, dass Brookes Kriegssonette Tausende junger Männer motivieren würden, sich ebenfalls zum Militärdienst zu melden. Im Juni erschien der Gedichtband *1914 and other poems*. In den folgenden zehn Jahren wurden mehr als 300.000 Exemplare von Brookes Gedichtbänden verkauft.[83]

Da sich der Krieg hinzog und ständig eskalierte, wurde es immer wichtiger, weitere Soldaten zu rekrutieren. Wer bei der ersten Musterung noch nach Hause geschickt worden war, konnte ein paar Monate später doch noch einrücken. So erging es auch Guillaume Apollinaire.[84] Geboren in Rom als Guglielmo Alberto Wladimiro Alessandro Apollinaire de Kostrowitzky, war der Dichter zweifellos etwas Besonderes, ohne Frage auch von Adel, aber ganz sicher nicht französisch. Seine Mutter war Polin, sein italienischer Vater taucht in keinem offiziellen Dokument auf. Solange Millionen »normale« Franzosen in Paris in die Rekrutierungsbüros drängten, war die französische Armee nicht sonderlich interessiert an diesem halben Ausländer, ob er nun eine bekannte Persönlichkeit in der Pariser Literaturszene und der höheren Gesellschaft war oder nicht. Ende November 1914 glückte es Apollinaire dann doch, und als er seinen Vertrag mit der Armee unterschrieb, beantragte er erneut seine Einbürgerung. Der große publizistische Herold des Kubismus war nun Kanonier und Unteroffiziersanwärter. Ein traditioneller Patriot war er selbstverständlich nicht. Aber der ewige Außenseiter genoss in vollen Zügen, dass er in seiner Uniform nun völlig in der Masse aufging. So wie er es, mit einem schwarzen Kameraden sympathisierend, in dem Gedicht »Les soupirs du servant de Dakar« (Der Seufzer des Unterkanoniers aus Dakar) ausdrückte

– »Ich bin französischer Soldat man hat mich infolgedessen zum Weißen gemacht«[85] –, so war auch er nun durch den Krieg und die Armee zum Franzosen gemacht worden.[86] Seine Lyrik wurde unterdessen immer spielerischer und selbstbewusster. Wenn er Propaganda betrieb, dann nicht nur für den Krieg, sondern auch für sich selbst und seine avantgardistische Literaturauffassung.

S

A

LUT

M

ON

DE

dont

je suis

LA LAN

GUE É

LOQUEN

TE QUE TA

BOUCHE

O PARIS

TIRE ET TIRERA

T O U   JOURS

AUX   A L

L E M   ANDS

Der Eiffelturm wird ein Gedicht, das Gedicht wird ein Bild und die Kombination von beidem eine Ikone des stolzen und modernen Frankreich. Und so wie Apollinaire dem Feind frech die Zunge herausstreckte, so trat er dem Krieg selbst entgegen. Ihm war bewusst, dass er diese Erfahrung vielleicht nicht überleben würde, doch das tat seinem Gefühl, ein außergewöhnliches Abenteuer zu erleben, keinen Abbruch. In dem Gedicht »La nuit d'avril 1915« (Aprilnacht 1915) drückte er es so aus: »Wir lieben dich, o Leben, und fordern dich heraus«.[87] So stand er im Leben, so sah er den Tod. Aber auch die unglücklich endende Liebe zu Lou (Louise de Coligny-Châtillon) spielte hier eine Rolle. Apollinaire wollte dieses Kapitel so schnell wie möglich abschließen und meldete sich freiwillig an die Front.

An der Westfront bei Ypern fand in diesem Frühjahr 1915 zum zweiten Mal eine heftige Schlacht statt. Die Zweite Flandernschlacht ging in die Geschichte ein, weil zum ersten Mal Giftgas zum Einsatz kam.[88] Die Empörung über die deutschen Gasangriffe war groß – und wie bei den Grausamkeiten, die die deutschen Truppen beim Einfall in Belgien und Frankreich begangen hatten, wurde auch diesmal in Berlin eine Propagandaoffensive gestartet.[89] Karl Kraus' scharfsinnige Analyse früherer Kriegsverbrechen (»Denn hat er [der Reporter] dort behauptet, daß die hier Frauen und Kinder töten, so glauben es die dort und tun es wirklich«[90]) erwies sich als treffende Prognose. So groß die Wut und Bestürzung auf alliierter Seite auch war, kaum zwei Wochen später entschlossen sich die Briten, ebenfalls Gas einzusetzen. Der erste Angriff aber, wie gesagt, erfolgte am 22. April um achtzehn Uhr: Von Steenstraat bis nach Poelkapelle öffneten die Deutschen sage und schreibe sechstausend Stahlzylinder mit Chloringas. Eine grüngelbe Wolke wälzte sich auf die gegnerischen Stellungen zu. Die französischen und algerischen Soldaten waren völlig unvorbereitet. Zu Hunderten rannten sie in Panik von der Front und den erstickenden Schwaden weg, um wieder Sauerstoff zu atmen. Aber Sauerstoff half nicht, denn ihre Lunge war verätzt. Ihr Gesicht lief grünschwarz an, aus ihrem Mund rann eine gelbliche Flüssigkeit, während sie – meist unter schrecklichen Krämpfen – starben. Nach den vorsichtigsten Schätzungen forderte der Angriff 800 bis 1200 Todesopfer und zwei- bis dreitausend Verletzte. Die Empörung der alliierten und neutralen Beobachter war groß und der Einsatz von Gas kam ganz oben auf die Liste deutscher Kriegsverbrechen. Wenige Wochen später tauchte dieser erste Gasangriff in der Geschichte auch in einem Gedicht auf.[91] In »Wir

müssen« – weiter oben schon einmal zitiert – betonte Piero Jahier
sarkastisch die Feigheit beim Einsatz der neuen Waffe:

füll neue Fässer mit tapferen Essenzen
verpack mutig explosive Mischungen
Befüll unter Druck

»KAISERLICHE GASFLASCHEN DES MILITÄRISCHEN
ERSTICKUNGSTODES«

Das Giftgas war nicht die einzige Kriegsinnovation von 1915, die
Schule machte. Am Rande des Feldzuges im Osmanischen Reich
ermordeten türkische Truppen von April bis November auf systematische Weise mehr als 600.000 Armenier. Unter den Opfern
waren auch die prominenten Dichter und Intellektuellen Sia-
manto (1878-1915) und Daniel Waruschan (1884-1915). Weitere
500.000 Armenier wurden danach in den mesopotamischen
Raum deportiert, viele von ihnen kamen durch Entkräftung um
oder wurden unterwegs erschossen, lebendig verbrannt oder
begraben. Weniger als die Hälfte der 1,8 Millionen Armenier im
Osmanischen Reich überlebte den Völkermord.[92] Der Traum
von einem unabhängigen Armenien aber hat die Tragödie überlebt.

5
Ein Europa des Wortes,
ein Europa der Tat

Nationalismus und Revolution, 1915-1916

»So weit sind wir schon gekommen.«
– Flämische Soldaten haben keine Ahnung,
wohin der Krieg führt[1]

Nationen ziehen aus Zorn oder kühler Berechnung in den Krieg, oft auch aus einer Mischung von beidem. Das ist bemerkenswert, denn es geht um Gefühle, die sich im Allgemeinen kaum miteinander verbinden lassen. Bei einem Politiker sieht das anders aus. Die Feindschaft gegenüber der anderen Partei wird bei ihm strukturell geschürt, weil er weiß, dass die Gegenpartei alles daransetzen wird, seine langfristigen Pläne zu sabotieren. Gerade weil er der Zukunft im Weg steht, ist der Feind der Feind. Für nicht wenige Politiker, Wissenschaftler und Publizisten in Deutschland und in der Doppelmonarchie hieß die Zukunft *Mitteleuropa*: eine Zollunion von der Nordsee bis zur Donaumündung und von Skandinavien bis zu den Dardanellen, die nicht nur eine große kulturelle Ausstrahlung haben, sondern zugleich das Expansionsproblem Deutschlands lösen sollte. Während Frankreich und Großbritannien ihren Reichtum in Übersee aufbauten, sollte Deutschland sein Reich einfach in seinen Vorgärten erweitern.[2] Ein Selbstbestimmungsrecht der nationalen Minderheiten in der Doppelmonarchie war in diesem Konzept selbstverständlich nicht vorgesehen. Es ging vom genau entgegengesetzten und durch und durch imperialistischen Gedanken aus, dass ein großer Wirtschaftsraum unter zentraler Herrschaft die beste Möglichkeit bot, das Ancien Régime ins zwanzigste Jahrhundert hinüberzuretten und zugleich einen Damm gegen die liberalen Demokratien im Westen und den aufkommenden Panslawismus im Osten und auf dem Balkan zu errichten.

Der stärkste Widerstand gegen solche Pläne kam selbstverständlich aus dieser Ecke. Emigranten, Flüchtlinge, Irredentisten und Auswanderer aus den vom Pangermanismus bedrohten Gebieten starteten eine große Lobbykampagne, um zu verhindern, dass die Entente auf deutsche Friedensvorschläge einging, die den Deutschen die Chance geben würden, ihre *Mitteleuropa*-Pläne ganz oder teilweise zu realisieren. Auch tonangebende Intellektuelle und Wissenschaftler aus Großbritannien und Frankreich engagierten sich in dieser Sache. Ein wichtiges Forum der Gruppe war die Wochenzeitschrift *The New Europe,* die ab Oktober 1916 in London erschien. Unter anderem der 1914 aus der Doppelmonarchie geflüchtete tschechische Nationalist Tomáš G. Masaryk, der belgische sozialistische Parlamentarier Jules Destrée, der französische Chemie-Nobelpreisträger Paul Sabatier, der russische Ex-Marxist, liberale Politiker und Journalist Peter Struve und der britische liberale Denker und Historiker Ramsay Muir arbeiteten daran mit, unter der Leitung eines anderen Historikers, R. W. Seton-Watson, der ein überzeugter Verfechter des nationalen Selbstbestimmungsrechts war. Später schlossen sich noch Gleichgesinnte aus Serbien, Italien, Rumänien und Japan an. Das neue Europa, das sie anstrebten, so die Herausgeber in der Eröffnungsnummer, solle auf »Nationalität, den Rechten von Minderheiten und konkreten geographischen und ökonomischen Fakten« basieren.[3] Diese Intellektuellen sa-

hen es als ihre Pflicht an, Vorbereitungsarbeit für die Friedenskonferenzen zu leisten, auf denen das Schicksal des neuen Europa besiegelt werden würde. »Wenn unsere Armeen den Krieg
gewonnen haben, müssen unsere Staatsmänner den Frieden
gewinnen.« Auch nationalistische Dichter wie der Rumäne Octavian Goga und der in London tätige Belgier Émile Cammaerts
gehörten zu dieser europäischen Denkfabrik. Eine gemütliche
Teerunde war das mit Sicherheit nicht. So schrecklich der Konflikt auch war, selten in der Geschichte bot ein Krieg die Chance, so viele Fragen gleichzeitig zu regeln. Wenn man es richtig
anpackte, würde die Auflösung des Habsburgerreichs den verschiedenen nationalen Minderheiten die Freiheit bringen. Außerdem würde die Reihe neuer und alter Länder – von Griechenland über das, was Seton-Watson damals schon Jugoslawien nannte, plus Bulgarien, Rumänien, Ungarn, Böhmen und
Polen – einen idealen Puffer zwischen Deutschland und Russland bilden. Von unabhängigen baltischen Staaten war in diesem Zusammenhang nicht die Rede, denn diese Gebiete gehörten offiziell noch zum Bündnispartner Russland.[4] So absolut
durfte das Recht auf nationale Selbstbestimmung nun auch wieder nicht aufgefasst werden.

In Frankreich reagierte Guillaume Apollinaire verächtlich, aber
auch beunruhigt auf die *Mitteleuropa*-Pläne.[5] Eine reale Chance auf Gelingen hätten sie nicht, und gerade das mache sie po-
tenziell gefährlich. Wenn es seinen Willen nicht bekäme, werde
Deutschland möglicherweise eine Balkanisierung Europas anstreben; die Aufteilung des Kontinents in viele Kleinstaaten werde
dann zu einer strukturellen Instabilität führen. Der Friedens-
wille des zunehmend antideutschen Österreich werde in Berlin
natürlich nicht begrüßt. Statt das *Mitteleuropa*-Projekt loyal zu
unterstützen, wolle Österreichs neuer Kaiser Karl offenbar den
Zorn seines deutschen Vormundes auf sich ziehen, indem er auf
eigene Faust Abkommen mit den Tschechen und den Slawen

vom Balkan schließen wolle, um so seinen eigenen Einflussbereich – auf Kosten Deutschlands – zu sichern. Und Deutschland selbst, schrieb Apollinaire zum Schluss, versuche unterdessen die Sache der Entente zu untergraben, indem es in Gefangenenlagern und in besetzten Gebieten nationalistische Gefühle verschiedener Minderheiten anfache, um auf diese Weise Russland zu schwächen.[6] Für Apollinaire schien eine staatliche Neuordnung Europas nicht wünschenswert.

Kritik an den *Mitteleuropa*-Plänen kam auch aus der Doppelmonarchie selbst. Endre Ady hatte seinem rumänischen Kollegen Goga zwar die Freundschaft aufgekündigt, und er wusste wahrscheinlich nur allzu gut, dass nationales Selbstbestimmungsrecht das Ende seines transsilvanischen Traums bedeuten würde, doch eine Zukunft unter deutscher Herrschaft, in welcher Form auch immer, schien ihm noch viel weniger erstrebenswert.[7] Und bei den nationalen Minderheiten innerhalb der Doppelmonarchie selbst konnten die deutschen Pläne selbstverständlich ebenso wenig auf Unterstützung rechnen. Der kroatische, in Zagreb geborene Dichter Miroslav Krleža (1893-1981) wusste, wovon er sprach.[8] Den Ersten Balkankrieg hatte er als Student an einer Militärakademie in Budapest als eine Offenbarung erfahren: Wenn das kleine Serbien für sein Überleben kämpfen konnte, warum dann nicht auch Kroatien? Der Zweite Balkankrieg beantwortete in gewissem Sinn diese Frage; panslawische Ideale wurden unter der zynischen Raffgier der ehemaligen Bündnispartner Serbien und Bulgarien begraben, die einander die Beute des vorigen Krieges missgönnten. Ende 1915 wurde Krleža zum Dienst in der Armee der Doppelmonarchie eingezogen, brauchte aber wegen seines labilen Gesundheitszustandes nur zwei Monate in Galizien zu dienen, hinter der Front. Auf der Heimreise beschäftigte und bedrückte ihn die Frage nach seiner Identität: »In Pest habe ich geglaubt, ich sei ein Europäer und ich würde die Dinge klar durchschauen, aber eigentlich war ich nur ein ganz gewöhnlicher Wirrkopf. Wer bin ich heute? Keiner von uns erhebt seine Stimme in den großen Foren des Schlachthauses, wo die eigentliche kroatische Frage gelöst wird, und niemand führt der Welt vor Augen, welche Ursachen sie hat. Eine noch größere Last drückt uns nun nieder: Zweifel an unserer eigenen Existenz.«[9] Bei Begegnungen mit seinem ungarischen Freund, dem *Nyugat*-Dichter Dezső Kosztolányi, wurde ihm schmerzlich bewusst, was es eigentlich bedeutete, einer nationalen Minderheit anzugehören. Kosztolányi wütete gern gegen die, wie er meinte, niveaulose ungarische Kultur. Niemand, der ein Buch lese, niemand, der auch nur von irgend etwas Ahnung habe. »Die ungarischen Juden sind die einzige Garantie für den Fortbestand der ungarischen Literatur. Wer hat den Ady-Kult geschaffen? Wer liest Babits? Zwei oder drei Prostituierte, das ist das ganze ungarische Lesepublikum.«[10] Das war der Kulturpessimismus des Snobs, dessen Kultur nicht im Geringsten bedroht oder unterdrückt wird, erkannte Krleža, denn als er Kosztolányi damit konfrontierte, dass an der Front Ungarns eigene Bürger, die Ruthenen, als Hochverräter am Galgen aufgeknüpft wurden, erwies sich sein Freund dann doch als Patriot: »Wenn überhaupt jemand diesen Krieg gewinnen muss, ist es mir lieber, dass mein Vaterland gewinnt!« Als Krleža entgegnete, nicht nur er, Kosztolányi, habe ein Vaterland, sondern sie alle, auch die ungarischen Bürger zweiter Klasse, und dass er sich niemals für die Sache seines Vaterlandes einsetzen könne, wenn es eine schlechte Sache sei, wollte Kosztolányi nicht begreifen, was er meinte. (vgl. S. 125) In der Doppelmonarchie waren manche Bürger gleicher als andere. Und dieser Zustand sollte besiegelt werden, indem man das großgermanische Projekt verwirklichte? Das war für Krleža undenkbar. »Wir führen Krieg wie teutonische Horden, aber in Wirklichkeit sind wir Kriegsgefangene, die nicht einmal den Schutz der Genfer Konvention genießen, stattdessen führen wir Krieg und sind Hochverräter an unserem eigenen Volk. Wenn das nicht absurd ist, dann weiß ich es nicht«, notierte er am 15. März 1916 in sein Tagebuch.[11] Das Vermächtnis Nietzsches wolle er gern annehmen, aber dass überhaupt jemand die Phrasen ernst nehme, mit der die deutsche Propaganda *Mitteleuropa* als Triumph einer einzigartigen Rasse darstelle, sei ihm unbegreiflich. »Was lediglich poetischer Mystizismus auf dem Papier war, wird heute zu einem politischen Mittel des ›Junkers‹, während der Rest Europas, statt diese lächerlichen Schreibereien als stumpfsinnige Hypothesen zu ignorieren, die (pan-germanischen) Stupiditäten bedenkenlos übernimmt.« (S. 39)

Das kennzeichnet die Atmosphäre in der Doppelmonarchie. Die Spannung nahm zu, nicht nur zwischen den nationalen Minderheiten und (österreichisch-ungarischen) Mehrheiten, sondern auch zwischen prominenten Vertretern dieser Mehrheiten selbst. So kam es Ende 1915 zu einem aufschlussreichen Konflikt zwischen Endre Ady und Jenő Rákosi (1842-1928); der bekannte Kritiker und Chefredakteur von *Budapesti Hírlap* war ein entschiedener Verfechter der Magyarisierung der Minderheiten in Ungarn.[12] Im Grunde ging es hier um einen durch den Krieg wieder aufgerührten Streit, der schon seit einem Jahrzehnt zwischen den urbanen, kosmopolitisch eingestellten Juden und radikalen Bourgeois um die Zeitschrift *Nyugat* und den traditionalistischen Nationalisten rund um das konservative Pendant *Új Idők* (Neue Zeiten) schwelte. Der direkte Anlass war ein Neudruck in Budapest des patriotischen Gedichtbandes, den Géza Gyóni im Herbst 1914 in Przemyśl veröffentlicht hatte. Gyóni hatte das Buch Rákosi gewidmet, und der schrieb ein enthusiastisches Vorwort für die Neuauflage; er pries darin nicht nur den Patriotismus des Dichter-Soldaten, sondern auch dessen scharfen Angriff auf die verwöhnten, westlich gesinnten Internationalisten. Worum es ging, stand außer Zweifel: Nicht Ady, sondern Gyóni sollte in den Rang eines Nationaldichters erhoben werden. Der nächste Schritt in der Kampagne hatte das Ziel, Ady dazu zu bringen, sich selbst zu diskreditieren. Rákosi ließ einen Schüler einen Brief an Ady schreiben und den Dichter darin nach seiner Meinung über Gyóni fragen. Ady tappte in die Falle. Er schrieb dem Jungen zurück, nicht einmal ein Weltkrieg könne aus Gyóni einen Dichter machen. Er sei nicht viel mehr als ein Journalist, der auf billige Weise versuche, Profit zu schlagen aus »diesem schrecklichen Krieg, der so viele das Leben gekostet hat«.[13] Das genügte Rákosi, um seinen Feind als weltfremden, dekadenten Poeten anzuprangern, der sogar die Dreistigkeit besitze, ein Kind zu benutzen, um einen großen patriotischen Dichter schlechtzumachen. Der Konflikt eskalierte, als Rákosi auch Mihály Babits (1883-1941) angriff und dessen Entlassung aus dem Schuldienst forderte. Die Munition war in diesem Fall das im August 1915 in *Nyugat* erschienene Gedicht »Ich spielte mit ihrer Hand«, in dem Babits geschrieben hatte, er würde sein Blut mit größerer Freude für den kleinen Finger seiner Geliebten geben als für hundert Könige und Fahnen. Nahezu die gesamte kulturelle Welt Ungarns wurde nun gezwungen, Farbe zu bekennen. Unter anderem Margit Kaffka und Ignotus unterstützten Ady und Babits, ihre Gegner kamen vor allem aus klerikalen und nationalistischen Kreisen. Die Rufmordkampagne blieb nicht folgenlos; Babits verlor seinen Posten als Lehrer, auch wenn er Ende 1916 rehabilitiert werden sollte. Er ließ sich jedoch nicht einschüchtern, und am 26. März 1916 las er auf einer Wohltätigkeitsveranstaltung, die *Nyugat* zugunsten blinder Soldaten organisiert hatte, sein Gedicht »Vor Ostern« vor:

Nicht den Sieger besing ich,
nicht die Menschen-Maschine, den verblendeten Helden,
der mit jedem Schritt Tod bringt,
der stumm macht mit jedem Blick,
dessen Händedruck Sklaverei bedeutet,

sondern den – wen auch immer –, der kommen wird,
der als erster jenes Wort sagt,
der als erster wagt, es zu sagen,
auszurufen, der Tapfre, der Kühne,
das Zauberwort, erwartet von Hunderttausenden,
das atemspendende, heilige,
menschenerlösende, wiedergebende,
nationenrettende, toresprengende,
befreiende, kostbare Wort:
Daß es genug ist, genug, endlich genug!

Daß Frieden, Frieden
Frieden, Frieden sei
und die Qual vorbei![14]

Solche Aufrufe passten selbstverständlich nicht in das Klima des pflichtgemäßen Patriotismus. Dennoch griff die ungarische Zensur vorerst nicht ein. In den – nicht selten anonym lancierten – Angriffen auf die *Nyugat*-Dichter sah Ady inzwischen den Beweis, dass der Krieg in Europa auch das Geistesleben in Gefangenschaft genommen hatte. Jedes seiner Gedichte aus dieser Zeit liest sich als ein Aufruf zur Wachsamkeit; die starke Metaphorik lässt nicht immer erkennen, ob der Widersacher der Krieg ist oder all die Menschen, die er als Feinde von Schönheit und Kultur sah:

Ihr Hüter auf Wache, habt acht!
Das Leben will leben und lebt.
Es schenkt nicht deshalb soviel Schönes,
Damit es in Flammen zergeht
Durch dumme und gierige Greuel.
So traurig das Menschsein auch ist,
Die Losung der heldischen Bestien,
Die Sterne verstreuende Nacht,

Sie lassen auch heut nicht vergessen
Den Glauben, durch Schönheit entfacht.
Ihr, die ihr noch da seid, bewahrend –
Ihr Hüter auf Wache, habt acht![15]

So humanistisch die Plädoyers von Babits und Ady auch gemeint waren, für manche Zeitgenossen klangen sie wie eine Verteidigung des gesellschaftlichen, politischen und sozialen Status quo. Ziemlich viele Politiker, Intellektuelle und Dichter verschiedener Couleur sahen den Krieg als Möglichkeit, seit langem vorhandene Begehrlichkeiten ein für alle Mal zu realisieren. Mitunter hatte es den Anschein, als könnten sich Nationalismus und Internationalismus problemlos in dieser Kriegsrhetorik vereinen. Der zuvor antimilitaristisch eingestellte Sozialist Gustave Hervé zum Beispiel sah in den aus Ausländern zusammengestellten französischen Regimentern die Herolde einer völlig neuen Zukunft. Die französische *Union sacrée* war in seinen Augen eine Vorstudie für eine *Union européenne*. In seiner Zeitung *La guerre sociale* begrüßte er die ausländischen Kämpfer mit visionärem Feuer:

Italiener, Trient und Triest werden zurückkommen ins noble
italienische Vaterland!
Rumänen, eure transsilvanischen Brüder werden euch zurück-
gegeben!
Serben, eure Brüder aus Bosnien und Herzegowina und aus
Kroatien werden zu euch gebracht werden!
Ungarn, Kossuths großer Traum wird sich erfüllen: Ungarn
wird seine Unabhängigkeit zurückerobern und eine Republik
werden!
Tschechen aus Böhmen, Mähren und Schlesien, morgen wird
eine Tschechische Republik gegründet werden, frei vom
deutschen Joch der vergangenen fünf Jahrhunderte!
Polen, halb hat Polen schon sein Grab verlassen und wird
wiederauferstehen zwischen seinen Toten!

Juden, ob Zion jemals wiederauferstehen wird, weiß ich nicht,
aber ihr habt gewiss die gute Nachricht vernommen. Überall
erhalten eure Brüder bürgerliche und politische Gleichbe-
rechtigung, sogar in Russland!
Mögest du erfolgreich sein, Armee der Nationen!
Vorwärts, Vereinigte Staaten von Europa![16]

Die Idee der Vereinigten Staaten von Europa existierte schon
länger in der sozialistischen Bewegung,[17] durch den Krieg aber
wurde sie plötzlich sehr aktuell. Hervé propagierte hier die französische, nationale Armee als Befreiungsmacht für unterdrück-
te Völker. Nach dieser Befreiung würde Europa dann selbstverständlich eine neue Einheit bilden. Der radikalsozialistische niederländische Dichter Herman Gorter (1864-1927) fand diese
Ansicht erschreckend naiv. In seiner Studie *Der Imperialismus,
der Weltkrieg und die Sozialdemokratie* (1915) erklärte er, der
Nationalstaat sei mitverantwortlich für das endlose Blutvergießen. Genau das sei Imperialismus, betonte er: die Ausdehnung
des Kapitalismus über die Erde und die Sicherstellung der wirtschaftlichen Expansion mittels des Nationalstaats, zur größeren
Ehre und, vor allem, zur Mehrung des Besitzes der herrschenden
Klasse innerhalb des Staats. Dieser Imperialismus werde nach
einem deutschen oder französisch-englischen Sieg nicht automatisch aufhören. Die finanziellen Interessen der siegenden Na-
tion/en würden nur noch größer werden und damit potentiell
bedroht sein. Zugleich würden all die neuen Nationalstaaten ihrerseits anstreben, so viel Kapital wie möglich anzuhäufen, was
zur Folge habe, dass die Welt immer neue und größere Kriege
erleben werde. Nur die Internationalisierung des Kapitals könne das verhindern. Ein Gebilde wie die Vereinigten Staaten von
Europa sei natürlich der momentanen Situation vorzuziehen,
aber Frieden würde die Konstruktion mit Sicherheit nicht bringen:

Man sagt: man soll Staatenbünde bilden. Einen Staatenbund Europas. Aber die Interessen Deutschlands, Rußlands und Englands widersetzen sich dem. Vielleicht wird man Staatenbünde bilden, Deutschland mit Mitteleuropa, Deutschland mit Rußland (das droht sicherlich in der Zukunft, und vielleicht direkt nach diesem Krieg), Deutschland mit Frankreich, Deutschland mit England, aber das wird geschehen zwecks einer um so effizienteren Kriegführung und einer um so effizienteren Ausbeutung der Schwächeren.[18]

Jedes Plädoyer für Weltfrieden, Abrüstung, Pazifismus oder Staatenbünde war für Gorter von Übel. Nur ein absoluter Internationalismus, »eine revolutionäre Massenaktion des Weltproletariats gegen das Weltkapital« (S. 133), könne dem verhängnisvollen Kurs des Imperialismus Einhalt gebieten. Mit dieser radikalen Analyse und der Propagierung der proletarischen Weltrevolution stand er nicht allein. Mitte März 1915 teilte der russische Sozialist Lenin von seinem Schweizer Exil aus einem niederländischen Parteigenossen Gorters mit, dass er – mit Hilfe eines niederländisch-deutschen Wörterbuchs – dreißig bis vierzig Prozent der Imperialismus-Broschüre habe verstehen können und dem Autor dazu gratuliere.[19] Gorter war aber nicht nur Politiker. Die gleiche Leidenschaft investierte er in seine Lyrik, in der es ebenfalls um diese Ideen ging. In einer verblüffenden Adaption einiger Leitmotive aus seinem legendären Langgedicht »Mei« (Mai, 1889), mit dem er den Durchbruch als Dichter geschafft hatte, skizzierte er in einer neuen, stark erweiterten Version seines epischen Gedichts »Pan« (1916) das Schicksal der geknechteten Menschheit:

Die Erde war voll im prächtigen Licht des Mai,
Und auch das glitzernde Meer, voller Leichen,
dort trieben sie, Millionen, Millionen,
Wie die Welt noch nie gesehen.[20]

Im weiteren Text von »Pan« macht eine Weltrevolution dem Blutbad ein Ende, in der Welt außerhalb des Gedichts aber ging der Krieg weiter. In sozialistischen Zirkeln versuchte man neue Koalitionen zu schmieden, um diesen Zustand zu ändern. Nachdem der – in der Theorie – internationalistische Sozialismus im Sommer 1914 in allen europäischen Ländern vor dem nationalistischen Kriegslockruf kapituliert hatte und Leute wie Gustave Hervé sich schlagartig zu eifrigen Patrioten gewandelt hatten, versuchte ein Teil der Bewegung einen Damm zu errichten gegen diesen »Sozialchauvinismus«. Anfang September 1915 trafen sich Delegationen aus zwölf europäischen Ländern unter größter Geheimhaltung im schweizerischen Zimmerwald. Gorter war nicht dabei, aber die niederländische Lyrikerin Henriëtte Roland Holst (1869-1952).[21] Auch der radikale schwedische Dichter Ture Nerman (1886-1969) nahm an der Konferenz teil. Viel Erfolg war ihr nicht beschieden. Lenin, Wortführer einer radikalrevolutionären Gruppe von acht Personen, zu denen auch Nerman gehörte, plädierte dafür, den imperialistischen Krieg in einen Bürgerkrieg für den Sozialismus umzuwandeln.[22] So weit wollten die anderen nicht gehen. Im Schlussmanifest wurden die »Proletarier Europas« zwar mit deutlichen Worten angesprochen (»Europa gleicht einem gigantischen Menschenschlachthaus«), und der Imperialismus wurde für hauptverantwortlich erklärt und als »Militärdiktatur« bezeichnet, ein Aufruf zur Revolution aber war der Text nicht. Der Klassenkampf sollte selbstverständlich mit neuer Kraft geführt werden, doch der Nationalstaat stand nicht zur Diskussion. Das Selbstbestimmungsrecht der Nationen sollte das Grundprinzip sein.[23] Für die Letten und Polen, die nach Zimmerwald gekommen waren, war das sicher ein ungeheurer Ansporn, den revolutionären Teilnehmern aber ging das Manifest längst nicht weit genug. Anfang 1916 würde Lenin deshalb – so wichtig er das Selbstbestimmungsrecht auch fand – ausdrücklich konstatieren, dass es notwendig sei, »den

Kampf für diese sowie für alle grundlegenden Forderungen der politischen Demokratie dem unmittelbaren revolutionären Massenkampf für die Beseitigung der kapitalistischen Ordnung und für die Verwirklichung des Sozialismus unterzuordnen«.[24]

Lenins schwedischer Kollege Ture Nerman hoffte unterdessen die Revolution auch durch einen neuen Gedichtband beflügeln zu können. Weil er sein Vorhaben, die kriegführenden Länder zu besuchen, nicht verwirklichen konnte, unternahm er eine imaginäre Reise durch Europa und berichtete davon in seinen Versen.[25] So besuchte er auch die Niederlande, um dort den Friedenspalast in Den Haag zu Wort kommen zu lassen, der, wie der Titel eines der Gedichte besagt, zu einem »Spukschloss« geworden war. Das Gedicht prangert die Heuchelei all der gekrönten Häupter und ordensbehängten Diplomaten an, die in Den Haag an reich gedeckten Tafeln den Frieden beschworen, um anschließend die größte Katastrophe in der Geschichte zu organisieren. Es war jedoch nicht alles verloren. Der Friedenspalast war nicht nur deshalb zu einem Spukschloss geworden, weil dort keine Friedenskonferenzen mehr stattfanden; für den Dichter war er auch der Ort, von dem aus die Leichname herumspuken würden, um zum Gewissen der Menschen zu sprechen und die Revolution zu entfachen:

[…]
Für die Himmelstürme Eurer Ehre,
sind Leichen keine beständigen Ziegel.

Gut möglich, dass ein einziger Stein
Sich unten aus dem Haufen löst,
eine einzige Leiche von ihnen allen,
und dennoch ein gefährlicher Anfang.

Gut möglich, dass eine Einzige
eines nachts in Hamburg spukt,

oder in Petrograd und London,
in einer Gasse bei ihren Lieben.

Vielleicht entfacht sie dann den Hass,
diesen so gefährlich dunklen Hass
wie Berlin ihn 48 sah
und Paris im Jahre 11.

Vielleicht erwacht ihr eines Morgens,
gekrönte Schwäger und Cousins,
in einem Volk, das sie ernst nimmt,
eure Worte vom ›Freiheitskrieg‹.[26]

Die Kampfparolen, unter denen die Armeen aufgestellt worden
waren, sollten sich gegen die herrschende Klasse richten, und
eine Wiederauflage der Französischen Revolution oder der deutschen Revolution von 1848 werde den Kontinent auf ganz andere
Weise in seinen Grundfesten erschüttern. Im neutralen Schweden selbst schien dieser Moment noch nicht gekommen.[27] Die
bürgerliche Obrigkeit ging keinerlei Risiko mit den radikalen
Sozialisten ein; im März 1916 wurde Nermans Zimmerwald-
Kollege Zeth Höglund (1884-1956) verhaftet und wegen Hochverrats zu drei Jahren Gefängnis verurteilt.[28] In der Zelle schrieb
er die Gedichte des Bandes *Bläck och blod* (Tinte und Blut),
gleichfalls Verse, in denen, wie der Titel ahnen lässt, die Dichtkunst in den Dienst der herbeigesehnten Revolution gestellt
wird: »Ich glaube mehr und mehr, dass nur mit Blut und Blei /
und Eisen, nicht mit Worten die neue Zeit geschaffen werden
kann.«[29] Diese Dichter mochten zwar Antimilitaristen und ve-
hemente Gegner des Krieges sein, als Pazifisten aber kann man
sie sicher nicht bezeichnen. Sie hätten nie ihr Leben für den
Imperialismus gegeben, doch dass sich die Revolution nicht
friedlich vollziehen würde, war ihnen klar.

In der ebenfalls neutralen Schweiz hoffte auch der sich schnell radikalisierende französische Dichter Pierre-Jean Jouve auf eine Revolution. Der Keim dafür liege vielleicht im unterjochten Belgien, so suggerierte er in dem vierteiligen Poem »À la Belgique« (An Belgien) vom Januar 1916. Belgien war für ihn keineswegs der Modellstaat, den die vielen Propagandadichter in den Jahren zuvor daraus gemacht hatten: Der fromme, zänkische Flame und sein lebensfroher wallonischer Bruder hätten sich wenig geliebt, es habe die Gewalt des Reichen über den Armen gegeben und der Behörden über das Volk. Dennoch habe Frieden geherrscht, »die helle Lust am Leben«, und die Menschen hätten sich geborgen gefühlt. Nun aber, da das Land überfallen worden sei und, in Jouves Metaphorik, die Kriegshure die Menschen zu ihrer Lust schände, und da Schmach über alle komme, die behaupten würden, dieses Gemetzel im Namen Gottes anzurichten, nun komme dem erwürgten Belgien vielleicht die schöne Rolle zu, die Wiege der Revolution zu sein.[30]

Nicht jeder Sozialist konnte so viel Zuversicht aufbringen. Adama van Scheltema (1877-1924), vielleicht der meistgelesene sozialistische Dichter der Niederlande, geriet durch den Krieg in eine tiefe Krise. Es fiel ihm schwer, in dem Konflikt irgendein positives Potenzial zu entdecken: »Die eigene Welt geht mir verloren – / Ist so viel schöner, was ich gewann?«[31] Eine große Sehnsucht nach Ruhe und Frieden überkam ihn, wahrscheinlich auch aufgrund von Existenzsorgen in der unsicheren Kriegszeit;[32] die Revolution schien plötzlich mehr ein Angst- als ein Wunschtraum. Albert Verwey dachte nicht in diesen Kategorien; er analysierte die Lage so rational wie möglich und kam schon im August 1915 zu dem Fazit, dass der Krieg früher oder später nur auf Revolution hinauslaufen könne. Der von der Französischen Revolution angefachte »Traum von einer freien menschlichen Gemeinschaft« inspiriere noch immer das Denken der Europäer, und wenn sich herausstellen sollte, dass das existierende Staatengefüge nicht dafür sorgen könne, dann gebe es kein Halten mehr.[33] Charakteristisch für Verwey ist, dass es in der gleich darauf folgenden Notiz um Lyrik ging. »Gerade in Not und Elend können die Träume der Dichter die Menschen mitreißen und zu Taten bewegen.« In diesem Zusammenhang verweist er auf den italienischen Revolutionär Cola di Rienzo, unter dessen Regierung die Poesie (Verwey meint natürlich Petrarca) »eine Zeitlang Tat« habe werden können. (S. 47)

Einen direkten Zusammenhang gab es selbstredend nicht, aber der erste Umsturzversuch, der sich während des Krieges in Europa vollzog, fand in einem Land statt, in dem wie nirgends sonst Schriftsteller und Dichter am politischen Leben teilnahmen. Hier ging es jedoch nicht um die Form von sozialer Revolution, die Verwey vorschwebte, sondern ganz im Gegenteil um einen Aufstand, der bestätigte, wie stark Europäer der nationalen Idee verhaftet waren. Ende April 1916 fand in Dublin der »Osteraufstand« (Easter Rising) statt, eine Rebellion gegen die britische Krone und ein Versuch, Irland für unabhängig zu erklären.[34] Die Bezeichnung »Osteraufstand« ruft das Bild eines massenhaften Volksaufstandes frommer katholischer Iren hervor, die mit Gespür für Drama und Symbolik Ostern gewählt haben, um der britischen Herrschaft und dem unnötigen Abschlachten irischer junger Männer auf den Schlachtfeldern in Frankreich und Belgien ein Ende zu machen. In Wirklichkeit begann der Aufstand am Ostermontag, dem 24. April, nutzte der durchschnittliche Dubliner den freien Tag, um zum Pferderennen zu gehen, bestand die Gruppe Irish Volunteers, die zum Hauptpostamt in der Sackville Street (heute: O'Connell Street) marschierte, nur aus ungefähr 100 Mann und hatte die britische Armee in den vorangegangenen Wochen und Monaten mühelos dreimal so viele irische Freiwillige rekrutieren können wie die irischen Nationalisten. Die Aufständischen konnten ihre Stützpunkte keine Woche lang verteidigen; vierzehn Tage später waren fünfzehn tatsächliche oder vermeintliche Anführer wegen

Hochverrats hingerichtet und mehr als fünfzehnhundert Iren in Gefängnisse jenseits der Irischen See gebracht worden. Folgenlos blieb diese anscheinend gescheiterte »Dichter-Revolution« jedoch nicht.[35] Obwohl der Aufstand selbst auf wenig Sympathie und noch weniger Teilnehmer zählen konnte, löste das Martyrium der von den Briten so erbarmungslos umgebrachten Anführer große Anteilnahme aus. Tom Kettle war der Ansicht, dass die Aufständischen den irischen Kampf in Diskredit gebracht hätten, war aber zugleich davon überzeugt, dass das Klima in seinem Land nun umschlagen würde: Die Aufständischen würden als Helden und Märtyrer im Gedächtnis der Iren weiterleben, und er – wenn überhaupt – als »verdammter britischer Offizier«.[36]

Mindestens fünf der Hingerichteten waren als Dichter relativ berühmt, unter ihnen auch drei der sieben Unterzeichner der »Proclamation of the Irish Republic«: Patrick Pearse (1879-1916), Thomas MacDonagh (1878-1916) und Joseph Plunkett (1887-1916). Als nationalistische Romantiker, durch die Gaelic League in der keltisch-irischen Literatur und Mythologie geschult, waren sie davon überzeugt, dass ihre Worte Vergangenheit und Zukunft miteinander verbanden. Oder wie es in einem Gedicht von MacDonagh hieß, das die *New York Times* am 7. Mai in einem langen Artikel mit dem Titel »Poets Marched in the Van of Irish Revolt« (Dichter marschierten an der Spitze des irischen Aufstandes) abdruckte: »In neuen Seelen klingen seine Lieder/Die laute Harfenstimme schweigt/und seine Taten hallen in den Echos wider/wenn sich die Morgenröte zeigt.«[37] Die Hintergrundinformationen für den Artikel stammten von dem mit der republikanischen Sache sympathisierenden irischen Dichter Padraic Colum (1881-1972), und statt »On a Poet Patriot« nannte er dieses Gedicht in der Zeitung »Of a Poet Captain« – ein interessantes Versehen, denn es illustriert sehr gut, wie stark Nationalismus, Poesie und Militarismus bei diesen Literaten miteinander verwoben waren. So argumentierten die wahren Avantgardisten: Auch wenn sie nicht einmal einen Bruchteil der Bevölkerung repräsentierten, sie würden den Iren die Zukunft bringen. Ihre Worte würden Taten werden und so in die Geschichte eingreifen.

Einige Monate vor dem Aufstand hatte Eoin MacNeill, Professor für Geschichte des Mittelalters und der eigentliche Anführer der Volunteers, in einem Artikel noch betont, Irland sei nicht die »poetische Abstraktion«, in der die populäre irisch-patriotische Literatur schwelge; eine Revolution könne nur gelingen, wenn sie aus einer weitverbreiteten Unzufriedenheit in der Bevölkerung hervorgehe. Davon konnte seiner Ansicht nach zu jenem Zeitpunkt nicht die Rede sein, und deshalb hielt er Spekulationen über einen Aufstand für völlig unsinnig. Die Irish Republican Brotherhood, eine Splittergruppe innerhalb der Volunteers, sah das freilich anders. Sie fühlten sich nicht etwa von breiten Volksmassen getragen; auf dem Weg zum Hauptpostamt hatte der sozialistische Anführer James Connolly noch ausdrücklich erklärt, sie hätten nicht die geringste Aussicht auf Erfolg und würden höchstwahrscheinlich abgeschlachtet werden. Dass sie dennoch weitermachten, lag allein an ihrer festen Überzeugung, ihr Opfer werde den literarischen Mythos Wirklichkeit werden lassen. Obgleich selbst kein praktizierender Katholik, hatte Connolly im Februar in einem Meinungsartikel in der *Worker's Republic* geäußert, dass »ohne Blutvergießen keine Rettung« möglich sei.[38]

Das war eine Vision, die auch anderswo in Europa Anklang fand. Der Krieg selbst war natürlich deren gewaltigste Emanation. Aber auch die Revolutionäre, die sich im eigenen Land oft gegen den Krieg wandten, glaubten felsenfest daran. Wenn diese Überzeugung mit nationalistischen Bestrebungen einherging, lag unvermeidlich Spannung in der Luft. Irland würde nicht mehr »West Britain« sein, sondern eine wiederauferstehende Gaelic nation, so Padraic Colum in seinem Vorwort zu *Poems of the Irish Revolutionary Brotherhood* (1916), einer Anthologie, in der das Werk der hingerichteten aufständischen Dichter ergänzt wurde mit »The Song of Red Hanrahan«, einem älteren Gedicht von William Butler Yeats (1865-1939).[39] Mit zwei Gedichten ebenfalls in dieser Anthologie vertreten war Sir Roger Casement (1864-1916). Drei Tage vor dem Osteraufstand war der weltberühmte Diplomat und irische Nationalist von einem deutschen U-Boot aus in der Bucht von Tralee im Westen Irlands an Land gebracht worden. Noch einen Tag vorher war dort auch ein Schiff mit 20.000 deutschen Gewehren und Munition angekommen, aber bevor die Ladung gelöscht werden konnte, sah sich der Kapitän gezwungen, das Schiff samt Fracht zu versenken, da es von der Royal Navy entdeckt worden war. Wenn ihnen das Gelingen ihrer Revolution tatsächlich wichtig gewesen wäre, hätte allein schon dieser Rückschlag die Aufständischen dazu bringen müssen, ihr Vorhaben eine Weile aufzuschieben. Das meinte auch Casement, aber noch bevor er mit den Revolutionsführern Kontakt aufnehmen konnte, wurde er verhaftet. Nach einem aufsehenerregenden Prozess wurde er am 3. August wegen Hochverrats gehängt. In Anbetracht seiner langen und ausführlichen Verhandlungen mit Deutschland war das, mitten in einem Weltkrieg, keine übertriebene Strafe, doch aufgrund der Empörung, die die vorherigen Hinrichtungen verursacht hatten, war es politisch gesehen sehr riskant für die Briten, die zahlreichen Gnadengesuche von Prominenten aus aller Welt zu ignorieren und das Urteil zu vollstrecken. Obwohl er am Osteraufstand nicht direkt beteiligt war, wurde Casement so doch der sechzehnte Märtyrer. In seinem Gedicht »Sixteen Dead Men« (Sechzehn Tote) sollte Yeats scharfsinnig formulieren, dass diese Toten weiterhin da sein würden, um im brodelnden Topf zu rühren.[40] Dem oft esoterischen Yeats entging die historische Bedeutung des Osteraufstandes nicht. In seinem großen In-memoriam-Gedicht »Easter, 1916« (Ostern 1916) hieß es, seitdem sei nichts mehr so wie vorher:

Ich schreibe es aus im Gedicht –
MacDonagh und MacBride
Und Connolly und Pearse,
Von jetzt bis zum Ende der Zeit,
Wo immer Grün man trägt,
Sind verwandelt ganz und gar:
Eine Schönheit kam schrecklich zur Welt.[41]

Gewalt, so grausam und schrecklich sie war, konnte Schönheit hervorbringen – eine Botschaft, die auch auf dem Kontinent Anklang fand. Natürlich nicht überall. Am 26. April hatte der Korrespondent der niederländischen Tageszeitung *NRC* aus London einen Artikel gesandt, in dem er mit Nachdruck seine Meinung über die Revolutionäre darlegte: Sie seien »Menschen mit wilden Idealen« und »Auffassungen bar jeden Realitätssinns, Nachfahren einer schlimmen Vergangenheit, die in diesem Jahrhundert fehl am Platz sind«.[42] Diese Einschätzung wurde längst nicht überall geteilt. Fast in allen Ländern Europas erhoben sich kleine Gruppen, die zu der Überzeugung gelangt waren, Idealismus allein genüge nicht, nun käme es auf Taten an, und Gewalt sei dabei kein Tabu.

In Flandern hatte der junge, zur Gruppe der flämischen Aktivisten gehörende Dichter Gaston Burssens (1896-1965) offenbar dieses Fazit gezogen. Obrigkeitstreue war ohnehin nicht mehr angesagt. Dass die belgische Regierung vom Exil in Le Havre aus verfügt hatte, dass es illegal sei, an Lehrveranstaltungen an der von den deutschen Besatzern »niederlandisierten« Universität Gent teilzunehmen, hielt ihn nicht davon ab, es dennoch zu tun. Wer handelte hier eigentlich rechtswidrig? Die Studenten, die in ihrer Muttersprache unterrichtet werden wollten, oder eine Regierung, die ihren Bürgern dieses Recht beharrlich verweigerte? Burssens' Engagement ging jedoch weiter. In seinem Gedicht »Sir Roger Casement« (1916) stellte er eine direkte Verbindung her zwischen Idealismus und dem (buchstäblichen) Opfer, das damit einhergehen konnte: »Inmitten eines heilig stählend Strebens / grinst stets der Tod mit Blicken scharf und blind.«[43] Der Tod »grinst« – Idealismus kostet einen also nicht automatisch den Kopf, doch liegt der Tod immer auf der Lauer. Dass seine Blicke »scharf und blind« sind, besagt etwas über die Härte und Ungerechtigkeit des Lebens; der Tod (das Recht?) macht keinen Unterschied zwischen Opportunisten und Idealisten. Doch die Verblendung betrifft vielleicht nicht nur diese Seite. Im zweiten Teil des Gedichts kommt Casement selbst zu Wort. Er habe sich nichts vorzuwerfen, sagt er, denn er habe alles getan, was ihm möglich gewesen sei und woran er geglaubt habe. »So segle ich in voller Sonne nun / dem Tod entgegen.« (S. 37) Die »volle Sonne« stellte sein Trachten und Streben in ein besonderes Licht, doch ihr gleißender Schein konnte auch dazu führen, dass er nicht mehr genau sah, was er tat. Auch das ist ein Opfer, das jeder Idealist bringt: Wenn das Ideal Wirklichkeit werden soll, muss zwangsläufig ein Teil der Realität geopfert werden – insbesondere jener Teil (Bürger, Institutionen …), der dieses Ideal nicht bejaht.[44] Er muss ausgeschaltet, vielleicht sogar physisch eliminiert werden. Zu diesem Schritt waren die flämischen Aktivisten inzwischen bereit. Auch Burssens' Altersgenosse van Ostaijen tendierte im Sommer 1916 offenbar in diese Richtung; er schrieb ein Gedicht mit dem Titel »Goldene Sporen neunzehnhundertsechzehn«, in dem er die Wiederholung des Opfers der Flamen in Aussicht stellte, die in der legendären Schlacht im Jahr 1302 gesiegt hatten:

Doch neunzehnhundertsechzehn
wird, Seit' an Seit',
fest, Reih' um Reih',
das Heer der Aktivisten wachsen sehn,
zu einem Willen, einer Tat,

gebeugt der Rücken, geballt die Faust, die den Feind schlägt
und die Nacht; durch Morgenröte bricht der Tag.
Neunzehnhundertsechzehn, Jahr, das Wort wurde,
Wort, das Fleisch wurde,
Heer für unser Land,
Wächtertat zu Wächterwort und -Hand.
Entschlossen stehen wir
im Kampf. Wir stehen auf.[45]

Auch wenn das nur metaphorisch gemeint war, waren diese
Kriegsbilder aufschlussreich: Der politische Gegner war nun »der
Feind«, die flämischen Aktivisten bildeten ein Heer, und dieses
Heer würde »Reih' um Reih'« in den »Kampf« ziehen. Ziel und
Mythologie sind fast identisch mit den Vorstellungen und My-
then der Irish Republican Brotherhood: Das Wort wird Fleisch,
und dieses Fleisch bildet eine Unabhängigkeitsarmee, die »unser
Land« erkämpfen wird, einen eigenen, unabhängigen Staat. Der
große Unterschied zwischen den irischen und flämischen Natio-
nalisten war, dass Letztere vorerst noch keine Märtyrer hatten.
An der Front fielen natürlich junge Flamen unter schrecklichen
Umständen, aber das galt auch für die Iren in der britischen
Armee, und deren Opfer hatten auf der Insel noch nicht zu
einem vorrevolutionären Klima geführt. Der bekannteste Flame,
der vielleicht als Märtyrer hätte fungieren können, war der Dichter René De Clercq. Der Minister für Kunst und Wissenschaften,
Graf Poullet, hatte ihn dringlich aufgefordert, aus der Redaktion
der Aktivisten-Zeitschrift *De Vlaamsche Stem* (Die flämische
Stimme) auszuscheiden; als er sich weigerte, war er durch kö-
niglichen Beschluss als Gymnasiallehrer entlassen worden. Der
Staat bringe De Clercq um Lohn und Brot, fanden die flämischen Nationalisten; für sie war es ein erneuter Beweis, dass Flamen von der belgischen Regierung als Bürger zweiter Klasse
behandelt wurden. De Clercq selbst reagierte mit einer Reihe

von Kampfliedern – gesammelt in *De noodhoorn* (1916, deutsch: *Das Nothorn* 1917) –, in denen Entrüstung, aber auch eine unmissverständliche Drohung durchklangen. Wenn der belgische König das alles zulasse, dann würden die Flamen rebellieren und die Selbstverwaltung erzwingen:

> Dürft es dem König doch nicht verschweigen,
> Daß seines Volkes Freiheit es gilt;
> Wird jetzt den Flamen nicht Flandern zu eigen,
> Dann springt sein Löwe heraus aus dem Schild!
> Hab ich kein Recht, ich hab kein Land;
> Hab ich kein Brot, ich hab kein Schand.
> Flandern, Flandern, mit Herz und Hand
> Steh ein ich für dich,
> Fecht für dich![46]

De Clercq wurde zum Vorbild für die jüngeren Dichter. In einer Hommage an ihn, die im Juni 1916 in der aktivistischen Zeitschrift *Ons Land* (Unser Land) erschien, sah Burssens ihn so: »als Mann des Wortes und der Tat, / so steht er fest zum Kampf bereit«.[47] So viel war deutlich: die neue Generation flämischer Idealisten würde es nicht bei Worten belassen.

Die Soldaten an der Front wussten inzwischen, was es hieß, sich zu opfern. Auch dort kam es unter den Flamen zu einer Radikalisierung. Selbstlos kämpfen und für König und Vaterland fallen war nicht mehr selbstverständlich; Respekt vor der Sprache und Kultur der Flamen war wohl das Mindeste, was sie dafür erwarten durften. Doch dieser Respekt blieb ihnen meist versagt, und das führte vor allem bei der flämischen Elite unter den Soldaten zu wachsendem Unmut. In anderen Armeen ging man mit ähnlichen Situationen völlig anders um. In der britischen Armee wurden Regimenter nach regionaler Herkunft zusammengestellt, sodass Engländer, Schotten, Waliser und Iren eigene Divisionen hatten. In der Doppelmonarchie wurde von

Kommandanten erwartet, dass sie die Sprache der Soldaten sprachen, auch wenn das Regiment mehrsprachig war. Außerdem gab es separate Legionen. Krleža zum Beispiel diente in einer kroatischen Division. In der Armee Russlands wurden tschechoslowakische Legionen gebildet, die sich aus ethnischen Tschechen und Slowaken zusammensetzten, die auf russischem Gebiet lebten, sowie – in stetig wachsender Zahl – Tschechen und Slowaken, die aus der Armee der Doppelmonarchie desertiert waren. Indem sie mit den Russen kämpften, hofften sie, sich die Entente gewogen zu machen, damit sie sich nach dem Krieg vom Habsburgischen Reich trennen durften. Unter anderem der slowakische Dichter Janko Jesenský und sein tschechischer Kollege Rudolf Medek (1890-1940) schlossen sich der Zarenarmee an, der Erste, nachdem er desertiert war, der Zweite, nachdem die Russen ihn gefangengenommen hatten. An den Tag Ende September 1914, als österreichische Truppen in seinem tschechischen Dorf ankamen, erinnerte sich Medek in dem Gedicht »1914« als den schrecklichsten Tag in seinem Leben. Wie beleidigend die österreichische Marschmusik war, wie demütigend es war, dass von den Tschechen verlangt wurde, die Kaiserhymne zu singen. In jedem »Lebwohl«, das er einen Tschechen aussprechen hörte, klang dem Dichter zufolge ein verzweifeltes »warum?« mit.[48] Die Tschechoslowakische Legion würde diese Schande rächen und zugleich für die nationale Freiheit kämpfen.

Die Russen gestatteten auch einigen ihrer eigenen nationalen Minderheiten die Bildung separater Regimenter, zum Beispiel in Lettland. Das war nicht gerade naheliegend, doch der außergewöhnliche Kampfgeist der Letten und ihr ausgesprochener Hass auf alles, was deutsch war, überzeugte schließlich die russische Armeeführung.[49] Als im Frühjahr 1915 das Baltikum von Deutschland bedroht wurde und die Deutschen einige Gebiete besetzten, hatte der lettische Dichter Rainis in seinem schweizerischen Verbannungsort Alarm geschlagen: »Wir befinden uns in allergrößter Gefahr, und unser ganzes Volk muss sich verteidigen und die russische Armee unterstützen. Wir wissen nur allzu gut, dass wir den wenig systematischen Russifizierungsversuchen widerstehen können, aber wehrlos sein würden gegen die systematische Germanisierung, wie sie sich in Belgien vollzieht. Das Abbrennen eines ganzen Landes, das Abschlachten und Vertreiben eines ganzen Volks – das können wir, als kleines Land, nicht überleben.«[50] Während die Deutschen so klug waren, mit der lokalen Bevölkerung Lettisch zu sprechen, taten die verkrampften Russen das Gegenteil: Sie verfolgten das Lettische genauso wie das Deutsche und begriffen nicht, wie viel Sympathie sie sich dadurch verscherzten. Eigene baltische Regimenter wollten die Letten, und außerdem, wenn es irgend möglich war, einen autonomen Status innerhalb des russischen Reichs. Letzteres lehnte der Zar ab, aber die Regimenter kamen dann doch im Sommer 1915, angeführt von lettischen Offizieren, die ihre Befehle auf Lettisch gaben. Rainis war sich bewusst, dass das ein historischer Durchbruch war: »Wenn wir diesen Augenblick verschlafen, dann wird unser Volk nicht noch Hunderte, sondern Tausende Jahre schlafen.«[51] Aber die Letten standen in Bereitschaft. In kürzester Zeit meldeten sich 130.000 Soldaten, und gemeinsam hielten sie die Deutschen vor Riga auf. Der revolutionäre Dichter und Soldat Kārlis Skalbe (1879-1945) ließ inzwischen in seinem Gedicht »Die lettischen Bataillone« keinen Zweifel daran, dass diese Regimenter nicht nur für die Russen kämpften:

O bleibet standhaft, Eichen ihr,
Ihr lett'schen Bataillone!
Euch – eures Volkes lichter Kraft –
Die Zukunft reicht die Krone.[52]

Und das war vielleicht ein wichtiger Grund, warum Belgiens Armee an mehrsprachigen Bataillonen festhielt. Flämische Regimenter hätten, abhängig von den Entwicklungen auf dem Schlachtfeld, zum Feind überlaufen und für Flanderns Unabhängigkeit kämpfen können. Ganz aus der Luft gegriffen war ein solches Szenario nicht. Im Sommer 1916, nach einer erneut gewonnenen Schlacht, in der Tausende Polen ihr Leben gelassen hatten, verlangte Befehlshaber Piłsudski von den Mittelmächten Garantien für die Unabhängigkeit Polens. Um seiner Forderung Nachdruck zu verleihen, trat er von der Führung der polnischen Legionen zurück. Zwar musste sich noch zeigen, ob nur eine Marionettenregierung eingesetzt worden war oder ob es sich tatsächlich um ein unabhängiges und autonomes Land handelte, aber als Deutschland daraufhin die Gründung des Regentschaftskönigreichs Polen gestattete, wuchs auch die Hoffnung und Entschlossenheit der flämischen Aktivisten und Frontsoldaten. Eine Veränderung schien also durchaus im Bereich des Möglichen.

Das war inzwischen der Stand in Europa. Während an den verschiedenen Fronten in noch stetig zunehmendem Umfang Blutbäder angerichtet wurden, träumten Dichter, Diplomaten und Politiker von neuen Staatsgebilden. Um künftig Kriege zu vermeiden, wollten die einen möglichst viele Länder in einer pangermanischen oder liberalen Wirtschaftsunion vereinen, radikale Sozialisten hingegen sahen einen solchen Völkerbund vor allem auf einer antiimperialistischen Basis entstehen, da sie davon ausgingen, dass große Wirtschaftsblöcke zu noch größeren Kriegen führen würden. Bevor es überhaupt zu Vereinigungen kommen konnte, waren nach Ansicht vieler freilich erst einmal Trennungen notwendig: Neue Länder sollten gegründet werden für all jene Völker, die sich in den verschiedenen europäischen Reichen unterdrückt fühlten. Solche nationalistischen Gefühle äußerten sich nicht nur in der Donaumonarchie. Auch Balten, Finnen und Ukrainer in Russland, Iren in Großbritannien und Flamen in Belgien bauten darauf, dass der Krieg ihnen mehr

Rechte oder sogar Selbstbestimmung einbringen würde. Große humanistische und liberale Ideale waren die Stützpfeiler ihres Freiheitsdiskurses, letztlich aber war ihre Loyalität doch vor allem von politischen Garantien abhängig.

6
Gedichte schreiben nach Verdun und Somme
Die Schlachtfelder von 1916

Gerade meine letzte Apfelsine gegessen. Ich blicke auf
ein sonnenbeschienenes Höllenbild.

– Siegfried Sassoon, Tagebucheintrag, 1. Juli 1916[1]

»Im Volksglauben heißt es, Kanonenschüsse locken die Wolken
an«, so Virginie Loveling (1836-1923) am Samstag, dem 9. Januar
1915 in ihrem Kriegstagebuch.[2] Krieg ruft Regen hervor, so war
es während des Großen Krieges, so war es im neunzehnten Jahrhundert. Das Gedächtnis der Grand Old Lady der flämischen
Literatur reichte, was das anging, sehr weit zurück: »An der Mole
entlanggehend, ankämpfend gegen den Wind, erinnere ich mich,
dass es 1870, während der Schlachten bei Gravelotte und Sedan,
auch so heftig geregnet hat und dass Personen, die die Schlacht
bei Waterloo erlebt hatten, erzählten, während der Gefechte
vom sechzehnten bis achtzehnten Juni 1815 habe es eine wahre
Sintflut gegeben.« In der Fachliteratur war man sich schon bald
einig, dass diese Witterungsverhältnisse eine entscheidende Rolle bei den Kriegshandlungen gespielt hätten, in Waterloo, aber
auch bei anderen Land- und Seeschlachten.[3] Krieg war also in
Westeuropa bereits untrennbar mit Regen verbunden; 1914 bis
1918 aber schienen sich Wetter- und Kriegsgötter auf beispiellose
Weise vereinigt zu haben. Kein anderes Element bestimmte die

Kriegserfahrung an der Westfront so extrem und aufreibend wie der peitschende Niederschlag, der die Landschaft in einen sumpfigen Morast verwandelte und die Kampfmoral aufweichte. Regen und Schlamm bilden das Leitmotiv in den Kriegsbüchern *Le Feu (Das Feuer)* von Henri Barbusse (1917) und *Undertones of War* (Untertöne des Krieges) von Edmund Blunden (1928), und auch in den Versen von Soldaten, die in Frankreich und Flandern kämpften, geht es immer wieder darum.[4] »Den ganzen Winter hat es geregnet«, beginnt ein Gedicht von Marc de Larreguy de Civrieux (1895-1916) aus dem Jahr 1916, »Mein Gott, wie trübselig der Himmel schien / Den ganzen Winter hat es geregnet / mehr und mehr und mehr und mehr« – wobei im Französischen »plus« (mehr) aussieht wie die Mehrzahl von »plu« (geregnet), was das Bild des Dauerregens noch verstärkt.[5]

Wenn der Regen bewirkt hätte, dass der Krieg schneller zu Ende war, hätten ihn die Soldaten vielleicht bereitwillig ertragen. Aber alle kämpfenden Parteien litten gleichermaßen darunter, und so verschlimmerte er nur die allgemeine Misere und trug nicht zu einer entscheidenden Wende im Kriegsgeschehen bei. Nach eineinhalb Jahren Kampf brachte die Wirkung der anhaltenden Regengüsse die wohl treffendste Metapher für die Beschreibung des Zustandes an der Front hervor: Der Krieg war im Schlamm stecken geblieben. Stagnation führt jedoch nie zu einem Sieg, und so mussten die Angriffe fortgesetzt werden, auch wenn sie selten oder nie in nennenswerten Terraingewinnen resultierten. Die Verluste stiegen inzwischen weiterhin an – im Jahr 1915 fielen 349.000 Franzosen, davon allein schon in den Schlachten im Artois und in der Champagne fast eine Viertelmillion[6] –, aber die gegnerischen Linien wurden dadurch kaum geschwächt. Also änderte man 1916 die Taktik. Das Ziel war nicht mehr, Terrain vom Feind zu erobern, sondern möglichst viele Gegner zu töten. Oder wie es der deutsche Oberbefehlshaber von Falkenhayn um Weihnachten 1915 ausdrückte: »Hinter dem französischen Abschnitt der Westfront gibt es in Reichweite Ziele, für deren Behauptung die französische Führung gezwungen ist, den letzten Mann einzusetzen. Tut sie es, so werden sich Frankreichs Kräfte *verbluten*, da es ein Ausweichen nicht gibt, gleichgültig, ob wir das Ziel selbst erreichen oder nicht.«[7] Und so wurde aus dem Stellungskrieg eine Erschöpfungsschlacht.

Der Ort, den von Falkenhayn gewählt hatte, war Verdun. Dort begann am 21. Februar um 7 Uhr morgens mit einem massiven, pausenlosen Beschuss, der erst neun Stunden später enden sollte, die Operation *Gericht*. Nach zwei Tagen hatten die französischen Divisionen, die Verdun verteidigen mussten, schon mehr als zehntausend der 26.523 Soldaten verloren.[8] Aber zur Erschöpfung der französischen Truppen führte diese Offensive nicht, denn General Pétain führte das sogenannte *Noria*- oder Paternoster-System ein: die Einheiten wurden nach einem Rotationsprinzip abgelöst. Der Vorteil war, dass Soldaten nur sehr kurz dem Allerschlimmsten ausgesetzt waren, der Nachteil, dass nahezu jede Division bei Verdun kämpfen musste. Ende Juni 1916 hatten bereits 65 der 95 einsatzbereiten französischen Divisionen Verdun durchgestanden. Mehr oder weniger. Für die Ablösung waren jedes Mal nur halb so viele LKW nötig wie für den Transport an die Front. Anders ausgedrückt: Jeder Einsatz in Verdun halbierte die Zahl der Soldaten einer Division. »Das ist keine Armee mehr, das sind Leichen«, so ein Passant, der bei der Ablösung zuschaute.[9] Selten wurde bei Verdun so gekämpft, wie man sich das bei einem Krieg vorstellt. Die Soldaten dienten mehr oder weniger als Kanonenfutter. 140.000 Granaten feuerten Franzosen und Deutsche aufeinander ab. Pro Tag. Im Takt von vierzehn Sekunden passierte ein LKW mit Munition die wichtigste französische Nachschubroute, von Maurice Barrès schon bald in einer von seinen hunderten Lobreden auf den Krieg als *la voie sacrée* (Heiliger Weg) bezeichnet.

Einer der Artilleristen war der bretonische Rechtsanwalt Albert-Paul Granier (1888-1917). Vom 21. bis 24. Februar, an den ersten vier Tagen der Schlacht, arbeitete er in den Gefechtspausen an dem Gedicht »L'Attaque« (Der Angriff) – abwechselnd eine unterkühlte Beschreibung der kleinen Unannehmlichkeiten, die der feindliche Artilleriebeschuss verursacht (ein Soldat wird gezwungen, Schnee zu essen, oder besser: auf die Suche zu gehen nach noch weißem, nicht vergiftetem Schnee, nachdem seine Feldflasche in Stücke geschossen wurde und das Gas seine Kehle vor Durst brennen lässt), und einem zum Scheitern verurteilten Versuch, der Gewalt Phantasie und Unbekümmertheit entgegenzusetzen. Der unaufhörliche Beschuss, so meint ein Artillerist im Gespräch mit seinem Hauptmann, sei gar nicht im Takt. Und der Paukenschläger spiele falsch und müsse sich am A-Ton orientieren, der vom Geschützdonner ausgehe. Doch immer wieder drängt sich die Realität auf: Von einem Zusammenspiel oder einer Orchestrierung kann nicht die Rede sein, denn kein einziger Kurier ist zurückgekehrt und niemand weiß, woran er ist.[10] Ein Gefühl vollständiger Desorientierung, das für diese Fronterfahrung prägend war. Die Kommunikationswege waren ständig unterbrochen, und die Soldaten fühlten sich oft ihrem Schicksal hilflos ausgeliefert. Ernähren mussten sie sich von Brot und billigem Wein. Wasser war zwar im Überfluss vorhanden – auch während dieser Schlacht regnete es ohne Unterbrechung –, doch in allen Wasserspeichern (nun ja: Bombenkratern) schwammen Leichen, das ganze Gelände stank nach Fäulnis und Verwesung, und es wimmelte von Ratten und Ungeziefer. Lebende und Tote steckten im Schlamm fest, und keiner wusste, warum.

Auf der anderen Seite des Niemandslandes befand sich Anton Schnack (1892-1973). Um seine Erfahrungen wiederzugeben, schuf er eine ganz eigene Gedichtform, epische, pathetische Sonette mit überlangen Zeilen, mäandernden Sätzen, vollgestopft mit apokalyptischen Visionen, ultrarealistisch und mythisch zugleich, wie ein moralisierender Alptraum. Was die Soldaten in Verdun durchlitten, war ein Bombardement des Körpers und der Sinne, auf die kein Mensch vorbereitet sein konnte. Schnack versuchte vor allem Worte zu finden, um den fast pausenlosen Lärm zu evozieren: die Detonationen, das gewalttätige Gebrüll, das dumpfe Dröhnen im »Erdbauch«, »als riefe ein großer Mund aus einem Schlaf«.[11] Aber auch die unerwarteten Momente der Stille, beunruhigend, da sie oft neues Unheil ankündigten. »Aber dann fiel in Gräben ein Schuß, der Schlafende traf.« (S. 64) Schnack geht dem Wesentlichen nie aus dem Weg. »Es gab viel Tod«, heißt es lakonisch in »Ein Tag« – »doch wen noch kümmert Tod« (S. 62); der Tod ist so alltäglich geworden wie weggeworfenes Brot. »Alles verweht; nur Tod bleibt übrig« (»Im Graben«, S. 68). Stets liegt er auf der Lauer, jeden Moment kann er zuschlagen, steht er herausfordernd vor einem, greift er feige hinterrücks an. Grau werden die Soldaten davon. Sie verlieren ihre Seele und ihren Glauben und immer wieder ihr Leben. Um die Gewalt zu steigern, noch mehr Tod und Schrecken zu säen, den Gegner nicht nur verbluten zu lassen, sondern bei lebendigem Leib zu verbrennen, wurden in Verdun auch zum ersten Mal in großem Maßstab Flammenwerfer eingesetzt. Schnack blickte später verblüfft zurück auf die fast wollüstige Haltung, mit der er durch Handgranaten Tod und Verderben gesät hatte:

> … daß ich den Tod warf, lächelnd, boshaft, in das Gewühl,
>   anbrausend unter Rauch und Staub, anbrüllend nach dem
>   Gas,
> das weit schon war, schon nördlich; daß ich ihn bogig warf,
>   gewandt, zehnmal, noch öfter, schneller
> In ihre blaue Müdigkeit … oh, warum war die Zeit nicht
>   heiliger, nicht göttlicher, nicht heller,
> Nicht strahlender voll Liebe, Bruderkuß, Demut, Traumtiefe,
>   daß ich mich schauerlich in Dunkelheit und Mord vergaß!

Oh, daß ich Tod warf wie ein frohes Spiel, wie einen Stein nach
gelben Vögeln, in ihren Sturm, verloren, prächtig, wild,
Mit leichter Hand, gespannt, entzückt, wenn er sie traf, wenn
sie sich bäumten schnellend hoch wie Fische und rücklings
niederfielen
Mit hochgeworfnen Händen, stöhnend, lautlos, schwer, in sich
zusammen, in den roten Rauch von ihrem jungen Blut, um
mit dem Leben noch zu spielen[12]

Die Scham war sicherlich aufrichtig, aber auch die Euphorie war
echt. Der Krieg war eine Orgie – der Gewalt, aber auch spekta-
kulärer Klang- und Lichteffekte, die in einer Welt vor Holly-
wood und Techno-Party eine magische Wirkung haben konnten, wenn jemand ein Sensorium dafür besaß. Für keinen Dichter galt das mehr als für den Mann, der mit an der Wiege der
modernen französischen Lyrik gestanden hatte: Guillaume Apollinaire. »Wie schön die Raketen die Nacht erleuchten«, schrieb
er in dem Gedicht »Merveille de la guerre« (Der Krieg ein Wunder), doch er war davon nicht geblendet.

[…]

Doch wäre es noch schöner, gäbe es noch mehr

Derweil betrachte ich sie wie eine Schönheit, die sich schenkt
und gleich vergeht

Mir scheint, ich wohne einem großen Festmahl bei, von Blitzlicht
tageshell erleuchtet

Ein Festmahl ist's, das die Erde sich gönnt

Sie hat Hunger und öffnet lange bleiche Münder

Die Erde hungert, und das hier ist ihr Belsazar-Festmahl, kanni-
balisch.[13]

Die Menschen, die an dem Spektakel teilhatten, mochten zeitweilig davon berauscht oder betäubt sein, aber sie waren nicht mehr als entbehrliche Statisten in dieser Show. Hier waren höhere Mächte im Spiel, die sowohl die Schönheit als auch die Teilnehmer stets aufs Neue für ihr eigenes, unersättliches Vergnügen einsetzten. L'art pour l'art stand einem Krieg nicht zu. Etwaige Schönheit war ein Nebenprodukt, so wie Läuse.

Der Kampf konnte die Soldaten verrückt machen vor Angst, aber auch in Ekstase versetzen. Der Wille zur Macht, von dem Nietzsche gesprochen hatte, bekam hier für Tausende junger Männer eine sehr konkrete Bedeutung. Sie besaßen Macht über Leben und Tod. Die moralischen Grenzen der bürgerlichen Gesellschaft durften, nein mussten sie überschreiten. Oder, wie es August Stramm in einem Brief zu Beginn des Krieges formuliert hatte: »Morden ist Pflicht ist Himmel ist Gott.«[14]

Peter Baum, der deutsche Schriftsteller, der 1913 in Berlin noch Apollinaire begegnet war, hatte im Krieg ganz andere Pflichten. Auch er sah und beschrieb das Feuerwerk über dem Schlachtfeld, aber als Sanitäter war sein Blick meist nach unten gerichtet. »So mancher Arm vermisst den Körper doch«, bemerkte er lakonisch in einem seiner *Schützengrabenverse*.[15] Als er am späten Nachmittag des 5. Juni 1916 Gräber für die Opfer jenes Tages aushob, wurde er von einem Granatsplitter getroffen. Am frühen Morgen des nächsten Tages starb er.[16]

Mit der Kultur des Abendlandes lief inzwischen alles nach Wunsch. Die Anfertigung von Gedichten hielt noch immer Schritt mit der Produktion von Granaten. Und auch die Moral war ungebrochen. In Berlin konstatierte der Mittelschulrektor Paul Samuleit im März 1916 mit Genugtuung, dass die vierte Kriegsanleihe erfolgreich platziert worden sei; zudem habe der preußische Kultusminister feststellen können, dass der Kriegszustand nicht den geringsten Anlass zu Klagen »über eine Verwahrlosung oder Verwilderung« der Jugend gebe, hätten doch »die Kriegserfahrungen und Kriegserscheinungen das ganze Denken und Tun unserer Kinder aufs tiefste durchtränkt und aufs wertvollste befruchtet.« Jahrzehnt um Jahrzehnt habe das deutsche Volk »in unermüdlicher Kleinarbeit an seiner eigenen Bildung gewirkt«, aufschießendes Unkraut schonungslos gejätet und guten Samen gehegt und gepflegt.[17] In diesem Kampf für die Volkserziehung habe Literatur immer eine zentrale Rolle gespielt, doch auch hier sei stetige Wachsamkeit geboten, denn Unkraut wachse schließlich überall. In der Buchversion von Samuleits Vortrag vor der »Zentralstelle zur Bekämpfung der Schundliteratur« folgt ein ausführliches Verzeichnis verbotener Bücher, darunter »Abenteuer-Serien«, »Detektiv-Serien«, »Jugendstreich-Serien«; außerdem »Pornographische Schriften« (auch solche mit »medizinischem Charakter«), aber auch »Bedenkliche patriotische Schriften« wie etwa »Mit den Türken zum Suezkanal«.[18] Gedichte kommen auf diesen von Generälen und dem Berliner Polizeipräsidenten unterzeichneten Listen nicht vor. Doch das heißt nicht, dass Lyrik nicht der Zensur unterlag.[19] Jede Veröffentlichung, die auch nur entfernt mit dem Krieg oder der Armee zu tun hatte und – sehr ausdrücklich – Texte, die den *Burgfrieden* zu stören drohten, die deutsche Variante der *Union sacrée*, mussten zur Kontrolle vorgelegt werden. Allein in Berlin arbeiteten während des Krieges mehr als zweihundertfünfzig Beamte ganztags in der Zensurbehörde, um diese Verordnungen zu kontrollieren. Wer gegen die Vorschriften verstieß, musste mit einer Verwarnung, Verurteilung und – bei einer Wiederholung – mit der Verweigerung der Publikationserlaubnis rechnen. Wilhelm Herzog musste aus diesem Grund im September 1915 seine Zeitschrift *Das Forum* einstellen. Sein Plädoyer für einen »vaterlandslosen Ästhetizismus« und ein »Europäertum« sei im Ausland als ein Beweis für deutsche Uneinigkeit und damit Schwäche interpretiert worden. Das grenzte nach Ansicht des Zensors an Landesverrat, und Herzog konnte froh sein, mit einem Publikationsverbot davonzukommen. Auch der Druck des Gedichts »An Deutschland« des radikallinken Expressionisten Johannes R. Becher (1891-1958) wurde 1915 von der Zensur verhindert. Mehr als die ersten Zeilen (»Deutschland, Reich der breigestampften Knechte! Reich Barbaren, stinkend Blut-Kot-Reich!«[20]) brauchte der Zensor wahrscheinlich gar nicht zu lesen, um zu der Einschätzung zu gelangen, dass diese Verse eher nicht dazu geeignet waren, die nationale Eintracht zu fördern und die Kampfmoral zu heben. Aber auch allzu plastische und moralisierende Schilderungen von Fronterlebnissen durften nicht erscheinen. Anton Schnacks Gedicht »Verdun« wurde erst Anfang 1919 von der Zensur freigegeben. Vermutlich hatte es in jedem der oben erwähnten Punkte schlecht abgeschnitten:

Unheimlich, nie gesehn, voll Grausamkeit; an seinem Himmel
    Feuerschnüre, Säume, pfeilweiße Linien, grüner Wetterschein;
Sein Name: Schmerz, Verblutung, tausendfacher Tod, Geschwür,
    Mordstätte, Grab, Gemetzel, böses Labyrinth;
In Winternächten aufgestiegen, weit hinter Scheiben, ungeheuer,
    toll, berüchtigt, grollend, voller Eis und Wind
Und ohne Mond, nur überfallen von den Leuchtern, die aus den
    Wäldern stachen, groß, gemach, gemein,
Nur überschwollen von Kanonen, alt, gewaltig, ewig; dick über-
    schwelt von Bränden, Schwefel, Gas und Chlor,
von Totenhauch, Traumsternen, Feuerstrahlen, Gold und Nacht,
    von Wolkenfetzen, Sprengfontänen ungeheurer Art [...][21]

Der Sommer kam, aber der Regen hörte nicht auf. Unter anderem am 8. und 9. Juni erwähnte der junge britische Rekrut Siegfried Sassoon (1886-1967) in seinem Tagebuch, sie alle hätten die Nächte in den Schützengräben völlig durchnässt zugebracht.[22] Am 29. Juni sollte an der Somme eine große Offensive beginnen, aber wolkenbruchartige Regengüsse an den drei vorangehenden Tagen zwangen zu einem Aufschub von 48 Stunden.[23] Vom 24. Juni bis zum tatsächlichen Beginn des Angriffs am 1. Juli feuerte die britische Armee mehr als eineinhalb Millionen Geschützgranaten auf die deutschen Stellungen ab. Der Lärm war bis jenseits des Ärmelkanals zu hören. Dieser beispiellose Beschuss zeigte an, wie viel hier auf dem Spiel stand. Dennoch versuchten einige Brigadegeneräle ihren Soldaten weiszumachen, dass es für die Infanterie eine Art Spaziergang sein werde: »Mit dem Spazierstock in der Hand könnt ihr den Schützengraben verlassen, ein Gewehr braucht ihr nicht. Und wenn ihr in Thiepval ankommt, findet ihr nur tote Deutsche vor, nicht mal die Ratten werden es überlebt haben.«[24] Nicht jeder ließ sich von solchen aufmunternden Worten überzeugen. Ein paar Tage vor dem Angriff beschrieb der schottische Dichter Ewart Alan Mackintosh (1893-1917), wie der Dudelsackspieler und der Trommler inmitten des zerschlagenen Regiments verstummen würden: »Zwischen den Schützengräben werden still die Toten liegen.«[25] Sassoon versuchte sich tapfer zu halten und brüstete sich am 25. Juni in dem Gedicht »Before the Battle« damit, dass er nicht zu beten brauche, um vor der Schlacht die Angst zu vertreiben; der kursiv gesetzte Schlusssatz aber zeigt, dass er es besser wusste: »*O Fluss von Sternen und Schatten, geleite mich durch die Nacht.*«[26] Auch William Noel Hodgson bat um Beistand: »Muss nun von allem Abschied nehmen – / bei allen Freuden, die ich missen werde / o Gott, hilf mir zu sterben![27] Hodgson war einer von 19.240 Toten auf britischer Seite an diesem ersten Juli. Insgesamt verloren die Briten an jenem Tag 57.470 Soldaten an der Somme – das größte Blutbad in ihrer Geschichte. Auch die Dichter Henry Field, Alfred Victor Ratcliffe, Alexander Robertson (1882-1916), John William Streets, Gilbert Waterhouse und Bernard White (1886-1916) kamen damals um.[28] Die deutschen Verteidigungsstellungen waren entgegen den Erwartungen durch das Trommelfeuer nicht zerschlagen worden, und die britischen Angreifer waren leichte Beute.

Am 18. Juli kam auch Oberleutnant Ford Madox Hueffer mit seinem Regiment an der Somme an. Fest davon überzeugt, dass seine letzte Stunde nahte, schrieb er einen Abschiedsbrief an seine beiden Töchter: »Ich gehe nun in die Schusslinie – der richtige Moment, denke ich, um euch beiden zu schreiben, auch wenn ich nicht so viel zu sagen habe. Oder besser, ich habe so viel zu sagen, dass ich gar nicht weiß, wo ich anfangen soll.«[29] In Anbetracht seines Alters wurde Hueffer schließlich direkt hinter der Frontlinie eingesetzt; von dort aus berichtete er am 28. Juli, der unaufhörliche Geschützdonner sei zu einem Hintergrundgeräusch geworden, an dass er sich gewöhnt habe, »so wie man sich an das Geräusch in einem Eisenbahnzug gewöhnt, wo das Ohr trotzdem den Gesang der unzähligen Lerchen heraushört«.[30] Kaum einen Tag später wurde er beim Einschlag einer Artilleriegranate zu Boden geschleudert. Eine schwere Gehirnerschütterung war die Folge, und mehrere Zähne hatten sich gelockert. Eine Zeitlang litt er unter Gedächtnisverlust. In den ersten sechsunddreißig Stunden konnte er sich nicht einmal an seinen Namen erinnern. In seinem weiteren Leben versuchte er eine Form zu finden, die Panik zu beschreiben, die ihn erfasst hatte, als er aus der Bewusstlosigkeit erwachte.[31]

Nach seiner Genesung wurde Hueffer im September in der Nähe von Ypern stationiert. Neben seinen militärischen Pflichten versuchte er erneut, Aufgaben im Auftrag des britischen »Department of Information« auszuführen. Das Ergebnis seines Versuchs, der Aufsatz »A Day of Battle«, wurde nicht veröffentlicht. »Ständig frage ich mich«, so der Autor, »warum ich über die Psychologie des Kampfeinsatzes nichts schreiben, ja nicht einmal nachdenken kann über das, was das Nachdenken in meinen Augen lohnt, obwohl ich genügend eigene Erfahrungen habe. Und warum ich nicht einmal die Bilder von der Somme

oder der ländlichen Umgebung um Ploegsteert aufrufen kann.«[32]
Er sah die Szenen zwar vor sich, konnte sie aber nicht in Worte
fassen. Der Vielschreiber Hueffer, der zuvor mit Leichtigkeit bis
zu zwanzig Seiten pro Woche produziert hatte, fand keine Worte
mehr für das, was ihn beschäftigte. Er war sich bewusst, dass er
ein historisches Ereignis erlebte – »eine Million Männer, die gegeneinander aufmarschierten, getrieben von einer unsichtbaren
moralischen Kraft, die sie in eine Hölle der Angst schickte, wie es
auf dieser Welt noch keine gegeben hatte« –, aber weiter kam er
nicht. »Das waren wir: eine Million Männer, verlassen, auf einem
Floß im Weltraum.« (S. 106) Zwei Jahre zuvor hatte er es für
unmöglich gehalten, ein Kriegsgedicht zu schreiben, da ihm die
visuelle Anschauung fehle. Nun hatte er zu viel gesehen, mehr, als
er in einen sinnvollen Zusammenhang bringen konnte. Das war
die größte Herausforderung für den Schriftsteller, der den Ersten
Weltkrieg am eigenen Leib erfuhr: dem Unsäglichen, das sich vor
seinen Augen abspielte, einen Sinn abzugewinnen. Die wenigen
Gedichte, die Hueffer im Sommer und Herbst 1916 schrieb, lassen
erkennen, dass er auch kaum Ambitionen in dieser Richtung
hatte. In »Nostalgia« stellte er der Kriegsgewalt Erinnerungen an
romantische Landpartien gegenüber, in »A Solis Ortus Cardine«
versuchte er, in angemessener Weise Abschied von gefallenen Kameraden zu nehmen.[33] Dem Ganzen einen Sinn zu geben war
ihm vorerst unmöglich.

Wer die Gemetzel nicht selbst miterlebt hatte und sich mehr oder
weniger auf Informationen in den Zeitungen verlassen musste,
hatte meist viel weniger mit solchen Fragen zu ringen. Es ging um
einen Kampf zwischen Gut und Böse, Zeit und Raum für Zwi-
schentöne gab es meist nicht. »Trotz des hartnäckigen deutschen
Widerstands verläuft die Schlacht befriedigend«, schrieben am
2. Juli sowohl die konservative Zeitung *Le Figaro* wie auch der
linke *Petit Parisien* unter Berufung auf britische Informations-

quellen.[34] Auf den Titelseiten war auch die Rede von der Gefangennahme 3.500 deutscher Soldaten; die Opfer auf der Seite der Entente wurden wie üblich verschwiegen. Auch in den folgenden Tagen und Wochen wurden immer wieder Siegesverlautbarungen gedruckt; allerdings wurde betont, dass der endgültige Sieg noch in weiter Ferne liege. Der Ton und das Ziel hatten sich seit August 1914 kaum geändert. Es ging darum, ein einträchtiges Frankreich zu schaffen. Trauer war in diesem Kontext nur gestattet, wenn der Blick dabei fest auf die Zukunft gerichtet war.

Am 1. November (Allerheiligen) gedachten die Zeitungen traditionell der Toten. Opferzahlen wurden auch jetzt nicht genannt, aber dass der *Figaro* auf der Titelseite dazu aufrief, Kriegswaisen aufzunehmen, ließ einiges ahnen. Der Artikel in *Le Petit Parisien* mit dem Titel »Die Stimme der Toten« veranlasste an jenem Tag Anna de Noailles zu dem Kommentar, für sie stehe jeder Tag im Zeichen der Toten.[35] Und das traf in gewissem Sinne auch zu. Der vormals schillernde, kapriziöse Star des Pariser Salonlebens schrieb ein Klagelied nach dem anderen; das Schicksal der jungen Soldaten, nur wenige Jahre älter als ihr Sohn Anne-Jules, stand dabei im Mittelpunkt. »Wirf einen langen Blick auf den, der stirbt. Und sieh / Was Würger Krieg in jedem Nu verschlingt«, hieß es in »Celui qui meurt« (Der Sterbende).[36] Sie selbst gehörte zu den Daheimgebliebenen und Überlebenden, eine Position, die sie jeden Tag aufs Neue schmerzlich mit der Ungerechtigkeit des Krieges konfrontierte. Das tiefe Schamgefühl, das sie belastete, versuchte sie erträglicher zu machen, indem sie es öffentlich aussprach und sich außerdem als »marraine de guerre« (»Kriegspatin«) betätigte. Nicht nur ihrem Ehemann, der an der Front war, sondern auch Freunden und Unbekannten – Soldaten im Kampf und Kriegsgefangenen in Deutschland – schickte sie unablässig Päckchen mit Wollsachen (oft selbst gestrickt), Brot, Schokolade, Briefen und Büchern. Sie war so bekannt, dass auch Briefe von Wildfremden, auf denen nur »Comtesse de Noailles« und »Paris« stand, an sie zugestellt wurden. Ein Korporal namens Lacoste schrieb ihr gerührt, durch Zufall habe er in einer Bibliothek einen Gedichtband von ihr entdeckt und er bitte sie, mit ihm zu korrespondieren, weil er sich so nach den Worten einer Frau sehne.[37] Auch auf dieses Ansinnen ging die Baroness ein, denn noch keine zehn Tage später dankte Lacoste ihr ausführlich dafür, dass sie, inmitten der Gewalt, der Schmerzen, des Schmutzes, des Egoismus und der Niedertracht des Soldatenlebens mit ihren Gedichten die Schönheit und Kultur verkörpere, die ihm so fehle. (S. 283)

Durch ihre Kontakte in allerhöchste politische und militärische Kreise war de Noailles über die Vorgänge an der Front gut informiert. Obwohl sie sich alle Mühe gab, nicht den Mut zu verlieren, und sich als rumänisch-griechische Aristokratin an den Werten aufrichtete, die die französische Republik in ihren Augen verkörperte, brach sie manchmal unter dem großen Leid fast zusammen. »Wie sollen wir heute leben? Jedes Wesen ist einsam / Die Toten haben die Lebenden ermordet«, stellte sie fest, womit sie freilich nicht ausdrücken wollte, sie selbst sei bedauernswert.[38] Als illustre Society-Dame hatte sie es für selbstverständlich gehalten, im Mittelpunkt zu stehen, sodass der Krieg für sie auch eine ständige Lektion in Demut war. »Uns ist sehr bewusst«, schrieb sie ihrem Mann Ende Januar 1916, »dass wir dank Ihnen trunken sind vor Stolz und sogar das Gefühl haben, selbst dem Vaterland und dem Sieg zu dienen«.[39] In den folgenden Monaten diente der Marquis de Noailles in Verdun, jenem durch Kampf und Opferbereitschaft geheiligten Ort, an dem seine Frau Ende des Sommers eine persönliche Führung von General Charles Mangin erhalten würde. »Stille umhüllt den größten Namen der Welt«, schrieb sie danach in dem Gedicht »Verdun«:

Hervorgeschossen überall aus Frankreichs Grund: das Blut
Fließt hier so reich, daß keine Menschenstimme

Das Recht hat, schwaches, eitles Klagen einzumischen
In diesen endelosen Weihrauchstrom auf Erden.

Sieh in der Ebene, so narbenreich und wund
Die unergründlich heilge Macht des Vaterlands
Für das die schönsten Herzen nun im Boden ruhn.[40]

De Noailles' Freund und Seelenverwandter Edmond Rostand
(1868-1918) schrieb zu dieser Zeit das poetische Vorwort zu einem Buch, in dem die bibliographische Ernte von zwei Jahren
Weltkrieg gesammelt war. In allegorischen Alexandrinern erläuterte der Autor des *Cyrano de Bergerac* (1897), worum es für ihn
nach mehr als siebenhundert Kriegstagen noch immer ging:
Frankreich als Hüter des Lichts der Vernunft war feige angegriffen worden von dämonischen Kräften, die ihre Barbarei mit
widersinnigem Wortbombast als philosophisches Exerzitium
beschönigten. Zur Begründung griff Rostand sehr listig auf
Goethes *Faust* (1808) zurück. Indem er ausdrücklich angab, dass
er den deutschen Nationaldichter zitierte – eine Passage aus der
Walpurgisnacht-Szene, in der eine Hexe Mordwaffen und andere
Gegenstände mit grausiger Geschichte mit widerwärtigen Sprüchen an den Mann bringen will –, suggerierte er, dass die deutsche Kultur (oder »*koultour*«, wie Rostand spöttisch schrieb) auf
Terror hinausgelaufen sei.[41] Das Schreckensangebot von Goethes Hexe sei ja inzwischen erweitert worden um Vergewalti-
gung, das Abhacken von Fingern und andere Artikel aus dem
Katalog von Kriegsverbrechen, die die deutsche Armee beim
Einmarsch in Belgien und Frankreich begangen habe. »Der Gedanke« (auf Französisch auch: die Philosophie) »ist die Mutter
des *schlague*« (alte Bezeichnung für Prügelstrafe in deutschen
Armeen), so Rostand in einer Strophe, in der er auch das hegeli-
anische Denken scharf kritisierte. Der germanischen Trödelhexe
aus Goethes *Faust* stellte er eine andere Verkäuferin gegenüber,
eine, für die »Güte« und »Güter« offenbar synonym waren. Er-

barmen, Gnade, Ordnung, Träume … all das hatte sie vorrätig. Aus einem Landstrich stammend, »wo Macht noch nie zu Recht geführt« (S. VII), verkörperte sie alle Werte Frankreichs. Der helle Fixstern, den Victor Hugo »Stella« nannte, das war sie; ganz anders, betonte der Dichter, als der tanzende Stern, von dem Nietzsche in Zarathustra gesprochen hatte. Der Leser sollte keinesfalls glauben, dass hier Kulturen gegeneinander kämpften, die sich ähnlich seien.

Für die Soldaten in den Schützengräben wurde es jedoch immer schwieriger, den Konflikt noch als einen Kampf der Kulturen zu sehen. Giftgas, Trommelfeuer, die zielgerichtete Abschlachtung des Gegners … die Taktiken, die beide Parteien 1916 einsetzten, unterschieden sich nicht wesentlich voneinander. Die Offensive von Verdun spiegelte sich in dem Vorstoß an der Somme. Auch die Ergebnisse waren vergleichbar. Die Großoffensiven, die die Pattstellung durchbrechen sollten, forderten eine nie dagewesene Zahl an Opfern. Auf beiden Seiten. Auch in dieser Materialschlacht hielten die Parteien einander im Gleichgewicht.

Am 18. November, nach einer langen Reihe meist zweckloser Durchbruchsversuche, machte die britische Armeeführung der Schlacht an der Somme ein Ende. Mehr als eine Million Opfer hatte diese Erschöpfungsschlacht gefordert.[42] Auch der irische Dichter Tom Kettle überlebte den Kampf nicht. Die Stille nach der Schlacht hatte etwas Unwirkliches. »Die gespenstischen, galgenähnlichen Reste der Bäume im Wald von Thiepval standen lautlos und starr«, schrieb der britische Kriegsdichter Edmund Blunden (1896-1974), der die letzte Phase des Kampfs miterlebt hatte. »Ohne jeden Zweifel war das Waffengerassel der Somme-Offensive beendet.«[43] Der *Guardian* sah unterdessen keinen Grund, seine Propagandaphrasen an die neue Situation anzupassen. In der Ausgabe vom 22. November rühmte der Reporter diese Schlacht als die denkwürdigste überhaupt. »Jede Phase war heroisch. Und nirgends war die Heroik vergeblich. Überall wurde das Ziel erreicht, ja sogar mehr als das Ziel. Auch die Kosten waren nirgends unverhältnismäßig.«[44]

Einen Monat später, am 18. Dezember, war auch die Schlacht um Verdun vorbei. Gerade einmal fünfzehn Kilometer waren übrig geblieben von den Gebietsgewinnen, die mehr als fünfhunderttausend Menschenleben gekostet hatten.[45] Am 18. November kam in Froideterre bei Verdun Marc de Larreguy de Civrieux ums Leben. Vier Tage vor dem Ende der Schlacht fiel bei Douaumont Norbert von Hellingrath (1888-1916), Germanist und Herausgeber der gesammelten Werke von Friedrich Hölderlin.

Am 20. Dezember erschien in Paris der Gedichtband *Europe* von Jules Romains in einer Luxusausgabe von 150 Exemplaren. Diese kleine Auflage war kein Zeichen von Elitarismus oder Dekadenz, sondern ein bewusster Versuch, der Zensur keine Gelegenheit zu geben, das Buch zu verbieten, weil es revolutionäre und pazifistische Gedanken enthielt.[46] Diese Vorsicht war nicht übertrieben, denn in Großbritannien wurde sogar in einer Rezension ein Zitat aus diesem Buch größtenteils geschwärzt. (S. 240) Als Romains im März 1917 in einer Pariser Buchhandlung daraus vorlas, empfand der Dichter die Szenerie wie eine Zusammenkunft der frühen Christen in den Katakomben. Noch nicht ganz deutlich war, ob diesmal alle übrig gebliebenen Gläubigen den Löwen vorgeworfen werden würden.

7
Café Dada
Antisemitismus, Pazifismus und Avantgarde

> Warum gibt es nicht ein paar, drei, fünf, zehn, die zusammenstehn und auf den Plätzen schreien: Genug! und erschossen werden und wenigstens ihr Leben dafür gegeben haben, daß es genug sei, während die draußen jetzt nur noch untergehen, damit das Entsetzliche währe und währe …
>
> – Rainer Maria Rilke, als er selbst zum Militär eingezogen wird, Oktober 1915[1]

Es fängt an wie ein ganz gewöhnliches Gedicht. Nun ja, gewöhnlich innerhalb des Universums von George Bacovia (1881-1957). Wie die meisten anderen Gedichte in seinem Debütband *Plumb* (Blei, 1916) beschwört es eine herbstliche, dekadente Stimmung herauf, in der vor allem Regen, Verfall und der Tod herrschen. Und dann wird das Bild auffallend konkret: »Schau dort, ein toter Jude / Es regnet, Nässe, Schlamm / Semitisches Gemurmel, fremd / Ein Trauerzug, ich schließ mich an«[2]. In dem durchgängig morbiden Kontext von Bacovias Gedichten scheint sich der Lyriker mit der Figur des toten Juden zu identifizieren. Auch er ist ein Außenseiter, noch lebt er, doch seine Angstphantasien kreisen um das eigene Ende (»Ein Gedanke bewegt mich / verfolgt mich: / Verschwinde, aber schnell!«). Ein starkes Bild, aber auch ein Kokettieren mit dem Tod. Der Dichter mochte sich vielleicht verdammt fühlen, Juden aber waren ganz konkret Outcasts in Rumänien. Neben Russland war Rumänien das einzige Land, in dem diese Bevölkerungsgruppe nicht emanzipiert war; Juden hatten keine Bürgerrechte, konnten also z.B. auch keine Häuser kaufen.[3] Bei vielen Schriftstellern und Intellektuellen ging rumänischer Nationalismus und Antisemitismus Hand in Hand. Sowohl auf dem Land als auch in den Städten schlug Juden Misstrauen entgegen, weil sie in freien Berufen überrepräsentiert waren, etwa im Journalismus und im Börsenwesen. Als Rumänien am 27. August 1916 nach zwei Jahren Abwarten, Taktieren und Verhandeln der Doppelmonarchie doch noch den Krieg erklärte, kam es an mehreren Orten im Land zu Pogromen. Juden mussten um ihr Leben fürchten und suchten Zuflucht in Budapest, beim offiziellen Feind, was die unerquicklichen Geschichten, dass sie deutsche Spione seien oder den Feind auf andere Weise unterstützten, noch zu bestätigen schien.[4]

Samuel Rosenstock (1896-1963) befand sich da schon nicht mehr im Land. Um der erstickenden Atmosphäre seines wohlhabenden Elternhauses zu entkommen, war er im Herbst 1915 von Bukarest aus seinem ebenfalls jüdischen Schulfreund Marcel Janco (1895-1984), mit dem und Ion Vinea (1895-1964) gemeinsam er bereits 1912 die rumänische Literatur- und Kunstzeitschrift *Simbolul* (Das Symbol) ins Leben gerufen hatte, nach Zürich gefolgt.[5] Ungefähr zu diesem Zeitpunkt erschien in der avantgardistischen, ebenfalls von Vinea gegründeten rumänischen Zeitung *Chemarea* (Der Ruf) zum ersten Mal ein Gedicht von ihm unter seinem neuen Pseudonym Tristan Tzara. Diese Verse waren schonungsloser als die Kriegslyrik, die für gewöhnlich in den am Kampf beteiligten Ländern entstand. Zugleich waren sie auch auf eine neue Weise experimentell. Unvermittelt sprang das Gedicht von einer Szene zur nächsten und von einem Gefühlsregister ins andere:

Aus Geschützen platzend fuhr das Licht
In unsere Hand und sie zerbarst
Wie Gottes Hand in fünf Finger
Wir folgen den Haufen und legen sie nieder

Trampeln über die im Schnee zurückgelassenen Leichen
Stoßen Fenster in die Dunkelheit von Tälern
Die den Feind wie Schröpfköpfe in sich gesogen
Und bis ins fernste Blau gemordet haben

Der Frost: zehrt am Fleisch, malmt das Bein
Weine, Herz, weine[6]

Autobiographisch war »Der Sturm und das Lied vom Überläufer« nicht (Rumänien befand sich noch gar nicht im Krieg), aber Tzaras Entschluss, nach Zürich zu gehen, konnte natürlich als gezielter Versuch gesehen werden, sich aus dem Schlachtgetümmel herauszuhalten.

Die Schweiz, für die er sich entschieden hatte, war zwar grundsätzlich neutral, doch auch der föderalistische Bergstaat blieb von den Turbulenzen des Krieges nicht verschont.[7] Die Schweizer selbst drückten es mit einem Bild aus, das in jenen Tagen allgegenwärtig war: der deutsch- und der französischsprachige Landesteil waren plötzlich durch einen Graben getrennt. Die Spannungen nahmen stetig zu. Auf beiden Seiten gab es Aufrufe, den kämpfenden Sprachgenossen beizustehen; die beiden Gruppen beschuldigten einander, gegen das Neutralitätsprinzip zu verstoßen und mit dem Feind zu sympathisieren – womit sie im Grunde selbst gegen das Neutralitätsprinzip verstießen, denn ein wirklich neutrales Land denkt nicht in Kategorien wie »Feind«. Die Vorwürfe der Parteilichkeit waren freilich nicht immer aus der Luft gegriffen. Manche Zeitungen bezogen eindeutig Stellung. Und die Armee beschränkte sich nicht darauf, mit den Deutschen nur zu sympathisieren; seit dem Kriegsausbruch arbeitete der Schweizer Nachrichtendienst auch für die deutsche Armee, was, als es bekannt wurde, großen Wirbel verursachte und schließlich zu einem Prozess führte, der die Spannungen noch verstärkte. Und die Schweizer Armee versuchte unterdessen mehr schlecht als recht, die Landesgrenzen zu bewachen – eine gigantische Anstrengung, bei der eine Viertelmillion Soldaten eingesetzt wurden, die eigentlich noch ausgebildet werden mussten und deren Ernährung und Besoldung nicht immer gesichert war. Gleichzeitig bot die Armee vielleicht ja auch Möglichkeiten, die nationale Einheit wiederherzustellen. So argumentierte jedenfalls das Schweizerische Institut für Volkskunde, das mehrsprachige Broschüren herausgab, in denen Volksweisheiten, Begriffe aus der Soldatensprache, Gedichte und Liedtexte abgedruckt waren, die das wahre schweizerische »Volkstum« dokumentieren sollten.[8] In der Armee würden sich Schweizer aus allen Kantonen kennenlernen, und nach dem Krieg würden sie die Lieder und Redensarten ihrer Kameraden mit nach Hause nehmen, sodass viel mehr als zuvor ein nationaler schweizerischer Liederschatz entstehen würde und, dadurch angeregt, eine schweizerische Kultur.

Es gab jedoch auch andere Definitionen des echt Schweizerischen. Für den französischsprachigen Dichter Jules Carrara ließ sich die wahre Schweizer Art am besten zeigen, indem man sich mit dem unterjochten Belgien solidarisch erklärte. In dem Titelgedicht seines Lyrikbandes *Solidarité* (1914), dessen Erlös einem belgischen Hilfsfonds zugutekam, ließ er »das Gewissen« und »den Dichter« ins Gespräch kommen mit den Nachfahren historischer Schweizer Kriegshelden und Staatsmänner und mit Stätten von historischer Bedeutung (der legendäre Held Winkelried, die Schlachtorte Grandson und Marignano, der Genfer Politiker Berthelier …). Alle schienen sich einig, dass Schweizer Bürger nur dann sie selbst sind, wenn sie für kleine, tapfere Länder in die Bresche springen. In seinem Schlusswort zeigte sich der

Dichter zufrieden und gleichzeitig streng: »Die Welt schaut, Schweiz, erwartungsvoll auf dich / Verstehe nun und tu, was deine Pflicht.«

Der größte Schweizer Schriftsteller seiner Zeit, der deutschsprachige Lyriker, Romancier und Essayist Carl Spitteler (1845-1924), war ebenfalls der Ansicht, dass die Schweizer vor einer großen Aufgabe stünden, nur sah sie für ihn völlig anders aus. In »Unser Schweizer Standpunkt«, einer aufsehenerregenden Rede, die er am 14. Dezember 1914 vor der Neuen Helvetischen Gesellschaft hielt, einem Verein, der kurz vor Ausbruch des Krieges gegründet worden war, um die Bindungen zwischen den deutsch- und französischsprachigen Schweizern zu stärken, vertrat er den Standpunkt, die einzig richtige Haltung der Schweiz sei strikte Neutralität.[9] Weil er davon ausging, dass jeder Landesteil für sich eine Debatte über diese Fragen führen und Fehlhaltungen korrigieren müsse, sprach er in seinem auch heute noch des öfteren zitierten Vortrag vor allem über Ratlosigkeit, Vorurteile und Fehleinschätzungen, die ihm bei den deutschsprachigen Schweizern aufgefallen seien, zu jenem Zeitpunkt ungefähr 69 Prozent der Bevölkerung. Spitteler wusste nur allzu gut, dass die spontane Sympathie aufgrund der gemeinsamen Sprache den Deutschen galt. Doch sich von Sympathie und Antipathie leiten zu lassen, sei staatsgefährdend. Die Schweizer hätten »nicht dasselbe Blut, nicht dieselbe Sprache, [...] kein die Gegensätze vermittelndes Fürstenhaus, nicht einmal eine eigentliche Hauptstadt«. (S. 581) Als Symbol hätten sie nur die eidgenössische Fahne und den Grundsatz der Neutralität. Das Neutralitätsprinzip habe deshalb mehr Gewicht als eine Sprach- oder Kulturverwandtschaft. Krieg und Politik hätten nun mal nichts mit Philologie zu tun. Darüber hinaus, meinte er, sei es sehr kurzsichtig, sich voll und ganz auf die Seite der Deutschen zu stellen. Die Schweiz habe Frankreich genauso viel zu verdanken. Ideale wie Freiheit, Demokratie und Toleranz – einst die Leitlinien für ganz

Europa – seien auch für Schweizer von größter Bedeutung. Und ebenso lange unterhalte das Land innige Beziehungen zu England und Russland, und in das Schicksal kleiner Länder wie Serbien und Belgien könne es sich nur allzu gut einfühlen. Die angeblichen Feinde der deutschsprachigen Schweizer seien mit anderen Worten keine Feinde, sondern geschätzte Nachbarn und Freunde. Spitteler störte auch die Überheblichkeit, die nicht wenige seiner Landsleute an den Tag legten. Der Hohn, der Spott und die Schadenfreude, die er anlässlich von Kriegsberichten auf der Straße hörte und in der Presse las, hielt er für völlig unpassend. Das Wichtigste aber war für ihn, dass die Schweizer in den verschiedenen Landesteilen sich bemühten, einander besser kennenzulernen; zu diesem Zweck sollten regelmäßig ausgewählte Zeitungsartikel durch Übersetzungen auch den Lesern der anderen Sprachgruppen zugänglich gemacht werden. Auf diese Weise würden sich viele Vorurteile auflösen und die Einheit des Landes werde gestärkt. Zudem gebe es überhaupt keinen Grund, sich aufs hohe Ross zu setzen: »Dass wir als Unbeteiligte manches klarer sehen, richtiger beurteilen als die in Kampfleidenschaft Befangenen, versteht sich von selber. Das ist ein Vorteil der Stellung, nicht ein geistiger Vorzug.« (S. 592) Die Schweizer, so schloss der Autor, sollten sich, solange der Krieg andauere, wie Passanten verhalten, die einem Leichenzug begegnen, oder wie Theaterbesucher, die sich eine Tragödie anschauen: »Still, in ergriffenem, demütigem, ernstem Schweigen.« (S. 594)

Die meisten Künstler, Pazifisten und Revolutionäre, die es aus den am Krieg beteiligten Ländern in die Schweiz verschlagen hatte, konnten mit Spittelers Appell nichts anfangen. Sie waren nicht in das Land gekommen, um zu schweigen, sondern um von dem Rede- und Publikationsrecht Gebrauch zu machen, das in ihren eigenen Ländern von der Zensur eingeschränkt wurde. In Genf erschien ab Januar 1916 die pazifistische Zeitschrift

Demain, geleitet von dem in Verviers geborenen französischen Dichter Henri Guilbeaux (1885-1938). Angetrieben von Zorn, Empörung und Scham, in einer Welt zu leben, in der Wissenschaftler dazu eingesetzt wurden, Waffen effektiver zu machen und in der so die Ideale der Aufklärung und der Französischen Revolution in den Dienst des Todes gestellt wurden, hoffte er, Stimmen aus ganz Europa um sich zu sammeln, um eine radikale internationalistische Alternative zu entwickeln. Der Name des Blattes, »Morgen«, war programmatisch: Statt an den Schreckensrezepten der Gegenwart festzuhalten, sollte eine neue Welt entworfen werden – also keine Rekonstruktion der Vergangenheit, sondern eine völlig neue Konstruktion, in der neue Strukturen und neue Materialien neue Formen von Hoffnung und Leben erzeugen und Liebe, Wahrheit und Wissenschaft eine neue Chance bekommen sollten.[10] Vor allem sollte in dem chauvinistischen Klima, das Europa im Griff hatte, der Internationalismus eine neue Chance erhalten. Guilbeaux warb deshalb in ganz Europa um Mitarbeiter für *Demain*; zu seinen Mitstreitern gehörten unter anderem die Belgier Frans Masereel und Jacques Mesnil, die Franzosen Romain Rolland, Pierre-Jean Jouve und Marcel Martinet, die Niederländerin Henriëtte Roland Holst, die Schwedin Ellen Key und die Britin Ethel Sidgwick.

Tzara kam schon kurz nach seiner Ankunft in Zürich mit Kreisen in Berührung, in denen gleichfalls radikal mit neuen Formen und Strukturen experimentiert wurde, aber auf eine ganz andere Art als bei Guilbeaux. Die Gruppe, zu der er bald gehören sollte, Dada, teilte vielleicht Guilbeaux' Analyse, nicht aber das Heilmittel. Begriffe wie »Wahrheit« und »Intelligenz« gehörten ihrer Ansicht nach zu den rhetorischen Floskeln, die den Krieg möglich gemacht hatten und ihn in Gang hielten. Deshalb seien sie bedeutungslos geworden. Während die sozialistischen Pazifisten um die Zeitschrift *Demain* die Kriegspropaganda anprangerten, die Staaten und Individuen dazu brachte, sich bis zum bitteren Ende in den Kampf zu stürzen, demontierten die Dadaisten nicht nur genüsslich die bellizistischen Phrasen und lösten in ihren Texten Sinn und Syntax auf, sondern zertrümmerten gleich sämtliche Werte der westlichen Kultur. Dada war also nicht pazifistisch (gehörte der Pazifismus nicht auch zum Denken und Handeln der traditionellen westlichen Welt?), sondern ausgesprochen militant.[11] Der verspielt-anarchistische Anstrich, den sie ihren Aktivitäten gaben, konnte nicht verbergen, dass die Dadaisten als Kinder ihrer Zeit hervorragend begriffen hatten, dass Aggression das Erfolgsrezept des zwanzigsten Jahrhunderts war.

Die Schlüsselfigur des Dadaismus war der deutsche Dichter und Dramaturg Hugo Ball (1886-1927). Er war über bemerkenswerte Zwischenstationen in Zürich gelandet. Am 29. Juli 1914 hatte er seiner Schwester aus München mitgeteilt, welche künstlerischen Projekte er gerade organisiere, unter anderem mit Wassily Kandinsky und Paul Claudel, und wie stolz er sei, im Foyer seines Theaters die radikalste Malerei, die es derzeit gebe (»hauptsächlich Franzosen und Russen«) ausstellen zu können.[12] Keine zehn Tage später meldete er sich als Kriegsfreiwilliger, um gegen die Franzosen und Russen zu kämpfen, und schrieb seiner Schwester, mit der Kunst sei nun alles aus, sie sei lächerlich geworden. (S. 34) Dreimal wurde er wegen eines Herzproblems von der Armee abgewiesen, doch seiner Kriegsbegeisterung tat das keinen Abbruch. In dem Gedicht »Glanz um die Fahne« verkündete er, dass die Welt aus ihrer Agonie erlöst werden könne, wenn sie sich den Urkräften hingäbe, die der Konflikt entfessele. Bis er diese Kräfte, als Kriegstourist, aus der Nähe erlebte. Bereits im November schrieb er von der belgischen Front aus, die Welt befinde sich im Bann eines teuflischen Wahnsinns.[13] Auch in seinen Gedichten schlug er von da an einen radikal anderen Ton an, stark beeinflusst von den apokalyptischen Versen Georg Heyms. Politik wurde immer wichtiger für Ball, und er setzte seine ganze Hoffnung auf Russland. Wenn dort als Folge des Krieges die Revolution ausbräche, bekäme das Morden doch noch einen Sinn, schrieb er am 13. März 1915. »Dann wird ganz Europa in den Fugen krachen«, und eine völlig neue Welt würde möglich werden.[14] Einige Monate später zog er nach Zürich und veröffentlichte dort im Januar 1916 in der linkssozialistischen Zeitschrift *Der Revoluzzer* das Gedicht »Totentanz 1916«:

> So sterben wir, so sterben wir.
> Wir sterben alle Tage,
> Weil es so gemütlich sich sterben lässt.
> Morgens noch in Schlaf und Traum
> Mittags schon dahin.
> Abends schon zuunterst im Grabe drin.
>
> Die Schlacht ist unser Freudenhaus.
> Von Blut ist unsere Sonne.
> Tod ist unser Zeichen und Losungswort.
> Kind und Weib verlassen wir –
> Was gehen sie uns an?
> Wenn man sich auf uns nur
> Verlassen kann.[15]

Mit dieser Parodie des alten Dessauer-Marsch-Liedes und der sarkastischen Adaption der volkstümlichen Spottversion »So leben wir«, damals ein Kabarett-Hit, drehte Ball der preußischen Moral den Hals um.[16] Auch sein nächster künstlerischer Schritt war von der reichen deutschen Kabarett-Tradition inspiriert. Am 5. Februar eröffnete er in der Spiegelgasse Nummer 1 das Cabaret Voltaire. Solche Abende hatte man in Berlin jedoch noch nie gesehen und andernorts vermutlich auch nicht. Der erste Abend war noch nicht wirklich radikal: Tristan Tzara las ein paar von seinen rumänischen Gedichten, Emmy Hennings (Balls Freundin, die in Berlin noch im Neopathetischen Cabaret aufgetreten war) las aus ihrem Werk und sang einige Lieder, und ein Balalaika-Orchester spielte russische Volksmusik.[17] Schon bald aber rezitierte man Bearbeitungen von »Negerliedern«, Simultangedichte (vorgetragen von Tzara, Janco und einem aus Berlin herbeigerufenen Freund von Ball, Richard Huelsenbeck) und Klanggedichte. Beim Vortrag der folgenden Variante staffierte Ball sich aus wie eine Mischung aus Schamane und Granate. Und so ähnlich hörte er sich auch an. Er benutzte keine existierenden Wörter mehr für seine Verse, sondern selbst fabrizierte Kombinationen wie »gadji beri bimba glandridi laula lonni cadori / gadjama gramma berida bimbala glandri galassassa laulitalomini« oder – für die im Kontext des Krieges verzweifelt, absurd und gleichzeitig passend klingende – »Totenklage«:

ombula
take
biti
solunkola
tabla tokta tokta takabla
taka tak[18]

Das Cabaret Voltaire sollte »über den Krieg und die Vaterländer hinweg an die wenigen Unabhängigen […] erinnern, die anderen Idealen leben«,[19] schrieb Hugo Ball im Vorwort zur ersten Zürcher Dada-Publikation, der Anthologie »Cabaret Voltaire«, doch welche Ideale das genau waren, führte er nicht aus. Das Programm bestätigte jedenfalls, dass »Vaterland« den Dadaisten kein heiliges Prinzip war. Russische Musik, italienischer Futurismus, deutsche Couplets, französische Texte – was durch den Krieg in feindliche Lager gespalten war, fand im Cabaret Voltaire wieder zusammen. Über den Krieg wurde in den Dada-Texten aus diesen ersten Monaten auffallend wenig gesprochen, und wenn es doch geschah (»Wir wollen die Welt mit Nichts ändern, wir wollen die Dichtung und die Malerei mit Nichts ändern und wir wollen den Krieg mit Nichts zu Ende bringen«[20]), war es auf vielsagende Weise doppelsinnig. Wenn sie den Krieg schon zu Ende bringen wollten, dann tatsächlich, indem sie das »Nichts« verbreiteten, einen heiteren, destruktiven Nihilismus, der dem Rationalen (Voltaire) nur dann noch Raum zugestehen wollte, wenn es bereit war, die Narrenkappe aufzusetzen.

Auch Tzara verschrieb sich ganz dieser neuen Denk- und Arbeitsweise. Ein Satz in seinem oben zitierten rumänischen Gedicht (»Es ist so dunkel, nur die Worte leuchten«) könnte das Motto abgeben für die literarischen Aktivitäten, die er von nun an auf Französisch unternahm. Die Wörter in seinen Texten scheinen gewichtslos und zugleich Wegweiser zu einer anderen Bedeutungsebene zu sein; semantische Splitterbomben, schicken sie den Leser in alle Richtungen und suggerieren einen tieferen Sinn, ohne dass der jemals deutlich wird. Auch das »Manifest des Herrn Antipyrine«, das er am 14. Juli 1916 auf der ersten Dada-Soirée vorlas – das Cabaret Voltaire hatte inzwischen die Türen schließen müssen –, enthält solche enervierenden Weisheiten: »Dennoch veräußerlichen wir die Leichtigkeit, suchen wir nach dem zentralen Wesen und freuen wir uns, wenn wir es verstecken können.«[21] In dieser verbalen Zurschaustellung von abhandengekommenem Wissen steckten – zwei Wochen nach Beginn der Schlacht an der Somme – auch Anspielungen auf den Krieg. »DADA ist unsere Intensität:«, begann der Text, »es richtet die Bajonette ohne Konsequenz der Sumatrakopf des deutschen Babys.« (S. 32) Die Syntax ist aus den Fugen, aber die Erwähnung von Babys und Bajonetten wurde von Zeitgenossen automatisch als Hinweis auf eines der Kriegsverbrechen verstanden, die den Deutschen nach ihrem Überfall auf Belgien 1914 vorgeworfen worden waren: Babys mit Bajonetten zu ermorden.[22] Dass Tzara von deutschen Babys spricht, konnte als eine dadaistische Umkehrung verstanden werden, aber durch die Bezeichnung »Sumatrakopf« bekommen diese *Kultur*-Babys die primitivistische Aura, mit der Dada so gern aufwartete. Denn davon schienen die Schriftsteller alle überzeugt zu sein: die angebliche Kultur des Westens hatte ausgedient. »DADA bleibt im europäischen Rahmen der Schwächen«, so Tzara, »es ist aber trotzdem Scheiße, aber von nun an wollen wir verschiedenfarbig scheißen, um den zoologischen Garten der Kunst mit allen Konsulatsfahnen zu zieren. Wir sind Zirkusdirektoren und pfeifen mitten in den Winden der Jahrmärkte, mitten in den Klöstern, Prostitutionen, Theatern, Realitäten, Gefühlen, Restaurants, ohi, hoho, bang, bang.« (S. 31)

Im September 1916 erschienen in der Collection Dada Zürich die »Phantastischen Gebete« von Richard Huelsenbeck (1892-1974), illustriert mit sieben Holzschnitten von Hans Arp. Das schmale Buch macht seinem Titel alle Ehre. Es enthält intensive, komplexe Texte, Litanei und Parodie zugleich; einige handeln von rätselhaften Abenteuern, und Klanggedichte in quadratischer Form, die mit »Chorus sanctus« betitelt sind, wechseln sich ab mit frivolen Intermezzi und pseudo-mystischen Tiefsinnigkeiten wie »ich bin der Anfang der Welt indem ich das Ende bin« (S. 89). Auch in diesem Mahlstrom von Bildern und Wörtern kommt der Krieg mehrmals vor. In »Flüsse« scheint es, als würde sowohl die Entstehung eines modernen Gemäldes beschrieben (»Aus den gefleckten Tuben strömen die Flüsse ...«) wie auch primitive, erotisch aufgeladene Rituale.

ein Unglück ist geschehen in der Welt
die Brüste der Riesendame gingen in Flammen auf und
ein Schlangenmensch gebar einen Rattenschwanz
Umba Umba die Neger purzeln aus den Hühnerställen
und der Gischt eures Atems streift ihre Zehn
eine große Schlacht ging über euch hin und über den
Schlaf eurer Lippen
ein großes Morden füllete euch aus[23]

Eindeutig ist der Text sicherlich nicht. Das Blutvergießen, das vollauf im Gange war in Europa, wird vielleicht mit den oft rituellen Gewaltausbrüchen in primitiven Gesellschaften verglichen; doch ebenso können diese Verse ein Hinweis darauf sein, dass europäische Kolonisatoren ihren Krieg nach Afrika exportiert hatten und die Bevölkerung dort zu einem Blutbad zwangen. Der Schlusssatz »ein großes Morden füllete euch aus« suggeriert, dass der Mensch gerade in diesem Morden seine Erfüllung gefunden hat. In dem Gedicht »Der redende Mensch« stehen zwischen Wortspielen und Gemeinplätzen auch Sentenzen wie »dulce et decorum est pro patria mori oder üb immer Treu und Redlichkeit oder da schlag einer lang hin« (S. 88). Das ist die Dada-Weisheit: Fromme Sprüche, mit denen Menschen in den Tod getrieben werden, stehen auf einer Ebene mit moralistischen Klischees und Wirtshausfloskeln. Der konventionelle Sprachgebrauch und die herrschenden ästhetischen Normen werden zielstrebig zerstört. Dada rechnete weniger mit dem Krieg selbst ab als vielmehr mit der martialischen Rhetorik und verlogenen Propaganda, die den Zweck hatte, die Kriegsmaschinerie in Gang zu halten.

Auch die russischen Futuristen wurden nun von dieser Maschinerie in die Pflicht genommen. Majakowski, der 1914 wegen seiner früheren revolutionären Aktivitäten noch abgewiesen worden war, bekam am 21. Oktober 1915 den Gestellungsbefehl. Weil er sich als technischer Zeichner ausgab, glückte es ihm, in der Militärfahrschule von Petrograd unterzukommen.[24] Dort diente auch der Komponist Wladimir Stscherbatschow; von ihm stammen die Noten, die als Soundtrack in Majakowskis größtem und experimentellstem Kriegsgedicht auftauchen, dem zynischen und lyrischen, verzweifelten und prophetischen, aggressiven und antimilitaristischen, egomanischen und demütigen Poem *Krieg und Welt* (1915-1916).[25] Auch er nimmt hier – wie die Dadaisten – die Propagandasprache aufs Korn, und tiefmenschliche Werte sind, wie es scheint, die geringste Sorge des Dichters. Aber vielleicht ist so ein Ton ja notwendig, damit diese Werte nach dem Gemetzel eine neue Chance bekommen. Also wieder einmal: alles einreißen, um neu aufbauen zu können. Nicht das geringste Mitleid bekundet Majakowski jedenfalls mit all den Menschen, die ihre Kriegsbegeisterung vom Sommer und Herbst 1914 inzwischen bereuten:

> Tja, meine Herren,
> jetzt machen Sie schlapp?
> Zu spät kommt das Plärren!
> längst liefen die Uhren der Reuefrist ab!
> Soldaten, als wären es Ärzte,
> tausendarmig beherzte,
> wirken nun, statt mit Lanzetten,
> mit Schießprügeln und Bajonetten.[26]

Und dann nimmt sich der Dichter nacheinander die kriegführenden Länder vor als groteske Akteure, die aus sie charakterisierenden (und entlarvenden) Gründen mit Feuereifer in den Krieg gezogen sind (S. 57-58). Italien kämpft für König und Barbier, Deutschland zur Verteidigung seiner »Fakultäten, Ideen, Bibliotheken, Museen«, die Franzosen, weil »zur Musik von Maschinengewehren brandstiften und vergewaltigen« eine willkommene Abwechslung vom »amourösen Geflüster« ist, mit dem man sich dort sonst die Zeit vertreibe. Majakowski vergisst auch sein Land nicht: die anarchistischen und pazifistischen Jünger Tolstois (»Drückeberger-Gestalten«) spielt er aus gegen die russischen Horden mit ihren asiatischen (barbarischen?) Wurzeln, in deren Blut die Raubgier quirle. Im folgenden Teil des Poems inszeniert der Dichter den Krieg als Steigerungsstufe eines von Kaiser Nero veranstalteten Spektakels (»die Welt ist selber ein größeres Rad: ein Kolosseum«, S. 59), aber nach den sentimentalen kommerziellen Gesetzen der neuen Filmkunst; der Requisiteur wird aufgefordert, mehr Witwen ins Bild zu bringen: »Zu wenig! gib mehr: ein Witfrauen-Heer!« (S. 62) Das heißt nicht, dass dem Dichter-Kameramann nicht bewusst ist, welche Tragödie sich abspielt. Am Himmel ist »als Kronleuchter aufgehängt / lodernd das ganze Europa«. (S. 59) Nach der Schlacht, als »im Ersterben der letzten Funken / Bataillone über Bataillone / gesunken« (S. 67), betritt der Tod das Schlachtfeld, und ein *Danse macabre* setzt ein. Die Überlebenden konnten daran nicht mehr teilnehmen.

Schon der fünfte Tag:
im durchschossenen Kopf
schraubt der Zug Kurve um Kurve hinan.
Der Güterwaggon
fault vollgestopft:
vier Beine
kommen auf vierzig Mann. (S. 68)

Der nächste, vierte Teil beginnt als Abhandlung über die Dichtkunst in Zeiten des Krieges. Majakowski nimmt die Kritik vorweg, dass er das alles nicht selbst durchlitten habe und dass er sich nur zu gern von seiner Sprachgewandtheit mitreißen lasse. Selbstbewusst wie immer schlägt er den Ball mit Kraft zurück. Nicht des Dichters »verzärtelte Zunge« habe diese Verse hervorgebracht, er spiele nicht auf der »Lyra der Worte« – nicht *seine* Lyrik sei unpassend, sondern die der konventionellen patriotischen Dichter. (S. 70) Wie ein futuristischer Christus nimmt er dann alle Sünden der Welt auf sich, um so eine Reinigung möglich zu machen und, im letzten Teil, eine Wiederauferstehung. Es ist ein Tag des Jüngsten Gerichts, der Rhein liebkost das Haupt der Mutter Donau, abgetrennte Glieder suchen ihre Herren und tausendfache Regenbogen erscheinen über all jenen, die »heil, wohlbehalten« aus der Katastrophe hervorgehen. (S. 76-77)

Länder und Kontinente treten diesmal mit ihren größten Gaben auf und schenken diese der Menschheit. Ein Umschwung hat sich vollzogen, eine Wende, die zu schön ist, um wahr zu sein. Majakowski ersehnte – wie Millionen Menschen mit ihm – eine andere Welt, ein anderes Russland (»Denn er, / der Freie, / nach welchem ich schreie, / der Mensch – / ist im Kommen, / ich hab ihn vernommen, / glaubt mir, / vertraut mir: / ich bürge dafür!« S. 83), aber während er diese Utopie in Worte fasste, eskalierte der Krieg im Jahr 1916 weiterhin.

Bei seiner Suche nach einer geeigneten Ausdrucksform ging Alexej Krutschonych (1886-1968) unterdessen immer weiter. Zusammen mit Chlebnikow hatte er 1913 eine radikal neue Form der Lyrik erfunden, *Zaum* (wörtlich: jenseits der Ratio): bei den Wörtern eines Gedichts kam es weniger auf die lexikalische Bedeutung als vielmehr auf phonetische und etymologische Eigenschaften an; ein faszinierendes Zusammenspiel von Klängen, Assoziationen und Strukturen sollte eine Ahnung von den grundlegenden Gesetzen des Daseins vermitteln. In seinen Kriegsbänden *Krieg* (1915) und *Universaler Krieg* (1916) ging Krutschonych noch einen Schritt weiter; zusammen mit der bildenden Künstlerin Olga Rosanowa versuchte er den Unterschied zwischen Lyrik und abstrakter Kunst aufzuheben und beide Kunstformen als *Zaum* zu präsentieren.[27] Der universale Krieg, der dem Buch den Titel gab, würde sich dem Dichter zufolge im Jahr 1985 abspielen (zwischen Europa und Asien, wie es damals auch die Dichter Drieu la Rochelle und Pessoa prophezeiten); um dieses Thema ging es in dem Gedicht »Kampf zwischen Indien und Europa«:

fuhr
Schurke
Flaum
so
Baby

Vernunft

Ratte

entschuh den Sessel[28]

In den weiteren Gedichttiteln kam Deutschland vor, aber das
machte die Texte nicht unbedingt konkreter. Mit dem analytischen Verstand und einem Wörterbuch lassen sich diese Gedichte nicht erschließen. Subtile Klangstrukturen brachten im
Dialog mit den vielfarbigen Collagen nicht nur neue Bedeutun-
gen hervor, sondern vermittelten vor allem eine neue Erfahrung
der Wirklichkeit.

Krutschonych entging der Einberufung zum Militär durch
den Umzug nach Tiflis in Georgien,[29] sein futuristischer Mitstreiter Welimir Chlebnikow entkam dem Kriegsdienst nicht.
Am 21. April 1916 erhielt er den Einberufungsbefehl. Nachdem er
sich Anfang 1914 noch als nahezu xenophober und kriegsbegeis-
terter Panslawist bezeigt hatte, reagierte Chlebnikow bestürzt,
als er nun selbst zu den Waffen gerufen wurde. In den Eingangs-
versen des Gedichts »Traurige Nachricht« betonte er, für den
Militärdienst ungeeignet zu sein, denn seine poetische Persönlichkeit lasse sich mit der brutalen Kriegsgewalt nicht in Einklang bringen:

Wie das? Auch ich, Inbegriff der Zärtlichkeit,

Ich, beleidigt ob der Menschen, wie sie sind,

Ich, von den besten Morgenröten Russlands genährt,

Ich, in die Windeln der besten Vogelpfiffe gewickelt,

Ihr seid meine Zeugen: Schwäne, Drosseln und Kraniche!

Der ich meine Tage im Schlaf fristete,

Auch ich soll ein Gewehr nehmen (ein großes, dummes,

Schwerer als eine Handschrift)

Und die Straße entlang marschieren,

Pro Tag 365 × 317 Schritte absolvierend – auf den Punkt genau.

Und aus dem Schädel mache ich Spritzer.[30]

Die Zahl der Schritte, die er im Gedicht voraussagt, war nicht zufällig. Zeitlebens versuchte Chlebnikow den Code des Daseins zu entschlüsseln, und die Zahlen 365 und 317 standen im Zentrum seiner Zahlenlehre. Mindestens ebenso sehr Futurologe wie Futurist und eine Art wundersamer Mischung aus dem heiligen Franziskus von Assisi (der mit Vögeln redete), Nostradamus (der in die Zukunft zu schauen versuchte), Einstein (der auf der Suche nach einer Einheitstheorie war), Zamenhof (Begründer des Esperanto) und Rimbaud (Magier des Worts, *alchimie du verbe*), versuchte der mathematisch geschulte Ornithologe und Etymologe Chlebnikow so viel empirisches Wissen wie möglich auf schlüssige Weise miteinander zu verbinden, um so das alles bestimmende Gesetz des Universums aufzudecken.[31] Als Lyriker war er selbstverständlich an allem interessiert, was mit Sprache zu tun hatte, auch Zahlen spielten in seinen Studien eine entscheidende Rolle. In den ersten Kriegsmonaten hatte er wie besessen alle möglichen Daten analysiert und war zu dem Ergebnis gekommen, dass die Seeschlachten des Weltkrieges parallel zu den Schlüsseldaten aus dem Kampf zwischen dem Westen und dem Islam seit dem Jahr 1095 stattfinden würden. Diese Gedanken finden sich in der 1914 veröffentlichten Broschüre »Neue Lehre vom Krieg. Kämpfe (1915-1917)«, in der er den weiteren Kriegsverlauf skizzierte. Als am 28. Dezember 1914 die große Seeschlacht ausblieb, die er vorausgesagt hatte, fühlte er sich dennoch nicht entmutigt. »Ich persönlich freue mich über diese Niederlage, denn sie hat eine Last von mir genommen. Ich bin befreit, seit ich eingesehen habe, daß der Weg falsch war.«[32] Er stellte sogleich neue Berechnungen an und schrieb seinem Verleger, er solle – falls sich seine neue Vorhersage bewahrheiten und am 30. oder 31. Januar eine große Seeschlacht stattfinden würde – unverzüglich seine »Liste sämtlicher Seeschlachten mit dem jeweiligen Ausgang« veröffentlichen. (S. 482) »So werde ich in die Ewigkeit eingehen«, schrieb er seiner Familie im August,

»als Entdecker der Zeitgesetze«. (S. 484) Die russische Armee war an seinen Studien jedoch nicht interessiert und zog ihn zum Dienst im 93. Infanterie-Regiment ein. Das werde das Kind in ihm töten, befürchtete er, und aus den wenigen bewahrt gebliebenen Briefen geht auch hervor, wie sehr seine sensible, wissensdurstige und zerstreute Art in Konflikt geriet mit der totalitären Kadaverdisziplin und dem anonymen Kollektivismus der Armee. Die Aversion beruhte im Übrigen auf Gegenseitigkeit. Beim Militär nannte man ihn »es« statt er; (S. 492) er war ein Gegenstand geworden, unbrauchbar für den Dienst am Vaterland, aber trotzdem verpflichtet, ihn zu leisten. Den Eid habe er schon der Dichtung geschworen, er könne nichts dagegen tun, dass die Poesie ihm diktiere, »aus dem Eid einen Witz zu machen«. (S. 491) Aber würde der Dichter in ihm diese Prüfung überleben? »Schritte, Befehle, Ermordung meines Rhythmus machen mich gegen Ende der Abendbeschäftigungen zum Verrückten, und ich weiß dann nicht mehr, wo mein rechtes und wo mein linkes Bein ist«, so der neue Rekrut. (S. 490) »Dank dem Geschimpfe, dem einförmigen und schweren, erstirbt in mir das Sprachgefühl«, schrieb er an Nikolai Kulbin (S. 491), einen Mäzen der Futuristen und Arzt beim Generalstab der Armee. Chlebnikow hoffte, dass sein einflussreicher Freund ihn aus dieser abstumpfenden Umgebung befreien könne: »Ich bin ein Derwisch, ein Yogi, Marsianer, egal was, nur kein Gemeiner des Infanterie-Reserve-Regiments.« (S. 492) Seine Freunde taten ihr Möglichstes, und oft verbrachte der Dichter ein paar Wochen in Krankenhäusern oder auf Urlaub in der Gegend von Astrachan, wo er geboren war. Sein Grundgefühl blieb das gleiche: »Obwohl nur ein scheuer Angsthase / Und nicht, wie man mich nennt, / Herr über das Zeitenreich, / Bin ich Gefangener bösartiger Greise.«[33]

Aber es kam noch schlimmer. Mit einer möglicherweise jüdischen Freundin, in die er heimlich verliebt war, unterhielt sich

Chlebnikow Ende Oktober 1915 über die Pogrome, die in Russland stattfanden.[34] Bei ihrem großen Rückzug 1915 wandte die russische Armee systematisch die Taktik der verbrannten Erde an; jüdische Schtetl, Häuser und Synagogen wurden geplündert und in Brand gesteckt. Juden aus Galizien, Litauen, Kurland und Lettland wurden von den Russen massenweise deportiert, da sie als mit den Deutschen sympathisierende Verräter betrachtet wurden. Familien (deren Väter oft in der russischen Armee dienten) wurden auseinandergerissen, Transportmöglichkeiten gab es kaum, Aufnahmemöglichkeiten fast nie. Vielleicht eine Million Juden wurden zu Flüchtlingen im eigenen Land, fast für vogelfrei erklärt.[35] Für die Juden in Russland war das Leben schon immer hart gewesen, aber als die deutsche Armee immer tiefer in russisches Gebiet vordrang, bekamen sogar die assimilierten intellektuellen Juden in Petrograd Angst vor einer Wiederholung dessen, was 1492 in Spanien geschehen war: en masse vertrieben zu werden.[36] Das war zum Beispiel die Einschätzung des Bruders von Sophie Parnok, einer russischen Dichterin jüdischer Herkunft, mit der Marina Zwetajewa in dieser Zeit eine Beziehung hatte. Auch Zwetajewa selbst nahm die Situation sehr ernst. »Wer trat dich nicht, ließ nicht zuschanden werden dich, Rosenstrauch, der unverbrennbar ist!«, begann sie 1916 ihr Trauergedicht »An die Juden«.[37] Ihr Kollege Blok hingegen stand auf der Seite der Tretenden. »Alle aufhängen, die Jidden«, rutschte ihm einmal heraus,[38] und als Symbolisten wie Konstantin Balmont, Fjodor Sologub und Sinaida Hippius 1915 ein Buch gegen den Antisemitismus zusammenstellten, war Blok der einzige große Name aus der Gruppe, der darin fehlte.[39]

In Großbritannien und in den USA wurden Hilfskomitees gegründet, die in ihren Werbebroschüren unter anderem darauf hinwiesen, dass im Verhältnis gesehen mehr Hilfe an die weniger schwer getroffenen Belgier gehe als an die Juden, obwohl mehr als eine halbe Million Juden in den verschiedenen Armeen der Entente kämpften.[40] Auch die vielen Hunderttausende Juden, die nach früheren Pogromen aus Galizien in die Vereinigten Staaten geflüchtet waren, verfolgten die Ereignisse; viele engagierten sich in Hilfskomitees und betrieben Informationsarbeit. Der im Jahr 1906 emigrierte Dichter Zishe Landau (1889-1937) sah die Situation sehr klar. Für ihn bedeuteten die Geschehnisse das Ende des traditionellen jüdischen Lebens im Baltikum und in Galizien:

> Vor unserm zertrümmerten jüdischen Leben
> fall ich nieder und bitt um Deine Gnade!
> Ich wein um unsere Mutter Wilna,
> um Kolomea und um Brody,
> um Warschau, Kaunas, Kalisch, Lemberg,
> um große und um kleine Städte,
> die der Feind schon überfallen,
> und noch überfallen wird.[41]

In »Nacht« (»A nacht«, 1916), einer beunruhigenden Mischung aus grotesken und realistischen Bildern, beschreibt auch Moyshe-Leyb Halpern (1886-1932), ein Dichter, der ebenfalls aus Galizien gekommen war, das Schicksal seines Volks, das dort zurückblieb.

> Läuft ein Jude die Straße hinab,
> rinnt das Blut aus seinem Kopf,
> ich seh, wie er springt vor Pein,
> er reiht sich in den Kreis mit ein:
> kommen Juden nacheinander,
> ihnen bluten Kopf und Hand.
> Tanzend kommen sie heraus
> aus Betstube und Bethaus.
> Und die Frauen laufen auch,
> Federn fliegen aus dem Bauch.

Kommt ein alter Jude, brennt,
eine Thora in den Händen.
Juden, nicht getötet ganz,
reihen in den Tanz sich ein.
Kommt mit einem toten Kind,
und mit offenem Haar im Wind,
und mit Augen, groß und grün,
eine Irre hergerannt.[42]

Die Vernichtung des jüdischen Lebens und Volks wird in diesem langen Gedicht als Vorzeichen der Apokalypse präsentiert. Der Messias kündigt auf diese Weise das Ende der Welt an.[43] Diesmal besaß nicht der Dichter die reichste Phantasie.

8
Totaler Krieg
Friedensvorschläge, Revolution und Meuterei 1917

Aus den Gräueln und der Absurdität sehe ich eine kollektive
Ermüdung wachsen, die sich der Männer bemächtigt. Es
stimmt, dass der Krieg das Innere des Menschen verschlingt.
Galvanisch zuckendes Fleisch ist der Krieg schon fast, ein
Leichnam, ein Fleischklumpen im Kampf.
– Sinaida Hippius, Tagebucheintrag 8. März 1917[1]

»Die Menschen verlangen mehr danach, *etwas zu erleben*, als *in
Frieden zu leben*«, so versuchte Albert Verwey im Sommer 1914
für sich eine Erklärung zu finden, wie ein so verheerender Krieg
im modernen Europa möglich war.[2] Drei Jahre später hatte vermutlich auch der erlebnishungrigste dekadente Abenteurer genug von allem, doch der Krieg dauerte unvermindert an. Die
große kulturelle Transformation, von nicht wenigen Intellektuellen und Dichtern einige Jahre zuvor herbeigesehnt, hatte sich
inzwischen vollzogen, aber hatte ihnen dieses Ergebnis vorge-
schwebt? Von einem eher behäbigen Kontinent, der abwechselnd seine Ziellosigkeit und seinen Tatendrang kultivierte, war
Europa in einer fast totalitären *culture de guerre* gelandet, einer
Kultur, in der das Denken, Sprechen und Handeln der Soldaten
wie der Zivilisten ganz im Zeichen des Krieges stand, der durchlitten und unbedingt gewonnen werden musste.[3] Von Ziellosig-

keit war folglich nicht mehr die Rede, doch ebenso wenig von Freiheit. Selbst die Futuristen hatten sich den Krieg – »einzige Hygiene der Welt« – als vorübergehenden Zustand vorgestellt; mittlerweile war diese Hygiene, wie es schien, zum Selbstzweck geworden.

Die Realität war inzwischen weit von den Zielsetzungen und Idealen entfernt, mit denen sich die Nationen in den Krieg gestürzt hatten; sie gestattete es den Beteiligten jedoch nicht, das Geschehen zu relativieren. Deshalb war es außerordentlich wichtig, ihm auf irgendeine Weise einen Sinn abzugewinnen. Solange Teile von Belgien und Frankreich besetzt waren, konnte der Kampf unter dem Banner der »Befreiung der Nationen« fortgesetzt werden. Für die Briten und Deutschen, die ihr Leben auf fremdem Territorium aufs Spiel setzten, war diese Freiheit jedoch etwas ziemlich Abstraktes. Ihr eigenes Land war nicht oder kaum bedroht. Die deutschen Zeppelin-Angriffe auf britische Ziele richteten ab Anfang 1915 zwar Schaden an, aber die Souveränität der britischen Inseln wurde dadurch nicht grundlegend beeinträchtigt. Die offizielle Propaganda hatte den Krieg immer als einen Kampf zwischen Gut und Böse, zwischen Zivilisation und Barbarei dargestellt. Mit Hilfe dieser Begriffe wurden vom Sommer 1914 an und auch später, als Untersuchungsberichte veröffentlicht wurden über Grausamkeiten, die der Feind bei der Invasion begangen hatte, Millionen Soldaten rekrutiert.[4] In den Schützengräben aber verloren Begriffe wie »Zivilisation« und »Barbarei« schon bald ihre Bedeutung. Die Soldaten hielten durch, weil sie dazu gezwungen wurden oder aus Solidarität mit den Männern ihrer Patrouille oder weil sie sich vor ihren Kameraden keine Blöße geben wollten.[5]

Die Entbehrungen der Zivilbevölkerung und der Politiker waren von ganz anderer Art. Das erleichterte ihnen eine Sinngebung und erschwerte sie zugleich. Solange das eigene Leben nicht auf dem Spiel steht, ist es viel einfacher, am unbedingten Glauben an die gerechte Sache und an die Werte, zu denen man sich bekennt, festzuhalten. Gleichzeitig ist der konkrete Krieg so fern, dass jedes Gefühl von Dringlichkeit entfällt. Das aber ließ die Kriegskultur nicht zu. Die Propaganda kannte keine Pause, und die zahlreichen bürokratischen Maßnahmen zur Bekämpfung der allgemeinen Knappheit bewirkten, dass auch die Zivilisten den Krieg weiterhin am eigenen Leib erfuhren. In großen Teilen Europas litten die Menschen Hunger, und Hunderttausende Zivilisten starben an Unterernährung.[6] Bei der Verteilung der immer knapper werdenden Güter hatte in Deutschland die Armee Vorrang. Siebzig Prozent der Lebensmittelvorräte gingen automatisch ans Militär. Die Inflation erreichte Rekordhöhen, sodass unter anderem Fleisch und Gemüse für viele Menschen unerschwinglich wurden. Kartoffeln mussten oft durch Kohlrüben ersetzt werden, und die Rüben, die sonst als Viehfutter dienten, wurden auch dem Brotteig beigemischt. Im August 1916 und erneut im Januar und Februar 1917 kam es in Hamburg und in anderen großen Städten zu Hungeraufständen. Die niedrigste Priorität bei der Lebensmittelverteilung hatten die besetzten Gebiete. In Belgien, so schilderte es Virginie Loveling in ihrem Kriegstagebuch, war der Hunger im Jahr 1917 so allgemein verbreitet, dass tadellos gekleidete Bürger an ihrer Tür klingelten und um ein Butterbrot baten.[7] Österreich wiederum litt Hunger, weil seine Kornkammer in Galizien von den Russen besetzt war und die immer stärker zum Separatismus tendierenden Ungarn die Nahrungsmittel nicht mehr mit ihrem Reichsgenossen teilen wollten.

Das war nun die Lage im kriegführenden Europa: Millionen Tote auf dem Schlachtfeld, Entbehrungen an der Heimatfront, knirschende Ökonomien und, als Folge, zunehmende politische und soziale Spannungen. Doch wie konnte dieses beispiellose Leiden beendet werden? Die Soldaten hatten so gut wie keine Wahl. Desertieren kostete das Leben, jede andere Form von Insubordination wurde drakonisch bestraft. Auch die Zivilisten hatten nur begrenzte Möglichkeiten. Volksentscheide gab es nicht, Wahlen eigentlich ebenso wenig. Demonstrationen boten einen Ausweg, aber die besetzten Gebiete waren zu einem Polizeistaat geworden, und die Hungeraufstände in Deutschland selbst wurden von Polizei und Armee brutal niedergeschlagen. Mehr und mehr rechneten die Ordnungskräfte im Übrigen mit einem Bürgerkrieg. Auch für die Politiker schien der Manövrierraum äußerst begrenzt. Die Regierungen der kriegführenden Staaten hatten sich in eine Lage gebracht, die Friedensverhandlungen ungemein erschwerte.

So gesehen waren sie Opfer ihrer eigenen Propagandamaschinerie geworden. Wenn man behauptet, für die Rettung der Zivilisation und der Menschheit zu kämpfen, gibt es wenig Verhandlungsspielraum. Die Zivilisation ein bisschen retten ging selbstverständlich nicht, und wie wollte man einen Kompromiss schließen mit einem Gegner, den man zuvor dämonisiert hatte? Da sie weiterhin betonten, dass alle Bürger ein nie dagewesenes Opfer bringen müssten (die meisten Familien hatten das inzwischen auch im buchstäblichen Sinn getan), war es für die Politiker nahezu unmöglich, vor der Bevölkerung ein Abkommen zu vertreten, das Zugeständnisse enthielt. Auch diplomatischen Spielraum gab es kaum.[8] Um ihre Bündnisse zu erweitern, hatten die großen Länder den kleinen Versprechungen gemacht, deren Erfüllung sich gegenseitig ausschloss. So kämpfte die Entente unter anderem für die Souveränität Serbiens, während der makedonische Teil des serbischen Reichs von den Mittelmächten Bulgarien versprochen worden war, das auf diese Weise seine im Zweiten Balkankrieg verlorenen Gebiete zurückgewinnen wollte. Auch das Schicksal Polens und Belgiens machte Verhandlungen ausgesprochen kompliziert. Deutschland wollte aus beiden Ländern Vasallenstaaten machen, deren Außenpolitik von Berlin aus diktiert werden konnte. Belgien galt in dieser Perspektive als ein Pufferstaat zwischen Deutschland und Großbritannien, Polen diente dazu, die Russen auf Distanz zu halten. Das war jedoch für die Entente unannehmbar. Das britische Reich war ja in den Krieg gezogen, um Belgien zu befreien, und Russland hatte angekündigt, Polen zu einer fast autonomen Provinz machen zu wollen, und konnte selbstverständlich nicht erlauben, dass sich das Deutsche Reich mittels eines Vasallen bis an Russlands Westgrenze ausbreiten würde. Für Deutschland selbst war territoriale Expansion in irgendeiner Form das absolute Minimum; eine Rückkehr zur Situation vor dem August 1914 war indiskutabel. Das aber wiederum war die Basisforderung der meisten Länder der Entente, auch wenn einige von ihnen nicht verheimlichen konnten, dass sie eigentlich auf einen Ausgleich für das hofften, was ihnen angetan worden war. Belgien träumte von Luxemburg und Teilen der Niederlande, Frankreich wollte am liebsten zu den Genzen von vor 1790 zurück, was bedeutet hätte, dass es neben Elsass-Lothringen auch das rohstofffreie Saarland besitzen würde.

Die vielen Friedenspläne, die von neutralen Instanzen oder anderen Anwälten des Friedens entworfen wurden, hatten jedoch einen festen Bestandteil: Annexionen waren ausgeschlossen.[9] Mit Bevölkerungen konnte nicht nach Belieben auf dem geopolitischen Schachbrett umgesprungen werden, sie sollten selbst entscheiden können, von wem sie regiert werden wollten. Neben dem Plädoyer für das Selbstbestimmungsrecht wurden meist auch Rechte für Minderheiten gefordert, demokratische Kontrolle der Außenpolitik (Geheimabsprachen hatten 1914 ja auch zur Eskalation beigetragen) und verschiedene Formen internationaler Beratungen und Schlichtungsverfahren. Die Betonung des Selbstbestimmungsrechts war zwar Konsens, unklar aber war die Definition eines Volks oder einer Nation. Italien glaubte Ansprüche auf Tripolitanien erheben zu können, da es einst eine Provinz des Römischen Reichs gewesen war. Und griechische Nationalisten forderten Makedonien, weil Alexander der Große angeblich dort geboren war, während die Bulgaren glaubten, das gleiche Gebiet ihr Eigen nennen zu können, weil dort im zehnten Jahrhundert die Hauptstadt des bulgarischen Zarenreichs gewesen war.[10] Für nicht wenige der kriegführenden Parteien auf beiden Seiten hätte eine strikte Anwendung des Selbstbestimmungsrechts die gesamte Staatsstruktur durcheinandergebracht, denn Russland und auch die Doppelmonarchie waren im Grunde multiethnische Staaten. Der deutsche Reichskanzler Bethmann-Hollweg sandte am 12. Dezember 1916 ein Friedensangebot in die Welt; in der den Gegnern übermittelten Note hieß es, dass sein Land den Konflikt immer als Verteidigungskrieg gesehen habe. Nur wenige Wochen zuvor hatte er jedoch im Reichstag die Gründung eines Königreichs Polen verkündet und damit de facto die Landkarte Europas eigenhändig umgestaltet. Ein Friedensvertrag mit den Russen wurde dadurch so gut wie unmöglich. Auch Frankreich und Großbritannien reagierten negativ: die annexionistische deutsche Politik in Belgien habe mit »Verteidigung« überhaupt nichts zu tun und beweise nur, dass die Entente das Recht auf ihrer Seite habe. Der Plan des amerikanischen Präsidenten Wilson, einen »Frieden ohne Sieg« anzustreben, wurde deshalb von der Entente abgelehnt. Deutschland sei nicht im Recht und müsse deshalb bestraft werden. Oder, wie es in einem der vielen Gedichte hieß, die aus Anlass des deutschen Friedensvorschlags verfasst wurden: »Bei diesem Totentanz / zahlt der Anstifter die Zeche.«[11] Ungarns Ministerpräsident Tisza bemerkte dazu, das von Wilson propagierte Selbstbestimmungsrecht sei ein schönes Prinzip, aber, wie sich noch zeigen werde, in multiethnischen Gebieten außerordentlich schwer anzuwenden. Wer solle dort dann das Sagen haben? Würde die Mehrheit nicht einfach ihren Willen und ihr »Nationalgefühl« den verschiedenen Minderheiten aufnötigen? Die Deutschen gaben vor, offen zu sein für Verhandlungen, und bemerkten maliziös, dass sie es sehr begrüßen würden, wenn auch Irland und Indien vom nationalen Selbstbestimmungsrecht Gebrauch machen könnten. Im selben Memorandum kündigten sie jedoch auch einen uneingeschränkten U-Boot-Krieg an, aus Protest gegen die erdrückende britische Seeblockade deutscher Häfen. Deutschland wollte so die Nachschubwege der Briten ausschalten, aber in der Praxis hatte dieser Beschluss zur Folge, dass die USA die diplomatischen Beziehungen zum Deutschen Reich abbrachen und dem Land schließlich den Krieg erklärten. Mehr oder weniger ernst gemeinte Friedensvorschläge führten so zu einer weiteren Eskalation des Konflikts.[12] Sosehr der Krieg auch verabscheut wurde, Frieden zu schließen schien fast ebenso unmöglich, wie den Krieg zu gewinnen.

Militärisch, politisch und diplomatisch war Anfang 1917 alles vollkommen festgefahren. Bis sich ein erster dramatischer Riss offenbarte. In Russland kündigte sich der Frühling trotz grimmiger Winterkälte an.[13] Im Februar betrug die Durchschnittstemperatur in Petrograd 12,1 Grad minus.[14] Bei diesen Temperaturen mussten die Bürger, meist die Frauen, bis zu vierzig Stunden in der Woche im Freien Schlange stehen, nur um dann zu erfahren, dass es kein Brot gab, weil die Zutaten oder der Brennstoff zum Backen fehlten. Am 8. März (23. Februar im russischen Kalender[15]), dem internationalen Frauentag, nahmen die Frauen diesen Zustand nicht mehr hin. Zu Tausenden zogen sie in einer Demonstration durch die Stadt. So begann die Februarrevolution. Schon bald schlossen sich Soldaten und Arbeiter dem Aufstand an. Ein plötzlicher Temperaturanstieg gab der Revolte zusätzlichen Schwung;[16] es sah nun buchstäblich so aus, als würde der Frühling eine neue Welt bringen. Drei Wochen später dankte Zar Nikolaus ab, und eine Provisorische Regierung übernahm das Ruder.

Die Revolution löste bei vielen einen Überschwang an Emotionen aus. Majakowski war völlig überdreht. Am 12. März begegnete ihm frühmorgens ein Freund – Majakowski hob ihn hoch, küsste ihn ungestüm –, der sah, wie der Dichter in Richtung Bahnhof eilen wollte. »Wo willst du hin?« »Natürlich dahin, wo geschossen wird!« »Aber du bist nicht bewaffnet!« Majakowski sah darin kein Problem. »Ich laufe schon die ganze Nacht den Schießereien hinterher. Ich weiß auch nicht, warum. Komm, lauf mit.«[17] Der führende Vertreter der Futuristen war vielleicht ungestümer als der Durchschnittsbürger, aber auch Anna Achmatowa war am ersten Revolutionstag wie hypnotisiert durch die Straßen geirrt, als sei sie sich der Gefahr nicht bewusst.[18] Die symbolistische Dichterin Sinaida Hippius erkannte, dass die Energie, die durch die Revolution freigesetzt wurde, außergewöhnlich war. Das faszinierte sie und machte ihr auch Angst. Dass die Revolutionäre erfolgreich sein würden, bezweifelte sie jedoch keine Sekunde. »Alles am Krieg schreit uns zu: ›Zurückziehen!‹ Und die Revolution ruft nur: ›Vorwärts!‹«[19] Das machte allen Unterschied der Welt.

Auch in anderen Ländern wurde die Revolution freudig begrüßt. In Flandern sah der junge Sozialist Richard Minne (1891-1965) voller Hoffnung die Zukunft aus dem Osten kommen: In Russland »liegt das wunderbare Schisma / zwischen altem und neuem Glauben«. Nun gelte es, dass sich genügend Menschen für die richtige Seite entschieden, dann würden »neue Werte« und »eine neue Ordnung« von allein entstehen.[20] Auch Géza Gyóni, noch immer in Sibirien in Kriegsgefangenschaft, schöpfte Mut aus der Revolution. Er hoffte, dass sie auch nach Ungarn ausstrahlen würde[21] und dass sie tanzen würde »durch die Welt, die nach Blut riecht«.[22] Das schrieb er in seinem Gedicht »Letzter Tanz« vom 22. März. Wie es weiterging, sollte er nicht mehr erleben, denn am 25. Juni, seinem 33. Geburtstag, starb Gyóni, wenige Wochen nachdem auch sein geliebter jüngerer Bruder

Mihály im Gefangenenlager umgekommen war. Im Mai veröffentlichten in der Schweiz Romain Rolland, Frans Masereel, Pierre-Jean Jouve, Marcel Martinet und Henri Guilbeaux *Le Salut à la Révolution Russe*.[23] In seinem Gedicht »März 1917« deutete Guilbeaux den Aufstand als eine inspirierende Befreiung von der Tyrannei des Kapitalismus und des Krieges und ehrte alle Verschleppten, Gefangenen und »Märtyrer«, die das alles durch ihren Mut und ihr Opfer möglich gemacht hatten.

> Völker, steht auf,
> Proletarier, bildet eine unzerreißbare, endlose Kette um die Erde
> befreit die Menschheit von Kummer und Schmerz
> lasst Leben und Frieden entstehen durch die Revolution.[24]

Was jedoch auffiel in Russland: um Frieden schien es den Revolutionären nicht zu gehen. Der Aufstand selbst ging mit viel Blutvergießen einher,[25] und es gab auch keinen Aufruf zu einem Waffenstillstand. Der Krieg hatte die Wirtschaft Russlands zwar so schwer getroffen, dass es deshalb zur Revolution gekommen war, aber Demokratisierung und soziale Reformen waren offenbar dringender als das Beenden der für das Land so katastrophalen Schlächterei. Schon am vierten Tag der Revolution fiel es Sinaida Hippius auf, dass der Slogan »Weg mit dem Krieg« wenig populär war – als hätten die Menschen in dem ganzen Tumult vergessen, dass Krieg herrschte. »Begreiflich, nur zu begreiflich«, urteilte die Dichterin, »nach den ganzen Regierungsaktionen und der Devise der liberalen Intelligenzija in der Duma und anderswo: ›Alles für den Krieg!‹«[26] Aber der Krieg ließ sich natürlich nicht verdrängen. Tag für Tag, so notierte sie zwei Wochen später, zogen vor ihrem Fenster Militärregimenter vorbei mit Transparenten wie »Krieg bis zum Sieg«, »Kameraden, produziert Granaten« und »Bewacht die errungene Freiheit«. (S. 174) Ihr Freund Alexander Blok, seit Juli 1916 im Militärdienst und für eine Weile in Petrograd, erzählte ihr, von revolutionärer Begeisterung sei an der Front wenig zu spüren. (S. 182) Hippius sah es als entscheidenden Fehler, dass die Provisorische Regierung – in der ihr Freund Kerenski eine führende Rolle spielte – kein Wort über ihre Haltung und ihre Pläne zum Krieg verlauten ließ.

Fürs Erste war die euphorische Stimmung ungebrochen. Am 5. April, dem Tag nachdem er Sinaida Hippius besucht hatte, schrieb Blok seiner Mutter: »Ich lief durch die Straßen, sah mir das Schauspiel an, dass sich noch nie zuvor in der Welt und in der Geschichte ereignet hat, sah frohe, freundlichere Menschen zusammenströmen auf den ungefegten Straßen, ohne Bewachung. Das außergewöhnliche Gefühl, dass nichts verboten ist und fast alles geschehen kann. Keiner von uns hätte je erwarten können, diese einfachen Wunder zu erleben, die jetzt täglich geschehen. Man könnte meinen, dass das alles beängstigend ist, aber das ist es ganz und gar nicht – diese majestätische Freiheit, die Armeefahrzeuge mit roten Fahnen, Soldatenjacken mit roten Armbinden, die rote Fahne auf dem Dach des Winterpalais.«[27] Wenn noch alles so offen ist wie bei einer Revolution, bilden sich jedoch schnell einander widersprechende Auffassungen, was der neue Zustand eigentlich bedeutet. Das Ende der Monarchie wurde im nichtrussischen Teil des Reichs als große Befreiung gesehen. Spontan sang man die Marseillaise und hisste die nationale Fahne: in Helsinki die finnische, in Kiew die ukrainische, in Tiflis die georgische. Mit dem Fall des Zaren verband sich die Erwartung einer neuen europäischen Staateneinteilung. Am Sonntag, dem 25. März, zogen rund hunderttausend Demonstranten durch Petrograd mit den zitronengelben und blauen Fahnen der Ukraine und Slogans wie »Föderale Republik« und »Autonomie«.[28] Am nächsten Tag marschierten etwa vierzigtausend Esten durch die Stadt, darunter zwölftausend bewaffnete Soldaten. Auch sie forderten die Selbstständigkeit.[29] Die Rechte der Nationalitäten kamen in den ersten Regierungsdokumenten jedoch ebenso wenig zur Sprache wie der Krieg.[30]

In der Praxis erwiesen sich die meisten der Petrograder Revolutionäre freilich als überzeugte russische Patrioten. Einige von ihnen zeigten sich offen für eine föderalistische Lösung der Nationalitätenfrage nach dem Vorbild der Schweiz, aber von einer Aufteilung Mütterchen Russlands konnte nicht die Rede sein. (S. 397) Nur eine Ausnahme wollten die neuen Machthaber zulassen. Am 29. März wurde beschlossen, dass das in diesem Moment zudem von den Deutschen und Österreichern besetzte Polen unabhängig werden dürfe. Sonst aber galt die nationale Einheit als unantastbar. Die volksferne Monarchie war entmachtet, eine große patriotische Revolution hatte sich ereignet, die so ersehnte *sobornost* (spirituelle Gemeinschaft) aller Russen war nun Realität geworden. Dieses Fest durfte natürlich nicht durch nationalistische Anwandlungen aus der Peripherie gestört werden.

Diese starre Haltung bestärkte die Nationalisten nur in ihrem Kampf. Die Entwicklungen in der Ukraine und in Finnland erinnerten sehr an das, was in Irland und in geringerem Maß auch in Flandern im Gange war. Wer erst noch maßvoll Selbstverwaltung (Home Rule) gefordert hatte, kämpfte nun bedingungslos um Autonomie. Am 20. Juli proklamierte das finnische Parlament, die Eduskunta, die weitgehende Unabhängigkeit des Landes. Daraufhin schickte die Provisorische Regierung Truppen nach Finnland, um die Unabhängigkeitsbestrebungen zu unterdrücken, und die Eduskunta wurde aufgelöst. In der Ukraine kam es fast so weit: die Provisorische Regierung versuchte die Nationalisten zu beschwichtigen, indem sie ihnen Autonomie in Aussicht stellte. Einigen russischen Nationalisten im Kabinett ging das jedoch viel zu weit, und sie traten wütend zurück. Der Sturz der Regierung drohte.

Unklarheit über die beiden wichtigsten politischen Probleme – den Krieg und das Nationalitätenthema – führte schon bald zum Scheitern der bürgerlichen Regierung. Der gefeierte General Brussilow, der 1916 in Galizien eine erfolgreiche Offensive geleitet hatte,[31] wurde von der Provisorischen Regierung an die Spitze des Generalstabs gestellt, doch auch er konnte nicht verhindern, dass die von Kriegsminister Kerenski befohlene Sommeroffensive (Kerenski-Offensive) auf ein Fiasko hinauslief.[32] Das Ziel war die Wiedereroberung von Lemberg, aber nach zwei Tagen beständiger Fortschritte geriet die Maschinerie ins Stocken, und immer mehr Soldaten suchten einfach das Weite. Ungefähr vierhunderttausend russische Soldaten wurden getötet oder verwundet, noch viel mehr Kämpfer desertierten. Während Maxim Gorki die Offensive noch als einen letzten Versuch gesehen hatte, wieder einige Ordnung in das chaotische Russland zu bringen, und auch Blok sich patriotisch dafür ausgesprochen hatte, sah die Realität ganz anders aus. Die nationalistischen Aufwallungen in der Hauptstadt interessierten die Soldaten nicht. Die Revolution hatte jeden Respekt vor den Befehlen der Offiziere zunichtegemacht, und die Armee ging an Anarchie zugrunde. Soldaten gingen nur zu gern auf deutsche Einladungen ein, sich ihres Alkohols und ihrer Bordelle zu bedienen, oder verkündeten selbst den Waffenstillstand. Der Rückzug lief völlig aus dem Ruder. Der massenhafte Alkoholmissbrauch, die Vergewaltigungen und Pogrome standen in schmerzlichem Kontrast zur Pathetik der Heimatfront, die sich in Versen wie diesen äußerte:

Und wenn ich dann vor Schmerz zu Boden taumle,
im Namen Mutter Russlands falle
und ende auf verlass'nem Feld,
am Boden liege mit durchschoss'ner Brust,
Dann, wenn ich an der Pforte steh zum Himmel,
In meinem letzten, frohgemuten Traum,
Sehe ich Russland vor mir, Freiheit,
und ich seh Kerenski auf dem Schimmel.[33]

Viele russische Dichter hatten die Revolution von Anfang an begrüßt. So patriotisch sie auch waren, vom Zaren hatten sie nie etwas wissen wollen, und die neue bürgerliche Regierung passte viel besser zu ihrer Welt. Der Sozialist Kerenski war, wie bereits erwähnt, mit Sinaida Hippius befreundet. Ein ehemaliger Verleger von Alexander Blok war nun Finanzminister.[34] Die anderen Symbolisten wetteiferten unterdessen darum, wer den Text für die neue Nationalhymne liefern durfte. Einige ließen sich dabei von ihrem russisch-nationalistischen Ehrgefühl leiten und stellten die orthodoxe Kirche in den Vordergrund. Brjussow wiederum war der Meinung, die Hymne müsse alle Bewohner des Landes und alle Glaubensrichtungen ansprechen, und statt der chauvinistischen und militaristischen Anklänge bei manchen seiner Kollegen betonte er, wie sehr Russland nun für Freiheit und Frieden kämpfe. In einem Gedicht wie »Freiheit und Krieg« und der Broschüre *Wie der Krieg beendet werden muss* führte er aus, dass der Krieg fortgesetzt werden müsse, bis auch die Polen, Belgier, Serben und Armenier befreit sein würden. (S. 267) Auch Hippius, Sologub und Balmont äußerten sich in Gedichten ähnlich, wobei auffällt, dass sich die Begriffe und Vorstellungen im Vergleich zu 1914 kaum geändert hatten. Noch immer musste tapfer gekämpft werden, um das Land und die Welt für immer in eine gesunde, gläubige und kraftvolle Gemeinschaft umzuwandeln. In diesen Kreisen ging es bei der Revolution also nicht darum, den Frieden zu erzwingen; vielmehr schien sie dem militärischen Tatendrang der Elite einen neuen Impuls zu geben. Wer dazu ausersehen war, diesen Traum an der Front zu verwirklichen, dachte jedoch zunehmend anders darüber.

Zu behaupten, dass auch unter belgischen Soldaten eine vorrevolutionäre Stimmung herrschte, wäre übertrieben. Allerdings nahm die Zahl der Deserteure mit jedem Kriegsjahr auffallend zu, und die allgemeine Unzufriedenheit wuchs unübersehbar.[35]

Das Gegenteil hätte überrascht. Der Winter 1917 war außergewöhnlich streng und lang. Bis April herrschte manchmal so grimmiger Frost, dass die Schildwachen stündlich abgelöst werden
mussten.[36] Die belgische Front war zwar nicht die gefährlichste,
aber anders als die britischen, deutschen und die meisten französischen Soldaten konnten die Belgier nie nach Hause, und die
Trennung von der Familie im besetzten Land wurde nach fast
drei Jahren immer bedrückender. Hinter der Front in De Panne
wurde die Schriftstellerin und Mäzenin Marie – *Mamieke* – Belpaire (1853-1948) zur »Mutter« der flämischen Schriftsteller und
Intellektuellen. Einer der regelmäßigen Besucher ihrer Villa war
ein ferner Verwandter, der Gelegenheitsdichter Georges (später:
Joris) van Severen (1894-1940). Bei seiner Lektüre und in seinen
eigenen Texten zeigte er sich sehr empfänglich für die Exaltiert-
heit D'Annunzios, seine Haltung zum Krieg aber unterschied
sich drastisch von der seines Idols: »Blödsinniger, idiotischer
Krieg. Mein Hass auf die regierenden Mächte glüht und verzehrt
mich durch und durch, mein Hass auf Leute wie Mamieke, saft-
und kraftlos weggedöst in ihrem friedlichen, warmen, stillen Leben. Die Rebellion flammt grimmig in mir.«[37] Um die Zeit dieses Tagebucheintrags (8. Januar 1917) vereinigten sich flämisch
gesinnte Intellektuelle zur »Frontbewegung« und protestierten
gegen die Lage, in der sie sich befanden. Die flämischen Studien-
kreise, die 1915 gegründet worden waren, um das sittliche und
kulturelle Niveau der jungen Männer anzuheben, waren von der
Armeeführung am 11. Februar verboten worden; das leistete der
flämischen Radikalisierung, die sich im Untergrund vollzog,
nur Vorschub. Der Priester und Dichter Cyriel Verschaeve unterstützte die »Frontbewegung« moralisch und logistisch. Die
Dichter Filip De Pillecyn (1891-1962), Jozef Simons (1888-1948),
Armand Suls (1893-1948) und Van Severen hatten leitende Funk-
tionen, und von Van Severen lässt sich auf jeden Fall sagen, dass
er sich in zunehmendem Maße als Revolutionär verstand.[38] Aus-

gesprochene Kampflyrik ist von ihnen aus jener Zeit nicht überliefert, außer vielleicht in diesen Versen, die De Pillecyn im April
1917 über von ihren Zügeln befreite Pferde schrieb:

> Lass frei die Pferde steigen, lös den Zaum.
> Spürst du von fern den Wind der Rebellion?
> Steig nicht in den Sattel, wenn noch schwer vom Traum
> dein Blick: Das Weiß in ihren Augen flackert schon.[39]

Die stark metaphorische Ausdrucksweise des Dichters hing vielleicht auch damit zusammen, dass die überwiegend französischsprachige Armeeführung und die militärischen Sicherheits-
dienste immer rücksichtsloser mit den flämischen Anführern
umgingen. Jede Aktion war verdächtig, jede Äußerung von flämischer Gesinnung galt als volksfeindlicher flämischer Aktivismus und wurde mit Haft und Degradierung bestraft.[40] Während
die Alliierten in einem Blatt wie *The New Europe* für die Freiheit
der Polen und Tschechen plädierten, fühlten sich diese Flamen
in ihrem eigenen Land und in ihrer eigenen Armee unterdrückt.
Auch Dichter mit viel weniger radikalem Nimbus äußerten unter dem Einfluss dieser Geschehnisse zunehmend größeren Unmut. August Van Cauwelaert, »der Jüngling ohne Fehl und Tadel
mit dem schönen Herzen und dem schönen Dichterhaupt«, der
Anfang April 1916 schwer verwundet worden war und in Frankreich von seinen Verletzungen genas, schrieb flammende Briefe
an seine Freunde an der Front.[41] Er ermutigte sie, ihn über alle
Einzelheiten auf dem Laufenden zu halten, damit er so über seinen Bruder, den Politiker Frans, Einfluss auf den König ausüben
könne. Obwohl der Monarch persönlich für die Ernennung von
antiflämischen Ministern und Armeekommandeuren verantwortlich war, zollten ihm die meisten Soldaten weiterhin großen
Respekt. Die Regierung jedoch stieß auf immer weniger Verständnis. In einem langen und für seine Verhältnisse sehr mili-

tanten Gedicht rechnete auch Van Cauwelaert »mit denen zu Le Havre« ab, wie die belgische Exilregierung oft bezeichnet wurde:

> Wie lange noch eure Versprechungen mit segnendem Mund,
> ihr werft uns Brotbrocken hin wie einem hungrigen Hund
> und schmeichelt: »Was ruft ihr nun trotzig nach Recht,
> lernt schweigen und beugt euch, zieht ins Gefecht.«[42]

Van Cauwelaerts Mitstreiter erkannten darin sicherlich eine Anspielung auf das Kampfgedicht von René De Clercq, dem Dichter, der nicht nur im besetzten Land, sondern auch für die Frontgeneration zur Stimme Flanderns geworden war. »Hab ich kein Recht, ich hab kein Land; / Hab ich kein Brot, ich hab kein Schand«, hatte De Clercq in seinem in Kapitel 5 zitierten Kampfgedicht »An die zu Le Havre, als sie vergaßen, daß auch Flandern in Belgien liegt« geschrieben.[43] Schon der Titel war ein Hinweis darauf, dass es dem Dichter nicht unbedingt um die Unabhängigkeit Flanderns ging, sondern um Respekt und die Anerkennung des flämischen Beitrages zum Kampf Belgiens. Diese Position vertrat auch Van Cauwelaert. Wenn er schreibt: »Unser Volk hatte teil am Schmerz unsres Landes«, ist mit dem Land Belgien gemeint. Van Cauwelaert ließ keine Missverständnisse darüber aufkommen, wer immer noch der Hauptfeind war (»die Rheinländischen Schurken«), aber gegenüber der belgischen Regierung war er kaum weniger streng. Er stellte sie als volksfern und elitär dar, Politiker, die demnächst, wenn der Krieg vorbei sein würde, ohne Schamgefühl Ehre und Ruhm für das einstreichen würden, was die Flamen mit ihrem Blut bezahlt hätten.[44] Die flämischen Soldaten hatten alle Gründe für diese Wut, aber auch die wallonischen Soldaten äußerten auffallend ähnliche Klagen. Der Lütticher Arbeitersohn und Dichter Louis Boumal (1890-1918), auch ein Besucher der Villa von Marie Belpaire und ein Bekannter von van Severen, beklagte sich in seinem Tagebuch ebenfalls über den mangelnden Respekt für den einfachen Soldaten beim Generalstab und über die Arroganz mancher Offiziere, »die beim Herumlungern in der Kaserne und in der Kneipe eine zweite Natur entwickelt haben, brutal und trunksüchtig. Für sie ist der Soldat nicht mehr als eine Registernummer, ein gefügiger, dienstpflichtiger Gegenstand.«[45] An der Yser gab es also zweifellos eine »flämische Frage«, aber wie in allen anderen Armeen auch ein soziales Problem.

In der französischen Kriegserinnerung spielt in dieser Hinsicht die Schlacht am Chemin des Dames eine entscheidende Rolle. Während Verdun zum Symbol für heldenhafte Unbeugsamkeit wurde, steht Chemin des Dames für ein dramatisches Debakel.[46] Das Szenario ist inzwischen nur allzu bekannt: Eine schlechte Abstimmung von Artillerie und Infanterie und eine Fehleinschätzung der deutschen Verteidigungslinien führten vom 16. bis 20. April wieder einmal zu einem Blutbad. Der von General Nivelle in Aussicht gestellte Durchbruch gelang nicht. In Regen, Nebel, Schnee, Eiseskälte und Hagel kamen 29.000 französische Soldaten um, noch einmal hunderttausend waren verwundet oder vermisst. Nun reichte es vielen. Soldaten aus vierundfünfzig Divisionen, etwa die Hälfte der französischen Armee, weigerten sich, weiterzukämpfen. Zwar wird in diesem Zusammenhang oft von einer Meuterei gesprochen, aber sie begingen keine Fahnenflucht. Sie flohen nicht aus den Schützengräben. Sie stellten nur klar, dass sie diese nicht mehr verlassen würden für einen folgenden sinnlosen Angriff. Das Vaterland verteidigen wollten sie immer noch, aber ihr Leben opfern, weil irgendein General glaubte, dadurch ewigen Ruhm zu erlangen, das nie mehr. Der bekannteste Text über diesen Aufstand ist das anonym überlieferte »Chanson de Craonne«, genannt nach dem Dorf an der Front, das durch fünf Millionen Granaten von der Landkarte gefegt und nach dem Krieg in der Nähe neu aufgebaut wurde.

Die, die Geld haben, kommen bestimmt zurück
Für sie krepieren wir hier ja
Aber damit ist jetzt Schluss, die einfachen Soldaten
treten in den Streik.
Jetzt seid ihr mal dran, ihr großen Herrn
Aus dem Schützengraben zu klettern.
Wenn ihr noch immer Krieg spielen wollt,
bezahlt dafür mit eurem Blut![47]

Es war ein Symptom einer noch tieferen Krise. Im ganzen Land brachen Streiks aus, nicht, um Frieden und Kapitulation zu fordern, sondern aus Protest gegen die Kriegsgewinnler: Waffenfabrikanten und andere Industrielle, die reich wurden auf Kosten der sich opfernden Soldaten und der sich abschuftenden Arbeiter und Arbeiterinnen. Die französische Regierung erkannte schnell, dass die stillschweigende Übereinkunft zwischen Bürgern und Regierung gefährdet war. General Nivelle wurde durch Pétain ersetzt, und nach einer begrenzten Zahl von Exekutionen (49) und einer Reihe hauptsächlich sozialer Maßnahmen kehrte nach einer Weile wieder Ruhe in die französischen Regimenter ein. Große Offensiven fanden vorerst nicht mehr statt.

Im deutschen Reichstag zog Kanzler Bethmann-Hollweg am 27. Februar 1917 alle Register, um die Kampfbereitschaft und die Einigkeit des deutschen Volks zu beschwören. Er zitierte Goethe, aber auch den sozialistischen *und* katholischen Arbeiterdichter Karl Bröger (1886-1944). Waren die Deutschen nicht ein Volk, »von dem ein ergreifendes Wort eines feldgrauen Dichters sagen konnte, daß sein ärmster Sohn auch sein getreuester war?«[48] Es folgte Applaus auf allen Bänken nach diesem Hinweis auf das im Krieg populäre Gedicht »Bekenntnis«. Die Absicht des Kanzlers war deutlich: In Deutschland gab es keine Uneinigkeit aufgrund sozialer Gegensätze. Das Land wurde von allen

Seiten belagert, und seine Feinde verkannten den grundsätzlichen Friedenswillen des deutschen Volkes, also musste einträchtig und entschlossen bis zum Ende gekämpft werden.

So weit die Theorie. In der Praxis verdoppelte bis verdreifachte sich auch in der deutschen Armee 1917 die Zahl der Deserteure im Vergleich zum Jahr 1916. In Relation gesehen wurden auch nicht weniger Strafen verhängt als in der französischen oder britischen Armee.[49] Auch an der Heimatfront war Einigkeit ein relativer Begriff. Überleben wurde immer schwieriger und damit auch viel wichtiger als die Unterstützung der offiziellen Kriegspropaganda. Der Bevölkerung wurden immer höhere Opfer abverlangt. Das Hindenburg-Programm sah vor, dass alle Männer von siebzehn bis sechzig, die nicht beim Militär waren, in der Kriegsindustrie arbeiteten (Fabriken, Landwirtschaft, Verwaltung). Nach Lebensmitteln wurden auch Kleidung und Schuhe rationiert. Wer ein Kleidungsstück ersetzen wollte, musste das alte abliefern, damit er seine Quote nicht überschritt. Frauen durften nicht mehr als zwei Paar Schuhe oder Stiefel besitzen.[50] Alles stand nun im Zeichen der Kriegswirtschaft – ein »totaler Krieg«, dem niemand entrinnen konnte.

Die Diskrepanz zwischen dem Alltagsleben und Bethmann-Hollwegs Rede konnte kaum größer sein. »Eine neue Zeit mit einem erneuerten Volk ist da. Der gewaltige Krieg hat sie geschaffen«, hatte er behauptet. »Überall, wo politische Rechte neu zu ordnen sein werden, da handelt es sich nicht darum, das Volk zu belohnen für das, was es getan hat [...], sondern es handelt sich ausschließlich darum, den richtigen politischen und staatlichen Ausdruck für das zu finden, was dieses Volk ist.« Das Volk artikulierte sich indes immer öfter durch Massendemonstrationen und Hungeraufstände. Und wenn es protestierte, war die politische und staatliche Reaktion seiner Führer pure, gewaltsame Repression. Auch an der Front hatte sich ein neuer Mensch erhoben, doch auch hier nicht im Sinne der pathetischen Kanzlerworte. So sehr schämte er sich für das Gedicht »1917«, mit dem er die Bilanz seines Soldatenlebens zog, dass Leutnant Carl Zuckmayer (1896-1977) es erst fünfzig Jahre später frei gab:

Ich habe sieben Tage nicht gegessen
Und einem Manne in die Stirn geknallt.
Mein Schienbein ist vom Läusebiß zerfressen.
Bald werd ich einundzwanzig Jahre alt.

Bin ich besoffen, hau ich in die Fressen
Den Bleichgesichtern. Mein Gesang ist Wut.
Wo ich mich kratze, springt ein grelles Blut.
Es sproßt mein Bart wie junge Gartenkressen.

So nehm ich meinen Samen in die Hände:
Europas Zukunft, schwarzgekörnter Laich –
Ein Gott ersäuft im schlammigen Krötenteich!!
Und scheiße mein Vermächtnis an die Wände.[51]

Auch Pierre-Jean Jouve hatte inzwischen den liebenswürdigen, hoffnungsvollen und von unbeirrbarer Menschenliebe geprägten Ton der ersten Kriegsjahre hinter sich gelassen. Stattdessen empfand er nun Wut und ein Gefühl der Ausweglosigkeit. Der pazifistische Dichter war nicht mehr in der Lage, an einer neuen Welt zu bauen, nur das verzweifelte Niederreißen des Bestehenden schien ihm noch sinnvoll. In dem Gedicht *Danse des morts* (Totentanz, 1917) legte er der allegorischen Figur »Der Tod« eine illusionslose Analyse des Kriegs in den Mund. Alle Phrasen zur Rechtfertigung (heiliger Krieg, für das Vaterland, für die Demokratie, den Frieden, den Sieg der Gerechtigkeit …) entlarvte er als zynische Masken des Imperialismus. Jeder wolle sein Stück vom Kuchen und nehme dabei schamlos das Leid des anderen in Kauf. Der eine wolle Belgien, den Balkan oder Polen und vor allem die dort befindlichen Kohlegruben, der andere beanspruche Triest, das Trentino und Dalmatien. Mit großen Idealen habe Europa nichts mehr zu tun, hier drohe ein moralischer und geistiger Bankrott:

> Hei! Hei! Hei!
> Europa in die Barbarei!
> Es schwelgt und suhlt sich in der Not
> Es amüsiert sich, sucht den Tod.[52]

Wer jedoch weiterhin an das Primat des Nationalstaats und der Nationalkultur glaubte, dachte meist anders darüber. Vom Krankenbett aus, das er seit März 1916 hüten musste, nachdem er an der Front eine schwere Kopfverletzung erlitten hatte, verkündete Guillaume Apollinaire – inzwischen französischer Staatsbürger –, es gebe keine schönere Aufgabe, als die Helden und die Größe des Vaterlandes zu besingen. Die folgenden Generationen und die Politiker, äußerte er in einem Interview gegenüber Pierre Albert-Birot von der Avantgarde-Zeitschrift *SIC*, würden dadurch inspiriert werden und erkennen, dass Freiheit und Kunst nur in einer willensstarken Gesellschaft existieren könnten.[53] Zu diesen Helden gehörte er inzwischen auch, denn zusammen mit dem Rest seines Regiments hatte er im Mai das französische Kriegskreuz bekommen. Seine Verletzung trug selbstverständlich zu diesem Ruf bei. Er selbst tat sich zwar damit nicht groß, aber seine Freunde erzählten unermüdlich, dass eine äußerst riskante Schädelbohrung nötig gewesen sei, um Apollinaire zu retten.[54] Eine Rückkehr an die Front galt als zu riskant, deshalb suchte man eine Aufgabe in der Militärverwaltung für ihn. Die Pressestelle riss sich nicht gerade um den berüchtigten Oberkubisten, und so kam er bei der Zensur unter. Als Henri Guilbeaux im Sommer 1917 von diesem Wechsel erfuhr, ging er in der Zeitschrift *Demain* mit dem Bannerträger der modernen Kunst und Literatur scharf ins Gericht. »Wie der Journalismus kann also auch der Kubismus überallhin führen.«[55] Apollinaire sei zwar ein Scharlatan, der nur an den Ufern der Seine und der Spree ernst genommen werde – weltfremde Snobs finde man offenbar sowohl in der französischen wie in der deutschen Hauptstadt –, doch die Schamlosigkeit, mit der er nun Texte von Kollegen zensiere, fand Guilbeaux empörend. Apollinaire selbst sah seine Zensurtätigkeit vor allem von der skurrilen Seite, als eine amüsante Laune der Kriegsgöttin Bellona. Mit gespielt feierlicher Beflissenheit kontrollierte er nun die Gedichte seines jungen Freundes Albert-Birot und die anderen Beiträge in *SIC*.[56] Dennoch änderte sich durch die Kriegsumstände sein Blick auf die Avantgarde. So distanzierte er sich von dem selbstverständlichen Kosmopolitismus der Vorkriegszeit. Als Tristan Tzara ihn zur Mitarbeit an Dada-Publikationen einlud, antwortete ihm Apollinaire, dass er unmöglich an einer internationalen Kunstbewegung teilnehmen könne, in der auch Deutsche vertreten seien. (S. 263-264)

Nach der Tragödie an der Somme hatte sich die Stimmung in der britischen Armee selbstverständlich nicht gebessert. Offene Rebellion gab es jedoch kaum, meist nur Gemurre, manchmal nicht ohne Humor. So notierte Siegfried Sassoon am 15. Januar 1917 über andere Offiziere, denen er in der Heimat begegnete: »Welchen Nutzen haben eigentlich all die Leute hier? Sie geben niemandem Befehle, sie sind nur hier, um zu essen und zu trinken. Ich glaube, fast die Hälfte der Offiziere in unserer Armee sind zum Wehrdienst eingezogene Hochstapler, die bezahlt werden, um die Ineffizienz zu steigern. Sie wollen sich nicht mal töten lassen; zumindest *das* kann man von mir nicht behaupten, ich habe es oft genug versucht.«[57] Am Kern ihrer Mission zweifelten die Soldaten jedoch selten. Nach einer schweren Verwundung wurde dem Somme-Veteran Robert Ernest Vernède ein sicherer Platz in der Schreibstube angeboten, aber davon wollte er nichts wissen. In seinem Gedicht »Ein Horchposten« von 1917 umriss er den Kontrast zwischen dem höheren Ziel (verhindern, dass »die Welt versklavt läg' lange Zeit / und England wär' verschollne Mär / und Unrecht Recht und Freude Leid«) und der Art und Weise, in der die Soldaten dieses Ziel erreichen sollten (durch kaltblütige Planung des Mordes an dem Mann, »der unser Bruder ist«).[58] Die Lösung des Dilemmas legte er jedoch in Gottes Hände. Er ging zurück an die Front und starb am 9. April an neuen Verwundungen, die er sich bei Havrincourt (Cambrai) zuzog.

Sassoon war zu der Überzeugung gelangt, dass sein Kampfeinsatz nur zu »Wahnsinn« führte und dass der Soldat von einer edlen Figur inzwischen zu einem »sich windenden Insekt inmitten des aberwitzigen Grauens der Destruktion«[59] herabgewürdigt worden sei. Das schrieb er am 15. Februar 1917, erneut auf dem Weg an die Front, nachdem er Ende Juli mit Schützengrabenfieber nach Hause geschickt worden war. Am Karfreitag, dem 6. April, nach einigen Wochen in Frankreich, klang er ganz anders: »Wenn ich mich entscheiden müsste, ob ich morgen nach England gehe oder ob ich kämpfe, würde ich ohne zu zögern Letzeres wählen.« (S. 151) Als drei Tage später die Schlacht von Arras begann, änderte sich sein Ton etwas, obwohl er sich nach sechs Gefechtstagen, an denen er nie länger als eine Stunde schlief, für »fit und munter« erklärte. (S. 154) Die erschossenen und von Granaten zerfetzten Deutschen, wusste er, würden bis zu seinem Tod in seine Netzhaut eingebrannt sein. Lange würde das jedoch nicht mehr dauern, meinte er; er war davon überzeugt, an dem darauffolgenden Montagmorgen zu fallen. So weit kam es nicht. Er wurde von einem Heckenschützen getroffen, doch die Kugel durchschlug nur seine Schulter. Zunächst schien es den unerschrockenen Sassoon nicht zu kümmern, aber am Abend ging er dann doch zu einem Sanitätsposten und wurde dann, gegen seinen ausdrücklichen Willen, nach Großbritannien geschickt.

In seinem Tagebuch folgten danach leicht amüsierte Passagen über Dinner, Partys und das ahnungslose Geplauder Außenstehender über den Krieg. Am 15. Juni schickte er eine Erklärung an einige Politiker, Pazifisten, Schriftsteller, Beamte und den Chef des britischen Kriegspropagandabüros, Arnold Bennett. Ein Parlamentsabgeordneter las den Text am 30. Juli im Unterhaus vor, am nächsten Tag stand er in der *Times*, und der Autor erregte damit weltweit Aufsehen.

Ich gebe diese Erklärung in bewusster Missachtung der militärischen Hierarchie ab, da ich glaube, dass der Krieg mit Absicht von denen verlängert wird, die die Macht besitzen, ihn zu beenden. Ich bin ein Soldat und davon überzeugt, im Namen der Soldaten zu sprechen. Ich glaube, dass dieser Krieg, der als Verteidigungs- und Befreiungskrieg begonnen hat, zu einem Angriffs- und Eroberungskrieg geworden ist. Ich glaube, dass die Ziele, für die ich und meine Kameraden in diesen Krieg gezogen sind, so klar hätten formuliert werden müssen, dass es unmöglich gewesen wäre, sie zu ändern, ohne uns davon in Kenntnis zu setzen, und ich glaube weiterhin, dass, wenn das geschehen wäre, die Ziele, die uns motiviert hatten, jetzt durch Verhandlungen erreichbar wären.

Ich habe das Leiden der Soldaten gesehen und selbst erfahren. Ich kann nicht mehr daran mitwirken, dieses Leiden zu verlängern für Ziele, die ich für schlecht und ungerecht halte. Ich protestiere nicht gegen die Kriegsführung an sich, wohl aber gegen die politischen Irrtümer und Unaufrichtigkeiten, denen die Soldaten geopfert werden. Im Namen derer, die leiden, protestiere ich gegen den Betrug, der an ihnen begangen wird. Außerdem glaube ich, dass mein Protest dazu beitragen kann, der gleichgültigen Selbstgefälligkeit ein Ende zu machen, mit der die meisten Menschen in der Heimat die Fortdauer der Qualen hinnehmen, von denen sie selbst verschont bleiben und die sie sich nicht einmal vorstellen können.[60]

Es sieht ganz danach aus, als wäre weniger der Krieg selbst als vielmehr die Kriegspropaganda Sassoon plötzlich zu viel geworden. Die Führungsschicht, die Propagandadienste und die fanatischen Nationalisten tönten nach wie vor von der Vernichtung des gefährlichen Preußentums, während sie in Wirklichkeit ihre eigene Jugend vernichteten. Solange Sassoon in den Schützengräben war, trat sein Ärger hinter seine Hingabe und seinen Kampfgeist zurück. Aber umgeben von der Saturiertheit der britischen upper classes konnte er sich nicht mehr beherrschen. Und so gelangte er in der Intimität seines Tagebuchs zu Schlussfolgerungen, die bemerkenswerte Übereinstimmungen mit dem revolutionären Diskurs in Russland aufwiesen: »Die Führer Englands haben sich immer auf die Unwissenheit und die geduldige Gutgläubigkeit der Masse verlassen. Wenn diese Masse in ihre zynischen Herzen blicken könnte, würde sie ihre Diktatoren lynchen.«[61] Sassoon forderte, dass das Britische Reich seine Friedensbedingungen auf den Tisch legen solle, damit Friedensverhandlungen eine Chance hätten. Solange das nicht geschehe, ziehe es den Verdacht auf sich, geheime und unfaire Pläne zu hegen. Sassoons öffentliche Erklärung konnte auf die Unterstützung von Pazifisten wie Bertrand Russell und Lady Ottoline Morrell zählen, die meisten Freunde und Kollegen aber waren schockiert. Gerade jetzt, wo sich die Vereinigten Staaten endlich dazu entschlossen hatten, »die Zukunft der Freiheit und Demokratie« zu schützen und sich der Entente angeschlossen hatten, gerade jetzt, wo die demoralisierte russische Armee eingesehen hatte, dass auch sie nicht nachlassen dürfe, für ihre Freiheit zu kämpfen, untergrabe Sassoon willentlich die britische Position und mithin die Freiheit.[62] Bennett behauptete, dass Sassoon schlichtweg der Überblick fehle, um die militärische Lage beurteilen zu können. Er erklärte außerdem, der Armee bleibe nichts anderes übrig, als Sassoon für »geistesgestört« erklären zu lassen, obgleich er bei klarem Verstand gewesen sei, als er seine Erklärung abgab. (S. 181) Eine andere Möglichkeit gab es tatsächlich nicht, es sei denn, ein Prozess vor dem Militärgericht, und die damit verbundene öffentliche Aufmerksamkeit wollte das von Sassoons Aktion hinreichend in Verlegenheit gebrachte Establishment lieber vermeiden. Und so wurde der Rebell nach einer ärztlichen Untersuchung seines Geisteszustandes für »nicht mehr kriegsverwendungsfähig« erklärt und in die psychiatrische Klinik Craiglockhart eingewiesen, wo er wegen *shell shock* behandelt werden sollte. Dort lernte er den Kriegsfreiwilligen Wilfred Owen (1893-1918) kennen, einen Soldaten, der tatsächlich an *shell shock* litt, einer posttraumatischen Belastungsstörung, wie man heute sagen würde.

Einigkeit und völlige Hingabe waren nie die Haupteigenschaften der Armee des vereinten Italien gewesen.[63] Arme, meist analphabetische Soldaten sollten unter dem Befehl von Offizieren kämpfen, die sie im zivilen Leben als Gutsbesitzer ausbeuteten. Oder aus geographischer Perspektive gesehen: Bauern aus dem armen Süden des Landes kämpften unter dem Kommando privilegierter Bewohner des Nordens in einem Krieg, den die nördliche Elite gewollt hatte. Ihren Unmut artikulierten die Fußsoldaten unter anderem in einer Flut meist anonymer Briefe an den italienischen König. Wenn er auf dem Thron bleiben wolle, so drohten sie, müsse er vor allem umgehend Frieden schließen. Nicht den österreichischen Kaiser betrachteten sie als ihren Feind, sondern diesen »Witzbold und Mörder D'Annunzio Gabriele, der das unwissende Volk dazu brachte, ›es lebe der Krieg‹ zu schreien«.[64] Das war nicht gelogen. D'Annunzio hielt weiter unermüdlich Reden und hatte auch mit pressewirksamen Propagandaaktionen über feindlichem Gebiet todesverachtenden Heroismus und Nationalismus als italienische Tugenden par excellence demonstriert.[65] Völlig gefühllos gegenüber dem Kriegsleid war er im Übrigen nicht. Als einer seiner Kopiloten abgestürzt war, wachte D'Annunzio bei dem Toten, bis er ihn buchstäblich zerfallen sah und der Gestank unerträglich wurde. Im Januar 1916 wurde er bei einer schwierigen Landung mit seinem Flugzeug durch einen Steinsplitter am Auge verletzt und war eine Zeitlang blind; in den zehntausend ein- bis zweizeiligen Notizen, die er in den folgenden Monaten auf schmalen Papierstreifen niederschrieb, gab er Einblick in die Visionen, die ihn auf dem Krankenbett heimsuchten. Hin und wieder schien etwas von der Hölle auf, die er selbst enthusiastisch begrüßt hatte:

> Die ganze Nacht liege ich auf dem Stacheldraht, der den Hügel schützt. Ich zähle die Leichen. Sie bleiben am stählernen Gesträuch hängen, winden sich von selbst um die abgeschnittenen Drähte, hängen zwischen den Zaunpfählen, wie Diebe, die schlecht ans Kreuz genagelt wurden, sie zappeln wie Tiere, die sich im Netz verstrickt haben. Sie haben keine Augenlider, keine Lippen. Ich sehe sie mit ihren nackten Augen starren. Ich sehe ihre festen, entblößten Zähne. Ich sehe das Blut vom Holz und vom Stahl tropfen, es gerinnt, wird schwarz, zähflüssig wie die seimige Substanz, die die Zaunlatten überzieht. Kein Tau ist mehr in der Welt, keine Morgenröte.[66]

Es waren ernüchternde Bilder, aber der Dichter blieb nicht darin gefangen. Als er wieder sehen konnte, triumphierte der heroische Kämpfer in ihm, der die Erfahrung gemacht hatte, dass Blutvergießen und Selbstaufopferung sein Weg zum wahren Leben waren. Doch diese Haltung teilte längst nicht jeder. Im Mai kam es unter anderem in Mailand zu gewalttätigen Demonstrationen, und von April bis August verdoppelte sich die Zahl der Deserteure.[67] Im Juli 1917 weigerten sich Soldaten der Brigade Catanzaro, in das, wie sie es nannten, »Schlachthaus des Karstgebirges« zurückzukehren. Sie ermordeten drei Offiziere und vier Carabinieri und versuchten, unter Rufen wie »Tod D'Annunzio« das Haus zu belagern, in dem sie den Heldendichter vermuteten.[68] Der wieder eingeführten römischen Praxis entsprechend wurde das Regiment anschließend dezimiert. Mit an-

deren Worten: 38 Soldaten wurden hingerichtet, alles junge Burschen aus dem Süden. D'Annunzio war dabei, als das Urteil vollstreckt wurde. Der Anblick nahm ihn mit, ein Freund sah, wie
er das Zittern seiner Unterlippe kaum beherrschen konnte. In
einem Text darüber klang es jedoch ganz anders. Er ästhetisierte
die Szene und unterwarf die jungen Männer einem Urteil, das
unanfechtbar war. »Ihr seid Bauern. Ich sehe es an euren Händen und an eurem Gang. Mir ist es egal, ob ihr schuldig seid oder
nicht.« Und mit dem Hinweis auf einen römischen Herrscher,
dem es gefallen habe, von seinen Soldaten die umzubringen, die
nicht über den Griff ihres Schwertes hinausragten, urteilte er sie
noch einmal ab: »Ihr, Männer des Pfluges, ihr, Männer der
Sichel, seid nur mittelgroß.«[69] Er selbst gab sich großartig und
unerschütterlich, aber so fühlte er sich nicht immer. Einige Wochen nach den Hinrichtungen wurde ihm die extreme Anspannung fast zu viel, und er dachte ernsthaft darüber nach, von der
Giftampulle Gebrauch zu machen, die er bei gefährlichen Ein-
sätzen immer bei sich trug. »Ich will mir das Herz herausreißen
und das Gehirn ausräuchern.« (S. 109) Angetrieben von einer
unstillbaren Todessehnsucht, beendete er auch diesmal seine
Mission erfolgreich.

Die meisten anderen Soldaten wurden nicht von einer Todessehnsucht beschützt. Sie wollten überleben, und viele kamen
trotzdem um. Das galt zum Beispiel auch für jeden zehnten italienischen Infanteristen. Anspannung, Angst und Resignation
herrschten in diesen Regimentern. Piero Jahier, einer jener anderen überzeugten Kulturträger, die für eine Intervention plädiert hatten, besang in seinem »Prima marcia alpina« (Erster
Gebirgsmarsch) ein Zusammengehörigkeitsgefühl, das nicht nur
in hohem Maße Fiktion war, sondern das sich auch leichter in
der relativen Sicherheit des Ausbildungscamps beschwören ließ,
wo er das Gedicht verfasste:[70]

Brauchst du einen Rücken, dem die Mine nicht fremd,
brauchst du ein Gelenk, das die Spitzhacke kennt,
brauchst du ein Knie, das sich anbeugt zum Steigen
brauchst du eine Liebe, die bereit ist zum Leiden:
Hier, der Gebirgsjäger, ich bin zur Stell',
antworten wir, und eilen zum Appell.[71]

Auf Minenangriffe mussten die Gebirgsjäger tatsächlich jederzeit gefasst sein. In dem für herkömmliche militärische Operationen völlig ungeeigneten Hochgebirge versuchten die Kriegsparteien unablässig, die gegnerischen Stellungen zu untertunneln und in die Luft zu sprengen. Besonders ehrgeizige Untertunnelungsprojekte führten zu manchmal spektakulären Explosionen und oft zu tödlichen Verletzungen.

Fünfhunderteinundsiebzigtausend Todesopfer hatten die immer neuen Attacken im gebirgigen Grenzgebiet auf italienischer Seite inzwischen gefordert. Sechshunderttausend Infanteristen befanden sich zu diesem Zeitpunkt an der Front. Anders gesagt: Die Zahl der Gefallenen war fast ebenso hoch wie die Zahl der aktiven Frontkämpfer.[72] Unter diesen Umständen kann man es als ein Wunder bezeichnen, dass die Soldaten an der Isonzo-Front am 19. August 1917 bereit waren, zum elften Mal zum Angriff überzugehen. Dass die Offensive in einem Blutbad endete – dem größten im italienischen Feldzug bis dahin, in kaum einem Monat verloren die Italiener noch einmal hunderttausend Mann –, wirkte sich zunächst nicht auf die Kampfmoral der Elite aus. Ardengo Soffici, ebenfalls ein großer Befürworter des italienischen Kriegseintritts, der am 23. August bei diesem Angriff verwundet worden war, gab in einem Gedicht über und von seinem Krankenbett aus einen Einblick in seine Seelenlage:

Die weißen Wände der Stube
Sind wie eckige Klammern,
Darin der Geist sich ausruht

Zwischen dem brennenden Furor der gestrigen Schlacht
Und dem blühenden Rätsel, das neu anheben wird morgen.
Eine klare Etappe, Schmelztiegel mannigfacher Empfindungen.
Hier verbindet sich alles zu unbeschreiblicher Einheit;
Geheimnisvoll fließt mir eine goldene Zeit,
Wo alles gleich ist:
Die Wälder, die Koten des Sieges, die Schreie, die Sonne,
das Blut der Toten.[73]

Das Krankenzimmer scheint die Realität für kurze Zeit auszuklammern, und alle Bilder, Gedanken und Gefühle werden in die weiße Glut des Augenblicks aufgenommen. Aber auch in diesem Kontext, nach all den Monaten von Tod und Zerstörung, die der Dichter selbst fast nicht überlebt hätte, klingt die Botschaft an, mit der so viele Angehörige der Elite den Krieg begrüßt hatten: Aus Destruktion geht ein »blühendes Rätsel« hervor – und das veranlasste ihn zu der Hoffnung, dass der Krieg weitergehen würde.

Dass er mit dieser Auffassung ziemlich allein dastand, zeigte sich, als die Mittelmächte Ende Oktober eine Gegenoffensive starteten. Die Italiener wurden hinweggefegt. Innerhalb weniger Wochen wurden sie von unter anderem äußerst kämpferischen Bosniern aus den so blutig verteidigten Bergen verjagt und bis an die Piave zurückgedrängt. Italien verlor in dieser kurzen Zeit 700.000 Mann, von denen nur 40.000 fielen oder verwundet waren. Rund 350.000 Soldaten ergaben sich, oft kampflos. Der italienische Generalstabschef Cadorna sah in diesem Debakel von Caporetto den Beweis, was für einen Haufen erbärmlicher Stümper er unter seiner Obhut hatte. Die Regierung konnte sich jedoch auch das Gegenteil vorstellen und ersetzte Cadorna. Die Armee selbst ließ sich natürlich nicht so einfach austauschen, aber es wurde mit allen Mitteln versucht, die Kampfmoral zu heben. Die Lebensumstände der Truppen wurden verbessert, und die Propaganda war bemüht, sowohl die Bevölkerung als auch die Soldaten davon zu überzeugen, dass es um einen sozialen Kampf gehe mit dem Ziel, das Leben der Lohnarbeiter zu verbessern und jeden Italiener auf das Niveau »aller anderen Europäer« zu heben.[74] Frei übersetzt: eine Revolution war nicht nötig, dieser Krieg war die Revolution.

Auch der unermüdliche D'Annunzio versuchte mit seinen Ansprachen, das heroische Feuer neu zu schüren, indem er abwechselnd wetterte und schmeichelte. Dass die Truppen sich nun an der Piave befanden, beflügelte ihn bei der Wahl seiner Metaphern: Der heilige Fluss sei die Hauptschlagader Italiens, sein Wasser bewirke eine Regeneration, eine neue Taufe.[75] Aber die Soldaten müssten sich dieses Wassers erst einmal würdig erweisen. Den feigen Deserteuren, höhnte er, würden ihre Mütter zurufen, dass sie nicht aus ihrem Schoße gekommen seien. (S. 30) Und als sei die Ablehnung durch *la mamma* noch nicht schlimm genug, setzte er ihre schlammbedeckten Gesichter, »wie Exkremente«, mit den jeder Männlichkeit baren Gesichtern »des Feindes« gleich. (S. 31) Diese unwürdige Haltung könne nicht mehr geduldet werden. Kein Fingerbreit italienischer Boden werde noch hergegeben werden, orakelte er, und mit Verzeihung oder Nachsicht des Feindes könnten die Soldaten keinesfalls rechnen: »Dieser Krieg kennt kein Mitleid; dieser Krieg kennt keine Gnade.« (S. 35) Nach Caporetto könne Frieden schließen keine Option mehr sein. Der Feind müsse vernichtend geschlagen werden, denn er sei wüst und grausam und in seiner bösartigen Würdelosigkeit eine Bedrohung für die große lateinische Kultur. D'Annunzios Botschaft war einfach und konkret: »Der Italiener, der heute die meisten Feinde tötet, wird der am meisten geliebte Soldat des Landes sein.« (S. 40)

An eindeutigen Emotionen herrschte 1917 kein Mangel. Fernando Pessoa war dazu jedoch immer noch nicht im Stande. Sein

Heteronym Alberto Caeiro interpretierte am 24. Oktober den Weltbrand nach seiner eigenen, unbeirrbaren Logik:

> Der Krieg, der mit seinen Heeren die Welt verwüstet,
> Ist das Idealbild des philosophischen Irrtums.
>
> Der Krieg, wie alles Menschliche, will verändern.
> Doch will der Krieg, mehr als alles andere, tiefgreifend verändern
> Und rasch.
>
> Doch der Krieg bringt Tod.
> Und der Tod ist die Verachtung des Weltalls uns gegenüber.[76]

Es sei ein Irrtum zu glauben, der Mensch könne grundlegende Änderungen erzwingen. Die Dinge sind, was sie sind. Pessoas anderes Heteronym Álvaro de Campos konnte sich mit diesem abgehobenen Gedanken nicht abfinden. Im November veröffentlichte er in *Portugal Futurista* ein Manifest, dessen Titel sofort den Ton setzte: »Ultimatum«. Wie die Dadaisten erwiderte de Campos Gewalt mit Gewalt. Auf Verständnis oder Mitgefühl könne nichts und niemand hoffen. Eine Superflotte wolle er bauen, auf der er alles, was ihm in Europa nicht passte, sammeln wolle, um es, ohne zu zögern, vom Kontinent wegzuschicken. Die Liste ist lang: kriegsbegeisterte Propheten und Nationalisten (D'Annunzio, Kipling, Maurice Barrès, Charles Maurras), aber auch Pazifisten wie G.B. Shaw und fast alle führenden Politiker, von Kaiser Wilhelm bis Venizelos in Griechenland und Boselli in Italien und von den britischen und französischen Ministerpräsidenten Lloyd George und Briand bis zu ihrem spanischen Dann-und-wann-Kollegen Eduardo Dato Iradier. Bei seinem Rundumschlag kannte er keine Gnade, denn sie alle seien das Opfer ihrer hohlen Rhetorik. »Verkündet laut und deutlich, daß niemand für Freiheit oder Recht kämpft! Alle kämpfen aus Angst vor den anderen!«, so de Campos.[77] Alle, denen die Kraft und die Authentizität fehlte, die Zukunft des Kontinents zu gestalten, wurden in die Wüste geschickt. »Europa will Machthaber! Die Welt will Europa! Europa ist es leid, noch nicht zu existieren!« (S. 719) Und der sich hinziehende Krieg spielte in diesem Prozess keine positive Rolle; eine erbärmliche, unglaubwürdige Farce sei der Krieg geworden, eine Verhöhnung all jener, die sich nach einer großen Zukunft sehnten.

Wer glaubt ihnen?
Wer glaubt den anderen?
Rasiert die *Poilus!*
Schert die gesamte Herde!
Schickt das ganze Gesocks nach Hause, symbolische Kartoffeln schälen!
Säubert diesen Zuber gedankenlosen Gebräus!
Koppelt eine Lokomotive an diesen Krieg! Legt alldem ein Halsband an, schafft es nach Australien und stellt es dort aus!

Menschen, Nationen, Absichten, alles null und nichtig!
Bankrott von allem wegen allen!
Bankrott von allen wegen allem!
Komplett, total, integral:

SCHEISSE![78]

9
Wer den längsten Atem hat
Endspiel 1918

Ich hasse das zwanzigste Jahrhundert, so wie ich das ver-
rottete Europa hasse und die ganze Welt, über die sich dieses
erbärmliche Europa wie ein Ölfleck ausgebreitet hat.

– Georges Duhamel, 1918[1]

Das also ist der Erste Weltkrieg: zu 250 pro Stunde sterben. Zweihundertfünfzig Tote, jede Stunde, jeden Nachmittag ein *twin
tower*. Im Durchschnitt kamen täglich 900 französische Soldaten
um, 1300 deutsche und 1459 russische.[2] Für die Überlebenden war
das Dasein an der Front meist zermürbend, furchterregend und
schmutzig. Die Soldaten waren jedoch mehr als Höhlenmen-
schen. Wenn sie trotz allem in dieser Hölle durchhielten, dann
deshalb, weil sie ungeachtet aller Desillusionierungen, Verluste
und Enttäuschungen an der Überzeugung festhielten, dass der
Krieg einen Sinn hatte. Ja, er war grauenerregend, menschenun-
würdig und empörend, aber nicht vergeblich. Die internationalen
politischen Entwicklungen unterstützten dieses Gefühl. Das 14-
Punkte-Programm, das der amerikanische Präsident Wilson am
8. Januar 1918 vorstellte, gab sowohl den Polen und den anderen
nationalen Minderheiten in der Donaumonarchie wie auch den
besetzten Belgiern, Franzosen, Rumänen, Montenegrinern und
Serben Hoffnung auf Freiheit und Autonomie. Für viele Künstler

und Schriftsteller war die Bedeutung des Krieges nach wie vor sonnenklar. Ohne die Gräuel und die Gewalt herunterspielen zu wollen, waren sie davon überzeugt, diese Katastrophe werde eine neue Kunst hervorbringen, die zur Vorbereitung und Aufrechterhaltung einer neuen und besseren Weltordnung beitrüge.

Dass es eine wahrhaft kosmopolitische Ordnung sein würde, glaubten allerdings nur wenige. Im Gegenteil werde der Nationalstaat gestärkt aus dem Krieg hervorgehen, mehr noch: durch das Selbstbestimmungsrecht würden eine ganze Reihe Nationen hinzukommen. Und selbstverständlich würden nicht alle Nationen gleichermaßen exzellent und vorbildlich sein können, schon gar nicht, wenn es um die Modernisierung der Kunst ging. Gleich am Anfang seines Vortrags »L'Esprit nouveau et les poètes« vom 26. November 1917 unterstrich Guillaume Apollinaire, dass dieser neue Geist künftig die ganze Welt beherrschen und sich nirgendwo deutlicher manifestieren werde als in Frankreich. Die Eigenschaften dieses neuen Geistes waren seiner Ansicht nach denn auch im Wesentlichen französisch. Das Prinzip der *parole in libertà* der italienischen und russischen Futuristen, bei dem die Wörter scheinbar zufällig kreuz und quer auf dem Blatt verteilt wurden, war ihm zu frei. Die französische Kunst liebe das Chaos nicht. Auch das deutsche, romantische Pathos Wagners stehe diesem Geist fern. Künstler und Strömungen würden sich natürlich gegenseitig beeinflussen, aber es sei ein Irrtum zu glauben, dass sich die verschiedenen nationalen Kunstauffassungen einander angleichen würden. Die Revolution (Apollinaire sprach von »sozialen Ereignissen«) werde niemals zum Ende der Nationalliteratur führen. In noch zunehmendem Maße, erklärte er, werde die Kunst »ein Vaterland« haben, und das meinte er nicht metaphorisch. Auch wenn jeder Künstler, Dichter und Philosoph der Menschheit gehöre, bringe er doch auf seine Weise die Besonderheiten seines Volkes und seiner Lebenswelt zum Ausdruck.

Die Kunst wird erst aufhören national zu sein, wenn auf der ganzen Welt das gleiche Klima herrscht, alle Menschen in den gleichen Häusern wohnen, eine Sprache sprechen mit dem gleichen Akzent, also anders gesagt: nie. Aus den ethnischen und nationalen Unterschieden erwachsen die literarischen Ausdrucksformen, und gerade diese Vielfalt müssen wir bewahren.[3]

Eine kosmopolitische Dichtkunst würde ebenso charakterlos sein wie die von Gemeinplätzen und rhetorischen Floskeln durchsetzte Sprache der internationalen Diplomatie und Politik, meinte Apollinaire. Dazu gab es durchaus andere Meinungen. Wilsons Vierzehn Punkte inspirierten inzwischen Europäer auf eine Weise, wie es Dichter selten vermögen. Und die russische Revolution … nun, sogar Wilson war davon begeistert.

Seine bewundernden Worte hatten nicht nur mit Idealismus zu tun. Wilsons Lob stand in einer Passage, die hauptsächlich den Zweck hatte, die Friedensverhandlungen in Brest-Litowsk in einem für die Russen (und damit die Entente) günstigen Sinn voranzutreiben. Das war Anfang 1918 die wichtigste Entwicklung: an der Ostfront würde nun schnell ein separater Friedensvertrag geschlossen werden können. Das Scheitern der Kerenski-Offensive im Sommer 1917 hatte den Prozess der Auflösung des russischen Heers weiter verstärkt und letztlich zum Fall der Provisorischen Regierung geführt. Britische und belgische Truppen versuchten noch die Lücken zu füllen, die wegen der desertierenden Russen in der Frontlinie entstanden waren, aber das war ein aussichtsloses Unterfangen.[4] Der Fall Rigas (Lettland) am 3. September läutete den Anfang vom Ende der Regierung Kerenski ein.[5] Bolschewiki demonstrierten auf den Straßen mit Schildern, auf denen »Frieden jetzt!« stand. In Finnland und der Ukraine riefen Nationalisten die Unabhängigkeit aus. Jeder wandte sich nun gegen jeden: die radikal-chauvinistischen, antisemitischen Schlägerbanden der »Schwarzhunderter« gegen

Juden und bolschewistische Arbeiter, Bolschewiki gegen Kosaken, Bauern gegen den Landadel, Wohlhabende gegen Revolutionäre. Die Vorläufige Regierung dachte über Neuordnungen und Reformen nach, aber wie Sinaida Hippius in ihrem Tagebuch streng konstatierte, kamen all diese gut gemeinten Vorhaben ihrer Freunde zu spät. »So wie es immer bei uns läuft. ›Es ist zu früh! Zu früh!‹ bis zu dem Moment, an dem es eigentlich schon ›zu spät!‹ ist.«[6] Und es war zu spät.

Unter der Führung von Lenin, dem die Deutschen nur allzu gern ermöglicht hatten, in einem versiegelten Zug aus dem Schweizer Exil in sein aufständisches Heimatland zurückzukehren, ergriffen die Bolschewiki Anfang November die Macht. Hippius verfolgte die Ereignisse aufmerksam. Schon am 8. November, dem Tag nach der Machtübernahme, prophezeite sie: »Wie sie regieren werden? Wer es überlebt, wird davon berichten können. Und wer nachdenkt, wird es womöglich nicht überleben.«[7] Hatten die meisten Dichter – Symbolisten, Akmeisten und auch Futuristen – 1914 den Krieg enthusiastisch begrüßt, so war ihre Haltung zur Oktoberrevolution sehr unterschiedlich, vor allem bei den Symbolisten.[8]

Die meisten Futuristen sahen den Aufstand als den Beginn der von ihnen so lange ersehnten Transformation und Modernisierung der Gesellschaft. »Anerkennen oder nicht anerkennen? Eine solche Frage gab es für mich (und andere Moskauer Futuristen) gar nicht. Das war *meine* Revolution«, schrieb Majakowski später.[9] Endlich schien sich etwas zu vollziehen, das mit seiner eigenen Energie und seinen Vorstellungen Schritt halten konnte. Auch Chlebnikow war euphorisch. »Wie Kinder, die sich am Schnee ergötzen, taumelten wir durch den Hunger der Straßen, um die Eissterne der zerschossenen Fenster zu betrachten, die Schneeblumen der feinen Risse, die Spuren der Kanonen ringsum ...«[10] Dass die beiden führenden Vertreter des Futurismus dem Militär den Rücken kehren durften, trug natürlich zur Festfreude bei.

Die Akmeisten sahen die Lage nicht so rosig. Wie nahezu alle tonangebenden Intellektuellen hatten sie die Abdankung des autoritären Zaren begrüßt. Doch als es nun danach aussah, dass die Macht in die Hände der Bolschewiki übergehen würde, befürchteten sie, unter einem noch repressiveren Regime leben zu müssen. Schon Ende November reagierte Osip Mandelstam (1891-1938) auf den Sturz der Vorläufigen Regierung. In einem Gedicht, das er in einer sozialistisch-revolutionären (aber nicht bolschewistischen) Zeitung veröffentlichte, nahm er Partei für Kerenski, assoziierte mit den neuen Machthabern »ein Joch von Gewalt und Hass« und prophezeite, dass Russland in die »tiefste Hölle« hinabsinken werde.[11] Nikolai Gumiljow befand sich in Paris nach seiner Rückkehr aus Transjordanien, wo er vermutlich in der britischen Armee gekämpft hatte. Im Quartier des russischen Stabs in der französischen Hauptstadt begegnete er dem Anarchisten Victor Serge: »Ich bin Traditionalist, Monarchist, Imperialist, Panslawist«, definierte sich Gumiljow. »Mein Standort ist im echten russischen Wesen, wie es das orthodoxe Christentum geschaffen hat. Auch Sie leben im echten russischen Wesen, aber an seinem entgegengesetzten Pol, auf der Seite der spontanen Anarchie, der elementaren Ausbrüche, des ungeordneten Glaubens ... Ich liebe das ganze Rußland, sogar jenes, das ich dort bekämpfen will, jenes, das Sie vertreten ...«[12] Obwohl er selbst kein Revolutionär war, setzte Gumiljow alles daran, nach Hause zurückzukehren. Anna Achmatowa, die sich im Laufe des Jahres 1918 offiziell von ihm scheiden lassen würde, war ebenfalls in größter Sorge. Das Leben würde sich einschneidend ändern, aber wie bei der Französischen Revolution könne die Situation auch diesmal außer Kontrolle geraten und in Gewalt eskalieren. Ihr populäres Kriegsgedicht »Gebet« wurde im Dezember erneut gedruckt, in einer Oppositionszeitung. Die Verse »Daß mein Land die Stürme vergesse, / Daß im Glanz es erstrahlen mag!« klangen in diesem Kontext wie eine scharfe

Ablehnung der gottlosen Bolschewiki.[13] Marina Zwetajewa war aus Moskau geflüchtet und erlebte die Revolution in Feodossija auf der Krim mit. Vor allem der Alkoholmissbrauch der völlig enthemmten Soldaten fiel ihr auf.[14] Innere Emigration schien ihr der einzige Ausweg: »Ich hör die Stadt, sie stöhnt und tobt, / Eine Wolke von Wodka verstellt den Mond. / Doch mich rührt keiner an, / Stolz und arm, wie ich bin.«[15]

Für die Symbolisten Fjodor Sologub, Wjatscheslaw Iwanowitsch Iwanow und Konstantin Dmitrijewitsch Balmont beginnen die Bolschewiki Verrat am Krieg und damit am Vaterland. Hippius urteilte, falls überhaupt möglich, noch rigoroser. Die Bolschewiki seien Vollidioten, stumpfsinnige Fanatiker, lichtscheues Gesindel und Spione Deutschlands.[16] Dass ihr Freund Blok sich vor deren Karren spannen lasse, gehe über ihren Verstand (S. 262-263).

Blok war für gewöhnlich schlecht informiert über das, was sich konkret in Russland abspielte, aber seine Intuition sagte ihm, dass ein neuer Schritt getan werden müsse und dass das nicht ohne Gewalt vonstatten gehen werde. Dass der Krieg einen Wandel bringen würde, glaubte er schon lange nicht mehr. Der Konflikt symbolisierte für ihn nur die ungeheure Infamie und Verlogenheit der Vorkriegsordnung. Die europäische Kultur müsse dringend gerettet werden.[17] Aber wie? Am 19. August 1917, noch vor dem katastrophalen Fall Rigas, hatte er seine alte Rolle als Seher erneut übernommen. 1909, nach dem Erdbeben von Messina, hatte er ein verheerendes Feuer prophezeit, ohne genau zu wissen, ob es nur eine zerstörerische oder auch eine läuternde Wirkung haben würde. Nun gelangte er zu der Erkenntnis, dass die Wirkung von den russischen Kulturträgern abhängen würde. Wie im unheilschwangeren Sommer 1914 war die Luft in Petrograd wieder vom Geruch brennenden Torfs erfüllt – für den Dichter ein Zeichen, dass sich das revolutionäre Feuer rasch über das Land verbreiten würde. Und deshalb komme es darauf an, nur das zu zerstören, was zerstört werden müsse. Das Flammenmeer könne eine reinigende Wirkung entfalten, wenn es in die richtige Richtung gesandt würde: »Der Zerstörung solche Grenzen setzen, dass diese den Druck des Feuers nicht mindern, sondern ihn regulieren; die gewalttätige Freiheit regulieren.«[18] Und dazu waren seiner Ansicht nach die Bolschewiki auserkoren. Gleich nach der Machtübernahme bekundete er öffentlich seine Unterstützung der Regierung und erklärte, ihn interessiere vor allem »die Seele der Revolution«.[19] Der große Umbruch, den er vor fast einem Jahrzehnt in Aussicht gestellt hatte, vollzog sich nun vor seinen Augen. Dass er mit Gewaltausbrüchen einherging, überraschte den Dichter nicht im Geringsten. Hinter den »Grimassen« des Oktober müsse man die Größe des Oktober sehen, meinte er.[20] Diese Grimassen bildeten dennoch ein Leitmotiv in dem ersten großen Gedicht, das Blok über die Revolution schrieb, »Die Zwölf« vom Januar 1918. »Vorwärts, vorwärts! Angetreten, / Ihr Proleten!« und »Revolutionäre, marschiert vereint! / Es schläft nicht der rastlose Feind!« lauten zwei wiederkehrende Reime des zwölfteiligen Poems;[21] auch hier zeigt sich, wie sehr nach vier Kriegsjahren Gewalt als legitime, vielleicht sogar als einzige Möglichkeit angesehen wurde, grundlegende Veränderungen zu erreichen. Und diesmal würde sich das Opfer wirklich lohnen; die zwölf Revolutionäre aus dem Titel wandeln sich am Ende des Poems in Apostel, angeführt von Jesus Christus selbst – die Utopie wird wahr:

Und sie schreiten majestätisch.
Hinten: Hund und Hungerleid;
Aber vorn: mit blutiger Fahne,
Unter Wind- und Schneegeleit
Gegen Blick und Blei gefeit,
Eisperlschimmer, Flockenglosen
Um den Kranz aus weißen Rosen

Und voll Sanftheit jeder Schritt,
Schreitet Jesus Christus mit.

Das war natürlich dichterische Übertreibung, auch wenn die Bolschewiki die wichtigsten Versprechen, mit denen sie die Regie im Staat übernommen hatten, erfüllten. Sie hatten Landreformen in Aussicht gestellt, aber vor allem und auch bald: Frieden. Sofort verkündeten sie einen Waffenstillstand. Die Friedensverhandlungen in Brest-Litowsk verliefen jedoch schleppend.[22] Obwohl ein rascher Friedensschluss für beide Parteien nur vorteilhaft erschien – die Mittelmächte könnten ihre Truppen dann an anderen Fronten einsetzen, und die Bolschewiki benötigten alle Ressourcen, um die Revolution in ihrem Land zu konsolidieren und zugleich die Weltrevolution anzustoßen –, ließen sich ihre territorialen Forderungen nicht in Einklang bringen. Polen und die baltischen Gebiete, die sich nach Unabhängigkeit sehnten, bildeten in Brest-Litowsk den Gegenstand endlosen Tauziehens zwischen Russen und Deutschen. Auch die Ukraine war ein Knackpunkt bei den Verhandlungen. Die ukrainischen Politiker, die die Unabhängigkeit ausgerufen hatten, entschieden sich für das kleinere Übel: lieber ein deutsches Protektorat, als unter der Knute der Bolschewiki leben zu müssen. Auch das stärkte die deutsche Verhandlungsposition. Die Russen zogen die Verhandlungen unterdessen bewusst in die Länge; sie hofften, dass die revolutionären Kräfte im Westen (insbesondere in Deutschland und Österreich) erstarken würden und eine internationale Revolution den allgemeinen Frieden bringen würde.

In diesem Klima, in dem – nach einem Wort von Trotzki – »weder Krieg noch Frieden« herrschte und, wie Blok feststellte, sich fast alle seine symbolistischen Freunde und Kollegen als ungewollte Handlanger des bourgeoisen Feindes gegen die Revolution wandten, schrieb der Dichter Ende Januar ein weiteres langes und programmatisches Poem, »Die Skythen«. Es war ein verzweifelter Friedensappell und zugleich eine fast hysterische Provokation Europas – das eigenartigste Gedicht in Bloks reichem Œuvre. Die deutsche Friedensverweigerung empfand Blok als eine Verkennung und Ablehnung des russischen Beitrags zur Geschichte, und das gerade zu einem Zeitpunkt, an dem diese Geschichte mit der Revolution in ihre bedeutendste Phase eintrat. Der Titel »Die Skythen« verwies auf nomadische Reitervölker, die in den Jahrhunderten vor Christus über die russischen Steppen geherrscht hatten und von vielen russischen Intellektuellen als eigentliche Vorfahren gesehen wurden. Was Europäern immer häufiger Angst einflößte (»die gelbe Gefahr«), glorifizierten diese Schriftsteller als das ungezähmte, leidenschaftliche, asiatische Element der russischen Identität.[23] Und mit dieser europäischen Angst spielte Blok. Das Motto der »Skythen«, ein Vers von Wladimir Solowjow, setzte den Ton: »Panmongolismus – dieses Wort:/Barbarisch, ja! Doch süßer Klang …« Russland würde sich nicht mehr in eine Ecke drängen lassen, sondern als selbstbewusste Nation nicht nur die Macht seiner Bevölkerungszahl, sondern auch sein unverwechselbar vitales, uneuropäisches Temperament geltend machen:

Ihr seid Millionen. Wir – Legion, Legion, Legion!
　Versucht nur, euch mit uns zu schlagen!
Ja, unsre schrägen Augen, gierig schon,
　Verkünden: Wir sind Skythen, Asiaten!

Für euch Jahrhunderte, für uns ein Augenblick.
　Mongolen, Europäer, die sich hassen –
Als treue Knechte hielten wir den Schild
　Gehorsam zwischen beide Rassen.[24]

Doch mit diesem geknechteten Dasein sei es nun endgültig vorbei. Russland werde sein Schicksal selbst in die Hand nehmen. Die Europäer, die laut Blok schon so erschüttert gewesen seien vom Untergang Messinas 1908, würden nicht wissen, wie ihnen geschehe, wenn Russland kein ausgebeuteter Pufferstaat mehr sei, sondern zu einer offenen Tür für die barbarischen »Asiatenhorden« würde. Russland sei überlegen, fuhr Blok fort, da das Land das Beste aus beiden Welten in sich vereine. Es könne Liebe und Hass zugleich empfinden (eine unmissverständliche Warnung an die westlichen Politiker, dass der Gemütszustand des Riesen unvermittelt umschlagen könnte), und weder der französische Esprit noch die deutsche Metaphysik würden für ihn Geheimnisse bergen. Während Europa dekadent, unentschlossen und ohne Lebenslust vorantrotte, stehe Russland für Tatendrang und ungezügelte Leidenschaft. Es sei noch nicht zu spät. Europa könne noch auf den Friedensappell eingehen und sich dem revolutionären Lauf der Geschichte anschließen, der ohnehin nicht aufzuhalten sei.

Erholt euch von des Krieges Schrecken, hört,
    Von unsren Armen freundlich-fest umschlossen:
Noch ist es nicht zu spät, steckt ein das Schwert,
    Laßt uns zu Brüdern werden und – Genossen! (S. 248)

Es war eine flehentliche Bitte, aber auch ein Befehl und eine Drohung. Oder wie Blok es einige Tage zuvor in seinem Tagebuch formuliert hatte: »Wenn ihr selbst mit einem ›demokratischen Frieden‹ die Schande eures Kriegspatriotismus nicht abwascht und unsere Revolution zerstört, heißt das, *ihr seid nicht länger Arier*. Und wir werden die Tore zum Osten weit öffnen.«[25] Und diese Botschaft wiederholte er in gereimter Form:

Wir sind ab heute euch kein Schild mehr, nein,
    Kämpft euren Todeskampf mit den Mongolen,
wir greifen in den Kampf jetzt nicht mehr ein,
    Wir werden zusehn, wenn die Schlachten toben.

Wir werden aus den Augenschlitzen sehn,
  Wie sich um euer Fleisch die Hunnen streiten,
Wie eure Städte brennend untergehn
  Und zwischen Trümmern ihre Pferde weiden.

Zum letztenmal besinn dich, alte Welt!
  Zum brüderlichen Fest der Friedensfeier,
Zum Fest der Arbeit, das uns friedlich eint,
  Ruft der Barbaren Leier![26]

Doch dazu kam es nicht. Die Deutschen hatten ihre eigene Strategie, störrische Unterhändler auf Linie zu bringen: die »Operation Faustschlag«. Als ihnen die russische Verzögerungstaktik lange genug gedauert hatte, walzten sie mit ihrer Armee fast ungehindert über russisches Territorium bis nahe Petrograd. Am 3. März sahen sich die Russen gezwungen, die deutschen Bedingungen zu schlucken. Es war mehr als eine bittere Pille. Russland verlor alle besetzten und annektierten Gebiete (ein Viertel des Territoriums), ein Drittel (62 Millionen) seiner Einwohner und mehr als die Hälfte seiner industriellen Kapazität.[27] Doch wie Lenin vor der Abstimmung über die Annahme der Friedensbedingungen betont hatte: »Die Frage ist, ob wir heute die Friedensbedingungen oder in drei Wochen das Todesurteil der Sowjetregierung unterschreiben.«[28] Sinaida Hippius teilte diese Einschätzung, und gerade deshalb konnte sie es den Deutschen nicht verzeihen, dass sie das Friedensabkommen unterzeichnet hatten. Wenn sie noch kurze Zeit durchgehalten hätten, wäre der Bolschewismus nicht mehr als ein blutiges Intermezzo in der Geschichte gewesen. »Deutschland hat sich an dem Kuhhandel beteiligt. Deutschland hat die Bolschewisten an der Macht gelassen. Deutschland ist der Idiotie anheimgefallen. Ein (wenn auch in diesem Moment schwacher) Trost: Deutschland wird noch den Preis dafür bezahlen.«[29]

Vorläufig bezahlten jedoch andere den Preis. Deutsche und österreichische Truppen nahmen ohne große Mühe die Ukraine ein, und vor allem auf dem Land erfuhr man schon bald, was das bedeutete: nicht nur der Boden, sondern auch die Erträge der Landwirtschaft wurden annektiert; es kam zu Bauernaufständen und Guerrillaaktionen.[30] In Finnland brach im Frühjahr 1918 ein wahrer Bürgerkrieg aus, als es aussah, als wollten die Deutschen auch dort ihre Macht geltend machen. »Der Mond weiß … dass hier Blut fließt heute Nacht«, dichtete die schwedischsprachige finnische Lyrikerin Edith Södergran (1892-1923)[31] unheilkündend, und so kam es tatsächlich. Vierzigtausend Todesopfer später hatten von Deutschen unterstützte »weiße« Truppen ihre »roten« Gegner geschlagen.[32] Otto Wille Kuusinen (1881-1964), Mitglied des kurzlebigen finnischen Volkskommissariats unter Kulervo Manner und Verfasser der revolutionären Ode »Torpeedo« (Torpedo), floh nach Russland.

Die Neugestaltung der Landkarte des Kontinents brachte nicht jeden Europäer um den Schlaf. Die meisten Soldaten wollten einfach überleben, und ihr Nationalgefühl ging nicht viel weiter als bis zu den regionalen Grenzen ihres Regiments. An der Westfront hatte sich der Schwerpunkt der Kampfhandlungen im Laufe des Jahres 1917 nach Norden verlagert. Auch Leutnant Edmund Blunden nahm nach der Schlacht an der Somme mit seinem Bataillon an der Dritten Flandernschlacht teil. Westflandern gefiel ihm auf den ersten Blick recht gut. Am Postamt von Poperinge hing jeden Tag ein kleines Schild aus, das die Windrichtung angab,[33] eine nützliche Information in einem Kriegsgebiet, in dem Gas zum Einsatz kam. Das Gebiet um Ypern war natürlich keine Ferienkolonie. Hallebast hatten die britischen Soldaten umgetauft in »Hellblast« (S. 222) – das sagt so ungefähr alles. Den Namen hatte der Ort schon bekommen, als die eigentliche Schlacht noch gar nicht begonnen hatte und, im Nachhinein betrachtet, noch nicht alle Höllenkreise erkundet und beschrieben worden waren. Es ging dort ab 31. Juli 1917 nicht etwa anders zu als bei den vorigen organisierten Gemetzeln.[34] Und dennoch – große Kriegsschlachten schienen inzwischen zu einer Art olympischer Disziplin geworden zu sein: höher, weiter, schneller, mehr. Bei der Vorbereitung der Somme-Schlacht hatte man eine Million Granaten auf die gegnerischen Linien abgefeuert, nun waren es vier Millionen. Das Geschützfeuer sollte den Gegner zermürben, aber auch diesmal erwies sich der Feind als zäher oder zahlreicher – jedenfalls als stark genug, den vorrückenden britischen Infanteristen den Schreck ihres Lebens einzujagen. Wieder waren Artillerie und Infanterie schlecht aufeinander abgestimmt, und arme Teufel fielen im eigenen Feuer. Wieder starben auf beiden Seiten Tausende einen anonymen Tod, ohne Beistand, ohne ein tröstendes Wort, ohne ihre Nächsten. Blunden sah im Hauptquartier des Bataillons einen Soldaten mit einer tödlichen Rückenwunde. »Der arme Kerl wimmerte immer nur: ›Ich friere, ich friere‹, aber weiter schien er sich nicht bewusst zu sein, dass er noch lebte. Der Arzt sah ihn sich an und schüttelte mit einem Blick zu mir den Kopf. Ein Sanitäter untersuchte seine Verletzungen und sagte mir, er könne nichts mehr für ihn tun.«[35] Vom 31. Juli bis zum 3. August zählten die Briten und Franzosen ungefähr 35.000 Tote, Vermisste und Verwundete. Die deutschen Verluste lagen etwa ebenso hoch. Nach der Schlacht an der Somme sah das nach Fortschritt aus.

Unter den Opfern des ersten Tages waren der walisische Dichter »Hedd Wynn« Ellis Humphrey Evans und sein irischer Kollege Francis Ledwidge (1887-1917).[36] In einem seiner letzten Briefe hatte Ledwidge einem Freund geschrieben: »Wenn Du die Front besuchst, vergiss nicht, nachts an die Feuerlinie zu kommen und Dir die deutschen Raketen anzusehen. Sie haben einen weißen Federbusch, der eine fahle Flamme über dem Niemandsland scheinen lässt, und dann zerplatzt das Weiß und wird zu Grün, das Grün ändert sich in Blau, das Blau zerspringt und tropft als purpurfarbener Strom herab. Es ist wie das Ende einer schönen Welt.«[37]

Anfang August wurde die Schlacht vorübergehend gestoppt. Es regnete so stark, dass Mann, Pferd, Wagen und Artillerie im Schlamm zu versinken drohten in dem Gelände, das seit 1914 fast pausenlos unter Beschuss gelegen und nicht nur jede Vegetation eingebüßt hatte, sondern eigentlich kaum noch als »Terrain« bezeichnet werden konnte. Das war auch dem anonymen Dichter der enorm populären Frontzeitung *The B. E. F. Times* (vorher *The Wipers Times*) aufgefallen. In der Nummer vom 15. August 1917 umriss er zuerst die Situation (»Belgien, Regen, ein Meer aus Schlamm / Die ersten sieben Jahre, heißt es, sind die schlimmsten«), um dann in der Schluss-Strophe zu beschreiben, was ihm für immer in Erinnerung bleiben würde: »Vielleicht vergessen wir den Regen irgendwann / Den Schlamm und Schmutz in Belgiens Landen / Doch was ich nie vergessen kann: / Die Straßen mit den Stümpfen, wo einst Bäume standen.«[38] Um diese Zeit traf aus Frankreich die Kompanie von Ivor Gurney (1890-1937) in Ypern ein. Gurney war ein talentierter Komponist klassischer Lieder und machte sich zusehends auch als Dichter einen Namen. In den vielen öden Stunden hinter der Front war er meist mit der Arbeit an seinem Debütband *Severn and Somme* beschäftigt. Seine erste Bekanntschaft mit Flandern hatte ihn nicht enttäuscht. Mehr noch: es schien, als machten die prachtvollen Häuser, die herzlichen Menschen und strahlenden Kinder ihm aufs Neue bewusst, warum er sich eigentlich in diesem stinkenden Kriegssumpf befand: »Die Männer, die dieses Land überwältigt und zerstört haben, tragen eine schwere Schuld, denn diese Bauern sind das Salz der Erde und der einzig wahre Beweis eines guten Fundaments.«[39] Gurney konnte dem Krieg nichts abgewinnen – als hochsensibler, möglicherweise manisch-depressiver Künstler war er mit Sicherheit nicht für derartige Heimsuchungen geschaffen –, was aber nicht hieß, dass er Frieden über alles setzte. Als die britischen Gewerkschaften mit überwältigender Mehrheit gegen die Teilnahme an der sozialistischen Friedenskonferenz in Stockholm stimmten, bezeichnete er das als »sehr gut und ermutigend«.[40] Wahrscheinlich am nächsten Tag, dem 10. September, wurde er Opfer eines Gasangriffs. In einem Brief vom 21. September versuchte er sich im Feldlazarett selbst Mut zuzusprechen, aber es fiel ihm schwer: »Indem man die Angst um sein Leben überwindet, könnte man vielleicht zugleich lernen, das Leben zu lieben und den Tod zu verachten; aber so weit ist es noch nicht.«[41] An die Front kehrte Gurney nicht mehr zurück. Er wurde nie mehr der Alte.

Viele tausend andere sollten die Gegend um Ypern nicht mehr verlassen. Mehr als fünfzigtausend junge Briten wurden nie gefunden – der Schlamm hatte sie verschluckt.[42] Noch bis zum 10. November wurde rund um Ypern erbittert gekämpft. Langemark und Passendale wurden Symbole für sinnloses Leiden. Am 26. Oktober, dem Tag, an dem kanadische Truppen ihren erfolgreichen Vorstoß nach Passendale begannen, schrieb der britische Dichter Herbert Read (1893-1968) in einem Brief nach Haus: »Wir hatten eine schreckliche Zeit – die schlimmste, die ich bisher durchgemacht habe, und ich bin nun doch schon ein ziemlich alter Soldat. Das Leben schien mir noch nie so wenig wert und die Natur noch nie so verstümmelt. Ich male den Horror besser nicht aus.«[43] Siebzigtausend Briten fielen hier, und mehr als zweihunderttausend blieben verwundet zurück oder galten als vermisst. Die Deutschen verloren ungefähr zweihunderttausend Mann.[44]

In Craiglockhart hatte Siegfried Sassoon inzwischen alles restlos satt. So wie ihn zuvor Visionen gequält hatten, in denen die Leichen der Soldaten vorkamen, die er zurückgelassen hatte, so lasteten nun die Geister der »stillen Toten«, seiner Blutsbrüder, die er im Stich gelassen hatte, schwer auf seiner Seele.[45] Es war ihm auch unbegreiflich, dass sein guter Freund und Kollege Robert Graves in dieser Situation weiterhin Begriffe benutzte wie »Anstand«. Wenn er mit Sassoon einer Meinung sei, dass die Soldaten von kaltschnäuzigen Dreckskerlen geopfert würden, und zwar »in allen Ländern (außer einem kleinen Teil von Russland)«,[46] wie könne er das dann so feige hinnehmen? Seinen neuen Freund Wilfred Owen brauchte er davon nicht erst zu überzeugen. Ermutigt durch Sassoon, schrieb und überarbeitete dieser seine kritischen Kriegsgedichte. Mitte Oktober 1917 vollendete er »Dulce et decorum est«. Dass es ehrenvoll sei, für das Vaterland zu sterben, bezeichnete Owen als Lüge. Die Szene, die er in der ersten Strophe beschrieb, hatte mit Heldentum tatsächlich nichts zu tun:

Gekrümmt wie alte Bettler unter ihrer Säcke Last,
Mit aufgeschundnen Knien, wie Hexen hustend, unter Fluchen,
Weg von den Leuchtraketen, die uns jagten, durch Morast,
Begannen wir, nach unserm fernen Ruheplatz zu suchen.
Männer schliefen marschierend, vielen blieb der Stiefel stecken –
Doch hinkten weiter, blutwund, blind und wie in Stücken,
Betrunken vor Erschöpfung, taub, vom Pfeifen nicht zu wecken
Zu kurz geschoßner Fünfpunkt-Neuner in ihrem Rücken.

Gas! Gas! Schnell Jungs – Die Raserei von Fingern
Die plumpen Masken grad noch aufzuschnallen [...][47]

Ende Oktober wurde Owen aus Craiglockhart entlassen. Im März 1918 – Sassoon kämpfte zu diesem Zeitpunkt in Gaza, Palästina – wurde er wieder nach Frankreich geschickt. Erst im Juni hielt man ihn für fit genug, wieder an der Front zu kämpfen.

1914, 1915, 1916, 1917, 1918 – an der Front in Belgien hatte auch für Korporal Daan Boens der Krieg im fünften Kalenderjahr begonnen. Wie sehr sich seine innere Einstellung in dieser Zeit verändert hatte, lässt sich an den Titeln seiner Werke ablesen, die er an der Yser schuf. Enthielt *Van glorie en lijden* (Von Ruhm und Leid, 1917) noch Gedichte wie »Albert I.«, »Helden« und »Pro Patria Mortuus«, im folgenden Buch *Menschen in de grachten* (Menschen in den Gräben, 1918) erregten Gedichte mit Titeln wie »Der Tod«, »Im Kugelhagel« und »Der abgerissene Kopf« Aufmerksamkeit. Noch düsterer als »Todes-Wunsch« ist wohl kein Gedicht, das in Europa während des Ersten Weltkrieges entstand.

> Verschwinde, Mond! – Nacht will ich und Finsternis,
> damit, was mich umgibt, verkohlt für immer,
> und was in mir lebt, stirbt – keine Hoffnung, kein Kummer,
> Ich will das große Nichts, wo kein Wind ist, wo nichts ist.
>
> Keine Trümmer mehr, da ich selbst ein Trümmerhaufen bin,
> keine Träume mehr, da ich selbst ein Traum war,
> kein Sang und keine Sonne – das Nichts, wo alles schwarz ist,
> und ich nicht mehr sehe, was früher lieb und gut war.[48]

Boens war jedoch nicht zum Zyniker geworden. Und auch ein Wort wie »Ruhm« bedeutete ihm noch etwas. Aber die belgischen Soldaten hatten inzwischen natürlich viele Illusionen verloren. In seinem Vortrag »Mut im Leiden«, den er im Dezember 1917 in London vor belgischen Flüchtlingen und 1918 hinter der Front hielt, zeichnete Boens nach, wie das »nackte Leiden« der anfangs romantischen »Begeisterung« der Soldaten Abbruch getan hatte.[49] Was die Soldaten vor allem belaste, sei das Wissen, dass ihr Handeln den Frieden in keiner Weise näher heranbringe und dass sie »wie zerlumpte Hungerleider« leben und kämpfen müssten. Aber es gebe auch viel Positives. Dass überall an der Front Soldaten trotz aller Widrigkeiten ihre Pflicht erfüllten, war für Boens ein Zeichen der Hoffnung. Für ihn bedeutete es nicht, dass sie sklavische Anhänger der Kriegskultur geworden seien; vielmehr sei ihnen bewusst, dass eine neue Welt entstehe. Nach dem Krieg werde die Gesellschaft anders sein, besser, umfassender, tiefer, weniger individualistisch. An der Front hätten sie gelernt und erfahren, was es bedeute, einem höheren Ziel nachzustreben. »Wir kämpfen für den Grundsatz von Recht und Gleichheit. Wir wollen Frieden, der jenen – die nach uns geboren werden und die wir nie kennen werden, doch in denen wir einst weiterleben müssen – also einer späteren Menschheit – ein Leben schenken möge, das reicher ist und gerechter, während die kleineren Völker keine Furcht mehr vor den größeren Nationen haben müssen.« Die kleinen Völker würden aus dem Krieg Nutzen ziehen, und somit auch der kleine Mann. Arm und reich würden ja nebeneinander kämpfen und demselben Tod ins Auge blicken. Das könne nicht ohne Folgen bleiben. Boens dachte dabei nicht an eine soziale und politische Umwälzung, sondern an eine Mentalitätsänderung, die sich unbemerkt, aber unweigerlich vollziehen werde. »Liebe« werde aufkeimen zwischen diesen so unterschiedlichen Menschen, und das werde alles anders machen. Nun bekämpften sie einander noch, aber demnächst würden sie alle Brüder sein.

Aufopferung, Pflichtbewusstsein, Uneigennützigkeit und Nächstenliebe sind die wichtigsten Faktoren unseres Handelns geworden. Durch die Tragik des heutigen Daseins leben wir sozusagen an den Polen unseres eigenen Ichs. Wir leben größer und intensiver und sind viel stärker an uns selbst gebunden. Bis in den kleinsten Winkel unseres Denkens und Handelns hat die Liebe einen so mächtigen Ausdruck gefunden, dass wir zwangsläufig zu einem größeren und tieferen Bewusstsein unserer Gefühle gelangt sind – und dass es etwas sehr Natürliches geworden ist, aus

Liebe zu handeln, mit anderen Worten: rein menschlich zu handeln.

Dieses neue Gefühl der Brüderlichkeit, diese durch die Umstände selbstverständlich gewordene Solidarität werde die Beziehungen zwischen Menschen und Staaten tiefgreifend ändern. Nein, all das Leiden sei keinesfalls sinnlos. Es erteile der Menschheit eine Lektion, die sie offenbar auf andere Weise nicht habe begreifen können.

Insbesondere Flandern und Belgien würden die Früchte dieser Wandlung genießen. Boens, der sein Tagebuch zu Beginn des Krieges noch oft auf Französisch geführt hatte, notierte zufrieden, dass das »flämische Bewusstsein riesengroße Fortschritte gemacht« habe. Die Botschaft war deutlich: »Die Flamen von der Yser wollen ein freies Flandern in einem freien Belgien; sie wollen dieses Recht nicht als Almosen aus blutbefleckten Händen, und sie wollen es weder als Gunst noch als Belohnung. Es ist die pure Konsequenz einer Kultur, die seit Jahrhunderten existiert, es geht darum, was recht und billig ist, in vollem Einvernehmen.« Die Flamen forderten also keinen Ausgleich für ihren Kriegseinsatz, sie wollten einfach das bekommen, worauf sie als selbstbewusste (durch den Krieg vielleicht noch selbstbewusster gewordene) Kultur ein Anrecht hätten. Vorhergehende Sätze in Boens' Vortragsmanuskript – vermutlich über konkrete Kriegshandlungen und erlittene Verluste – hatte die belgische Zensur gestrichen, aber diese Passagen über eine flämische Variante der irischen Home Rule waren akzeptiert worden. Staatsgefährdend waren sie natürlich nicht, ebenso wenig wie die meisten flämischen Aktionen und Äußerungen an der Front, die trotzdem meist streng unterbunden wurden. Boens forderte für Flandern das, was er im Namen Belgiens erkämpft und verteidigt hatte: »Wir wollen, so wie wir jetzt für die Unabhängigkeit der kleinen Völker, für das Recht dieser kleinen Völker kämpfen, dass Belgien als Nation frei und unbefleckt bleibt und dass in diesem unabhängigen Belgien der notwendige Kampf für die Wiedergeburt eines Volkes geführt wird, welches es selbst sein kann und sein muss, um europäisch zu werden.« Damit stellte sich Boens ausdrücklich hinter das Motto, das der flämische Vordenker August Vermeylen im Jahr 1900 geprägt hatte (»Wir wollen Flamen sein, um Europäer zu werden«[50]), und er drückte die Gefühle und Bestrebungen auch anderer kleiner Völker aus, die sich erst autonom entfalten wollten, um dann eine angesehene Position in Europa einnehmen zu können.

Obwohl Boens persönlich den flämischen Aktivismus verurteilte,[51] unterschied sich sein Glaube an Bruderschaft und die neue Position Flanderns nicht wesentlich von der Haltung der Aktivisten im besetzten Land wie etwa Paul van Ostaijen. Während sich van Ostaijen im Winter und Frühjahr 1918 immer deutlicher im politischen und sogar im repressiven Apparat eines sich autonom wähnenden aktivistischen Flandern engagierte, verfasste er in Antwerpen Gedichte mit Leitmotiven wie Liebe, Brüderlichkeit und dem unabwendbaren Anbruch einer neuen Zeit.[52] Inwieweit dieser Optimismus auch durch das spektakuläre Gelingen der deutschen Frühjahrsoffensiven an der Westfront motiviert war, ist nicht deutlich.[53] Wie sich der zunehmend radikalere Sozialist van Ostaijen ein unabhängiges Flandern im Falle eines deutschen Sieges vorstellte, bleibt ebenso im Vagen. Dass die Zeiten für ihn eine entscheidende Wende nahmen, geht jedoch aus mehreren Gedichten hervor. »Dies Lied, das in der Wirklichkeit der Dinge steht«, schreibt er in »Das stille Lied«, »als Ereignis eines größeren Frühlings, nach den hoffnungslosen Wechseln einer langen Jahresreihe.«[54] Nach einer langen und offenbar unfruchtbaren Zeit kündige sich endlich die Blüte an. Die neue Welt stehe vor der Tür. Noch expliziter geht es in dem Gedicht »Februar« darum. Es spielt an einem Wendepunkt, vor dem Durchbruch des Frühlings, der auch eine

Wandlung ist und eine Befreiung. »Der wind der zum ersten mal dies jahr eine selbständige freude gefunden hat. / Nur wind sein, unbändig, maßlos, ungebunden.«[55] In diesen Naturversen über den Frühling geht es zugleich um eine neue Weltordnung und die Avantgarde-Kunst als deren Herold. »Zeit der frohen botschaft, / selbständige zeit die sich ein eigenes leben erschafft: / eine eigene geburt, ein eignes leben, ernte und tod.« (S. 13) Überkommene Traditionen und erzwungene Verbindungen werden zurückgelassen – das Prinzip der Selbstbestimmung spielte in der Kunst eine ebenso große Rolle wie in der Politik. Die Autonomie bedeutete für van Ostaijen also nicht, dass diese Bereiche voneinander getrennt agieren sollten. Die Zeit strebe nach Synthese, das zeige das allgemeine intellektuelle Klima in Europa. Parallel zu diesen Gedichten schrieb van Ostaijen lange theoretische Abhandlungen über die Entwicklungen in der Kunst; die Tatsache, dass sich in ganz Europa ähnliche Tendenzen zeigten, bestätigte ihn in seiner Hoffnung und Erwartung, dass der neue Geist zeitgleich über ganz Europa wehen würde: »Während die rasche Ausbreitung einer anfangs lokal entstandenen Richtung über ganz Europa als plötzlich aufkommender Snobismus zu erklären gewesen wäre, weist diese Gleichzeitigkeit auf einen regenerierenden, allgemein-europäischen Lebensdrang hin.«[56] In noch zunehmendem Maße gingen Nationalismus und Internationalismus für van Ostaijen dabei Hand in Hand. Das war ein prinzipieller Standpunkt, aber er beeinflusste auch sein Urteil über die beiden Nachbarländer, die einander, in unmittelbarer Nähe, auf Leben und Tod bekämpften. So schrieb er im Frühjahr 1918 in dem Gedicht, das später zum Titelgedicht des Bandes *Het Sienjaal* (Das Signal) werden sollte:

Singt das Hohelied der Internationale, doch leugnet dabei nicht
   das Ethos des einen und des andern,
sondern begreift es, denn das macht Liebe aus.

Beurteilt die Deutschen nach deren Ethos und die Franzosen
   nach dem ihren;
jeder Dichter hat einen Ball aus Liebe in sich oder das Material
   dafür; diesen Ball müsst ihr finden oder formen.
Begreift die Liebe der französischen Katholiken und ihre antike
   Heldenseele;
begreift die alte Rasse des französischen Geistes, der noch
   immer wächst
im ewig sich erneuernden Schatten der Kathedralen von
   Chartres, Reims und Rouen;
Begreift die junge Lebenslust von Deutschland, das einen Platz
   an der Sonne sucht;
vor allem: begreift das auf dem Gipfel Stehen Frankreichs und
   das zum Gipfel Streben Deutschlands.[57]

Dass Deutschland auf der Suche nach einem Platz an der Sonne
die Kathedrale von Reims zerstört hatte, dürfte van Ostaijen
kaum entgangen sein. Das legt die Vermutung nahe, dass er in
seinem Idealismus diese Realität ausblendete.[58] Ihm ging es um
Höheres: die Liebe und Großzügigkeit, die jedem einen Platz an
der Sonne gönnte, und das Selbstentfaltungsrecht der Völker,
wie es das »Hohelied der Internationale« ankündigte. Die Völker waren demzufolge keine Feinde, sondern Brüder in einer
sich befreienden Welt. Oder, wie van Ostaijen es im Gedicht
»Februar« in einer Passage formulierte, die erneut ausdrücklich
vom Lied der sozialistischen Revolution sprach:

Brudergruß an das volk jenseits der grenzen!
Der wind unseres hafens, der alle völker erquickt.
Die musik des winds: die bässe unterstreichen durch eine
   Internationale![59]

Hoffnung lag in der Luft, motiviert vielleicht durch die Form
von Autonomie, die die Flamen von den Deutschen glaubten

erhalten zu haben, aber noch viel mehr durch die russische Revolution und Wilsons 14-Punkte-Programm. In der Rede, mit der der Präsident das Programm vorstellte, sprach er übrigens voller Lob über die moralische Standhaftigkeit und die geistige Spannkraft des russischen Volks. Joris van Severen war von dieser Passage so ergriffen, dass er sie, auf Französisch, wortwörtlich in sein Tagebuch übernahm. Erfreut darüber, dass der große Präsident die gleiche Meinung wie er vertrat, schrieb er: »meine Bewunderung für die Russen wächst von Tag zu Tag.«[60] Hier schien ein großes Volk sein Schicksal tatkräftig selbst in die Hand zu nehmen.

Der militärischen und politischen Führung der Entente bereitete die Beendigung des Krieges im Osten zunächst vor allem Kopfschmerzen. Die Truppen, die Deutschland nun zusätzlich an der Westfront einsetzen konnte, waren vielleicht entscheidend. Andererseits: die amerikanischen Truppen konnten ebenso gut den Ausschlag geben. Nach all den Monaten der Stagnation sah es nun so aus, als würde der Krieg 1918 doch noch ein Wettlauf gegen die Zeit werden.[61] Die Deutschen mussten also den entscheidenden Schlag führen, bevor die Amerikaner in großer Zahl Europa erreichten. Am 21. März starteten sie ihre Offensive. Es herrschte Nebel, der zudem tödlich war durch die Vermischung mit Phosgen, Chlor- und Senfgas. Am Ende des Tages sah es so aus, als hätte die britische Armee zum ersten Mal eine wirkliche Niederlage in Europa erlitten, auch wenn mehr Deutsche als Briten fielen. In den folgenden Tagen und Wochen schien der deutsche Vormarsch nicht mehr aufzuhalten zu sein. Bis die Maschinerie ins Stocken geriet – die Nachschub- und Reserveversorgung konnte mit den vorrückenden Truppen nicht Schritt halten. Deutsche Soldaten blieben in der verwüsteten Landschaft an der Somme hängen, sie machten sich über die zurückgelassenen Lebensmittel- und vor allem Alkoholvorräte der Briten her, und sie hatten keine Strategie, als die Briten am 4. April einen Gegenangriff starteten. Insgesamt verloren die französischen, deutschen und britischen Armeen in dieser Phase eine halbe Million Soldaten. Der britische Dichter Isaac Rosenberg (1890-1918) fiel am 1. April. Als Sohn aus einer armen russisch-jüdischen Emigrantenfamilie, der Militarismus und Nationalismus verabscheute, hatte er sich nur des Geldes wegen zum Militärdienst gemeldet. Die zentralen Figuren in seinen Gedichten sind zerlumpte Soldaten, Läuse und Ratten.

> Drollige Ratte, erschießen würden sie dich, wüßten sie
> Wie du im Grunde kosmopolitisch bist.
> Nun hast du diese Britenhand berührt
> Und wirst das gleiche tun mit einer deutschen –
> Bald, zweifellos, wenns dir beliebt
> Das stille Grün dazwischen zu durchqueren.
> Sieht aus, als ob du grinst, wenn du vorbeiläufst
> An starken Augen, edlen Gliedern, prächtigen Athleten;
> Fürs Leben nicht so gut gemacht wie du,
> Sondern verpfändet launenhaftem Mord,
> Rekeln sie sich jetzt im Gedärm der Erde,
> In den zerrißnen Feldern Frankreichs.[62]

Nun lag er selbst im Gedärm der Erde. Einige Wochen zuvor hatte er noch in einem Brief geschrieben: »Keine Droge könnte betäubender sein als das, was wir hier tun. Und es hört nicht auf, so wie bei der alten Wasserfolter, ohne Ende fällt Tropfen um Tropfen auf deine Hilflosigkeit.«[63] Manchmal nahm der Tropfen die Form eines Granatsplitters an und es war doch zu Ende.

Am 9. April begannen die Deutschen einen neuen Vorstoß, nun in Westflandern. Die Briten, unterstützt von den Belgiern, hielten stand. Der Kemmelberg fiel noch in deutsche Hände, aber das Ziel – die französischen Kanalhäfen – erreichten die Deutschen nicht. Die Offensive kostete die Angreifer mehr als hunderttausend Mann. Nachdem sie zur Vorbereitung 2 Millionen Granaten abgefeuert hatten, starteten die Deutschen am 27. Mai einen dritten Versuch. Die Worte aus der Schlusspassage von van Ostaijens Kriegsbuch *Besetzte Stadt* schienen immer passender.

und weiter
durchhalten
tapfere Pommern
der Sieg gehört dem der das größere Elend ertragen kann[64]

In der Realität gehörte der Sieg jedoch dem, der die meisten Soldaten einsetzen konnte. Selbst mit den aus dem Osten an die Westfront verlegten Truppen hatte die deutsche Armee ihr Limit erreicht. Sie hatte fast buchstäblich ihre Soldaten aufgebraucht. Die Entente konnte unterdessen nicht nur auf die Amerikaner zählen; die französische Armee war ein Jahr nach der Niederlage beim Chemin des Dames deutlich erstarkt. Als die Deutschen am 15. Juli eine Offensive starteten, um den Vorstoß nach Paris zu versuchen, scheiterten sie an massiven Gegenoffensiven der Franzosen und Amerikaner. Mit fast vier Jahren Verspätung hatten die Deutschen zwar noch die Marne überschritten, doch die Freude über diesen Erfolg währte nur kurz. Zum ersten Mal kam es nun auch auf deutscher Seite zu Unmut und Befehlsverweigerung, und manchmal ergaben sich Soldaten in großen Gruppen. Als die Entente im August den Gegenschlag begann, eroberte sie in wenigen Wochen das Gebiet zurück, das sie im Frühjahr verloren hatte. Ende September griffen britische, französische, belgische und amerikanische Truppen erneut an. Das Endspiel hatte definitiv begonnen. Am 29. September unterzeichnete Bulgarien in Saloniki den Waffenstillstand mit der Entente. Auch in deutschen Kreisen wurde nun zum ersten Mal ernsthaft über einen Verhandlungsfrieden gesprochen. In Berlin und Wien versuchte man, durch die Einleitung von Reformen einen Deichbruch zu verhindern, aber die Maßnahmen kamen zu spät. Ende Oktober errang die italienische Armee bei Vittorio Veneto einen entscheidenden Sieg. Die Soldaten hatten ihr Letztes gegeben, denn sie wussten, dass im Hinblick auf die bevorstehenden Verhandlungen jeder Zentimeter besetzter Boden zählte. Kurz darauf brach in Wien und Budapest die Revolution aus. Ein idealer Augenblick für den italienischen Gegner, um nochmals zuzuschlagen. D'Annunzio hielt am 1. November eine an das Vaterunser angelehnte Rede vor den Truppen, in der er diesem Tag des Totengedenkens eine völlig neue Bedeutung gab:

O Tote, die ihr seid im Himmel wie auf Erden,

Geheiligt werde euer Name,

Euer geistiges Reich komme,

Euer Wille geschehe hier auf Erden.

Sein täglich Brot gebt unserem Glauben,

Haltet wach in uns den heiligen Haß,

So wie wir nur leben in Eurer Liebe.

Erlöst uns von jeder ehrlosen Versuchung,

Und befreit uns von allem feigen Zweifel.

Und, wenn es sein muss,

Kämpfen wir, nicht bis zum letzten Tropfen unseres Blutes,

Sondern mit Euch bis zum letzten Teilchen unserer Asche.

Wenn es sein muss,

Kämpfen wir, bis der gerechte und allmächtige Gott

Kommt, um zu richten die Lebenden und die Toten.

Amen![65]

Am selben Tag marschierten die Serben in ihre Hauptstadt Belgrad ein, und die Entente-Truppen erreichten die Donau. Zwei Tage später unterzeichnete Österreich-Ungarn den Waffenstillstand. In ganz Deutschland kam es nun zu Streiks und Meutereien. Als es in Kiel Anfang November zum Matrosenaufstand kam, begann es im Deutschen Reich hörbar zu knirschen. Am 9. November dankte der Kaiser ab und ging ins niederländische Exil. Das imperiale und militaristische Deutschland hatte einen hohen Einsatz gewagt und nun offenbar alles verloren. An den Verhandlungstisch entsandte die neue deutsche Republik eine Delegation von Zivilisten.

Auch in dieser letzten Phase des Krieges gab es noch entsetzlich viele Opfer. Daan Boens wurde bei einem Gasangriff verletzt, aber überlebte. Gerrit Engelke (1890-1918) hatte weniger Glück. Die Schlachten um Verdun, an der Somme, in der Champagne und bei Langemark hatte er überlebt, aber nicht den britischen Angriff vom 11. Oktober. In dem Gedicht »An den Tod« hatte er den Tod angefleht, ihn zu verschonen, bis er dereinst sein Leben gelebt habe. Doch am 13. Oktober starb er in einem britischen Feldlazarett.[66] Im Juli hatte er letzte Hand angelegt an sein langes Gedicht »An die Soldaten des Großen Krieges. In memoriam August Deppe«. Kriegslyrik hatte er als sehr problematisches Genre gesehen. Dieser Krieg sei »so ungeheuer kompliziert [...] in allen seinen maschinell zersetzenden Wirkungen«, und eigentlich fehle ihm die Seele. Deshalb lasse sich der Krieg durch die Kunst nicht gestalten, es sei denn, als »zeitbestimmte, so großartige wie wahnsinnig blutige Geschehensunterlage«.[67] Echte Kultur hingegen entsprieße dem Frieden und diene dazu, ihn zu bewahren. Krieg fördere die Kultur nicht, wie die Propaganda nicht nachlasse zu behaupten, sondern hindere sie »am Wachsen oder gar am Leben«. Pangermanismus war Engelke fremd. Wenn erst wieder Frieden sei, wolle er »ein Versöhner und Bruder unter den Menschen sein«. (S. 425) Sein letztes großes Gedicht stand im Zeichen dieser Ideale. Es war ein leidenschaftlicher Appell an die Soldaten aller Länder, Ränge und Dienstgrade, die Schützengräben zu verlassen und die Gewehre wegzuwerfen. Hatten sie nicht alle eine Mutter, liebten sie nicht alle ihre Frau?

Hatten sie nicht alle in »Dixmuide, dem umschwemmten« gelegen und »bei Ypern, dem zertrümmerten«? Hatte nicht jeder von ihnen Narben davongetragen, bittere Ehrenzeichen eines verzweifelten Kampfes? Verloren sie nicht alle ihre Freunde, Brüder, Väter?

> Franzose du, von Brest, Bordeaux, Garonne,
> Ukrainer du, Kosak vom Ural, Dnjestr und Don,
> Österreicher, Bulgaren, Osmanen und Serben,
> Ihr alle im rasenden Strudel von Tat und von Sterben –
> Du Brite aus London, York, Manchester,
> Soldat, Kamerad, in Wahrheit Mitmensch und Bester –
> (S. 131-132)

Den »Feiertag der neuen Welt« besang Engelke, mit einem »Psalm des Friedens, der Versöhnung, der Erhebung«, seinem Beitrag zur Kultur.

Als die Entente am 26. September zuschlug, befand sich Wilfred Owen in der Vorhut der 4. Britischen Armee in Frankreich.[68] Der Vormarsch war schwierig, die Verluste waren hoch, auch unter den Offizieren. Am 2. Oktober verlor Owen dreimal nacheinander den Sanitäter seiner Einheit. Selbst eher draufgängerisch, hielt er seine Leute zu besonderer Vorsicht an. »Ich bin hier, um diesen Jungs zu helfen«, schrieb er zwei Tage später an seine Mutter, »direkt, indem ich sie als Offizier so gut wie möglich führe, indirekt, indem ich ihre Leiden sehe und ihr Anwalt bin.« (S. 352) Der nächste große Angriff der britischen Truppen fand am 4. November statt. Den Deutschen, die noch immer heftigen Widerstand leisteten, gelang es diesmal, die Briten abzuwehren. Am nächsten Morgen aber hatten die Briten alle Ziele erreicht. Wilfred Owen erlebte es nicht mehr. Er war am 4. November tödlich getroffen worden. Am nächsten Tag stand in der Zeitung, dass er rückwirkend zum Oberleutnant befördert wor-

den sei. Am 8. November wurde ins Regimentstagebuch einge-
tragen, dass man ihn mit dem Military Cross ausgezeichnet hatte.
Drei Tage später, am Elften, erhielt seine Mutter das Telegramm
mit der Todesnachricht.

Guillaume Apollinaire schrieb und arbeitete 1918 wie besessen, aber wie es schien, wurde er nicht mehr der Alte. Seinen
Vortrag »L'Esprit nouveau et les poètes« hatte ein Schauspieler
vorgelesen, er selbst war dafür zu krank. Am 2. Mai heiratete er
Ruby (Jacqueline-Amélia Kolb), der er das Gedicht »La jolie
rousse« (Die hübsche Rothaarige) gewidmet hatte. Es las sich
wie ein Liebesgedicht, eine Meditation über Tradition und Erneuerung und eine Kriegsautobiographie in einem. Vor allem
aber hatte es etwas von einem Abschied:

> Aber lacht nur lacht über mich
> Menschen von überall besonders ihr Leute von hier
> Gibt es doch so viele Dinge die ich euch nicht zu sagen wage
> So viele Dinge die ihr mich nicht sagen ließet
> Habt Mitleid mit mir.[69]

Am 9. November starb der durch seine Kriegsverletzung stark
geschwächte Dichter an der Spanischen Grippe.

11/11 und danach

Europa 1918-1925

So stehen wir noch immer vor der Frage:
Was mit Europa.

– Paul van Ostaijen, 1920[1]

Und als es dann endlich vorbei war, fing es erst richtig an. Nachdem am 11. November 1918 um fünf Uhr morgens in einem Eisenbahnwaggon im französischen Compiègne der Waffenstillstand unterzeichnet worden war, schien die Welt eine Seite umzublättern, hatte aber noch einige Kapitel des Buchs vor sich. Politiker und Diplomaten aus nahezu allen Ländern kamen in Paris zusammen und arbeiteten eine Reihe von Verträgen aus – der bekannteste ist der von Versailles, in dem das Strafmaß für die Deutschen festgelegt wurde –, mit denen der Versuch unternommen wurde, in Hektar Boden und in Franc, Pfund, Dollar und vor allem Goldmark auszudrücken, was unsagbar und kaum zu bewältigen war. Die Folge war, wieder einmal, Enttäuschung und Verzweiflung, denn keine finanzielle Kompensation konnte jemals genug sein; zudem gab es keine ernsthaften Anstrengungen zur Reintegration der Verlierer und Sieger in einen europäischen Zusammenhang. In Deutschland entstand daraus ein Nährboden für linksextremen und faschistisch-rechten Radikalismus, dem die labile Weimarer Republik nicht standhalten sollte. Die alliierten Länder wollten indes nur allzu gern zur Tagesordnung übergehen, doch die Inflation, die geänderten politischen Verhältnisse nach dem Krieg und ständig neue Formen sozialer Unruhe machten das unmöglich.

Ein großer Teil der Lyrik, die kurz nach dem Krieg erschien, zeugt von diesen gemischten, oft sogar widerstreitenden Gefühlen. Im neutralen Norwegen schien Arnulf Øverland (1889-1968) hoffnungsvoll die Saat- und Ernte-Metaphorik fortzuspinnen, die jahrelang die Kriegshetze angeheizt hatte (»So scheint denn nun die Zeit gekommen / ans Werk zu gehn mit Saat und Pflug«[2]) – aber bald zeigte sich, dass er im Gegenteil Sarkasmus und purer Verzweiflung Ausdruck gab: »Das Recht, es hat gesiegt. / Ein Volk ist ausgehungert, abgeschlachtet.« Die Widersprüche, die der Krieg der Welt aufgebürdet hatte, ließen sich nicht mehr mit hohlen Worten verbrämen – dafür waren sie zu schmerzlich. Wer jetzt erleichtert aufatmend den Frieden begrüßte (»Genesung braucht die Welt und Ruhe nun!«), wurde von Øverland als selbstbezogen kritisiert. Ein »tausendjähriges Reich« des Friedens sei überhaupt nicht zu erwarten,

> da wir ahnen, dass eines Tages der fromme
> Stern von Bethlehem
> den blutberauschten Chören unserer Kinder
> zur nächstgelegenen Kaserne folgen wird!

Millionen Soldaten hatten die Kaserne zudem noch gar nicht verlassen. Die meisten Armeen wurden erst im Laufe des Jahres 1919 demobilisiert, außerdem ging im Namen von zwei inspirierenden politischen Prinzipien vielerorts in Europa auch nach dem Waffenstillstand und dem Versailler Vertrag der Krieg einfach weiter. Beide Prinzipien waren unverkennbar ideologische Reprisen des »war to end all wars«-Slogans, mit dem man 1914 in den Krieg gezogen war. Sowohl die Revolution wie auch das Selbstbestimmungsrecht der Völker könnten, so hieß es, die Ursachen des Krieges beseitigen: die Revolution würde kurzen Prozess mit dem Imperialismus machen, das Selbstbestimmungsrecht die Völker von Fremdherrschaft befreien. Wieder wurden große Erwartungen geweckt. Und wieder wurden Energien und Gewalt freigesetzt in Dimensionen, die vor 1914 kaum denkbar gewesen wären.

Nach dem Waffenstillstand wurde Europa, wie der tschechische Philosoph und Politiker Tomáš Garrigue Masaryk bemerkte, »ein Laboratorium über einem riesigen Friedhof«.[3] In seiner Antrittsvorlesung am Londoner King's College, *The Problem of Small Nations in The European Crisis*, hatte er 1915 geäußert, dass der Krieg nur einen Sinn bekäme, wenn er zur »Befreiung der kleinen Nationen« führen würde.[4] Drei Jahre später stellte ein anderer Mitarbeiter der Zeitschrift *The New Europe* diese Auffassung implizit in Frage, als er meinte, eine einfache Aufteilung beispielsweise von Österreich dürfe kein Ziel an sich sein. In dem Artikel »From Nationalism to Federation« führte der sozialistisch inspirierte Pazifist John Mavrogordato aus, dass ein Land wie Österreich gerade gestärkt werden müsse und dass das möglich sei, indem man das Kaiserreich nicht aufspalte, sondern in eine Föderation umwandle.[5] Wenn Österreich zerstückelt würde, dann würden die Alliierten für Deutschland das tun, was das Land mit Hilfe der Aktivisten in der Flämischen Bewegung in Belgien zu erreichen versucht habe: Österreich würde so geschwächt werden, dass es für den auf Annexion bedachten deutschen Nachbarn leichte Beute würde. Nach dem gleichen Grundsatz hielt Mavrogordato eine Lösung des irischen Problems für möglich: auch das britische Reich solle eine Föderation werden. So wäre der Große Krieg die letzte Zuckung eines alten Europa der nationalistischen Staaten gewesen – eine notwendige Zwischenphase nach dem Fall des Römischen Reichs und *vor* »der Organisation der Vereinigten Staaten von Europa«. (S. 70) Ähnlich interpretierte er den Sozialismus als die Synthese des Feudalsystems und der darauf folgenden Anarchie. Nationale Autonomie war nach seiner Auffassung der selbstverständliche Baustein für den Internationalismus. So betrachtet bildeten die beiden Grundsätze – Revolution und Selbstbestimmungsrecht – zwei Seiten derselben Medaille.

Herman Gorter sah das etwas anders. Die Verabsolutierung des Selbstbestimmungsrechts würde seiner Ansicht nach zur Bildung einer ganzen Reihe neuer Staaten führen und, unvermeidlich, den Imperialismus stärken und damit neue Kriege heraufbeschwören. In einem Brief an Lenin legte er 1918 seine Position dar:

> Wie Sie wissen, denke ich über das Selbstbestimmungsrecht der Völker auch anders als Sie, obgleich ich verstehen kann und auch bewundere, wie Sie diese Frage zum Hebel der Revolution in Osteuropa gemacht haben. Als Osteuropäer hätte ich genauso gehandelt und würde auch so handeln wie Sie. – Aber in West-Europa muss ich anders handeln. Hier wäre es falsch, die Frage Elsass-Lothringen, die irische, die flämische, die dänische Frage usw. zum zentralen Gegenstand unseres Kampfes zu machen. Denn dann würde man gerade im Geist des Imperialismus handeln.[6]

Die Revolution stand für ihn über dem nationalen Selbstbestimmungsrecht. Sie würde international sein – oder unmöglich. Und Ende 1918 sah es für kurze Zeit so aus, als ob sie möglich wäre. Am 2. November berichtete Gorter aus der Schweiz: »alles gärt und kommt in Bewegung«. (S. 408) Das sah auch die Schweizer Regierung so; die Hauptakteure des 9 Tage später beginnenden »Landesstreiks« wurden verhaftet, und das Personal der russischen Botschaft, das den Generalstreik unterstützt hatte, wurde ausgewiesen. Gorter erklärte sich mit seinen russischen Freunden solidarisch; als die Russen, nachdem sie über die deutsche Grenze gebracht worden waren, vor ihrer Weiterreise zehn Tage lang in Konstanz festgehalten wurden, verbrachte er diese Zeit mit ihnen im Gefängnis. Sie sangen Kampflieder und diskutierten Tag und Nacht über die Revolution.

Die Niederlande waren nicht gerade ein Garant für das Gelingen der Revolution. Der kommunistische Volksdichter Sebastiaan Bonn sah zwar voraus, wie das Wunder sich vollziehen würde (»Gesegnet sind wir, die in dieser Stunde spüren / wie das läuternde Weltfeuer / in unseren Herzen brennt«),[7] aber als der führende Sozialist Troelstra am 12. November den »historischen Moment« zu erkennen glaubte und die Revolution verkündete, geschah bemerkenswert wenig. (S. 337) In Amsterdam gab es bei einer Demonstration drei Tote und sechs Verletzte, als die Soldaten, die man davon überzeugen wollte, sich der Revolution anzuschließen, plötzlich auf die Menschenmenge schossen. Deutlicher konnte der begrenzte revolutionäre Tatendrang nicht illustriert werden. Unbegreiflich war das natürlich nicht; in neutralen Ländern wie der Schweiz und den Niederlanden hatte es die Bevölkerung während des Krieges zwar nicht leicht gehabt, aber sie hatte nicht so gelitten, dass eine revolutionäre Situation hätte entstehen können.

Deshalb waren alle Augen auf Deutschland gerichtet. Wenn dieses Land ganz in den Bann der Revolution geriete, würde sich die Bewegung auch auf den Rest Westeuropas übertragen und der Kontinent würde vollkommen umgewandelt werden. Nachdem Anfang November unter dem Druck des revolutionären Elans und der allgemeinen Kriegsmüdigkeit das Kaiserreich implodiert war, übernahmen an manchen Orten Soldaten-, Arbeiter- und Bauernräte die Macht. Aus München berichtete Rainer Maria Rilke am Freitagmorgen, dem 8. November, seiner Frau Clara, dass die Republik ausgerufen worden und Kurt Eisner zum Ministerpräsidenten ernannt worden sei. Es war kein Schuss gefallen, kein Blut war vergossen worden – ein willkommener, unerwarteter und fast unglaublicher Abschied von der Kriegskultur, die das Land so lange im Griff gehabt hatte.[8] Die Revolution könne natürlich noch immer »eine verhängnisvolle Berauschung erzeugen«,[9] meinte Rilke, vorerst aber scheine alles ruhig. Der Dichter war ganz euphorisiert bei dem Gedanken, dass die Geschichte eine entscheidende Wendung nahm und er in der ersten Reihe saß.

Rilkes Mutter befand sich zu diesem Zeitpunkt in Prag, fühlte sich als Deutschsprachige aber vorerst aufgehoben und sicher in dem neuen Staat, der dort, nachdem nun auch die Doppelmonarchie der Vergangenheit angehörte, im Entstehen begriffen war.[10] Tschechen und Slowaken hatten durch den Krieg einen beschleunigten Prozess der nationalen Bewusstwerdung erlebt. Unter der Führung des von Rilke bewunderten Masaryk hatte der damals noch nicht existierende tschechoslowakische Staat sich französischer, britischer und amerikanischer Unterstützung versichert. Indem er sich tatkräftig an die Spitze der 50.000 Mann starken tschechischen Legionen in Russland stellte, hatte Masaryk, offiziell noch österreichischer Staatsbürger, sich als ein alliierter Anführer positioniert. Er sagte zu, seine Truppen über Wladiwostok an die Westfront zu schicken, wo sie dringend benötigt wurden, aber auf dem ungefähr 10.000 Kilometer langen Weg durch Sibirien geriet die Legion mit ehemaligen Kriegsgefangenen aus Ungarn aneinander, die die bolschewistische Revolution unterstützen wollten.[11] Als einige Monate später der Krieg auch im Westen vorbei war, konnte sich die tschechoslowakische Legion für die Alliierten in Russland nützlicher machen, indem sie dort die Front gegen die Rote Armee neu eröffnete. Auf diese Weise wurden die tschechischen Truppen ein wichtiger Faktor im schnell eskalierenden russischen Bürgerkrieg.

Vor allem in den unterlegenen Armeen wurden die Soldaten zu Sprachrohren der Revolution. Der blutjunge Tscheche Miloš Jirko (1900-1961) machte in seinem Gedicht »Siegreicher Rückzug« vom September 1918 aus der militärischen Niederlage der österreichischen Armee den Anfang der so lange ersehnten Befreiung der verschiedenen Nationen und Arbeiter innerhalb der Donaumonarchie:

> Ich und alle übrigen,
> fahren im dreckigen Viehwaggon,
> wir
> und alle gehören zur zerschlagenen Armee
> wir weichen nicht
> wir rücken vor [...]

> Ich, Student und Dichter, geboren neunzehnhundert
> auch Kanonier – bei schwersten Rohren –,
> ein Bosnier, der Rakija ausschenkt,
> ein Arbeiter vom Wiener Stadtrand,
> ein Pole, süß wechselt unsre Rede,
> die wie eine Dattel schmeckt,
> aus Kolomea ein Student, Ruthene
> ein Ungar, Schweinezüchter, damit prahlt er
> ein blasser Prager Junge
> ein Bauer aus der Haná
> wir,
> wir alle,
> wir weichen nicht,
> wir rücken vor![12]

Der deutsche kommunistische Dichter Oskar Kanehl (1888-1929) rief in dem Gedicht »An alle!« seine Kameraden und die Witwen und Waisen des Krieges dazu auf, sich öffentlich zu zeigen und ihr Leid umzusetzen in eine Revolution.

> Soldaten! Alle!
> Entblößt Eure Narben auf den Marktplätzen.
> Reißt Eure Wunden auf.

Hebt Eure Krücken, Kriegskrüppel, in den belebtesten Gassen.
Kriegsblinde, Eure leeren Augenhöhlen.
Kriegskranke, zeigt Eure Schwären öffentlich.
Eure Hungerleiber, Heimkrieger.[13]

Desertion galt für Kanehl als Zeichen der Mitmenschlichkeit,
die Ablehnung jeder Nationalität als Beweis für Kultur.

Wir sind vaterlandslos.
Nationale Ehre haben wir nicht.
Wir sehen keinen Unterschied zwischen den Gewaltakten der
    verschiedenen Vaterländer.
Grenzpfähle sind uns Kerkerstäbe.
Politik ist ein Menschenhandel. (S. 29)

So radikal waren jedoch die wenigsten Soldaten und Dichter.
Nachdem tschechische Politiker am 28. Oktober selbstbewusst
die Macht ergriffen hatten, schrieb Jan Rokyta (Pseudonym von
Adolf Černý, 1864-1952) das euphorische Gedicht »Wir sind
frei!«[14] Ebenfalls aus Anlass dieses historischen Ereignisses ließ
der Revolutionär und Dichter Stanislav Kostka Neumann (1875-
1947) in »28. Oktober 1918« die Tschechoslowakei selbst sprechen. Während sich der deutsche und der österreichische Kaiser
aus dem Staub machten, präsentierte sich das neue Land stolz
als freier Staat und schwor zugleich einen heiligen Eid: Niemals
werde es erlahmen, wenn es gelte, die Freiheit zu verteidigen.
Alle Menschen müssten gleich und frei sein.[15]

In der Praxis war die Lage allerdings weitaus weniger eindeutig. Unter alliiertem Befehl nahmen tschechische Truppen Brati-
slava ein, die weitgehend deutsch-ungarische Stadt (Pressburg/
Pozsony), die damals noch auf ungarischem Gebiet lag. Die ge-
plante Staatskonstruktion warf natürlich ebenfalls Fragen auf:
wenn jedes Volk frei sein durfte, warum mussten Tschechen und
Slowaken dann zusammen ein Land bilden? Beide waren zwar

slawisch und ihre Sprachen waren eng miteinander verwandt, aber die Slowaken hatten lange Zeit in einem ungarischen kulturellen Kontext gelebt, während in Tschechien die Österreicher das Sagen gehabt hatten. Die Alliierten sahen jedoch lieber die Bildung großer Staaten. Und so wie sie die Balkanisierung im Süden Europas zu verhindern versuchten, indem sie Kroaten, Serben, Slowenen, Montenegriner und Bosnier (auch die Muslime) in dem neuen Königreich Jugoslawien vereinten, so bevorzugten sie eine Union von Tschechen und Slowaken. Im Jahr darauf, als nach einer Revolution in Ungarn der Kommunist Béla Kun an die Macht kam, schien ein stabiler tschechoslowakischer Puffer zwischen Polen und Ungarn gewiss keine schlechte Idee.

Für den halb-slowakischen Masaryk war das überhaupt kein Problem. Er träumte vor allem von slawischer Kooperation und verhandelte in Versailles sogar über einen Korridor, der seinen neuen Staat mit Jugoslawien verbinden sollte – der erste Schritt in Richtung einer slawischen Föderation. Aus dem Korridor wurde nichts, aber auf territorialer Ebene setzte er sich durch. Seine Delegation nutzte geschickt die terminologische Undeutlichkeit von Wilsons Vierzehn Punkten und holte die Slowakei insgesamt – unter Berufung auf das Selbstbestimmungsrecht – in den zu gründenden Staat. Das Territorium der Tschechoslowakei wiederum wurde auf der Basis angeblich natürlicher Grenzen festgelegt, wodurch ungefähr drei Millionen ethnische Deutsche (die sogenannten Sudetendeutschen) plötzlich Tschechen waren. Nicht zufällig geriet so eine wirtschaftlich bedeutende Gegend auf die »richtige« Seite der Grenze. Der Gebrauch der eigenen Sprache, die Ausübung der Religion und alle anderen Rechte von Minderheiten würde die Tschechoslowakei gewährleisten, und Rilke jedenfalls schien sich damit zufriedenzugeben. Nachdem er eine Zeitlang staatenlos gewesen war, wurde er schließlich tschechischer Staatsbürger.[16] Viel mehr als ein symbolischer Entschluss war das jedoch nicht. Bis zu seinem Tod 1926 wohnte der Dichter vor allem in Hotels und Schlössern in der Schweiz und in Italien. Die Deutschen, die tatsächlich in der Tschechoslowakei lebten, wurden keineswegs unterdrückt, aber sie fühlten sich auch nicht zu Hause und willkommen. Dass hier das Selbstbestimmungsrecht mit Füßen getreten wurde, lässt sich nicht bestreiten.

Das erfuhren auch die Österreicher. Sie wollten sich, als »Deutsche«, gern mit Deutschland vereinen, doch eine solche Gebiets- und Bevölkerungszunahme war vor allem für die Franzosen undenkbar. Und so blieb ein Rumpfstaat Österreich übrig, der noch während der Verhandlungen in Versailles weiter abzubröckeln drohte, als das – deutschsprachige – Vorarlberg lieber zur Schweiz gehören wollte, unter anderem, weil es nicht mehr für die Versorgung der ehedem saturierten und nun Not leidenden Hauptstadt aufkommen wollte. Dort herrschte unübersehbar ein vorrevolutionäres Klima, und das erkannten auch die führenden Politiker der Alliierten. Sie schickten massenhaft Nahrungsmittelhilfe, und als im Juni 1919 die Kommunisten in Wien nach der Macht griffen, scheiterten sie.[17] Die Friedensbedingungen wurden dennoch als sehr hart empfunden. Eine dreitägige Staatstrauer und sehr bittere Pressekommentare, auch auf der Seite der Linken, sollten der Welt deutlich machen, dass hier nicht nur der Stolz, sondern auch das Gerechtigkeitsempfinden eines großen europäischen Kulturvolkes verletzt wurde. Nach einer weiteren Verhandlungsrunde machten die Vertreter der Alliierten einige Zugeständnisse, und mindestens eines davon führte zu einem Ergebnis, das in direktem Widerspruch zu Wilsons Glaubenssätzen stand. Nachdem es in Südkärnten an der Grenze zwischen Österreich und dem neuen Jugoslawien zu Kämpfen gekommen war, durfte die Bevölkerung in einer Volksabstimmung entscheiden, zu welchem Land sie gehören wollte. Obwohl die Mehrheit Slowenen (und damit »jugoslawisch«)

waren, entschieden sich fast zwei Drittel für einen Anschluss an Österreich.

Ungarn musste als besiegtes Land noch mehr hinnehmen. Als absehbar war, dass die Doppelmonarchie den Krieg verloren hatte, sprach der todkranke Dichter Endre Ady Ende 1918 zum letzten Mal als Nationaldichter. In »Gruß dem Sieger« bat er um Milde für das Land, das selbst das Opfer einer volksfernen und reaktionären Regierung gewesen sei:

Tretet dieses Land nicht all zu sehr,
Zerstampft es nicht mit euren Füßen,
Verschont das traurig blutende Herz,
Denn es will pochen, schlagen, rasen.

Unglückselig ist das Ungarvolk,
War in Aufruhr, dann verschrieb man uns
zur Heilung den gnadenlosen Krieg.
Bis ins Grab verfolgt uns Gift und Flucht.

Dumpf rauschen unsere Kasernen,
Jede Erinnerung ist voll Blut,
Endlose Trauer in den Grüften,
Totenbahre dicht an Totenbahre.

Wir waren die Narren der Erde,
Ungarn, arme Seelen und missbraucht,
Jetzt mögt ihr kommen, ihr Sieger,
Euch gilt dieser Gruß zum Sieg.[18]

Serbien und Rumänien zeigten sich nicht beeindruckt von dieser flehentlichen und respektvollen Bitte und besetzten große Teile des Landes. Am 11. Januar annektierte Rumänien Transsilvanien, und nachdem am 21. März Béla Kun in Ungarn die Räterepublik ausgerufen hatte, erlaubten die Alliierten den Nachbarländern, noch weiteres Territorium abzuzwacken, um so den Bolschewismus zu bekämpfen. Der Korridor Richtung Jugoslawien, den Masaryk gern gewollt hätte, ging dadurch an Österreich. Als besiegter Staat tat man nach dem Waffenstillstand gut daran, sich für die richtige Seite zu entscheiden.

Nach Kuns Sturz im August kam eine Regierung an die Macht, die den Alliierten genehmer war. Mit ihr wurde schließlich der Vertrag von Trianon ausgehandelt, der zum Inhalt hatte, dass Ungarn auf 71 Prozent seines Vorkriegsterritoriums und 60 Prozent seiner Bevölkerung verzichten musste. Auch in diesem Fall nahm man es mit der Selbstbestimmung nicht so genau. Dreieinhalb Millionen Magyaren fanden sich durch den Vertrag außerhalb der Landesgrenzen wieder, vor allem in Adys geliebtem Transsilvanien, das rumänisch wurde. Diese Demütigung erlebte der Dichter nicht mehr. Ady starb am 27. Januar 1919. Kurz vor seinem Tod wurde er noch zum Vorsitzenden der Vörösmarty-Akademie gewählt, aber seine Antrittsvorlesung über die europäische Zukunft, die er für sein Land sah, konnte er nicht mehr selbst halten. In Transsilvanien erlebte die ungarische Literatur in den folgenden Jahren eine nie gekannte Blüte. Talentierte Lyriker und auch Sonntagsdichter sahen es als ihre heilige Pflicht, die ungarische Minderheit zu retten und Adys Ideal eines multiethnischen Transsilvanien zu verbreiten. Von 1919 bis 1926 erschienen nicht weniger als 330 ungarische Zeitungen und Zeitschriften. Der Dichter Sándor Reményik (1890-1941) wurde zum lyrischen Gewissen der ungarischen Minderheit in Rumänien, und seine enorm populären Gedichte erschienen auch in Budapester Zeitungen und Zeitschriften.[19]

Die Nachwehen des Krieges und die territorialen Verschiebungen hinterließen bei vielen Ungarn ein bleibendes Trauma. Árpád Tóth (1886-1928) hatte die dunklen Wolken heraufziehen sehen, als er im November 1918 in dem Gedicht »Heilige Krüppel, wacht auf« seine Landsleute dazu aufrief, sich bloß nicht als jämmerliche Trottel hinzustellen, während die »frohen Völker« der Welt lautstark feierten.[20] Auch Mihály Babits kam über die

Gebietsverluste seines Landes nicht hinweg. Die nationalistischen und zugleich rachsüchtigen Gedichte, die er darüber schrieb, wurden später nicht in seine gesammelten Gedichte aufgenommen, um die Nationalgefühle der Nachbarvölker nicht zu verletzen.[21] In dem Gedicht »Ein Schrei ungarischer Dichter an die Dichter Europas« reagierte auch der sonst eher apolitische Dezső Kosztolányi schockiert auf die Ereignisse. Das Dorf Szabadka, in dem er geboren war, gehörte inzwischen zu Jugoslawien. Auch das konnte geschehen – auf einmal stand deine Wiege im Ausland.

Mitte Dezember 1918 war von Rilkes anfänglicher Begeisterung für die Revolution nicht mehr viel übrig. Die Revolution habe kurz die Illusion einer befreienden Tabula rasa geweckt, aber in den Händen »einer im Tiefsten unbegeisterten Minderheit«[22] sei sie bald verwässert und entgleist. Wirklich verwundert war Rilke darüber nicht. Das Ende des Krieges hätte allen Menschen ein »tiefes Ausatmen« ermöglichen müssen, einen »Moment der Sicherheit und Ruhe« (S. 237); durch die Revolution sei der Frieden jedoch »in tausend Stücke zersprungen« (S. 238) und niemand sei mehr in der Lage, das Geschehen geistig zu durchdringen. Nach der Ermordung Eisners im Februar 1919 geriet die Situation vollends außer Kontrolle; es kam zu einem wahren Bürgerkrieg, und nachdem im April die Münchner Räterepublik ausgerufen worden war, wurden Anfang Mai alle Revolutionäre für vogelfrei erklärt. Einige dieser Spartakisten wurden ermordet, andere – wie der Dichter, Weltkriegsveteran und Kommandant der Roten Armee der Räterepublik Ernst Toller (1893-1939) – landeten im Gefängnis.

In Berlin war die Lage nicht weniger dramatisch. In Gedichten und Flugblättern wurde zur Ermordung der Revolutionsführer Rosa Luxemburg und Karl Liebknecht aufgerufen. Anfang Januar 1919 sollte die Revolution durch Streiks und gewalttätige

Demonstrationen erneut angefacht werden. Die bürgerlichen konterrevolutionären Kräfte, die versucht hatten, die Novemberrevolution im Keim zu ersticken, nahmen auch jetzt das Heft in die Hand. Sie setzten reaktionäre Freikorps ein, und am 15. Januar wurden Luxemburg und Liebknecht verhaftet, verhört, misshandelt und ermordet. So betrachtet ähnelten der Herbst 1918 und das Frühjahr 1919 dem Sommer und Herbst 1914: Menschen träumten von einem Neuanfang und endeten in einem oft blutigen Morast. Aber während der Transformation selbst waren sie von einem Gefühl von Zielstrebigkeit, Tatkraft und Schicksalhaftigkeit überwältigt, das sie außer in jenem denkwürdigen Augustmonat nie erfahren hatten.

In Russland versuchten unterdessen die Futuristen, dieses Gefühl so lange wie möglich festzuhalten. Sie betrachteten sich als die einzig wahren revolutionären Künstler und wollten auch von der neuen Regierung als solche anerkannt werden. Sie hielten diesen Schritt für selbstverständlich: Waren die Futuristen nicht immer schon revolutionär gewesen? Es gelang ihnen, die Kontrolle über die Zeitschrift *Iskusstvo Kommuny* (Kunst der Kommune) zu erlangen, die von der Abteilung für Literatur und bildende Kunst des Volkskommissariats für Bildungswesen der jungen Sowjetunion herausgegeben wurde.[23] In seinem Gedicht »Erlass an die Armee der Kunst« in der ersten Nummer dieser Zeitschrift, die am 7. Dezember 1918 erschien, verdeutlichte Majakowski, welche Rolle und Verantwortung die neuen Künstler in der neuen Welt innehätten: »Nur die sind echt Kommunisten, / die die Brücken zum Rückzug verbrannt.«[24] Und das bedeutete nicht nur, dass ein russischer Dichter auf eine neue Art über neue Themen schreiben sollte, sondern auch, dass er sich nicht länger in den Boudoirs und Elfenbeintürmen aufhalten konnte, die offenbar zu seiner natürlichen Umgebung geworden waren. Die futuristische Kunst werde kommunistisch und damit proletarisch sein – in ihren Zielen, ihren Themen und ihren Mitteln:

Die Straßen sind jetzt unsere Pinsel,
unsere Paletten die Plätze.
Tausendseitige
Zeitbücher vergaßen,
Revolutionstage hinauszutrompeten.
Futuristen auf die Straßen,
ihr Trommler und ihr Poeten! (S. 273)

Das wurde nicht einfach so nebenbei mitgeteilt. Von künstlerischer Freiheit könne nicht mehr die Rede sein, betonte der
Redakteur Ossip Brik; wenn im neuen Russland alle Arbeit pro-
letarisiert werde, dann auch die künstlerische. Der Dichter und
Theoretiker Wiktor Schklowski war damit nicht einverstanden;
die große Neuerung der Futuristen bestehe, wie er meinte, gerade im Triumph der Form und der Autonomie des Wortes. In
der *Kunst der Commune*-Nummer vom 15. Dezember ging Majakowski noch einen Schritt weiter. In »Zu früh gefreut« ging er
mit den Künstlern, Gebäuden und Ideen ins Gericht, die in der
Vergangenheit verhaftet waren oder sie in ihrem Traditionalis-
mus verkörperten:

Es ist höchste Zeit
die Museumsmauern
in Geschützdonner zu tauchen.
Schießt mit Großkalibern
den morschen Plunder in die Hölle!
Sät Verderben im Lager des Feindes.
Pass auf, wo du deinen Fuß hinsetzt, Kapitalistenseele![25]

Genauso wenig wie ihre italienischen Futuristen-Kollegen oder
die deutschen und rumänischen Dadaisten waren die russischen
Futuristen Pazifisten. Weißgardisten sollten zusammengeschla-
gen werden, und alte Kunst, Architektur und Literatur (Raffael,
Rastrelli, Puschkin) gehörten auf den Müll. (S. 357) Die Veröf-

fentlichung dieses Gedichts löste einen ziemlichen Wirbel aus. Die Funktionäre waren verwirrt: Wunderbar, dass die talentierten Futuristen alle auf der Seite der Revolution standen, aber was fiel ihnen ein, zu suggerieren, Puschkin und die Ikonen müssten vernichtet werden? Der offizielle Sowjetstandpunkt war ja der, dass alles Staatseigentum, und selbstverständlich auch das künstlerische und historische, geschützt werden müsse. Auch Alexander Blok war sehr besorgt. Das Projekt der Revolution hatte er zwar enthusiastisch begrüßt, die Haltung der avantgardistischen Künstler hingegen lehnte er ab. In einem – nicht abgeschickten – Brief an Majakowski warf der Symbolist seinem jüngeren Kollegen vor, selbst in der Vergangenheit stekkengeblieben zu sein – einer Vergangenheit, in der Schmerz einen höheren Wert gehabt habe als Freude und das Durchbrechen der Tradition selbst zu einer Tradition geworden sei: »Im Zerstören sind wir noch immer dieselben Sklaven der alten Welt.«[26] Und in diesem Punkt war sich Majakowski vielleicht ja mit Blok einig. In der letzten Strophe von »Zu früh gefreut« hieß es, dass sich der wahre kommunistische Genosse nicht nur äußerlich ändern müsse: »Kehr dein Inneres nach außen!«[27] Das war jedoch zu viel verlangt. Arbeiter, Bauern und Beamte waren vielleicht reif für einen politischen und ökonomischen Umbruch, doch mit dieser modernen Kunst konnten sie nicht viel anfangen. So wie sich Arthur Rimbauds lyrische Neuerungen mit dem Geschmack und den Zielen der Kommunarden 1871 nicht in Einklang bringen ließen,[28] so fanden auch die Futuristen mit ihren extremen Experimenten keinen Anschluss an die proletarische Kunst und Kultur. Majakowski änderte seine Arbeitsweise daraufhin. 1919 zeichnete und dichtete er unermüdlich Agitprop-Plakate für das Propagandabüro ROSTA. Außerdem arbeitete er an einem langen, epischen Gedicht, »Hundertfünfzig Millionen«. Ermutigt durch den neuen Leiter der Literaturabteilung des Volkskommissariats, den symbolistischen Lyriker

Brjussow, veröffentlichte Majakowski den Text anonym, zusammen mit der Aufforderung, jeder Leser dürfe das Gedicht verbessern und ergänzen. Das war die wahre kommunistische, kollektivistische Kunst. Sogar ein Super-Ego wie Majakowski ordnete sich unter und ermunterte die Genossen, selbst Künstler zu werden. Und die Botschaft hatte sich gewaschen. Die kapitalistischen Führer der Entente wurden der Lächerlichkeit preisgegeben – »Doch wir unterschrieben ja keinen Vertrag in Versailles: / weshalb hungern wir tierisch«[29] – und für Entbehrungen der russischen Bevölkerung verantwortlich gemacht. Die 150 Millionen Russen würden dennoch nicht aufzuhalten sein – daran brauchten die anonymen Mitdichter nicht zu zweifeln.

Aber das taten sie doch, und die Folge war eine paranoide Schreckensherrschaft, die das Versprechen der Revolution in Blut erstickte. »Es nähert sich die neue Zeit, / Das Herz vereist im Todeswehen«, schrieb Anna Achmatowa in dem Gedicht »Petrograd, 1919«.[30] Ihr Ex-Mann, der mit mehreren Orden ausgezeichnete Kriegsveteran Nikolai Gumiljow, war der erste bekannte Schriftsteller, der aus dem Weg geräumt wurde. Im August 1921 wurde er vom Geheimdienst Tscheka wegen der angeblichen Beteiligung an einer monarchistischen Verschwörung verhaftet. Ein Beweis für diese Anschuldigung wurde nie gefunden. Seine Leiche auch nicht.

Sinaida Hippius hatte alles kommen sehen. Tag für Tag schrieb sie in ihr Tagebuch kritische Bemerkungen über die Bolschewiki. Ihre Wut und Verzweiflung richteten sich dabei auch immer öfter auf die führenden europäischen Politiker, die das alles geschehen ließen. Am 22. November 1919 schrieb sie: »Wenn in Europa im XX. Jahrhundert ein Land mit einer so phänomenalen, in der Weltgeschichte noch nicht dagewesenen allgemeinen *Sklaverei* existieren kann und Europa es nicht versteht oder es hinnimmt, muß Europa zugrunde gehen. Und es wird ihm recht geschehen.«[31] Sie wusste, dass ihre Haltung als konterrevolutionär abgestempelt werden würde, obwohl sie eigentlich nur die wahre Revolution retten wollte. »Es gibt keine Revolution«, beharrte sie, »es gibt keine Diktatur des Proletariats. Es gibt keinen Sozialismus. Es gibt auch keine Sowjets.« (S. 106) Ende 1919 konnte sie es nicht mehr ertragen und ging zusammen mit ihrem Mann ins Exil. Vom polnisch besetzten Minsk und später auch von Warschau aus versuchte sie die militärische Opposition gegen die bolschewistische Regierung zu organisieren. Als das misslang, emigrierte sie nach Paris.

In Westeuropa führte der Waffenstillstand schließlich zum Frieden, aber revanchistische Gefühle bei den Siegern machten es den Besiegten nicht gerade leicht, eine neue Zukunft aufzubauen. Das höchste Strafmaß wurde selbstverständlich Deutschland zuteil.[32] Als Erstes verlor es seine überseeischen Kolonien. Elsass-Lothringen kam erneut in französische Hände, Belgien bekam Eupen-Malmedy, das strategisch wichtige Rheinland wurde entmilitarisiert und das industrielle Saargebiet wurde für fünfzehn Jahre dem zu gründenden Völkerbund unterstellt; danach sollte die Bevölkerung entscheiden, ob sie wieder unter die deutsche Fahne zurückwollte (was 1935 dann auch der Fall war). Dänemark gewann ein Stückchen Schleswig zurück, das es 1864 in einem Krieg verloren hatte. Ostpreußen wurde vom deutschen Mutterland getrennt, um den Polen über einen kleinen Korridor Zugang zum Meer zu geben – eine wenig elegante Lösung und eine ständige Konfliktquelle für alle Beteiligten. Zusätzlich zu diesen territorialen Verlusten musste Deutschland phänomenale Reparationszahlungen leisten und sollte die moralische Verantwortung für den Krieg auf sich nehmen. In den neutralen Niederlanden äußerte Albert Verwey schon im Frühjahr 1919, dass die Entente hier einen sehr riskanten Weg einschlage. Sein so geliebtes Deutschland werde gedemütigt, obwohl die neue Regierung in Berlin keine Schuld am Krieg gehabt habe. Die Revolutionäre, also jene Menschen, die sich »der Triebkraft der zukünftigen Welt« verpflichtet fühlten, würden durch den Chauvinismus der »Pariser Völkerbund-Architekten« zu einer Machtlosigkeit gezwungen, die das große Deutschland nicht lange werde tolerieren können. Die Welt befinde sich in einem dramatischen Umbruch, doch der Westen sei mehr daran interessiert, alte Rechnungen zu begleichen, als sich mit den Anforderungen und Möglichkeiten der Gegenwart und Zukunft zu beschäftigen. »Überall, auch in Belgien, auch in den Niederlanden, begeht man nun die Torheit, sich mit der Verteidigung des Alten zu befassen, statt das Kommende aufzubauen. Aktivisten zu bestrafen ist nicht so wichtig, wie Flamen Gerechtigkeit widerfahren zu lassen. Zivilmilizen aufzustellen ist weniger klug als Arbeit und Betriebe so zu reformieren, dass sie der unteilbare Körper der Gemeinschaft sind.«[33]

König und Regierung Belgiens waren anderer Ansicht. An ein Selbstbestimmungsrecht für die Flamen war nicht zu denken. Die nationale Einheit und die Erhaltung des bürgerlichen Gesellschaftssystems standen an erster Stelle. Ohne das Parlament zu konsultieren, setzte König Albert seinen ganzen durch den Krieg erworbenen Kredit sofort wohlkalkuliert in einer Runde politischem Roulette ein. In gleich am 11. November 1918 getroffenen Vereinbarungen waren die Prioritäten festgelegt worden. Jede Gefahr einer Revolution sollte gebannt werden, indem unverzüglich das bisherige – vom Steueraufkommen und Status abhängige – Pluralstimmrecht abgeschafft und ein allgemeines (Männer-)Wahlrecht eingeführt wurde; außerdem sollte eine Regierung der nationalen Einheit gebildet werden, also unter Beteiligung der Sozialisten. Doch nicht jeder ließ sich von diesen Reformen einlullen. Das Bündnis zwischen den (teilweise zu Haftstrafen verurteilten) flämischen Aktivisten[34] und den flämisch orientierten Soldaten, die sich an der Yser-Front radikalisiert hatten, führte zu einer politischen Strömung unter dem

Motto »Nie wieder Krieg« und der Forderung nach Selbstverwaltung für die Flamen. Diese »Frontpartei« gewann aber keinen nennenswerten Einfluss auf die belgische Politik. Auch mehr oder weniger berühmte Dichter unterstützten sie: Paul van Ostaijen lieferte Beiträge für die Parteizeitung *Ons Vaderland* (Unser Vaterland), und auch die Kriegsveteranen Filip De Pillecyn und Ward Hermans (1897-1992) arbeiteten an dem Blatt mit. An den Gedichten von Ward Hermans fällt auf, dass er seinen »Flamingantismus« immer offener als Hass gegen Belgien formulierte. Hermans war an der Front wegen seiner politischen Aktivitäten bestraft und zu der sogenannten Holzfäller-Kolonne an der Orne in Frankreich geschickt worden; zusammen mit Kriegsdienstverweigerern, Juden und neun anderen Soldaten, die nicht genügend Vaterlandsliebe bewiesen hatten, musste Hermans dort monatelang Bäume fällen. Erst im Juli 1919 durften sie damit aufhören. Solche Strafmaßnahmen wirkten sich nicht gerade positiv aus – der letzte Rest von Vaterlandsliebe wurde durch diese als herzlos angesehene belgische Tat für immer zerstört.[35] Auch die juristische Verfolgung der Aktivisten trug nicht gerade dazu bei, sie wieder zu loyalen belgischen Patrioten zu machen. Dichter wie Gaston Burssens und Wies Moens, die an der niederlandisierten Universität von Gent studiert hatten, fanden sich hinter Gittern wieder.

In seinem Berliner Exil durchlebte Paul van Ostaijen eine lange und tiefe Krise. Während seine Aktivistenfreunde in Belgien im Gefängnis saßen, führte er im von Inflation und Armut heimgesuchten Deutschland zwar kein Luxusleben, doch es bedrückte ihn, dass er kaum noch Einfluss auf die Entwicklungen ausüben konnte, weder künstlerisch noch politisch, weder in Flandern noch in Deutschland. Er versuchte zwar, sich in der deutschen Presse für die Sache Flanderns einzusetzen, aber es gelang ihm kaum, die deutschen Revolutionäre davon zu überzeugen, dass sein flämischer Nationalismus nicht im Widerspruch zu ihrem Nachkriegs-Internationalismus stand. Im Sommer 1920 begann er mit einem großen lyrischen Werk, in dem er sein Engagement und seine Ideale vor dem Hintergrund des Lebens im besetzten Antwerpen analysierte. Für Illusionen ist in *Bezette stad* (Besetzte Stadt) nicht viel Platz. Hatte er drei Jahre zuvor in dem Gedicht »Zaaitijd« (Erntezeit) noch geschrieben, dass in den Schützengräben an der Yser »die Saat auf guten Boden« falle,[36] so konnte er jetzt nur feststellen, dass die Saat nicht aufgegangen und deshalb auch keine Ernte zu erwarten sei. Der Dichter, der wie so viele seiner avantgardistischen Kollegen im In- und Ausland damit gerechnet hatte, dass der Zusammenbruch der alten Ordnung zu einer neuen Welt führen würde, gelangte ernüchtert zu der Schlussfolgerung, dass das revolutionäre Klima im Keim erstickt worden und die bürgerliche Restauration in Westeuropa vollendet sei.

alle Hoffnung
alle Idiotien
doch die rote Flut verebbt
die roten Armeen wachsen nicht mehr
und nichts geht kaputt

                    und nichts geht   kaputt

Der belgische Staatsnationalismus triumphierte (»patriotische Filme / patriotisches Bier / patriotisches Kalbfleisch«), und das von Ostaijen verhöhnte und abgrundtief gehasste Trio »Kirche König Staat« hielt die Zügel wieder fest in der Hand. Der »kommunistische europäische Bundesstaat«, über den er in seinen Aufsätzen geschrieben hatte,[37] lag noch in weiter Ferne. In *Besetzte Stadt* ist Europa auf zweierlei Art präsent: als polyglotter Flickenteppich, wo Niederländisch, Französisch, Englisch, Deutsch und Latein durcheinander gesprochen werden, und in der ironischen Erörterung einer Landkarte:

DIE EROTISCHEN LAGERSTÄTTEN EUROPAS
zwar kennen wir Europa von so und von so
wie es sich dehnt und streckt flach und gebirgig
geologisch
die flußgebiete
politisch
kirchlich
kommerziell
und alles dies und alles das
                        aber
so ein EROTISCHER ATLAS ist einfach eine Notwendigkeit
in Zukunft werden Privatdozenten
Vorlesungen halten
über diese Veröffentlichung zum Segen der Menschheit
auf Korfu sind die Frauen so

Beine Schenkel Brüste Berlin **Deutschland** BRÜSSEL
Amsterdam Bukarest London PARIS
Haar Parfüm Blumen Houbigant Longchamp Maisons-Lafitte Macher
Macker
zahlender Kunde Rigolo Gigolo Lesbierinnen **ehrliche Frau**

und in 5 Minuten hast du gesehen
die Nekropolis
der Akropolis[38]

Betonte van Ostaijen im Titelgedicht von *Het Sienjaal* (Das Signal)
noch, wie einzigartig das »Ethos« jedes europäischen Landes sei,[39]
bat er nun um Aufmerksamkeit für die Unterschiede der europäischen Frauen. Inwieweit das sarkastisch gemeint war, ist schwer zu
sagen, aber die letzten Zeilen dieser Passage lassen doch eine bestimmte Interpretation zu. Was aussah wie wichtiges Faktenwissen
der ständig kategorisierenden und analysierenden europäi-

schen Akademiker, Touristen und Anthropologen, war im Grunde ein Symptom der tiefen kulturellen Krise des Kontinents. Wenn auch Sexualität und Lusterleben akademisch und kommerziell erforscht und ausgebeutet werden, erleben wir tatsächlich das Ende der großen europäischen Kultur: »die Nekropolis / der Akropolis«. Der »Gipfelpunkt« der Kultur, den er in »Het Sienjaal« besungen hatte, schien nun eine groteske Farce.

Mit der Ernüchterung leben lernen – vor dieser Aufgabe standen nach dem Krieg viele Soldaten, Intellektuelle und Schriftsteller. Die großen Worte vom August 1914 waren als demagogischer Schwulst enttarnt worden, und das Versprechen vom November 1918 lief, wie es schien, auf eine neue Desillusionierung hinaus. Siegfried Sassoon ließ sich nun nichts mehr vormachen. Schon gleich am 11. November 1918 erkannte er, dass es in die falsche Richtung ging. Der Siegestaumel und Revanchismus seiner Landsleute war ihm zuwider (»Wie es scheint, wird England in gigantischem Maß zusätzliche Macht gewinnen. Sie wollen Deutschland bei lebendigem Leib häuten. ›A peace to end peace!‹«),[40] und die massenhafte Bekundung des – von ihm so bezeichneten – »mob patriotism« machte ihn krank. »Ekelhaftes Ende der ekelhaften Tragödie der letzten vier Jahre.« (S. 282)

Nicht jeder bewertete das, was er durchgemacht hatte, ausschließlich negativ. Ford Madox Hueffer war aus einer seltsamen Mischung von Pflichtbewusstsein und Schuldgefühlen an die Front gegangen – hatte er das Leben nicht zu leicht genommen? Hatte er bei seinen amourösen Abenteuern nicht vielleicht zu großen Schaden angerichtet? –, und seine schwere Verwundung betrachtete er als die Abgeltung einer fälligen Schuld.[41] Dass er diese extreme Erfahrung überlebt hatte, gab ihm nach dem Waffenstillstand offenbar einen zusätzlichen Halt. Die offizielle Namensänderung im Juni 1919 besiegelte diese Wiedergeburt: Ford Madox Hueffer wurde Ford Madox Ford – der unwiderrufliche

Abschied von seinen deutschen Wurzeln und zugleich ein neuer Autorenname. In den Nachkriegsromanen, die Fords bleibenden Ruhm begründeten, kommt die Hauptperson immer wieder durch Krieg oder Selbstmordversuche mit dem Tod in Berührung, um dann doch zu überleben. (S. 79) Vielleicht lässt sich das so deuten, dass der Erste Weltkrieg ihm das Leben gerettet hatte.

Das Leben vieler anderer Menschen aber hatte der Krieg grundlegend zerstört. Britische Soldaten, die bis zuletzt an seinen Sinn geglaubt hatten und die als Helden empfangen worden waren, hatten oft die größte Mühe, sich wieder in die Gesellschaft einzufügen.[42] Viele von ihnen wurden arbeitslos, manche zu Vagabunden. Sich wieder ans Alltagsleben zu gewöhnen, wurde ihnen außerordentlich schwer gemacht in einer Gesellschaft, die vielleicht ein Ohr hatte für spektakuläre Schlachtfeld-Anekdoten, von den Traumata der *tommies* aber nichts wissen wollte. Sie hatten es doch überlebt, und außerdem: Waren sie jetzt nicht etwa die Helden der Nation? Während auf den Marktplätzen darum gestritten wurde, wie das Ehrenmal für die Gefallenen aussehen sollte, zogen sich viele der schwer Kriegsversehrten aus dem bürgerlichen Leben zurück. In seinen Kriegserinnerungen *Goodbye to All That* (1929, in Deutschland 1930 unter dem Titel »Strich drunter« erschienen) beschrieb der britische Dichter Robert Graves, wie außerordentlich schwer es war, den Krieg hinter sich zu lassen. Nachts wurde er von Visionen heimgesucht – Granaten schlugen in sein Bett ein –, und tagsüber erinnerten ihn die Gesichter unbekannter Passanten an gefallene Kameraden; auf Spaziergängen konnte er sich nicht dagegen wehren, dass er seine britischen Lieblingslandschaften als zukünftige Schlachtfelder sah.[43]

Was für Graves zum Albtraum geworden war, hatte für Gabriele D'Annunzio offenbar etwas Süchtigmachendes. Den Waffenstillstand empfand er denn auch als grobe Ungerechtigkeit. Gerade noch hatte er seine allergrößte Heldentat vollbracht – im August 1918 war er über das feindliche Wien geflogen und hatte Propagandaflugblätter in den drei Farben der italienischen Fahne abgeworfen –, und schon war dieses Leben voller Schneid, Hingabe und Heroik zu Ende. Fast verfiel er in Lethargie, bis sich eine neue Herausforderung anbot, der sich der Dichter vorbehaltlos widmen konnte: die Hafenstadt Fiume (Rijeka) an der Küste Dalmatiens.[44] Im »Londoner Vertrag«, dem Geheimabkommen von 1915, das Italien Gebietsgewinne als Gegenleistung für seinen Kriegseintritt auf der Seite der Entente versprach, war die Stadt Fiume nicht erwähnt worden, doch Italien meinte trotzdem ein Anrecht darauf zu haben. Die Situation war ohnehin recht problematisch: Präsident Wilson lehnte es generell ab, alte Geheimabsprachen zu erfüllen, und wollte sich nur nach den Punkten richten, die er selbst aufgestellt hatte. Aber genau auf diese Absprachen beriefen sich die Italiener und forderten alle angeblich zugesagten Gebiete zurück, einschließlich Fiume, eine ethnisch gemischte Stadt, in der die italienische Mittelschicht von kroatischen Arbeitern und Bauern umgeben war. Hier wurden deutlich die Grenzen des Selbstbestimmungsrechts der Völker ausgelotet. Im Stadtzentrum bildeten die Italiener tatsächlich eine knappe Mehrheit, doch wenn man auch die Vorstädte berücksichtigte, war das Gebiet eindeutig kroatisch. Wilson war nicht geneigt, sich der italienischen Argumentation anzuschließen. Er hatte schon gegen seine Grundsätze verstoßen müssen, als er Italien das deutschsprachige Südtirol zuerkannte; bei der Küste Dalmatiens und insbesondere bei der Stadt Fiume blieb er hart. In nationalistischen Kreisen Italiens wuchs daraufhin die Spannung. D'Annunzio sprach in Mussolinis Zeitung *Il Popolo d'Italia* höhnisch von einem Frieden, der seinem Land aufgedrängt werde. Was für eine Schande wäre es, wenn sich Italien mit der Mittelmäßigkeit der alliierten Friedensvorschläge abfinden würde: »Welcher Frieden wird uns, arme Kinder Christi, aufgezwungen werden? Ein gallischer Frieden? Ein britischer Frieden? Ein Sternenbanner-Frieden? In diesem Fall: Nein! Genug! Das siegreiche Italien – die siegreichste der Nationen, denn sie hat sich selbst und den Feind besiegt – wird bis über die Alpen und das Meer eine Pax Romana errichten, der einzige Frieden, der angemessen ist.«[45]

Bei den Verhandlungen in Versailles wurde Fiume zu einem Konfliktpunkt. Die italienische Delegation versuchte den Eindruck zu erwecken, dass ein Bürgerkrieg bevorstehe. Als Wilson selbst über die lokalen Zeitungen die Bevölkerung Italiens dazu aufforderte, ihre territorialen Wünsche zu äußern, bezeichnete D'Annunzio ihn als »kroatisierten Quäker« mit 32 falschen Zähnen. (S. 309) Im Parlament, auf der Straße und in den Zeitungen konnte Wilson ebenso wenig mit Unterstützung rechnen. Am 19. Juni, neun Tage bevor der Versailler Vertrag unterzeichnet werden sollte, stürzte Italiens Regierung. Kurz zuvor hatte Ministerpräsident Orlando seinem britischen Kollegen anvertraut, dass er befürchte, D'Annunzio werde sein Nachfolger. Dazu kam es nicht, aber am 11. September brach eine Gesellschaft von zweihundert Veteranen, Faschisten und Anarchisten nach Fiume auf – an der Spitze der Dichter und Flieger. Sie wollten nicht mehr auf eine politische Lösung warten und nahmen die Stadt am nächsten Tag ein, ohne auf Widerstand zu stoßen. Die italienischen Soldaten, die sie daran hätten hindern müssen, schlossen sich dem Dichter an. D'Annunzio war jetzt der *Duce* von Fiume. Er hielt eine Rede, in der er sich selbst mit einem oratorischen Orgasmus übertraf. Heldenmut habe über Politik gesiegt, Kühnheit über Feigheit und müßiges Palavern. Und wieder wurden Energien freigesetzt, die im normalen bürgerlichen Leben weniger zum Zuge kamen – unter anderem mit dem Ergebnis, dass Fiume schon bald eine separate Klinik zur Behandlung von Geschlechtskrankheiten benötigte.

Auf internationaler Regierungsebene herrschte natürlich Empörung über dieses Bravourstück, und die Empörung steigerte sich noch, als D'Annunzio für eine Weile den Plan des belgischen Dichters Léon Kochnitzky aufgriff, einen alternativen Völkerbund zu gründen.[46] Der Bund von Fiume sollte ein Bund unterdrückter Völker werden, ausdrücklich gegen die sich ausbreitende Macht der Vereinigten Staaten gerichtet und, so war es geplant, unterstützt von Ägypten, Indien, Irland, den Flamen, Maltesern, Katalanen und Montenegrinern.

Bei der Aktion in Fiume standen auch die Futuristen nicht abseits.[47] Obwohl D'Annunzio in einem Manifest von 1911 noch als der absolute Feind des Futurismus gebrandmarkt worden war,[48] fanden sie einander nun in ihrer Vorliebe für ostentativen Patriotismus und tatkräftiges Auftreten. Marinetti hatte inzwischen auch eine futuristische politische Partei gegründet und war davon überzeugt, dass seine Bewegung bereit war, das Land endlich in die Zukunft zu führen. Zwölf Futuristen waren im Krieg umgekommen, fast alle anderen hatten, manche mehrmals, Verwundungen erlitten. Dieses Opfer hatte bewiesen, wie sehr ihr Schicksal mit dem ihres Landes verwachsen war. Während des Krieges hatten die Futuristen Freundschaft geschlossen mit den *Arditi,* den Elitetruppen, die auch D'Annunzio auf Händen trugen. Gemeinsam würden sie Italien verändern, und Fiume schien ein ideales Pilotprojekt. Die Stadt wurde zu einem einzigen großen, rebellischen Experiment mit freier Liebe, Tanz, bolschewistischer Rätedemokratie und futuristischer Poesie. Alles schien möglich, alles schien erlaubt. Das futuristische Ideal der Einheit von Leben und Kunst wurde in Fiume tatsächlich Realität. Wie es aussah, hatte der Krieg zumindest an diesem Ort der bürgerlichen Dekadenz ein Ende bereitet.

Während in Fiume gefeiert wurde, fragte sich die Außenwelt mit zunehmendem Unmut, wie es nun weitergehen sollte. Bei den italienischen Wahlen im Herbst 1919 wurden die militärischen und politischen Gruppierungen abgestraft, die das Fiume-Abenteuer unterstützten. Der Norden Italiens war inzwischen nahezu unregierbar geworden; Faschisten und Kommunisten lieferten sich ständig Straßenschlachten. Aus den USA kam immer wieder die Botschaft, dass Fiume auf keinen Fall unter italienische Herrschaft kommen dürfe. Für D'Annunzio war das jedes Mal der Anlass, eine leidenschaftliche Rede zu halten und seine Anhänger zu ermahnen, nicht aufzugeben. Auch wenn es wie ein Kampf um Territorium aussehe, so gehe es ihm doch im Grunde um ihr Seelenheil, betonte er. Die kriegsversehrten Veteranen, die zu seiner Truppe gehörten, verglich er mit beschnittenen Bäumen, »bereit, größere Früchte zu tragen«.[49] Die Realität war jedoch weniger großartig. Als Rom einen Kompromiss vorschlug und dieser Plan der Bevölkerung vorgelegt wurde, schüchterten D'Annunzios Soldaten die Befürworter ein und fälschten die Abstimmungsergebnisse. Die Liebe des Dichters zu seinem Volk hatte sich jäh abgekühlt.»Ich erkenne die Stimme Fiumes nicht mehr«, schrie er die Bewohner der Stadt an, »welche plötzliche Krankheit hat uns befallen?« (S. 135) Schließlich einigten sich Italien und das Königreich der Serben, Kroaten und Slowenen: Fiume sollte ein Freistaat werden. D'Annunzio schäumte vor Wut und erklärte am 1. Dezember 1920 seinem eigenen Land den Krieg. Weihnachten war Italien mit seiner Geduld am Ende und eröffnete das Feuer. 56 Menschen starben, hundert waren verletzt. D'Annunzio selbst entging nur knapp dem Tod und ergab sich. Ein schmachvoller Abzug, wie es schien. Aber von fern und manchmal auch aus der Nähe hatte Mussolini das Experiment verfolgt. D'Annunzios zündende Kombination von Redekunst, Nationalismus und Gewalt war eine wichtige Inspiration für seinen Marsch auf Rom im Jahr 1922.

Unter der Flagge hoher Ideale versuchten die Regierungschefs in Versailles mit Zugeständnissen, Kompromissen und endlosen

Debatten, die gigantischen geopolitischen Probleme ihrer Zeit zu lösen. Aber nicht nur in Fiume wurden die Ergebnisse in Frage gestellt. Viele Serben fanden es alles andere als selbstverständlich, dass sie nun einen Staat bilden sollten mit den Slowenen, Kroaten und Bosniern, die bis zum letzten Augenblick treue Soldaten in der Armee Österreich-Ungarns gewesen waren, die ihre Hauptstadt Belgrad beschossen und die lokale Bevölkerung terrorisiert hatten.[50] Die ethnische Zusammensetzung dieser Gebiete war jedoch äußerst komplex. Der Dichter Ljubomir Micić (1895-1971) gehörte zum Beispiel zur serbischen Minderheit in Kroatien, und auch er war in der Armee der Doppelmonarchie gelandet. Dem Einsatz an der Front in Galizien konnte er sich entziehen, indem er eine Geisteskrankheit simulierte. 1918 wurde er zum »Beauftragten des Nationalrats der Slowenen, Kroaten und Serben im Bezirk Glina und Petrinja« gewählt.[51] Was die europäischen Großmächte nach dem Ende des Krieges ausheckten, sah er mit größtem Misstrauen. Der bekennende Pazifist und Gründer der serbischen Avantgarde-Bewegung »Zenit« kultivierte mit Überzeugung das Etikett »Barbar«, das seinen Landsleuten zugeschrieben wurde. »Wir vom Balkan brüllen: Antikultur! … Anti-Europa!«[52] Europa war für ihn der Inbegriff der Kultur, die den Krieg hervorgebracht hatte, und der Lügen, die darauf gefolgt waren. Als Dichter-Rebell und moderne Verkörperung des traditionellen Balkan-Freischärlers *hajduk* werde er für die Befreiung von dieser kulturellen Tyrannei kämpfen. Er trat für eine antikulturelle Revolution ein und schreckte dabei – im Einklang mit dem Avantgarde-Diskurs seiner Zeit – auch nicht vor Gewalt zurück: »Frau Europa! Wir spucken Ihnen in Ihr ungewaschenes Maul und vor Ihre von Geschwüren und Syphilis zerfressenen Fußsohlen. Wir werfen die Bomben unserer Gedichte in deinen entstellten europäischen Himmel. Wir schießen mit den Kanonen unserer neuen Ideen auf den Gipfel der seidenumflorten Bourgeoisie. Auf den Gipfel und nicht auf einen imaginären göttlichen Nabel, das einzige Symbol aller europäischen Genies.« (S. 130) Dass seine Lyrik mehr Gemeinsamkeiten mit der europäischen Avantgarde als mit traditioneller serbischer Balladendichtung hatte, fiel bei seiner zornigen Botschaft nicht ins Gewicht. Für Micić war Widerstand gegen Militarismus und Imperialismus synonym mit Widerstand gegen Europa. Nur Balkanisierung könne Europa noch retten.

Mit diesem aggressiv-pazifistischen Manifest von 1925 schien der Zenitismus mit dem Weg verwandt, den der Dadaismus eingeschlagen hatte. Nach Zürich war Berlin die neue Dada-Hochburg. Anfang 1918, noch vor und auch während der deutschen Frühjahrsoffensive, stürmten radikale Künstler die Cabarets und Bühnen mit ihren Klanggedichten und absurden und provozierenden Texten. Schon bald fanden sie auch Anschluss bei den revolutionären Bewegungen, die sich im Kaiserreich rührten. Die Weimarer Republik lehnten sie als bürgerlichen Kompromiss ab, der nicht imstande sei, kurzen Prozess mit der preußischen Mentalität zu machen, die das Land zugrunde gerichtet habe. Dass die Sozialdemokraten die reaktionären Freikorps eingesetzt hatten, um die Revolution niederzuschlagen, hatte alle ihre folgenden Aktionen von vornherein diskreditiert. Den Dadaisten war auch unbegreiflich, dass die Patrioten, die so viel Unheil über das Land gebracht hatten, nicht zur Rechenschaft gezogen wurden. Die deutsche Kultur und ihre Kulturträger waren für sie in hohem Maße verantwortlich für den katastrophalen Krieg. »Was man die deutsche Mentalität nennt, hat sich berüchtigt gemacht und ist trauriges Zeugnis der Prinzipien- und Herzlosigkeit, des Mangels an Logik und Präzision, vor allem aber an instinktiver Moral. 1914: kaum eine offizielle Persönlichkeit, die sich nicht kompromittierte. Pastoren und Dichter, Staatsleute und Gelehrte wetteiferten, einen möglichst niedrigen Begriff von der Nation zu verbreiten«, schrieb Hugo Ball Ende 1918 in »Kritik der Deutschen Intelligenz«.[53]

Dada selbst frappierte, provozierte und verwirrte weiterhin. D'Annunzio erhielt vom »Club Dada, Berlin« über den *Corriere della Sera* ein »Glückwunschtelegramm«, als er Fiume erobert hatte. Maurice Barrès hingegen wurde von den Pariser Dadaisten in einem Schauprozess bezichtigt, einen »Anschlag auf die Sicherheit des Geistes« zu verüben, weil er sich dem Nationalismus verschrieben habe. Ein Widerspruch? Nicht unbedingt. D'Annunzios Rhetorik klang meist kaum weniger gestrig und hohl als die von Barrès, aber ganz im Sinne ihrer aktionistischen Kunstauffassung bejubelten die Dadaisten seine tollkühne Intervention als »dadaistische Großtat«.[54] Wer hatte jemals mit so viel Stil dem bürgerlichen System eine lange Nase gedreht? Dass die italienischen Futuristen noch immer Gewalt und Nationalismus beschworen, störte die Dadaisten offenbar ebenso wenig. Auf ihren Vorleseabenden standen Texte von Marinetti, Buzzi und Altomare auf dem Programm. Im April 1918 aus den Werken feindlicher Soldaten vorzulesen, war natürlich auch eine Provokation.

Nicht weniger bedeutsam waren ihre eigenen Seitenhiebe gegen den Nationalismus. Als die bekannte Romanautorin Rachilde den Vorwurf erhoben hatte, Dada sei eine deutsche Strömung, gratulierte ihr Francis Picabia (1879-1953) zu ihrem exklusiven französischen Patriotismus. Er selbst sei von gemischter Herkunft, kubanisch, spanisch, französisch, italienisch und amerikanisch. Zugleich machte er sie darauf aufmerksam, dass Kaiser Wilhelm II. genau wie sie glaube, der einzig wahre Vertreter seiner Nation zu sein. (S. 109) Im gleichen Stil begann der Berliner Dadasoph Raoul Hausmann (1886-1971) einen Aufsatz mit den Worten: »Die Kunst ist eine Sache der Nation. Nationalität ist der Unterschied zwischen Polenta, Bouillabaisse, Powidl, Roastbeef, Pirogen und Kloßbrühe.« (S. 147) Die Dadaisten erkannten also durchaus kulturelle Unterschiede zwischen den Nationen an, allerdings vor allem, wenn sie sich auf ihrem Teller manifestierten.

Nur an der Westfront führte der Waffenstillstand automatisch zum Niederlegen der Waffen. Auf dem Balkan, im Baltikum, in Finnland, Polen, der Ukraine und vor allem in Russland wurde im Namen von Freiheits- und Gleichheitsidealen noch jahrelang um Macht und Herrschaft gekämpft. In West-Europa gab es gelegentlich einzelne Todesopfer bei Demonstrationen – als in Antwerpen 1920 der junge flämische Aktivist Herman van den Reeck während eines verbotenen Aufmarsches von der Polizei erschossen wurde, schrieben fast alle flämischen Avantgarde-Dichter ein In-memoriam-Gedicht[55] –, doch die abstumpfende Gewalttätigkeit von 1914 bis 1918 schien ein Ende gefunden zu haben.

Eine Ausnahme bildete Irland, wo Gewalt auch schon eine Rolle gespielt hatte, als auf dem europäischen Festland der Krieg wütete.[56] Unterschiedliche Auffassungen über das Selbstbestimmungsrecht führten in Irland zu blutig ausgetragenen Konflikten. Ein wichtiges Element in diesem Prozess war das Wahlergebnis vom 14. Dezember 1918. Redmonds Nationalistische Partei, die dem Land im Sommer 1914 fast die Home Rule verschafft hätte, erlitt eine vernichtende Niederlage; Wahlsieger war die extremistische Sinn Fein. Zwei Jahre nach dem Easter Rising und der von vielen Iren als unverhältnismäßig empfundenen Hinrichtung der Anführer des Osteraufstandes markierte dieses Wahlergebnis eine deutliche Radikalisierung der Bevölkerung. Die meisten der gewählten Sinn-Fein-Führer befanden sich zu diesem Zeitpunkt im Gefängnis. Damit zeigten die Wähler auch ihre Ablehnung der britischen Gesetze, die der Haft zugrunde lagen. Home Rule genügte nun nicht mehr, das Band mit dem Britischen Reich sollte vollends gekappt werden.

Im Januar 1919 riefen die Parlamentarier, die nicht im Gefängnis saßen, in Dublin einseitig die Irische Republik aus, ein Versuch, die Proklamation, die schon 1916 beim Easter Rising erfolgt war, offiziell zu bestätigen. Mit dem Britischen Reich und dem dazugehörigen Königshaus wollte dieser neue Staat nichts mehr zu tun haben. Präsident Wilson, der den irischen Nationalismus ablehnte, versagte den Iren jedoch seine Unterstützung. Seiner Ansicht nach lebten sie in einem demokratischen Staat und hatten somit genügend Möglichkeiten, ihr Problem über die gängigen demokratischen Wege auf die Tagesordnung zu setzen und zu lösen.[57] Die führenden Politiker dieses demokratischen Staates – also des Britischen Reichs – waren selbstverständlich von der irischen Entschlossenheit auch nicht gerade angetan. Nach einem Unabhängigkeitskrieg gegen die Briten (1919-1921), bei dem ungefähr zweitausend Menschen zu Tode kamen, und einem Bürgerkrieg (1922-1923), der Schätzungen zufolge ebenso viele Opfer forderte, wurde die Republik zum Irischen Freistaat umgewandelt, und die Insel wurde Teil des Britischen Commonwealth. Für die meisten Protestanten war die religiöse Identität mindestens so wichtig wie die ethnische. Die protestantische Mehrheit im Norden des Landes entschied sich deshalb gegen die Zugehörigkeit zum Freistaat. Es machte ihr nichts aus, zugleich irisch und britisch zu sein, so wie auch die meisten Schotten und Waliser eine solche mehrschichtige Identität problemlos für sich akzeptierten.

Dass die irischen Nationalisten bei ihrem Aufstand von Deutschland unterstützt worden waren, und das im Schreckensjahr 1916, hatte die Positionen auf protestantisch-unionistischer Seite zudem nur verhärtet. Und auch im Süden waren die Standpunkte seit dem Osteraufstand radikaler geworden; die Einheit Irlands opferte man gern, um auf dem Rest der Insel einen Staat gründen zu können, der katholisch und *gaelic* war. Aber auch bei dieser Struktur gab es unzufriedene Minderheiten. Die Katholiken in Nordirland fühlten sich benachteiligt und politisch machtlos und versuchten, oft mit Gewalt, ihre Lage zu ändern. Die Protestanten im Freistaat erlebten mit großem Unbehagen, wie ihr Land, auch nach der Unabhängigkeit, immer eindimensionaler wurde. Die Ansichten des Papstes hatten offenbar grö-

ßeres Gewicht als die der eigenen Politiker. Auch im Kulturbe-
reich hatte der Freistaat etwas Fundamentalistisches. Schon kurz
nach der Gründung kursierte der Plan, alle Straßenschilder ausschließlich auf Gälisch zu beschriften, obwohl die Bevölkerung
mehrheitlich nur Englisch sprach. Der irische Internationalismus eines Thomas Kettle schien fast vergessen. William Butler
Yeats, der zur protestantischen Minderheit gehörte, machte sich
als Mitglied des irischen Oberhauses gleichfalls Sorgen. Als 1925
ein Gesetzentwurf eingebracht wurde, der die Ehescheidung
verbieten wollte, setzte er sein ganzes Rednertalent ein, um seine
Landsleute davon abzubringen, die Überzeugungen der für das
Land so wichtigen Protestanten zu verletzen. »Wir sind einer der
größten Volksstämme Europas«, erklärte er, »wir haben den
größten Teil der modernen Literatur dieses Landes hervorgebracht und die wichtigsten politischen Geister.«[58] Zwei Jahre
zuvor hatte Yeats den Nobelpreis für Literatur erhalten, als erster
Ire in der Geschichte. Seine Bemerkung über die moderne irische Literatur war selbstverständlich auch auf ihn selbst ge-
münzt. Vor allem aber sollte sie daran erinnern, dass es, wie er
auch in seiner Dankrede vor der Schwedischen Akademie mehrmals betont hatte, sehr wohl möglich sei, gleichzeitig ein irischer
Patriot, ein Protestant und ein Schriftsteller zu sein, der sich der
englischen Sprache bediente.[59]

Drei Jahre zuvor, am 11. November 1920, hatte die Schwedische
Akademie dieses Thema aufgegriffen, als sie bekannt gab, dass
der Nobelpreis für Literatur 1919 dem Schweizer Dichter Carl
Spitteler für sein Versepos *Olympischer Frühling* (1906, 1909)
zuerkannt werde. Datum und Preisträger waren nicht ohne symbolische Bedeutung. Der erste Preis, der nach dem Krieg verliehen wurde, ging an den Vertreter eines neutralen Landes, Autor
eines Werks, das, wie es in der Verleihungsrede hieß, erst nach
dem Krieg gebührend gewürdigt worden sei und das in seinen
visionären Bildern über den Einsatz von technischen Wunder-

werken und »vergifteten Dämpfen« in Kriegen bereits »das Verderben ahnen [lässt], das die Menschheit einem durch militärische Macht übersteigerten Selbstbewußtsein ausliefert und daran zugrunde gehen läßt.«[60] Viel politischer konnte eine Akademie, von der ebenfalls Neutralität erwartet wurde, sich nicht äußern. Nach einer längeren Beschreibung des Inhalts äußerte die Akademie auch implizit ihre Meinung zur Nationalitätenfrage, die Europa beherrschte. Meisterhaft handhabe der Dichter die Sprache, die nicht nur überaus treffsicher sei, sondern oft einen »bezeichnenden schweizerischen Klang« habe. Nach Ansicht der Akademie war es also möglich, eine nationale Kultur in einem multi-ethnischen Gebiet zu erschaffen.

In den neuen Staaten, die auf den Trümmern des Weltkrieges entstanden, stand fürs Erste der Aufbau dieser eigenen, nationalen Kultur im Mittelpunkt. Als das lettische Schriftstellerduo Aspazija und Rainis im April 1920 nach den Jahren im Schweizer Exil wieder vaterländischen Boden betrat, wurden sie als Nationalhelden empfangen. Während der blutigen Kämpfe für die Unabhängigkeit Lettlands hatte Rainis aus einem leidenschaftlichen Impuls heraus die dramatische Ballade *Daugava* (1916) verfasst. Er glaubte den Soldaten damit die geistige Nahrung zu geben, die sie benötigten. Er entwarf eine Landesfahne, legte das Existenzrecht der lettischen Nation auf historischem Boden dar, beschrieb frühere lettische Heldentaten und beweihräucherte auch die Helden des Kampfs um die Unabhängigkeit.

Der Barfüß'gen Heeresscharen,
Zähe Kraft der Eichenmannen,
Sie entreißen 's lett'sche Land
Den Tyrannen aus der Fremde.[61]

Daugava wurde ein großer Erfolg. Nach zwei Wochen waren die viertausend Exemplare ausverkauft. Die nationalistische Überlieferung besagt, dass das Gedicht einen großen Einfluss auf die

Truppen gehabt habe. Soldaten hätten es in ihren Stiefeln mit sich getragen und einander Verse daraus zugerufen, bis sie den Sieg errungen hätten. Das Ideal, das Rainis für sein Land vor Augen hatte, stand freilich in direktem Gegensatz zu diesen martialischen Tönen. Alle europäischen Nationen basierten auf brutaler Gewalt und Militarismus, stellte der Dichter fest. Warum nicht versuchen, ein Land und eine Kultur auf dem Fundament eines poetischen und menschlichen Ideals aufzubauen? Und warum sollte er dann nicht sowohl der Dichter wie auch der Vater des Vaterlandes sein können? Bis ins Parlament schaffte er es auch, und als Schriftsteller wurde ihm alle Ehre zuteil. Das insgeheim erhoffte Präsidentenamt blieb ihm jedoch versagt.

Solange man der ethnischen oder religiösen Mehrheit in einem Land angehörte, war das Selbstbestimmungsrecht ein wunderbares Prinzip. Gehörte man nicht dazu, drohten Diskriminierung, Verfolgung oder der Tod. Die jungen Staaten wollten sich deutlich positionieren, und das geschah oft auf Kosten all jener, die nicht in das eindimensionale öffentliche Bild passten – Juden, Sinti und Roma und andere Minderheiten. Als der transsilvanische Dichter Octavian Goga es in der rumänischen Regierung zum Minister brachte, war er einer der großen Verfechter eines starken und einträchtigen Rumäniens. Unter seiner nationalistischen Politik nahm der schon immer problematische Antisemitismus noch bedenklichere Proportionen an. Die neu erlangten Gebiete sollten ausschließlich rumänisch sein, argumentierte er, und er ließ sich mit scharfen Worten gegen die »Glückssucher« und »Parasiten« aus, die in Rumänien ihr Heil suchten und angeblich die reinen Seelen der rumänischen Landarbeiter besudelten.[62] Ausgesprochen gewalttätig ging es in der Ukraine und im neuen Polen zu. Kaum waren diese Gebiete von russischer oder deutscher Besatzung »befreit«, kam es zu Pogromen. In der galizischen Hauptstadt Lemberg erlebte der jiddische Dichter Uri Zvi Grinberg (1896-1981) Ende November mit, wie enthemmte polnische Legionssoldaten die Straße, in der seine Familie lebte, völlig zerstörten. »Innerhalb von zwei oder drei Tagen wurde das jüdische Ghetto in qualmende Schutthaufen verwandelt«, schrieb der Korrespondent der *New York Times* schockiert.[63] In den Zeitungen war die Rede von mindestens tausend Toten, eine Zahl, die nie offiziell bestätigt wurde, aber die erklärt, warum Lemberg zum Synonym wurde für jüdisches Leid. Es sei eine Strafexpedition gewesen, hieß es in einem vorläufigen Ermittlungsbericht, da die Juden sich allzu neutral verhalten hätten, als Lemberg Anfang November von den Ukrainern angegriffen worden sei. Insgesamt 7000 Einwohner wurden Opfer physischer Gewalt, verloren Haus und Besitz und, so der Bericht, mindestens 150 von ihnen das Leben.[64] Grinberg zog nach Warschau und gehörte dort zu den Kreisen um die expressionistische jiddische Zeitschrift *Di Khaliastre* (Die Bande). In Berlin gab er 1923 das jiddische Avantgarde-Blatt *Albatros* heraus. Darin druckte er auch sein langes Gedicht »Im Reich des Kreuzes« ab; das Reich hieß Europa, und seine Bewohner fanden es offenbar völlig normal, dass die Juden immer wieder neu das Kreuz tragen mussten. Im Jahr darauf emigrierte Grinberg nach Palästina.

Ein schwarzer Wald wächst hier so dicht im Flachland,
so tiefe Täler von Pein und Grauen in Europa!
Die Bäume haben Schmerzköpfe, finster-wilde, finster-wilde.
An den Ästen hängen Tote, ihre Wunden bluten noch.
(Alle himmlischen Toten haben silberne Gesichter
und Monde gießen Öl, so golden, auf die Hirne – –)
Wenn man dort vor Schmerzen schreit, ist die Stimme ein Stein
    im Wasser
und der Klang der Gebete der Leiber ist ein Tränenfall zum
    Abgrund.

Ich bin die Eule, der Klagevogel des Schmerzwalds in Europa.
In den Tälern Pein und Grauen, blinde Mitternächte unter
  Kreuzen.
Würde ich Bruderklage erheben an das arabische Volk nach
  Asien:
– Kommt uns in die Wüste führen, so arm wie wir sind!
Doch meine Schäfchen haben Angst, denn es legt sich der
  Halbmond
an unsere Hälse wie eine Sichel – –
Klage ich also schlicht vor Schrecken, ein Quer-Welt-Herz in
  Europa
und mit ausgestreckten Hälsen liegt die junge Schafherde im
  Schmerzwald – –
Über die Kreuze hinüber spucke ich Blut, eine Quer-Welt-
  Wunde in Europa.[65]

Die meisten Polen waren sich vermutlich keiner Schuld bewusst
oder sahen einfach weg. Nach der demütigenden russischen,
preußischen oder österreichisch-ungarischen Unterdrückung
schien in diesen turbulenten Novembertagen 1918 endlich die
Unabhängigkeit am Horizont auf. Hundertzwanzig Jahre hatte
das Land nur in der Vorstellung und in der Erinnerung existiert.
Die Hymne »Mazurek Dąbrowskiego« (Noch ist Polen nicht verloren) hatte den Polen all die Jahre Mut gemacht, sie zugleich
aber ständig daran erinnert, dass ihr Land im Grunde doch verloren sei. Diese Phase schien nun endlich vorbei zu sein. Am
10. November 1918 wurde Marschall Józef Piłsudski aus der In-
ternierungshaft in Magdeburg entlassen. Nachdem er sich im
Sommer 1917 geweigert hatte, dem österreichischen Kaiser Treue
zu schwören, war er verhaftet worden. Nun aber kam sein großer Augenblick. Unbeschreiblicher Jubel erhob sich in Warschau, als er im Namen Polens die Macht von den Deutschen
übernahm.[66] Die Realität war allerdings ernüchternd. Das Land

war ausgeplündert worden und lag in Trümmern. Die Eisenbahninfrastruktur war, sofern noch intakt, kaum benutzbar, denn es gab nicht weniger als 66 verschiedene Systeme. Und obwohl es Millionen Polen gab, war niemandem wirklich klar, wo das polnische Territorium begann und wo es endete. Bis 1921 würde Piłsudski noch sechs Kriege mit fast allen Nachbarstaaten ausfechten, um die Grenzen seines neuen Landes festzulegen.

Am Freitag, dem 29. November 1918 eröffneten junge polnische Dichter in Warschau das Literaturcafé *Pod Pikadorem* (Zum Pikador) mit einem Abend, der sich vielleicht am ehesten als »Dada auf Ration« umschreiben lässt.[67] Es gab kaum etwas zu essen und zu trinken, also setzten die verarmten Poeten einfach ihre Gedichte auf die Karte und schrieben dazu, was eine persönliche Widmung kostete; außerdem boten sie sich als Überbringer von Heiratsanträgen an. Der assimilierte Jude Julian Tuwim (1894-1953) las seine Übersetzung von »Le bateau ivre« von Rimbaud vor, außerdem klassische Gedichte der polnischen Romantik von Cyprian Norwid und Adam Mickiewicz. Antoni Słonimski (1895-1976) deklamierte sein gerade vollendetes satirisches Gedicht »Alles alles über Deutschland«; er äußerte darin seine Freude über die Implosion des Deutschen Reichs, machte sich über Länder wie Italien und Bulgarien lustig, die Deutschland im Stich gelassen hatten, und thematisierte außerdem den eklatanten Gegensatz zwischen der modischen Selbstbestimmungsdebatte und der nüchternen Realität:

> Dieselben Ziele hier wie dort:
> auf beiden Seiten Lüge, Mord
> in blutigem Kampf sind sie verkeilt –
> wenn einem hier noch Spott gebührt
> dann dem, der sich dreist ungerührt
> gegen zweiundzwanzig Völker stellt![68]

Selbstverständlich wurde an diesem Abend auch über die Zukunft gesprochen. Nach gutem avantgardistischem Usus trug Tuwims Ansprache den Titel »Inwektywa« (Beschimpfung); er machte kurzen Prozess mit den bourgeoisen Figuren, die im neuen Polen keine Rolle mehr spielen würden: »Mit Gelächter und Verachtung schlägt euch die Zukunft ins Gesicht, ihr seid Unkraut des Großen Krieges, ihr Großstadtsnobs, blasierte Heuchler … müßige Anbeter der Mode und des Luxus, blutleere und mediokre Dandys eines alten Europa. Bluten sollt ihr und sterben in einem See aus Blut! Das Zeitalter der Arbeiter bricht an.«[69] Ob damit auch das Zeitalter der jungen, demokratischen Kunst anbrach, war weniger deutlich. »Pod Pikadorem« war anfangs ein Erfolg – von den im Eigenverlag herausgegebenen Gedichtbändchen sollen mehr als tausend verkauft worden sein[70] –, aber die Popularität verblasste bald. Um ihre Bewegung – inzwischen hatte sich die Gruppe den Namen »Skamander« gegeben – erneut ins Gespräch zu bringen, akzeptierten die »Skamandriten« den Vorschlag, zusammen mit den Warschauer Futuristen Anatol Stern (1899-1968) und Aleksander Wat (1900-1967) aufzutreten, die ihr Domizil im Souterrain des Nobelhotels Europejski hatten. Aber das wurde ein Debakel. Das elegante Ambiente vertrug sich weder mit ihrem poetologischen Programm, noch ließ es sich mit den Monatseinkünften des Zielpublikums in Einklang bringen. Hinzu kamen künstlerische Meinungsverschiedenheiten zwischen den formal sehr traditionsbewussten »Skamandriten« und den revolutionären Futuristen.[71] Zu allem Unglück wurde Stern Ende 1919 nach einem Auftritt in Vilnius wegen des angeblich blasphemischen Inhalts seiner Gedichte verhaftet. Słonimski startete sofort eine Petition, konnte damit aber nicht verhindern, dass Stern zu einem Jahr Haftstrafe verurteilt wurde und mehrere Monate tatsächlich im Gefängnis verbrachte.[72] Politisch wurde Polen allmählich ein autonomer Staat, aber die jungen Menschen, die sich darum bemühten, dass das Land den Anschluss an die künstlerischen Entwicklungen im übrigen Europa fand, waren weniger frei, als sie in der Euphorie von 1918 geglaubt hatten.

Die zwanziger Jahre sollen im Rückblick *roaring* oder *gay* gewesen sein, doch dieser Ruf gründet sich hauptsächlich auf einige aufgebauschte Symbolgeschichten (Josephine Bakers Bananenröckchen; der Rausch der Begeisterung, als Charles Lindbergh als Erster den Atlantik überflog ...) und die kurze Phase des ökonomischen Aufschwungs zwischen der Hyperinflation der ersten Nachkriegsjahre und den Folgen des Börsencrashs 1929. Wenn überhaupt gefeiert wurde, dann spielte sich das Geschehen *im Krater* des Vulkans ab – ein oft verzweifelter Versuch, das Leid zu vergessen, die Entstellungen und Verstümmelungen durch den Krieg nicht mehr zu spüren und zu sehen, zu glauben, dass noch alles gut werden würde mit der Welt. »Jahr für Jahr höre ich das Gebrüll vom Sieg«, schrieb Ivo Andrić 1920, »und immer weniger Brot gibt es auf der Welt und Kraft in den Menschen.«[73] Er selbst war erst 1917 aus der Haft entlassen worden und hatte dann sein Glück im Nationaltheater von Zagreb versucht. Aber auch seine beginnenden künstlerischen Erfolge ließen ihn nicht blind werden für die Realität. Die Menschheit als Ganzes hatte den Krieg verloren, kein Argument konnte das beschönigen, und schon gar nicht die nationalistische Propaganda-Rhetorik, die seit dem Sommer 1914 so viel Unheil angerichtet hatte. »Was sind die Siege von heute anderes als die Niederlagen von morgen?« (S. 68)

Und diese Niederlagen waren vielfältig. In der Demokratie knirschte es, der Hunger nagte und nach einem erschöpfenden Weg, den die Avantgarde seit der Vorkriegszeit vom Kubismus, Futurismus und Expressionismus zum Dadaismus und Surrealismus zurückgelegt hatte, schien auch der Traum von einer neuen Kunst auf der Strecke geblieben zu sein. In Polen zog Anatol

Stern 1925 Bilanz. In der poetischen Orakel-Collage *Europa*[74] wollte er »den seismographen / des unterbewußtseins / entblößen«, (S. 398) aber es blieb bei – freilich eindrucksvollen – Bildern der Apokalypse, geschildert in einem atemlosen Stil. »das abc der metzelei / des schmutzes der läuse der brände« (S. 393), begann er seine schmerzliche Demontage der ideologischen und idealistischen Verblendungen, die den Kontinent in die Zerstörung getrieben hatten und erneut zu treiben drohten. Die moralische Panik der Nachkriegszeit lasse die Europäer wie Lemminge in den Abgrund der »massage der agitation« und des »evangeliums des terrors« springen, ein Abgrund,

in den wir uns stürzen
weil wir uns nicht in den himmel
stürzen können. (S. 394)

In Ermangelung großer Worte, an die sie glauben konnten, zogen es die Europäer offenbar vor, in Abgründen zu verschwinden. Das aber natürlich stilvoll. Wie Majakowski in *Krieg und Welt* und van Ostaijen in *Besetzte Stadt* inszenierte auch Stern das Kriegsgeschehen in *Europa* wie einen Film, jedoch ohne groteske, an Cecil B. DeMille erinnernde Szenarien, sondern durch eine ernüchternde Demonstration des Ungereimten:

Weltkriegsfilm
regisseure
kameramänner
geblendete
alle aufschriften verwischt
unmöglich die brüllende
gestikulation
der milliarde von händen zu begreifen
das übertriebene spiel der schauspieleraugen
wahnsinnsfilm

farciert mit einem gewürm von ziffern
die nichts erklären (S. 395)

Vielleicht war das sogar der größte Irrtum der führenden Welt-
politiker nach dem Waffenstillstand: der Glaube, das Selbstbestimmungsrecht für nationale Minderheiten bedeute eine Er-
leichterung für die Millionen schwer geprüften, entwurzelten,
grässlich verstümmelten Überlebenden in Europa. Selbst im –
laut Beobachtern – so stolzen und nationalistischen Polen hatten die meisten Menschen ganz andere Sorgen. Schmerz blieb
Schmerz, eine Amputation blieb eine Amputation, und auch
wenn man es im Laden in der eigenen Sprache verlangen konnte,
war trockenes Brot nichts weiter als trockenes Brot. Von den seelischen Nöten ganz zu schweigen:

aber wer
aber wer
kämpft
um das befreite menschliche herz
das kostbarer ist als alle Schlesien der welt
das kostbarer ist als jede unabhängigkeit?[75]

Nachwort

Es war eine Schlussfolgerung, zu der im Jahr 1919 fast jeder gelangen konnte, aber dass sie gerade der bedeutende französische Dichter und Essayist Paul Valéry (1871-1945) aussprach, machte aus der Meinung ein Verdikt. »Der Glaube an eine europäische Kultur ist dahin«, schrieb er in seinem Essay »La Crise de l'esprit«, der mit den Worten begann: »Wir Kulturvölker, wir wissen jetzt, daß wir sterblich sind.«[1] Es sei nicht mehr undenkbar, dass auf der Liste der großen Kulturen der Vergangenheit – Elam, Ninive, Babylon … – irgendwann auch Europa zu finden sei. Der Erste Weltkrieg sei eine Hervorbringung Europas gewesen und habe nahezu alles, wofür Europa gestanden habe – Kultur, Wissenschaft, Aufklärung, Ethik –, mit beispiellosem Zerstörungsdrang zugrunde gerichtet. Während des Krieges hätten leidenschaftlich schreibende, denkende, forschende und betende Europäer unermüdlich versucht, dem Konflikt die Stirn zu bieten, aber seien damit gescheitert. Die geistige Krise, mit der Europa kämpfe, habe es bis ins Mark beschädigt. Die Panik, mit der auf der Suche nach einer Rettung europäische Intellektuelle und wissenschaftliche Traditionen zu Rate gezogen worden seien, verrate, so Valéry, vor allem einen Mangel an Richtung und Kohärenz. Was zuvor Europas große Trümpfe gewesen seien – Aufgeschlossenheit, gepaart mit intensivstem Absorptionsvermögen, die Fähigkeit zur Transformation unterschiedlichster Einflüsse und Impulse –, sei nun offenbar ein Teil des Problems geworden. Das Europa von 1914 sei kein richtungsweisender Leuchtturm gewesen, sondern ein »Treffpunkt aller Weltanschauungen«. Auch wenn das kennzeichnend sei für ein »modernes Zeitalter«, so sah Valéry fünf Jahre später vor allem die Gefahren dieses Zustandes. Oder war das vielleicht die Richtung, die Europa hatte einschlagen wollen – die, in der Leonardo da Vincis Traum von einem fliegenden Menschen zur Erfindung von Kampfflugzeugen geführt habe, und Kant über Hegel und Marx zu ... (drei Punkte, die Valéry offenließ, aber mit denen er natürlich Lenin und den Bolschewismus meinte), und die Geometrie des Pythagoras zu den Massenvernichtungswaffen von Krupp?

Europas Vorrangstellung habe immer auf seinen Qualitäten beruht. Quantitativ (Bevölkerungszahl, Ausdehnung, Bodenschätze) sei der Kontinent weniger gut ausgestattet. Die Eigenschaften, die nach Ansicht Valérys die Überlegenheit des europäischen Geistes begründet hatten (»unersättlicher Tätigkeitsdrang, glühende und rein sachliche Neugier, die glückliche Verbindung von Phantasie und logischer Strenge, Skepsis ohne Pessimismus, Mystik ohne Resignation«), hätten sich nun zu einer Bedrohung entwickelt. Der modernen Wissenschaft gehe es nicht mehr vorrangig um eine philosophische oder poetische Annäherung an die Welt; Wissen, das bisher ein »Eigenwert« gewesen sei, werde zum »Tauschwert«; es werde zur Ware und damit zu einem Machtmittel. Als Handelsobjekt könne es in den Besitz von jedermann wo auch immer auf der Welt kommen. Und so gebe Europa, so der Dichter, seinen einzigen Trumpf aus der Hand. Stärke und Macht könnten in Zukunft nur noch in *quantitativen* Begriffen ausgedrückt werden – in statistischen Elementen wie Bevölkerungszahl, Fläche, Rohstoffe. Das war eigentlich schon während des Krieges der Fall gewesen. Die Menge der einsetzbaren Menschen und des zur Verfügung stehenden Materials hatte den Ausgang des Konflikts letztlich entschieden. Lange Zeit sei Europa anscheinend ein bevorzugter Ort des Universums gewesen, nun aber werde es grob auf seinen Platz verwiesen – in Wirklichkeit sei es »ein kleines Vorgebirge des asiatischen Festlands«. Der grandiose europäische Geist werde über immer mehr Menschen innerhalb Europas und über alle Kontinente und Kulturen auf der Welt verbreitet werden. Die Folge könne eine Verflüchtigung sein, doch ebenso gut, wie bei der wundersamen Verwandlung von Wasser in Wein, ein Qualitätssprung für die ganze Welt. Letzteres war für Valéry jedoch nicht mehr als eine theoretische Möglichkeit. Also rief er zum Widerstand auf – implizit natürlich, denn ein Dichter spricht mit leiser Stimme. Der gebildete Europäer brauche sich nicht abzufinden mit der »allgemeinen Demokratisierung«, der Verbreitung der Technologie und der Ausbeutung des Planeten. Wenn er sich wehren wolle gegen diese »drohende Verschwörung der Dinge«, dann müsse man als Allererstes die Qualität wieder in den Mittelpunkt stellen. Nicht der Gruppe müsse die Aufmerksamkeit gelten, sondern dem strebenden und schöpferischen Individuum. Nur so könne die Krise des europäischen Geistes überwunden werden.

Valérys radikal-aristokratischer Individualismus war nicht die einzige Option. Europa hätte sich auch selbst für die Quantität entscheiden und versuchen können, sich auf diese Veränderung und Vermassung einzustellen. Das außergewöhnliche Interesse, das europäische Schriftsteller und Intellektuelle am Sowjetexperiment zeigten, war ein Ausdruck dieser Tendenz.[2] An verschiedenen Orten Europas bildeten sich auf Initiative des Kriegsveteranen und Romanciers Henri Barbusse linkspazifistische *Clarté*-Kreise. Wie Valéry beriefen sie sich auf das Erbe der Aufklärung, gaben ihm aber einen ganz anderen Inhalt. Vor allem in ultralinken Kreisen hatten Gleichheit und Brüderlichkeit in den Jahren nach dem Krieg einen größeren Wert als Freiheit. Wie groß ihr individuelles Ego auch zuweilen war, in ihrer künstlerischen und politischen Aktion war das Individuum weniger wichtig als das Kollektiv. So strebte Paul van Ostaijen eine

Dichtkunst an, in der das Ich des Dichters so weit wie möglich hinter sein Werk zurücktrat. Angeführt von André Breton, dem ehemaligen Valéry-Schüler, und Philippe Soupault entwickelten die französischen Surrealisten Techniken zur Schaffung kollektiver Werke. Diese jungen Leute aus der Mittelschicht agitierten inzwischen für die politische Heilslehre der Diktatur des Proletariats. Aggressiven Nationalismus verurteilten sie streng, Gewalt an sich aber war für sie kein Tabu.

Es schien, als habe der Krieg die Avantgarde noch mehr abgehärtet; waren ihre Vertreter vor dem Sommer 1914 der künstlerischen Tradition des Abendlandes meist mit heftigen, aber geistreichen Ausfällen und abgehobenen Träumen zu Leibe gerückt, entschieden sich nach Kriegsende nicht wenige von ihnen für Destruktion und schwärzesten Zynismus. Das »allons travailler« (»An die Arbeit«) des Kleinbürgers, der mit dem Wiederaufbau beginnen wollte, demaskierten sie mit genüsslicher Häme als Eskapismus. Ihr Projekt war die gezielte Subversion, nicht die Suche nach einem Heilmittel. Anders gesagt: Für die Revolution durfte man sie jederzeit aufwecken, aber der Achtstundentag oder das Frauenwahlrecht inspirierten sie nur mäßig. Sie wollten das Unterbewusste erkunden, nicht die diplomatischen Möglichkeiten des Völkerbundes. Über die pathetischen Worte der bürgerlichen Gesellschaft machten sie sich zwar lustig, ihr eigenes Vokabular zeugte jedoch nicht weniger von einem Streben nach Dramatik und Grandeur. Auch sie waren noch oft im Bann des Absoluten, auch wenn sie das »Sein« durch das »Nichts« ersetzt hatten – eine Bewegung, die sich von 1914 bis 1918 in gewissem Sinn auf allen Schlachtfeldern Europas vollzogen hatte.

Erst nach einem folgenden Weltkrieg war Europa offenbar imstande, die – mit den Worten von Peter Sloterdijk – Phase des Tragischen und Epischen hinter sich zu lassen.[3] Erst durch Katastrophen lernte der Kontinent, dass eine gesunde Form des Desinteresses sicherer, friedlicher, ja sogar produktiver sein kann als

»der tödliche Clinch«, der vor allem die »Erbfeinde« Frankreich und Deutschland seit Napoleon »aneinander gebannt« hatte. Um den Frieden zu erhalten, so schließt der Philosoph seine *Theorie der Nachkriegszeiten*, sollten die Zeitungen nur solche Auslandskorrespondenten in die Nachbarländer schicken, die ihre Leser mit Sicherheit langweilen. Kurz: nur keine Leidenschaften anfachen, nicht glauben, man müsse sich gegenseitig einschüchtern oder gar übertrumpfen.

Der »kleine und überschaubare« Krieg, mit dem Europa sich zu regenerieren versucht hatte, hatte zu immer größeren Katastrophen geführt. Und nach Auschwitz, Stalingrad und Dresden bot die zynische Stabilität des Kalten Krieges dem alten Europa die Möglichkeit, sich neu zu erfinden und seine Prioritäten neu zu justieren. Das Nachkriegseuropa wurde ein Leuchtturm des Friedens, des Wohlstandes und der Stabilität. Es gibt manchmal einen Toten bei einer Demonstration, und separatistische Bewegungen oder links- und rechtsextremer Terrorismus stören die Medien und die Bevölkerungen auf, aber den massenhaften Einsatz von Gewalt halten Europäer offenbar nicht mehr für legitim.[4] Sowohl die Demokratisierung Griechenlands, Portugals und Spaniens als auch die Implosion des kommunistischen Ostblocks verliefen, im Verhältnis betrachtet, bemerkenswert friedlich. Zuvor hatte auch das Ende des westlichen Kolonialismus gezeigt, dass Europa »imperiale« Ambitionen nicht mehr für bezahlbar hielt, weder finanziell noch moralisch. In diesem geistigen Klima waren die Explosion auf dem Balkan in den neunziger Jahren und die geopolitischen Entwicklungen nach den Anschlägen vom 11. September 2001 für viele Europäer ein Schock. Die beste aller Welten war vielleicht doch nicht realisiert worden. Auch die *clash of civilizations*-Rhetorik war wieder in vollem Umfang zurück, ebenso wie der nationalistische Diskurs, der in seinen extremsten Äußerungen den Anstoß zu ethnischen »Säuberungen« gab und in banaleren Formen eine Homogenität von Sprache und Volk postulierte, die nur an sehr wenigen Orten Europas der geschichtlichen Entwicklung und den realen Verhältnissen entsprach. Der Euroskeptizismus, der der Europäischen Union inzwischen entgegenschlägt, wird nicht allein durch das Demokratiedefizit und die Intransparenz der europäischen Institutionen verursacht, sondern auch durch eine manchmal akute Angst vor dem Verlust der nationalen Identität. Die Realisierung einer echten Europäischen Föderation oder der Vereinigten Staaten von Europa scheint ferner denn je. Je mehr die Welt durch die wirtschaftliche und kulturelle Vernetzung zum »globalen Dorf« wird, desto mehr Menschen sehnen sich danach, dass ihre Welt ihnen die Vertrautheit und den Schutz des traditionellen Dorfs bieten kann. Der virulente Chauvinismus, der die ersten Jahrzehnte des zwanzigsten Jahrhunderts prägte, überlebt heute nur noch im Fußballstadion. Gemäßigtere Formen von Nationalismus gewinnen jedoch an beinahe allen Orten in Europa an Terrain, zumal in Osteuropa und in früheren Sowjetrepubliken, wo der Prozess der Nationenbildung ein relativ neues Phänomen ist.

In diesem Klima ist es kein unnötiger Luxus, die gemeinsame Geschichte weiterhin zu studieren und zu analysieren. Nicht, um geschichtliche Ereignisse pathetisch als »Warnung« zu deuten (die Geschichte wiederholt sich nie so banal), sondern um die Wahrnehmung zu schärfen für die rhetorischen Mittel, mit denen Bevölkerungsgruppen einander beschreiben und stigmatisieren und gegeneinander agitieren. Die Lyrik des Ersten Weltkriegs ist in dieser Hinsicht bis heute faszinierendes Material. Nicht etwa, weil es den Dichtern um eine »Ästhetisierung des Schreckens« gegangen wäre – die meisten dieser Kriegsdichter hatten nie die Intention, das unbeschreibliche Leid mit ihren Versen zu mildern. Ihr Werk ist eine Anklage, eine Analyse und eine Beschreibung; manchmal dient es aber auch dem Ansporn oder der Beschönigung. Vor allem ist es das Werk von *Betroffe-*

nen – sie standen nicht über oder neben dem Geschehen, sondern in seinem Zentrum. Von Anfang an spielten Dichter in diesem Konflikt eine bedeutende Rolle, wenn es darum ging, viele Menschen zu mobilisieren. Die Kriegskultur, die den Ersten Weltkrieg kennzeichnete, war in hohem Maße eine literarische und insbesondere eine poetische Kultur.

Deshalb ist es bemerkenswert, dass es von Seiten der Literaturhistoriker so wenig Anstöße zu vergleichenden Studien dieser Texte gibt. Bücherschränke wurden in den vergangenen hundert Jahren vollgeschrieben über die Lyrik des Ersten Weltkrieges, aber bis auf wenige Ausnahmen blieben die Studien alle innerhalb eines nationalen Paradigmas.[5] Das ist besonders bemerkenswert, da die so intensiv erforschte historische Avantgarde sehr stark durch den Krieg beeinflusst wurde und ihre führenden Repräsentanten am Krieg teilgenommen oder ihn thematisiert haben. Dieses Buch will ein erster Ansatz sein, ihre Geschichte und auch die der symbolistischen und traditionalistischen Dichter zu erzählen, im Kontext des Nationalismus – einer politischen Strömung, die seit ihrem Bestehen mit der Literatur verwoben ist.[6] Poesie ist hier nicht Dekor von und für Ästheten, sondern eine Quelle des Wissens über die Vergangenheit, denn auch Worte haben diese Vergangenheit geformt.

Anmerkungen

1 Etwas liegt in der Luft

1 zitiert in Perloff 1996, S. 33. [Übersetzungen von Zitaten und Gedichten stammen, soweit keine deutschen Übersetzungen erschienen sind oder nichts anderes angegeben ist, von der Übersetzerin dieses Buchs.]

2 übersetzt von Inés Koebel, in: Pessoa 2007, S. 49.

3 Die Übersicht basiert auf Taylor 1971, passim, Gilbert 1994, S. 1-12, Sheffield 2002, S. 25-49, Strachan 2001, S. 1-102.

4 Zitate aus *Blast* nach dem Reprint von 1981, hier S. 7.

5 zu Angell s. u. a. Sheehan 2008 (b), S. 57-63; in Deutschland erschien das Buch 1913 unter dem Titel *Die falsche Rechnung: Was bringt der Krieg ein?*

6 s. dazu Peppis 2000, S. 83-95.

7 Die hier folgende Skizze basiert auf eigenen Forschungen und Material aus Saunders 1996 und Peppis 2000.

8 Den Begriff prägte sein Biograph, Saunders 1996 I, S. 251.

9 F. 1909, S. 136.

10 Hueffer 1916, S. 39-51, Zitat auf S. 51.

11 Diese Skizze basiert auf Swann 1965 und den Anmerkungen und Kommentaren zu Sorley 1978 und 1990.

12 Sorley 1990, S. 47, 52.

13 Sorley 1978, S. 33.

14 Sozialarbeit von Cambridge oder Oxford aus war nicht ungewöhnlich. S. dazu einen Artikel von Guillaume Apollinaire von 1910 (Apollinaire 1993, S. 441-442).

15 Sorley 1990, S. 81.

16 s. Compère-Morel 2005, S. 27, wo aus einem amtlichen Dokument zitiert wird, das ihn als »sujet russe« bezeichnet.

17 Apollinaire 2005, S. 108. S. auch Stallano 1995, S. 22.

18 s. auch Adamson 1999, S. 39.

19 Apollinaire 1993, S. 451.

20 s. Dörr 1995, S. 157-158.

21 übersetzt von Johannes Hübner und Lothar Klünner, in: Apollinaire: *Alkohol*, 1980, S. 13.

22 ebd., S. 153.

23 vgl. Veronika Krenzel-Zingerle 2003, Kapitel 5.

24 Chlebnikow 1987, S. 245.

25 zur genauen Geschichte der Ungarn s. u. a. Róna-Tas 1999 und Molnár 2001; zu der wissenschaftlich umstrittenen, doch von Ungarn oft kultivierten Verwandtschaft mit Hunnen und Sumerern s. Molnár 2001, S. 8.

26 Zitate und Paraphrasen nach der engl. Übersetzung von Adys Essays, hier: Ady 1977, S. 110-112; die Herkunft der Ungarn ist ein Motiv in diesen Aufsätzen, s. u. a. S. 103-106 (Mongolen), S. 110 (über Skythen).

27 Die Theiß galt seit dem Ende des neunzehnten Jahrhunderts als Symbol für die Rückständigkeit Ungarns (Congdon 1974, S. 309, Anm. 26).

28 nach der englischen Übersetzung in: Ady 1977, S. 82-93, das Bild der Fähre auf S. 83 und 85.

29 s. auch Congdon 1974, S. 315-316.

30 De Clercq 1909, S. 73.

31 Zitate aus De Man 1976, S. 67-69.

32 vgl. Sheehan 2008 (b), S. 80.

33 s. die gemeinsame Website von 2005 der norwegischen Nationalbibliothek und des schwedischen Nationalarchivs: ⟨http://www.nb.no/baser/1905/english.html⟩.

34 basierend auf Stahnke 1982, Stahnke 1984 und Ziedonis 1969.

35 übersetzt nach Stahnke 1984, S. 36.

36 übersetzt nach Stahnke 1982, S. 230.

37 übersetzt nach ebd., S. 241.

38 Stahnke, a. a. O., und Plakans 1995, S. 104-107 (Zitat aus Rainis' Theaterstück auf S. 107).

39 in: Also sprach Zarathustra. In: Sämtliche Werke, Kritische Studienausgabe in 15 Bänden, Bd. 4, München 1999, S. 195.

40 Bergson 2013, S. 223.

41 biographische Angaben über Marinetti nach Lista 1995 und Einführungen und Anmerkungen zu Marinetti 2006.

42 Asholt/Fähnders 1995, S. 5.

43 Marinetti 2006, S. 19.

44 Schätzungen über die Zahl der Opfer bewegen sich von 70.000 bis 300.000; die seriösesten Quellen gehen von ungefähr 160.000 Toten aus. Dazu u. a. Morris 1909 und Spignesi 2004, S. 62-64.

45 Alexander Blok: Ausgewählte Werke, Bd. 2, Berlin 1978, S. 140-152, Zitat S. 152. Aus dem Russischen von Eckhard Thiele. Außerdem über

Blok und seine Reaktion auf Messina, ein Ereignis, das dem Dichter zufolge »unser Leben veränderte«, Mochulsky 1983, S. 245-246.

46 übersetzt von Sarah Kirsch, in: Alexander Blok: Ausgewählte Werke, Bd. 1, S. 197.

47 übersetzt nach Bonadeo 1995, S. 69.

48 s. dazu Eksteins 1990.

49 übersetzt von Oswalt von Nostitz und Friedhelm Kemp, in: Péguy 1965, S. 183 u. 185.

50 die Aufzählung der Kulturländer in »Par ce demi-clair matin« in Péguy 1988, S. 95, der bedrohten Kulturen S. 104ff.

51 s. dazu u.a. Fromkin 2005 S. 100 und – weitaus weniger streng gegenüber Deutschland – Strachan 2001, S. 15-17.

52 zur intellektuellen Entwicklung Péguys s. Stromberg 1982, S. 31-32 u. 72-74.

53 vgl. Eksteins 1990, S. 114-122.

54 keine Zeitungen für George: Wuthenow in: Schneider/Schumann 2000, S. 111.

55 Die wissenschaftliche Studienausgabe der Werke Georges nennt Anfang Februar 1914 als Datum (George 1993, S. 118); Verwey empfing sein Exemplar am 30. Januar (Van Eyck/Verwey 1988, S. 265).

56 George 1993, S. 31.

57 Heym/Schneider 2000, S.70.

58 in: Heym/Schneider 2000, S. 136.

59 ebd., S. 163.

60 s. Strachan 2001, S. 24-26, Fromkin 2005, S. 99-104, und Heym/Schneider 2000, S. 163-164.

61 Heym/Schneider S. 164.

62 ebd., S. 203.

63 ebd., S. 194.

64 s. Marinetti 2006, S. 74.

65 in Jay/Neve 1999, S. 305. Zu einer auffallend ähnlichen Äußerung von Theodore Roosevelt im Jahr 1897 s. Fromkin 2005, S. 60-61.

66 Sheehan 2008 (b), S. 35.

67 s. die instruktive Karte in Gilbert 1994, S. 8, Strachan 2001, S. 49-52 und Fromkin 2005, S. 108-132.

68 zu dieser Episode s. Fromkin 2005, S. 92-99. Der russische Außenminister hatte zunächst keine Einwände gegen die Annexion erhoben, aber seine Haltung geändert, als sich herausstellte, dass Österreich eine früher getroffene Vereinbarung nicht einhielt und Russland keine Gebiete im Osten als Kompensation erhielt.

69 zu Newbolts patriotischen Dichtungen s. Eby 1987, S. 98-108.

70 zwei englischsprachige Anthologien dieser Balladen: Noyes/Bacon 1913 und Rootham 1920.

71 Der Hergang wurde schon unzählige Male beschrieben, s. z. B. Fromkin 2005, S. 143-187, und Strachan 2001, S. 64-67.

72 zu Princips literarischen Ambitionen: Fromkin 2005, S. 154, und Strachan 2001, S. 65; zu seiner Lektüre: Fromkin 2005, S. 154.

73 Fromkin 2005, S. 173 f.

74 basierend auf Crnjanski 1967, S. 40-43.

75 basierend auf Singh Mukerji 1990, S. 1-13.

76 Diese Angabe stammt aus einer Notiz von Miroslav Krleža, zitiert in: Lauer 1995, S. 58.

77 Tagebucheintrag vom 8. Juni 1912, übersetzt nach Singh Mukerji, S. 10, und Petrović 1969, S. 34. Der Begriff »Hajduk« verweist auf dem Balkan auf eine Art bewaffneter Rebellen, Outlaws.

78 Lauer 1995, S. 54.

79 übersetzt nach Singh Mukerji 1990, S. 161-162.

80 Fenyo 1987, S. 71.

81 biographische Angaben nach Orlov 1980, S. 341.

82 zitiert in Mochulsky 1983, S. 350. Der Autor datiert den Eintrag auf den 15. Juni, richtet sich aber offenbar nach dem alten russischen Kalender. Damit die Chronologie in diesem Buch übersichtlich bleibt, wurden alle Daten des bis zur Revolution gebräuchlichen julianischen Kalenders an den westlichen gregorianischen Kalender angepasst (so war der 1. August 1914 in Russland der 19. Juli; der 15. Juni »alten Stils« war also der 28. Juni).

83 Lichtenstein 1962, S. 94.

84 Die zweite Frau des pazifistisch eingestellten Ministers Caillaux hatte den Chefredakteur der politisch rechts angesiedelten Zeitung Le Figaro ermordet, um zu verhindern, dass die Zeitung Liebesbriefe aus der Zeit veröffentlichen würde, in der Caillaux noch offiziell mit seiner ersten Frau verheiratet war, aber mit der zweiten schon ein Verhältnis hatte. Der Prozess sollte am 20. Juli 1914 beginnen. Es ging hier um viel mehr als um eine Privatangelegenheit, da der Figaro behauptete, dechiffrierte deutsche Telegramme über Caillaux zu besitzen; daraufhin änderten viele ausländische Botschaften im Juli ihre Geheimcodes, und Frankreich entgingen vorübergehend wichtige Informationen. Siehe dazu u. a. Fromkin 2005, S. 178-180, und Strachan 2001, S. 79. Zu den Briten und Home Rule: Fromkin 2005, S. 177, und Kee 1972, S. 512-517. Zu dem serbischen Oberkommandanten: Crnjanski 1967, S. 44. Über die Urlaubsaktivitäten der deutschen Heeresleitung: Fromkin 2005, S. 251-252.

85 Lichtenstein 1962, S. 93. Zum Motiv der Unabwendbarkeit eines großen europäischen Krieges in Deutschland und anderen europäischen
Ländern s. auch Mommsen 1997.

2 Ein heißer Sommer

1 Couperus 1918, S. 26.
2 biographische Daten kompiliert aus Davies 1988, Reeder 1994, Basker
1999, Anderson 2004 und Dokumenten, Einführungen und Anmerkungen in Achmatowa 1992 und 1997.
3 Davies 1988, S. 13.
4 Achmatowa 1992, S. 286.
5 a. a. O.
6 Eine Tag-für-Tag-Beschreibung der Eskalation findet sich bei Fromkin 2005, S. 256-310.
7 Wenn nichts anderes angegeben ist, basiert die Chronologie aller in
diesem Buch beschriebenen Kriegshandlungen auf Gleichen 2000
(1918-1920), Bent 1980, Burg/Purcell 1998, Hirschfeld et al. 2003,
S. 985-992, und Audoin-Rouzeau/Becker 2004, S. 1283-1296.
8 Die Zitate aus der Korrespondenz zwischen dem Zaren und dem Kaiser stammen aus Geiss 1980; s. auch: ⟨http://www.lib.byu.edu/~rdh/
wwi/1914/willynilly.html⟩ sowie Melching/Stuivenga 2006, S. 35-36,
und Fromkin 2005, S. 277-294.
9 Tagebuchfragmente und Kommentare, die das belegen, unter anderem in Fromkin 2005, S. 295-302.
10 aus dem Russischen von Birgit Veit, in: *Achtung! Achtung! Hier spricht
der Krieg!*, hg. von Ingo Langner, Bundeszentrale für politische Bildung, Bonn 2014.
11 aus dem Gedicht »Fünffüßige Jamben«, 1916 aufgenommen in den
Band *Kolčan* (Der Köcher), Übersetzung von Irmgard Wille in
Gumiljow 1988, S. 51; Information aus Basker 1999, S. 225-226. Auch
Orlov 1980, S. 431 beschreibt das Wetter als außergewöhnlich heiß und
trocken und die Sonne als dunkelrot. Der Sowjetbiograph erwähnt in
diesem Zusammenhang ebenfalls den Brandgeruch und schildert die
Sonne als einen roten Ball und den Mond als violett. Ob das eine apokalyptische Projektion auf der Basis von Achmatowas und Gumiljows
klassischen Gedichten oder eine auf Quellen gestützte Beschreibung
ist, lässt sich aus diesem Buch schwer erschließen. Auch Hippius
schreibt in ihrem Tagebuch, ein »beißender Dunst« habe den ganzen
Sommer über dem Land gelegen. (Hellman 1995, S. 27)

12 Achmatowa 1992, S. 11, 26, 48.

13 Figes 2001, S. 274, und Melching/Stuivenga 2006, S. 39-40.

14 zeitgenössische patriotische Lyrik, anonym zitiert in: Solschenizyn, *August 1914* (hier zitiert nach der 5. Auflage der deutschen Übersetzung von 1974, S. 83).

15 Strakhovsky 1950, S. 135-136, Orlov 1980, S. 343-344, Hellman 1995, S. 84-102, und Jahn 1995, S. 106.

16 Hellman 1995, S. 88 ff.

17 vgl. Hellman 1995, S. 86-91; Billington 1966, S. 19, 635; Figes 2011, S. 160 u. 335.

18 vgl. Hellman 1995, S. 95.

19 nach Hellman 1995, S. 33.

20 Hellman 1995, S. 40-41.

21 Skizze basierend auf Markov 1968, Woroszylski 1970, Schklowski 1972 und Brown 1973.

22 Majakowski 1980, Bd. IV, 1, S. 18; s. auch Brown 1973, S. 36.

23 deutschsprachige Versionen der Manifeste in: Asholt/Fähnders 1995.

24 vgl. Perloff 1986, S. 121-127. Abbildungen der futuristischen Bände u.a. in Rowell 2002 und Compton 1978.

25 Asholt/Fähnders S. 74.

26 Chlebnikow 1972, Bd. 2, S. 470-471.

27 Markov nennt Chlebnikow »germanophob«, 1968, S. 298. Siehe auch »A Friend in the West«, ein äußerst kritischer Aufsatz von 1913 über das seiner Ansicht nach slawophobe Deutschland, Chlebnikov 1987, S. 243-245.

28 aus dem Russischen von Birgit Veit, in: *Achtung! Achtung! Hier spricht der Krieg!*, hg. von Ingo Langner, Bundeszentrale für politische Bildung, Bonn 2014.

29 Horne/Kramer 2004, S. 129-130.

30 Eine entsprechende Beschreibung findet sich u.a. bei Loveling 2005, S. 7.

31 basierend auf Sing Mukerji 1990, S. 13ff., und der Einleitung in Andrić 1988.

32 Andrić 1988, S. 5. Auch der Rest dieser Ausführungen basiert auf den in hohem Maße autobiographischen Passagen in *Ex Ponto*.

33 basierend auf Crnjanski 1967, S. 40, 44 ff.

34 [anon.], »Austrian Attacks on Servia. ›A Nest of Plague Rats‹«. In: *The Times*, 9. Juli 1914, S. 7.

35 Im Jahr 1914 bestand die Bevölkerung der Donaumonarchie aus ungefähr 23 Prozent Deutschen, 19 Prozent Ungarn/Magyaren, 13 Prozent Tschechen, 10 Prozent Polen, 8 Prozent Ruthenen, 6 Prozent Rumä-

nen, 6 Prozent Kroaten, 4 Prozent Serben, 4 Prozent Slowaken, 3 Prozent Slowenen, außerdem gab es Italiener, Bosnier und Roma. Die offizielle Sprache in der k.u.k. Armee war Deutsch, doch von den Offizieren wurde erwartet, dass sie die Sprache ihrer Soldaten lernten. Mehr als die Hälfte der Regimenter war zweisprachig, 24 Regimenter waren dreisprachig, einige wenige sogar vier- oder fünfsprachig. (Tucker 1996, S. 86)

36 Der deutschsprachige Triester (und damit »Österreicher«) Theodor Däubler wurde vom Militärdienst freigestellt und verbrachte die Kriegsjahre in Deutschland.

37 Diese jüdischen Dichter gehörten zur Literaturszene in Lemberg, damals eine hauptsächlich polnische Stadt (Lwów), die heute zur Ukraine gehört (Lwiw). Um das Datum des Kriegsausbruchs herum hielten sich die meisten von ihnen in Wien auf, s. Liptzin 1972, S. 237-242.

38 biographische Angaben aus: Leftwich 1939, S. 240, und Liptzin 1972, S. 244-246.

39 Kohlbauer-Fritz 1995, S. 61.

40 s. dazu u. a. Roshwald 2002, passim, und über das Töten von Juden durch Juden: S. 97-98.

41 in: Imber 1927, S. 90-94.

42 s. dazu Segel 2002, vor allem S. 63. Zum geteilten Polen s. auch Davies 2000, S. 100-108.

43 s. Miłosz 1981, S. 191-192.

44 aus dem Polnischen von Esther Kinsky; Original »Ta, co nie zginęła« in: Zdzisław Debicki und Edward Słoński: *Ta, co nie zginęła. Poezyje Zdzisława Debickiego i Edwarda Słońskiego*, Warschau 1915.

45 Aufzählung in: Segel 2002, S. 65-66.

46 Informationen aus: Miłosz 1981, S. 277, und Cross 1989, S. 330-331.

47 Fragment aus »Do moich synów«, aus dem Polnischen von Ulrich Mayer, in: *Jahrhundertwende*, Leipzig 1979, S. 182.

48 Orzoff 2004, S. 175.

49 Orzoff 2004, S. 190-191.

50 vgl. Lohr 2004, S. 109.

51 Couperus 1918, S. 18.

52 Verhey 2000, S. 10.

53 Zur deutschen Haltung gegenüber den Idealen der Aufklärung und dem angelsächsischen Pragmatismus s. u. a. Mommsen 1997, S. 28-33.

54 Der Schlieffen-Plan ist in den letzten Jahren Gegenstand vieler Kontroversen. Zu einer revisionistischen Theorie, in der die These vertreten wird, der Plan habe eigentlich nie in dieser Form existiert, s. Zuber

2002. Eine kürzere Variante findet sich in Fromkin 2005, S. 49-55, und Strachan 2001, S. 163-180.

55 eine ausführlichere Darstellung in De Schaepdrijver 1997, S. 55-65, und Zuckerman 2004, S. 15-32. Zum internationalen Kontext u. a. Fromkin 2005, S. 302-310.

56 vgl. Ferguson 2001, S. 209.

57 Fromkin 2005, S. 201-202, 320 und 363-367.

58 zur Schätzung der Anzahl von Gedichten zum Ersten Weltkrieg s. Buelens 2008, S. 12-13.

59 Marsland 1991, S. 2. Auch Albert Verwey gibt diese Zahl an (1916, S. 67). Bab schreibt, dass im ersten Kriegsjahr drei Millionen Kriegsgedichte in Deutschland geschrieben wurden, Klaus Vondung zählte allein für den Monat August eineinhalb Millionen.

60 zitiert nach Volkmann 1934, S. 51.

61 Lichtenstein 1962, S. 96.

62 biographische Fakten aus Leppmann 1990.

63 s. u. a. Leppmann 1990, S. 171.

64 Couperus 1918, S. 7 (alle Zitate in dieser Passsage entstammen einem Brief vom 1. August).

65 Rainer Maria Rilke (1875-1926), »Fünf Gesänge. August 1914«. In: Kriegs-Almanach, Leipzig 1915.

66 Stadler 1983, S. 139.

67 »full professorship«, ebd., S. 523.

68 Anekdote in: Cross 1989, S. 101.

69 Informationen und Zitate aus der Einleitung von Marcel Jean in der englischen Arp-Edition, S. XVII. Die Anekdote könnte apokryph sein, da der Krieg zwischen Frankreich und Deutschland erst am 3. August erklärt wurde. Statt der Kriegserklärung war vielleicht die General-mobilmachung (am 1. August) für Arps monetäres Malheur verant-wortlich.

70 übertragen von Oskar Pastior, in: *Apollinaire Wortführer der Avant-garde* 1999, S. 167.

71 Die Fotos wurden inzwischen zu einem kleinen Film montiert, unter anderem hier zu sehen: ⟨http://www.wiu.edu/Apollinaire/Apollinaire _dit.htm#Apollinaire_en_film⟩

72 zum Unterschied zwischen Mythos und Realität Becker 1977 (für Frankreich), Verhey 2000 (für Deutschland).

73 zitiert in Rony 1993, S. 210.

74 übersetzt von Felix Beran, in: Martinet 1919, S. 11.

75 Original in: *Le Figaro* und D'Annunzio 1968, S. 993.

76 D'Annunzio 1968, S. 997.

77 Tosi, S. 25.

78 Tosi, S. 21-22. Albertini verfasste später ein dreibändiges Standardwerk über die Entwicklungen dieser Julitage: *Le origini della guerra del 1914* (1942-1943).

79 Fromkin 2005, S. 305.

80 Berrafato/Berrafato/Verney 2006, S. 28.

81 vgl. Poggi 1992, S. 224; Schwarz-Weiß-Abbildung in *Lacerba*, S. 233; in Farbe u. a. in Poggi 1992, S. 24. Siehe auch Buelens 2008. Nachzutragen ist, dass in manchen Studien ein Unterschied gemacht wird zwischen den »echten« Futuristen um Marinetti und dem Kreis um *Lacerba*, angeführt von Papini und Soffici. Dieser Unterschied wird hier der Einfachheit halber vernachlässigt.

82 Buzzi 1963, S. 29.

83 Brief vom 26. August 1914, Van Eyck/Verwey 1988-1995, S. 24.

84 Pessoa 2007, S. 149.

85 Sorley 1990, S. 177.

86 In einem Brief an seinen Schulfreund Hutchinson ließ Sorley später durchblicken, er selbst habe das Gerücht verbreitet, dass die Engländer Russland den Krieg erklärt hätten. (Sorley 1990, S. 181)

87 anon., zitiert in: Stephen 2003, S. 35.

88 zitiert in: Roberts 1996, S. 45.

89 basierend auf De Vos 1996, Burg/Purcell 1998 und Horne/Kramer 2004.

90 Der Zeppelinangriff vom 6. August findet sich unter dem 9. August in Buzzis Collagen-Tagebuch, und auch am 11. und 12. August steht das Schicksal der Stadt im Mittelpunkt. (Buzzi 1963, S. 32, 34-35)

91 Verhaeren 1916, S. 25.

92 Hellman 1995, S. 64.

93 Guilbeaux 1917, S. 19.

94 Horne/Kramer 2004, S. 639.

95 biographische Angaben Benemann aus: Benemann 1978, S. 178, 183, Higonnet 1999, S. 483-484; Angaben über Visé aus: Horne/Kramer 2004, S. 43, 639; Mokveld 1917, S. 43-50 (auch in Kammelar/Sicking/Wielinga 2007, S. 47-52). S. auch De Schaepdrijver 2008.

96 Maria Dobler Benemann, »Visé«. In: Julius Bab (Hg.), *Der Deutsche Krieg*, Bd. 5, 1914. Die lange Schlacht, 1915.

97 Mokveld 1917, S. 47; Kammelar et al., S. 50. Die hier beschriebenen Szenen spielten sich am 15. und 16. August ab. Horne und Kramer schreiben, dass die Plünderungen bis zum 18. August weitergingen. Im Kriegstagebuch von Gerhard Benemann, dem Mann der Lyrikerin, steht, dass die Kompanie am Mittwoch, dem 19. August in Visé an-

kam, »das vollständig zerstört war und brannte«. Die Franktireur-Geschichte wird auch hier wiederholt: »Die ersten Schüsse von und auf Freischärler« (Benemann 1978, S. 178, vgl. S. 183). Berichte, dass die deutschen Soldaten betrunken waren, als sie diese und andere Kriegsverbrechen begingen, sind Legion, s. u. a. Vandeweyer 2005, S. 92. Und aus einem Brief von Karel van den Oever an Maria Viola vom 16.-19. September, der auf Augenzeugenberichten von van den Oevers Bruder beruht, der als Pfarrer oft in der Gegend von Löwen unterwegs war: »Die abscheulichen ›Haudegen‹ (›soudards‹) waren oft viehisch betrunken; in Werchter ist die ganze Gegend übersät mit 90.000 leeren Flaschen Jacop [eine lokale Biersorte, d. Üb.], und von Werchter bis Boortmeerbeeck liegen beiderseits der gepflasterten Straße unzählige leere Weinflaschen; sie soffen aus den riesigen Brauereifässern mit flämischem Starkbier und schwankten anschließend nach Paris! […] Ihr Schlachtruf war: ›Sauffen, sauffen al was wir haben‹!« Im selben Brief steht auch die von einem anderen Pfarrer verbreitete Geschichte, deutsche Soldaten hätten ein Baby an eine Mauer genagelt – höchstwahrscheinlich eine Legende, die vor allem die moralische Entrüstung der unterjochten belgischen Zivilbevölkerung widerspiegelt (Archiv Viola, KDC Nijmegen).

98 Horne/Kramer 2004, passim. Geschichten über Franktireure kommen nicht nur in Benemanns Gedicht, sondern auch in anderen literarischen Zeugnissen vor. Der junge Expressionist Ernst Wilhelm Lotz erwähnt in einem Brief an seine Freundin vom 16. August die »Schande und Schmach, die elsässischen Französlinge, die Franktireurs, Spione und Leichenräuber«. Lotz 1994, S. 195 (vgl. ebd., S. 202). Ernst Stadler spricht in seinem Kriegstagebuch allgemein vom »schamlosen Verhalten der Belgier« (Stadler 1983, S. 547), möglicherweise auch eine Anspielung auf Geschichten über Zivilisten, die angeblich zu den Waffen gegriffen haben. Später äußert er sich ähnlich: »Geschichten von der belg. Civilbevölkerung«. (S. 552) Stadler erwähnt auch »Erzählungen von Schandtaten der Franzosen« gegen deutsche Verwundete. (S. 545) Der Dichter und Arzt Wilhelm Klemm berichtet in einem Brief vom 21. August aus Belgien, dass das Dorf, in dem sie biwakieren, von »Franktireurs« angegriffen wurde und dass als Vergeltungsmaßnahme »einige Häuser verbrannt« wurden, »Leute füsiliert, Pferde geraubt etc.«. (Klemm 1981, S. 109)

99 ein Beispiel für ein französisches Gedicht auf einer Postkarte (Abbildung: ein kleiner Junge mit einem Spielzeuggewehr aus Holz, der von einem deutschen Soldaten hingerichtet wird, auch das im Übrigen ein Mythos) in: Horne/Kramer 2004, S. 309.

100 Gedicht in: Elliott 1915, S. 24.

101 übersetzt nach der englischen Übersetzung des Originals: ⟨http://www.unknown.nu/futurism/lust.html⟩. In der 2003 erschienenen Monographie über Valentine de Saint-Point von Véronique Richard de la Fuente ist das französische Original des Manifests abgedruckt, auffälligerweise jedoch ohne die hier zitierte Passage (2003, S. 138); in der deutschen Übersetzung in: Asholt/Fähnders, S. 29f. fehlt sie ebenfalls.

102 Bernaerts/Heyman 1916, S. 7.

103 Briefe von Van den Oever an Viola vom 20. August 1914 und 16. bis 19. September 1914 (Archiv Viola, KDC, Nijmegen).

104 basierend auf Kettle 1917, dem Vorwort seiner Frau Mary Sheehy im selben Buch und dem Kapitel von Senia Paseta über Kettle in: Gregory 2002.

105 Kettle 1917, S. 104.

106 Nieuwe Encyclopedie van de Vlaamse Beweging (NEVB) (Neue Enzyklopädie der Flämischen Bewegung) – Stichwort: *Frontbeweging*.

107 Saunders 1996 I, S. 461.

108 Ford 2004, S. 207.

109 »For All We Have and Are«, in: *The Times*, 2. September 1914, auch in: Kipling 1933, S. 326.

110 s. Roberts 1996, S. 54-60.

111 Stramm 1997, S. 172.

112 a.a.O.

113 zitiert in: Rusinko 1977, S. 204.

114 Achmatowa 1991, S. 167.

115 biographische Angaben aus: Kisch 1960, S. 116, 130, Orlov 1980, S. 341-347, Mochulsky 1983, S. 348-351.

116 Orlov 1980, S. 342.

117 Strachan 2004 (b), S. 179.

118 Ilnytzkyj 1997, S. 30.

119 Keegan 2004, S. 217-218. Hobsbawm sieht den Anfang vom Ende des Zarenregimes schon in der Revolution von 1905 (1995, S. 81).

120 Fromkin 2005, S. 271.

121 vgl. Horne/Kramer 2004, S. 135.

122 Fotos der Gräueltaten in: Van Tienhoven 1915, S. 14-21.

123 De Vos 1996, S. 41.

124 Woodhouse 1998, S. 275.

125 übersetzt nach Tosi 1961, S. 41.

126 zitiert in: Rony 1993, S. 213.

127 Péguy 1957, S. 1496.

128 van Ostaijen 1979, IV, S. 413.

129 Smith/Audoin-Rouzeau/Becker 2003, S. 39.

130 Die Zahl basiert auf: ⟨http://www.firstworldwar.com/battles/mar ne1.htm⟩; es handelt sich um ungefähr ebenso viele französische wie deutsche Opfer und mehr als zehntausend Briten. Der gesamte Feldzug forderte auf französischer Seite von August bis September ungefähr 329.000 Tote (Smith/Audoin-Rouzeau/Becker 2003, S. 40).

131 Bent 1980, S. 38.

132 Porché 1916, S. 63.

133 Noailles 1920, S. 32-36.

134 übersetzt von Inés Koebel, in Pessoa 2007, S. 169.

135 Buzzi 1963, S. 58.

136 Marinetti 2002, S. 118.

3 Jetzt spricht der Stahl

1 Marc 1978, S. 165.

2 s. z. B. Wildon Carr 1915, S. 10.

3 zitiert in und übersetzt nach: Strakhovsky 1949, S. 72.

4 Lichtenstein 1962, S. 97-98.

5 in: Cross 1989, S. 98.

6 Lotz 1994, S. 193.

7 Stadler 1983, S. 559.

8 Dieser Hinweis stand auch bei den ersten drei Kriegsgedichten von Klemm in *Die Aktion* vom 24. Oktober (S. 834); vorangestellt war die stolze Mitteilung Pfemferts, dass es sich hier um »die ersten wertvollen Verse« handle, »die der Weltkrieg 1914 hervorgebracht« habe.

9 *Die Aktion*, 21. November 1914, S. 872; auch in: Klemm 1915, S. 38, und Klemm 1981, S. 17.

10 Sterbedatum Hinz aus: Pfemfert 1973, S. 41. Cross 1989, S. 396 gibt den 7. Juli 1914 an, ein offenkundiger Tippfehler. Cohen 2004, S. 299 schreibt nur »1914«.

11 vgl. Faul 1989, S. 111-112, und Cross 1989, S. 149.

12 Leybold 1989, S. 55.

13 Klemm 1981, S. 110.

14 Diese und andere Auflistungen entstanden anhand der alphabetischen Aufstellung gefallener Schriftsteller, Künstler, Komponisten und Architekten in Cross 1989, S. 388-406. Am 20. August fielen oder galten seit diesem Tag als vermisst: Étienne Collet, Robert Perréoux, Paul Rioux und Antoine Villermin.

15 Diese Passage basiert auf Tisdall/Bozzolla 1977, S. 174-175, Cork 1994, S. 61-63, Berghaus 1996, S. 73-78, Benesch/Brugger 2003, S. 243, und Marinetti 2006, S. 226-237. Zum geopolitischen und militärischen Hintergrund s. Strachan 2004 (b), S. 189-193.

16 *Lacerba*, S. 241-244.

17 Die »SINTESI FUTURISTA DELLA GUERRA« ist u.a. in Carrà 1915 und Asholt/Fähnders 1995, S. 89, abgedruckt; auf Englisch in Marinetti 1972, S. 62-63.

18 Die Kathedrale von Reims wurde im September – vor allem vom 17. bis 19. – mehrmals beschossen, also kurz vor der Veröffentlichung der SINTESI FUTURISTA. Zu Reims und der auf den deutschen Beschuss folgenden Kontroverse s. Horne/Kramer 2004, S. 326-328.

19 vgl. Jelavich 2002, S. 44; hier zitiert nach Friedrich Gundolf: »Tat und Wort im Krieg«, in: *Frankfurter Zeitung und Handelsblatt* vom 11. Oktober 1914, S. 1-2.

20 vgl. Verwey 1916, S. 11; erschienen in der Oktoberausgabe von *De Beweging*.

21 Gundolf sprach von einem »missverstehenden, Neutral-kleinstaats engen Aufsatz«, der wohl einer Antwort bedürfe. (Verwey 1965, S. 171)

22 Paseta in: Gregory 2002, S. 18.

23 Gedicht in: Kettle 1916, S. 84-86.

24 Romains 1919, S. 11.

25 biographische Angaben zu Romains aus: Rony 1978, S. 102, Anm. 2.

26 Diese Passage stützt sich auf Brooke 1968 und Jones 1999.

27 übersetzt von Werner von Koppenfels, in: *Englische und amerikanische Dichtung* Bd. 3, S. 123.

28 van Ostaijen 1979 IV, S. 416.

29 Sie verließen Duffel höchstwahrscheinlich am 28. September, weil die großen und zahlreichen Rotkreuzfahnen auf dem gegenüber der Kirche eingerichteten Lazarett zu viel Lärm machten. Vgl.: »Les grands et nombreux drapeaux de la Croix Rouge […] faisaient, pour nos ennemis, de cet asile de la souffrance, une cible de prédilection.« (Gernaert 1919, S. 19)

30 Brooke 1968, S. 623.

31 Hueffer am 12. September, in: Ford 2004, S. 209 (»this present war is just a cloud – a hideous and unrelieved pall of doom«).

32 übersetzt von Cristoforo Schweeger, in: Jörg W. Rademacher (Hg.): *Vater und Sohn: Franz Hüffer und Ford Madox Ford (Hüffer)*, Münster 2003, S. 95.

33 nach Ford 2004, S. 210.

34 übersetzt von Cristoforo Schweeger in: Rademacher 2003, S. 95.

35 Diese Passage stützt sich auf Vandeweyer 2005, S. 96-127, und Burg/ Purcell 1998, S. 29-39.

36 van den Oever 1919, S. 15.

37 Diese Passage basiert auf Strachan 2001, S. 281-373, Weichselbaum 1994, S. 165-180, und De Roodt 2005, S. 75-113.

38 Fromkin 2005, S. 367; Strachan 2001, S. 356.

39 Weichselbaum 1994, S. 169.

40 Trakl 1984, S. 112.

41 Trakl 1984, S. 249-250, De Roodt 2005, S. 104.

42 biographische Informationen aus: Cross 1989, S. 348-349, und Neubauer 2004, S. 184-185.

43 die ersten 3 Strophen aus Géza Gyóni, »Levél nyugatra« (Lengyel mezőkön, tábortûz mellett). Aus dem Ungarischen von Hans-Henning Paetzke.

44 vgl. den Abschnitt »Perfidity from the West« in: Orzoff 2004, S. 175-178.

45 Neubauer 2004, S. 185 hält es für »strittig«, dass Gyóni das beabsichtigt hatte, führt aber keine Argumente an. Angesichts der Bekanntheit der Zeitung und der wichtigen Rolle des mit der Pariser Kultur verflochtenen Ady halte ich es für sehr unwahrscheinlich, dass Gyóni dies nicht als Kritik an den Kreisen um Nyugat gemeint haben soll.

46 Zur Position von *Nyugat* s. Mihályhegyi 1980, S. 289-290, 301-304.

47 Horváth 1966, S. 467; s. auch Ignotus, »Háború«. In: *Nyugat*, Jg. 7, Nr. 15, 1. August 1914.

48 Béla Balász, »Párisz-e vagy Weimar?« In: *Nyugat*, Jg. 7, Nr. 16-17, 16. August–1. September 1914, S. 200.

49 zitiert in: Loewy 1999, S. 170.

50 Strophe aus: Dezső Kosztolányi, »Öcsém« (*Nyugat*, 16. August–1. September 1914). Aus dem Ungarischen von Hans-Henning Paetzke.

51 übersetzt nach: Nyerges 1983, S. 51.

52 paraphrasiert und zitiert nach Horváth 1966, S. 490.

53 übersetzt von Wilhelm Droste in: Ady 2011, S. 223.

54 Ady 1977, S. 281.

55 Ady, »Az új militarizmus«. In: *Nyugat*, 1. November 1914 (nach der unveröffentlichten niederländischen Übersetzung von Györgyi Dandoy).

56 übersetzt von Wilhelm Droste in: Ady 2011, S. 207-208.

57 nach der (leicht gekürzten) deutschen Übersetzung des Artikels in Ugrin/Vargha 1989, S. 118-122 (Zitate S. 122). Der vollständige Text erschien unter dem Titel »Egyszerü gondolatok« in: *Nyugat* vom 16. Dezember 1914. Unter diesem Titel wurden seine größtenteils pazifistischen Artikel zum Ersten Weltkrieg (von denen einige auch in franzö-

sischen und deutschen Zeitungen erschienen) nach dem Krieg in einem Sammelband veröffentlicht.

58 vgl. Buelens 2008, S. 149.

59 Strophe aus: Géza Gyóni, »Csak egy éjszakára ...« (Lengyel mezökön, tábortûz mellett 1914), übersetzt von Lajos Brájjer, in: Kurt Fassmann (Hg.): Gedichte gegen den Krieg, Kindler, München 1961, S. 99.

60 Auch die weniger bekannten Akmeisten Narbut und Senkewitsch kämpften im Krieg. Siehe: Strakhovsky 1950, S. 142. Nikolai Tichonow diente im Krieg; sein vom Akmeismus beeinflusster Gedichtband *Die Horde*, 1922 basiert auf diesen Erfahrungen (Terras 1985, S. 475). Auch der weniger bekannte Futurist Konstantin Bolschakow kämpfte ab 1915 im Krieg. Sein Gedichtband *Die Sonne am Ende ihrer Flucht* (1916) enthält Kriegsgedichte. Sein von Majakowskis Stil beeinflusstes »Gedicht über die Ereignisse« ist ein langes Requiem für einen gefallenen Freund; in Collageform verarbeitet er darin Fragmente aus dem Werk dieses Freundes. (Markov 1968, S. 266) Eine Liste der zum Kriegsdienst eingezogenen Futuristen: Markov 1968, S. 298, und Chlebnikow 1987, S. 92-93.

61 s. Basker 1999, S. 228.

62 übersetzt von Alexander Nitzberg, in: Gumiljow 2000, S. 39.

63 Uljanov, zitiert in: Rusinko 1977, S. 207. Vgl. auch Strakhovsky 1944, S. 22.

64 nach Gumiljow 1999, S. 104.

65 übersetzt nach: Rusinko 1977, S. 210.

66 vgl. Basker 1999, S. 28-29, Schklowski und Rusinko 1977, S. 207.

67 aus dem Russischen von Birgit Veit, »Utešenie«, in: Achmatowa 1917 .

68 Brown 1973, S. 109. Diese Passage stützt sich außerdem auf Woroszylski 1970, S. 129-135, Schklowski 1972, S. 71-73, Brown 1973, S. 109-112, und Thun 2000, S. 82-84. Die Primärtexte von Majakowski stehen in: Majakowski 1980, Band V, 1, S. 28-44, Lawton/Eagle 1988, S. 87-89, und Majakowski 1993, S. 633-637.

69 Beschreibungen und Beispiele in Brown 1973, S. 110, und Cork 1994, S. 51 u. 54.

70 Majakowski 1993, S. 633.

71 Majakowski 1980, Bd. V, I, S. 41.

72 Hellman 1995, S. 111. Auch die folgende Darstellung stützt sich auf Hellmann, S. 111-113.

73 aus dem Russischen von Birgit Veit, Original: »Poslednjaja vojna« in: *Russkaia mysl'* Nr. 8-9, 1914.

74 Hellman 1995, S. 43.

75 Schlussstrophen, übersetzt von Friedemann Berger, in: Alexander Blok, *Ausgewählte Werke* Bd. 1, S. 213.

76 über Hippius und den Krieg s. Pachmuss 1971, S. 179-188, und Hellman 1995, S. 139-155.

77 zitiert in: Strakhovsky 1950, S. 136.

78 Schweitzer 1996, S. 39, 53-54; Fondse 1999, S. 707-709.

79 Zwetajewa 1991, S. 192.

80 aus dem Russischen von Birgit Veit, »Germanii«, in: Zwetajewa 1980.

81 Sorley 1990, S. 181.

82 »Daddy's gone Hun-hunting«, im anonymen Gedicht »The War Baby«, in: Noakes 2006, S. 45; Lissauer in: Bab 1914 (Teil 2), S. 36-37.

83 Brooke 1968, S. 632 (Brief an Leonard Bacon).

84 übersetzt von Horst Meller und Joachim Utz, in: *Englische und amerikanische Dichtung*, Bd. 3, S. 123.

85 Franz Werfel: »Fremde sind wir auf der Erde alle«, in: *Die Weißen Blätter*, Januar 1915.

86 Kraus 1965, S. 11.

4 Der Geruch von Giftgas am Morgen

1 Sassoon 1983, S. 22.

2 zitiert nach Gartner 2005, S. 180. Zur gesamten Schilderung von Fords Friedensmission: Kraft 1978.

3 Gilbert 1994, S. 50.

4 Zur Benennung und der auffallenden Tatsache, dass Deutschland schon vor 1914 von einem kommenden Weltkrieg sprach, während andere Länder den Krieg eher als »großen« oder als »europäischen« Krieg bezeichneten, s. Strachan 2001, S. 694ff. Wie schnell sich die verschiedenen Bezeichnungen verbreiteten, geht schon aus dieser Reihe repräsentativer zeitgenössischer, hier chronologisch aufgeführter Buchtitel hervor: *De groote Europeesche oorlog van het jaar 1914 in woord en beeld* (1914), *The History of the Great European War, Its Causes and Effects* (1914), *I Documenti della Grande Guerra* (1914), *Souvenir Album of the Great European War, with Pictorial Map of the Battlegrounds* (1914), *Belgian Playmates, Heroes Small – and Heroes Tall; a Story of the Great European War, 1914.* (1914), *The True Story of the Great European War* (1914), *La Grande Guerre Européenne et la neutralité du Chili* (1915), *Between the Lines in Belgium; a Boys' Story of the Great European War* (1915), *Dokumente zur Geschichte des Europäischen Krieges, 1914/15* (1915), *Europe in Arms, a Concise History of the Great European War* (1915), *Geographical Aspects of Balkan Problems in Their Relation to the Great European War* (1915), *My Experience with*

Spies in the Great European War (1916), *Aspectos Moraes da Guerra Európéa* (1917), *Die Wahrheit über Bulgarien; Eine Darlegung der Bulgarisch-Serbischen Beziehungen und der Grund Bulgariens, an dem Europäischen Krieg teilzunehmen* (1917), *The Illustrated War Record of the Most Notable Episodes in the Great European War* (1917), *Quelques guides de l'opinion en France pendant la Grande Guerre, 1914-1918* (1918), *La Chine et la Grande Guerre Européenne au point de vue du droit international* (1920), *Ireland's Memorial Records, 1914-1918, Being the Names of Irishmen Who Fell in the Great European War, 1914-1918* (1923), *La Grande Guerra, Madre del Fascismo* (1936). Auffallend ist, dass in der deutschen Literatur schon sehr bald der Begriff »Weltkrieg« auftaucht: *Der Weltkrieg* (1914), *Der Weltkrieg 1914/15 im Lichte der Prophezeiung* (1916), *Der Weltkrieg* (1925). Die Bezeichnung kommt aber auch in anderssprachigen Quellen vor: *The World War; a History of the Nations and Empires Involved and a Study of the Events Culminating in the Great Conflict* (1915), *De groote oorlog: de belangrijkste episoden uit den wereldoorlog* (1918), *The World War; a Short Account of the Principal Land Operations on the Belgian, French, Russian, Italian, Greek and Turkish Fronts* (1921), *La genèse de la Guerre Mondiale* (1931), *Histoire de la Guerre Mondiale* (1936). Interessant ist der Titel einer deutschen Dissertation von 1941, der die beiden Weltkriege unterschiedlich benennt: *Krieg und Sozialpolitik: Ein Vergleich zwischen der Sozialpolitik im Weltkrieg und im Europäischen Krieg* (1941).

5 Boens 1917, S. 90.

6 De Vos (1996, S. 58) schätzt, dass in der Schlacht an der Yser 14.000 Soldaten ausgeschaltet wurden (Tote, Verwundete, Kranke, Vermisste).

7 zur Einschätzung der Lage um Pervijze s. Vandeweyer 2005, S. 130; Tod des Dichters: Cross 1989, S. 394, und Association des écrivains combattants 1925, Bd. 3, 1925, S. 766-767.

8 Die konkreten Fakten in dieser Passage beruhen auf De Vos 1996, S. 58, und Vandeweyer 2005, S. 130-135.

9 »*Verzen*«, in: Bernaerts/Heyman 1916, S. 79-80, Zitat auf S. 80.

10 biographische Informationen zu Van Cauwelaert aus: Pauwels 1945, S. 350-351, und Rombouts 1951, S. 15-32.

11 s. dazu Hulpiau 1986, S. 239-240.

12 a.a.O.

13 De Clercq 1915, S. 29.

14 Gedichte in: Bernaerts/Heyman 1916, S. 154 und 155; zu *De Vlaamsche Stem* s. Wils 1974, S. 114ff.

15 s. dazu Hulpiau 1986, S. 244-245, und Wils 1974, S. 114 ff., sowie die Artikel zu »De Clercq«, »*De Vlaamsche Stem*«, »Gerretson«, »Flamenpolitik« und »activisme« in NEVB. Über die Verbindung zwischen Literatur und flämischem Aktivismus s. u. a. Buelens /De Ridder 2005.

16 vgl. Hobsbawm 2004, S. 45.

17 Eine Karte und ein Tortendiagramm zur Situation im Habsburgerreich 1910 findet sich in: Hobsbawm 1990, S. 198. Zu einer Übersicht über diese Minderheiten und die ethnische Zusammensetzung 1914 s. Anm. 35 zu Kapitel 2.

18 vgl. Hobsbawm 2004, S. 44.

19 Abbott 1914.

20 Verwey 1916, S. 48.

21 vgl. Tames 2006, S. 44.

22 »Wenn wir nicht – und zwar bis ins Mark – davon überzeugt sind, dass sich die Niederländer vor dem sechzehnten Jahrhundert zu einer Nation geformt haben, mit eigener Sprache, eigenem Charakter, eigenen Sitten und Gebräuchen, dass sie in und nach diesem Jahrhundert, daran gewöhnt, sich selbst zu regieren, an der Spitze standen im Handel und in der Kunst, in der Philosophie und der Poesie, in Wissenschaft und Erfindung, dass sie im achtzehnten Jahrhundert ein eigenartiges Volksdasein geführt haben und sich nach ihrem vorübergehenden Niedergang langsam, aber sicher erholten und ein Volk wurden, das seiner großen Gründer nicht völlig unwürdig ist; – wenn wir nicht fest entschlossen sind, diese Überzeugung unserer Herkunft und unserer Stärke gegenüber der ganzen Welt in die Waagschale zu werfen, werden wir in der Weltgemeinschaft nicht den Platz bekommen, der uns von unserem Gefühl her zusteht.« (Verwey 1916, S. 28)

23 Verwey 1965, S. 174 (Gedicht vom 28. Januar 1915); Übertragung von Rudolf Pannwitz, in: Wolfskehl – Verwey, Die Dokumente ihrer Freundschaft, hg. von Mea Nijland-Verwey, S. 138.

24 Verwey 1965, S. 176.

25 vgl. Tames 2006, S. 44-46.

26 Ford 2004, S. 210.

27 paraphrasiert nach Hueffer 1915, S. XI.

28 Ford 2004, S. 218.

29 vgl. Apollinaire 2005, S. 116.

30 Sorley 1990, S. 217.

31 übersetzt von Hans Hennecke, in: Hartmann, W. J. (Hg.): *Sie alle fielen*, 1939, S. 20.

32 in: Eijkelboom 2002, S. 39. Übersetzt von Wolfgang Kaußen.

33 Verhaeren 1916, S. 246.

34 [anon.] »Tragic Death of Emile Verhaeren. Belgium's most famous poet.« In: *The Times*, 29. November 1916, S. 11.

35 vgl. den Schluss eines Artikels über Verhaeren (»The Poet of Belgium and of Europe«), in dem er gleichsam als Leuchtturm präsentiert wird, »showing, what is perhaps the surest cause which our shattered Europe has for hope, that it is possible to have sympathies at once national and cosmopolitan«. (Bickley 1914)

36 übersetzt von Felix Beran, in: Jouve 1918, S. 19.

37 Rubiner 1916.

38 van Ostaijen 1979, S. 10.

39 zu van Ostaijens scharfer Ablehnung sowohl von »Pangallizismus« als auch von »Pangermanismus« s. van Ostaijen 1979, Bd. IV, S. 420.

40 Sadler 1997, S. 110-111.

41 s. auch Crespo 1996, S. 419-439.

42 Pessoa 2004, S. 110.

43 Pessoa 2007, S. 727; einen Monat später, im Oktober 1914, sprach er in einem Brief zum ersten Mal von einem »Manifest (im übrigen ein Ultimatum)«. Pessoa 1988, S. 55.

44 Pessoa 2004, S. 90.

45 s. Crespo 1996, S. 89-118, 242-253; Cabral 1989, S. 24-26; Sadler 1997.

46 Crespo 1996, S. 249.

47 übersetzt nach dem Reprint des Originals sowie der engl. Üb. in: Payne 2004, S. 72 ff.

48 Bartsch/Scudiero: ... *auch wir Maschinen, auch wir mechanisiert!* (Ausstellungskatalog) S. 287-289.

49 Siehe Gilbert 1994, S. 36-37; auf den dort abgebildeten Karten sind die Gebiete markiert.

50 Gabriele D'Annunzio: »Orazione per la sagra dei Mille«, hier zitiert nach der deutschen Übersetzung »Gabriele d'Annunzios Rede für das Weihefest der Tausend. (5. Mai 1860 – 5. Mai 1915)«, in: Süddeutsche Monatshefte, 12. Jg. 1915, S. 498.

51 *Lacerba* III, S. 161.

52 Soffici, »Memento«. *Lacerba* III, S. 163.

53 *Lacerba* III, S. 165.

54 zitiert nach Strachan 2004 (b), S. 193.

55 Informationen aus: Bazzanella 1980, S. 340-341, Bonadeo 1995, S. 69-124, und Woodhouse 1998, S. 294-312.

56 Bonadeo 1995, S. 75.

57 Marinetti 1987, S. 5-42.

58 Original in: Marinetti 2002, S. 116.

59 Diese Passage stützt sich auf Torrey 1966, eine sehr detaillierte Rekon-

struktion der diplomatischen Bewegungen Rumäniens von 1914 bis 1916.

60 Brief in: Bodea/Seton-Watson 1988, S. 403.

61 Charakterisierung der Zeitung Torrey 1966, S. 181; Datierung und Veröffentlichungsdatum Goga 2001, S. 1307.

62 übersetzt von Ernest Wichner.

63 nach der französischen Übersetzung in: Bosquet 1968, S. 100-101. Siehe auch John Neubauer 2004b, S. 264.

64 Fenyo 1976, S. 189.

65 Ady 1977, S. 285. Zu Gogas Verhandlungen ebd., Anm. auf S. 310.

66 basierend auf Briefen an seine Frau (in Adler/White 1979, S. 143-152) und an Herwarth und Nell Walden (Stramm 1988). »Bundesbrüder« in: Adler/White 1979, S. 144 und 145.

67 Burg/Purcell 1998, S. 70.

68 Adler/White 1979, S. 147.

69 übersetzt von Felix Zielinski in: Achmatowa [4]1994, S. 32.

70 zu dieser Passage s. Davies 1988, S. 27.

71 Stramm 1988, S. 80.

72 in: Der Sturm, Juli 1915, hier zitiert nach Stramm 1997, S. 68.

73 Adler/White 1979, S. 152.

74 Strachan (2004 (b), S. 223) geht bei der dritten Schlacht (Loos) von einer Viertelmillion Mann Verlusten bei den Truppen der Entente gegenüber 60.000 deutschen Toten aus. Laut German Werth fielen in Loos 170.000 Mann auf alliierter und 51.000 Mann auf deutscher Seite (Hirschfeld et al. 2003, S. 684); Yelton gibt für dieselbe Schlacht 62.000 britische, 48.000 französische und 51.000 deutsche Opfer an (in Tucker 1996, S. 80); Keegan (2004, S. 288) spricht von fast 144.000 Toten auf französischer Seite im Artois und in der Champagne.

75 Keegan 2004, S. 287.

76 vgl. Cendrars 1986, S. 295-296.

77 Cendrars 1986, S. 292-293.

78 Strachan 2004 (b), S. 195-196.

79 Keegan 2004, S. 359.

80 s. Cross 1989, S. 355, und Holton/Mihailovich 1988, S. 220-226.

81 übersetzt von Zava D. Zeremski, in: Hartmann, W. J. (Hg.): Sie alle fielen, 1939, S. 58.

82 s. Gilbert 1994, S. 32-41, Tucker 1996, S. 525-527, Jones 1999, S. 400-401; Strachan 2004 (b), S. 127-161.

83 Cross 1989, S. 54.

84 basierend auf Compere-Morel 2005 und Adema/Decaudin 1971.

85 übersetzt von Gerd Henninger, in: Apollinaire 1969, S. 277.

86 vgl. Cross 1989, S. 203.

87 Apollinaire 2007, S. 147.

88 s. das Kapitel »Les armes chimiques« von Olivier Lepick in: Audoin-Rouzeau/Becker 2004, S. 269-279, und den Eintrag »Gaskrieg« in: Hirschfeld et al.: *Enzyklopädie Erster Weltkrieg*, S. 519-522.

89 Bent 1980, S. 65.

90 Kraus 1965, S. 16.

91 zu Gas als Motiv in der britischen Kriegslyrik s. Spear/Summersgill 1991.

92 Zahlen: Dulcert 2004 und Kramer 2007, S. 150.

5 Ein Europa des Wortes, ein Europa der Tat

1 Moere 1919, S. 76-77.

2 Belgisch-Kongo sollte einem deutschen Kolonialreich »Mittelafrika« angegliedert werden. Über Mitteleuropa s. u. a. Delanty 1995, S. 101-109, Bugge 2002, Prost/Winter 2004, S. 68.

3 anon., »The New Europe«. In: *The New Europe*, Jg. 1, Nr. 1, 19. Oktober 1916, S. 1.

4 vgl. Bugge 2002, S. 64, Anm. 1.

5 Guillaume Apollinaire, »Mitteleuropa. La Mise en tutetelle de l'Autriche«. In: *Paris-Midi*, 18. Februar 1917. Auch in: Apollinaire 1993, S. 478-481.

6 zur bewussten deutschen Politik, bestehende (Staats-)Strukturen zu destabilisieren und nationalistische und revolutionäre Gruppierungen zu unterstützen, s. Wils 1974 und Haffner 1965, S. 69-77.

7 s. Galantai 1989, S. 158, und Litvan 2006, S. 97.

8 Die biographische Skizze basiert auf Zeckovic 1996, S. 6-20.

9 zitiert in Zeckovic 1996, S. 8.

10 in: Krleža 1996b.

11 in: Krleža 1996a.

12 rekonstruiert auf der Basis von Nyerges 1969, S. 38-55, Congdon 1974, S. 321, Ady 1977, S. 288-290, und Neubauer 2004, S. 184-185. Die ganze Affäre ist auf Ungarisch rekonstruiert in Kardos 1940 und in Bd. 11 von Adys Gesammelter Prosa.

13 übersetzt nach Nyerges 1969, S. 55.

14 Fragment aus Mihaly Babits »Húsvét előtt«. (*Nyugat*, 1. April 1916). Nachdichtung von Annemarie Bostroem in: *Ungarische Lyrik des zwanzigsten Jahrhunderts*, S. 39.

15 Fragment aus Endre Adys »Intés az őrzőkhöz«. (*Nyugat*, 16. August

1915). Nachdichtung von Heinz Kahlau in: Verband Ungarischer Schriftsteller (Hg.): *Ungarische Lyrik des zwanzigsten Jahrhunderts,* S. 27. Babits' Gedicht über den kleinen Finger seiner Geliebten erschien auch in dieser Nummer.

16 übersetzt nach: Walling 1915, S. 343.

17 Karl Kautsky machte sie zum Gegenstand seiner Betrachtungen zur Maifeier 1911, in: »Krieg und Frieden. Betrachtungen zur Maifeier«, in engl. Üb. online: 〈http://www.marxists.org/archive/kautsky/1911/04/war1911.htm〉; der Begriff kommt auch in einem Friedensappell der sozialistischen Parteien aus dem Entente-Lager vor (s. Bourne 1916, S. 260).

18 Gorter 1915, S. 118.

19 De Liagre Böhl 1973, S. 133-134.

20 Gorter 1916, S. 276.

21 Dokumente der Zimmerwalder Konferenz in: Lademacher 1967 Bd. 1 und 2; Darstellung und Analyse in: Nation 1989; Anteil und Erfahrungen von Roland Holst in: Etty 1996, S. 311-321; zu Gorter s. De Liagre Böhl 1973, S. 135-139.

22 vgl. Nation 1989, S. 35, 82, 86.

23 Im Manifest steht: »Das Selbstbestimmungsrecht der Völker muss unerschütterlicher Grundsatz in der Ordnung der nationalen Verhältnisse sein.« 〈http://www.marxists.org/deutsch/archiv/trotzki/1915/09/zimmerwald.htm〉

24 W. I. Lenin: »Die sozialistische Revolution und das Selbstbestimmungsrecht der Nationen« (1916). Online: 〈http://www.marxists.org/deutsch/archiv/lenin/1916/01/nationen.html〉

25 Ahlund 2007, S. 375.

26 Fragment aus »Spökslottet«, übersetzt von Paul Berf. Original in: Ture Nerman: *I fiendeland. Dikter till det första värdskriget,* Stockholm 1916.

27 basierend auf Lademacher 1967 Bd. 2, S. 481, 544-550, und Ahlund 2007.

28 Lademacher 1967 Bd. 2, S. 481, Anm. 1.

29 aus: »Nyorientering«, *Bläck och blod.* Dikter av Z. Hoglund, Wilhelmssons boktryckeri – aktiebolag, 1917.

30 vgl. Jouve, »An Belgien«, in: *Ihr seid Menschen,* 1918, S. 105-110.

31 Adama van Scheltema 1918, S. 50.

32 vgl. 〈http://www.iisg.nl/bwsa/bios/adama-van-scheltema.html〉

33 Verwey 1916, S. 47.

34 basierend auf Kee 1972, S. 548-589.

35 So bezeichnete sie der irische Dichter Padraic Colum laut Kilmer 1916.

36 zitiert von Paseta in: Gregory 2002, S. 22.

37 in: Kilmer 1916.

38 Kee 1972, S. 569.

39 Colum 1916, S. VIII.

40 Yeats 1999, S. 85.

41 ebd., S. 83; deutsche Übersetzung von J. Utz in: *Englische und amerikanische Dichtung*, Bd. 3, hg. von Horst Meller und Klaus Reichert, München 2000, S. 163.

42 anon., »Het oproer in Dublin« (Der Aufruhr in Dublin). In: *Nieuwe Rotterdamsche Courant*, Sonntag, 30. April 1916, Morgenausgabe.

43 Burssens 2005, S. 36.

44 Diesen Gedanken entwickelt Erik Spinoy ausführlich in seiner Analyse des frühen van Ostaijen (Spinoy 1994).

45 van Ostaijen 1979 Bd. 1, S. 115.

46 Strophe aus: »An die zu Le Havre, als sie vergaßen, daß auch Flandern in Belgien liegt«, übersetzt von Wolfgang von Unger, in: *Das Nothorn*, Leipzig 1917, S. 17.

47 Burssens 2005, S. 726.

48 Rudolf Medek, »1914«. In: Selver 1929, S. 294-296.

49 s. auch: ⟨http://www.latvians.com/index.php?en/CFBH/TheStoryOf Latvia/SoLatvia-05-chap.ssi⟩

50 übersetzt nach: Ziedonis 1969, S. 73.

51 übersetzt nach: ⟨http://www.latvians.com/index.php?en/CFBH/The StoryOfLatvia/SoLatvia-05-chap.ssi⟩

52 Kārlis Skalbe, »Latvju bataljonem«. In: *Taure*, 9. August 1916. Aus dem Lettischen von Matthias Knoll.

6 Gedichte schreiben nach Verdun und Somme

1 Sassoon 1983, S. 83.

2 Loveling 2005, S. 74.

3 McAdie 1925. Schon im Dezember 1914 erschien in den USA ein Artikel, in dem der Einfluss des Wetters auf die Kriegshandlungen in historischer Perspektive skizziert wurde. Lovelings Erinnerung wird hier bestätigt (im Zusammenhang mit dem Deutsch-Französischen Krieg ist die Rede von »torrential rains; floods; icy roads; muddy fields«), und es wird erwähnt, dass ähnliche Wetterumstände einen Einfluss auf Kriegshandlungen in Namur, an der Maas und in Flandern in Kriegen 1586, 1692 und 1708/09 hatten (Ward 1914).

4 Blunden schrieb aus Anlass der anhaltenden Regenfälle bei der Dritten Flandernschlacht: »Es war einer der vielen Regenschauer, die –

sogar unter jungen Offizieren – die Legende hatten aufkommen lassen, die Deutschen könnten nach Belieben den Regen auslösen.« (2006, S. 257)

5 Larreguy de Civrieux 1926, S. 47.

6 Becker 1992, S. 159.

7 zitiert in: Melching/Stuivenga 2006, S. 153; das deutsche Zitat stammt aus: E. von Falkenhayn: *Die oberste Heeresleitung 1914-1916 in ihren wichtigsten Entschließungen*, Berlin 1920, S. 183f. (Kursivierung Geert Buelens). Siehe auch Keegan 2004, S. 390, und Strachan 2004 (b), S. 232. Strachan gibt an, dieser Text sei erst nach dem Krieg entstanden, als von Falkenhayn seine Memoiren schrieb. Krumeich und Audoin-Rouzeau betonen, ein Memorandum mit diesem Text sei nie gefunden worden (in Audoin-Rouzeau/Becker 2004, S. 305).

8 Burg/Purcell S. 102. Für diese Passage wurden außerdem Becker 1992, Smith/Audoin-Rouzeau/Becker 2003, S. 75-92, und Strachan 2004 (b), S. 229-243 benutzt.

9 Becker 1992, S. 155.

10 Granier, L'Attaque, in: *Les Coqs et les Vautours*, Éditions des Équateurs, 2008, S. 107-110.

11 Schnack 2003, S. 64 (»Eine Nacht«).

12 Schnack 2003, S. 96 (»Handgranatenwerfer«).

13 zuerst in: *La Grande Revue*, Nr. 11, November 1917. Aus dem Französischen von Andrea Spingler.

14 Stramm 1997, S. 174.

15 Baum 1920.

16 Cross 1989, S. 174-177.

17 Samuleit 1916, S. 3-4.

18 ebd., S. 38-39.

19 zur Arbeitsweise der Zensur in Deutschland und Österreich siehe Halliday 1986, S. 168-190. Allgemein zu Kriegslyrik und (relativer Abwesenheit von) Zensur in Frankreich, Deutschland und Großbritannien: Marsland 1991, S. 186-189, sowie Beaupré 2006, S. 74-95.

20 in: *Das Tribunal*, Jg. 1, Nr. 5, Mai 1919, S. 1, hier zitiert nach Ludwig Rubiner (Hg.): *Kameraden der Menschheit*, 1919, S. 64.

21 in: *Das Tribunal*, Jg. 1, Nr. 1, Januar 1919; hier zitiert nach: Schnack 2003, S. 61.

22 Sassoon 1983, S. 75-76.

23 Informationen über die Schlacht an der Somme aus Middlebrook 1971, S. 87-106, Keegan 2004, S. 400-416, Strachan 2004 (b), S. 235-243.

24 übersetzt nach Middlebrook 1971, S. 97.

25 übersetzt nach dem Text (»Before the summer«) in: Eijkelboom 2002, S. 69.

26 Sassoon 1999, S. 27.

27 übersetzt nach Middlebrook 1971, S. 104.

28 Die Aufzählung und die Daten basieren auf Cross 1989 und ⟨http://www.scuttlebuttsmallchow.com/killedsomme.html⟩.

29 Ford 2004, S. 221.

30 übersetzt nach Saunders 1996b, S. 2.

31 siehe Saunders 1996b, S. 7-15.

32 übersetzt nach Hynes 1991, S. 105.

33 Ford 1997, S. 87-88.

34 Beide Zeitungen sind zugänglich über ⟨http://gallica2.bnf.fr.⟩.

35 Broche 1989, S. 331.

36 De Noailles 1920, S. 15.

37 Higonnet-Dugua 1989, S. 281.

38 De Noailles 1920, S. 37.

39 Higonnet-Dugua 1989, S. 286.

40 übersetzt von Andrea Spingler, Original in: De Noailles 1920, S. 13.

41 Rostand 1916, S. VI.

42 Strachan schreibt, die Verluste der Deutschen würden auf 465.000 bis 650.000 Soldaten geschätzt, je nachdem, ob man die Leichtverwundeten einbeziehe; auf der Seite der Alliierten fielen 614.000 Soldaten, davon 420.000 Briten (2004, S. 240-241). Krumeich und Audoin-Rouzeau beziffern die Verluste auf eine halbe Million Tote bei den Briten, ebenso viele Deutsche und 200.000 Franzosen (in Audoin-Rouzeau/Becker 2004, S. 307).

43 Blunden 2006, S. 171.

44 übersetzt nach: anon.: »The Story Told By The Dead«. In: *The Guardian*, 22. November 1916 (am 22. November 2007 ohne Kommentar abgedruckt im Meinungsteil der Zeitung).

45 Schätzung von Krumeich und Audoin-Rouzeau in: Audoin-Rouzeau/Becker 2004, S. 305.

46 Rony 1993, S. 239.

7 **Café Dada**

1 Leppmann 1990, S. 314. Rilke wird in der Nähe von Wien drei Wochen lang zum Felddienst ausgebildet und dann, dank des intensiven Einsatzes von Schriftstellerkollegen und prominenten Freunden und Be-

kannten, in die historische Abteilung des k. u. k. Kriegsarchivs abkommandiert. (S. 315).

2 Bacovia 1980.

3 s. American Jewish Committee 1916, S. 89-92, Butnaru 1992, Livezeanu 1995, S. 12, Brustein/King 2004, S. 692.

4 anon.: »Pogroms in Roumania on Outbreak Of War; Jews Flee for Their Lives«, in: *The Washington Post*, 8. Oktober 1916 und Roshwald 2002, S. 96; s. auch Hausleitner: »Rumänien«, in: Handbuch des Antisemitismus, Bd. 1, S. 290-298.

5 Buot 2002.

6 Anfangsfragment Tristan Tzara: »Furtuna şi cîntecul dezertorului« (Der Sturm und das Lied vom Überläufer). Teil I wurde erstmals in *Chemarea*, I, 2, 11. Oktober 1915 veröffentlicht. Übersetzung von Oskar Pastior in: Tzara 1984, S. 7.

7 s. Steinberg 1976, S. 53-57, und Favez 2004.

8 Bächtold-Stäubli 1916.

9 »Unser Schweizer Standpunkt«, hier paraphrasiert und zitiert nach: Spitteler 1947, S. 579-594. Vorgeschichte, Entstehung und rhetorische Analyse des Vortrags in Müri 1972.

10 Guilbeaux 1916, S. 1-7.

11 zu Dada und dem Ersten Weltkrieg s. Buelens 2006.

12 Ball 1957, S. 33-34.

13 vgl. Bridgwater 1985, S. 71.

14 Ball 1957, S. 40.

15 in: *Der Revoluzzer*, Jahrgang 2, Nummer 1, Januar 1916, hier zitiert nach: Riha/Wende-Hohenberger 1992, S. 60.

16 zu den Inspirationsquellen für dieses Gedicht s. Derenthal 2004 und Kuenzli 1982, S. 91.

17 Mysjkin 2003, S. 79.

18 »Totenklage« in: Riha/Wende-Hohenberger 1992, S. 69; »Gadji beri bimba«, ebd., S. 68.

19 *Cabaret Voltaire* 1916, S. 5.

20 Erklärung von Richard Huelsenbeck, Frühjahr 1916, in: Riha/Wende-Hohenberger 1992, S. 29.

21 Riha/Wende-Hohenberger 1992, S. 31.

22 Diese Anschuldigung wurde durch Zitate erhärtet im Bryce-Report, der 1915 von der britischen Regierung in 30 Sprachen verbreitet wurde: ⟨http://www.gwpda.org/wwi-www/BryceReport/bryce_r.html⟩. Eine neuere kritische Analyse des Reports in: Zuckerman 2004, S. 153-159.

23 in: Riha/Wende-Hohenberger 1992, S. 78.

24 s. Majakowski 1993, S. 708-709, Majakowski 1980, Bd. II, 2, S. 444,

Woroszylski 1970, S. 141, Thun S. 103. Maxim Gorki soll seine Kontakte eingesetzt haben, damit Majakowski der Fronteinsatz erspart blieb (Šklovskij 1966, S. 90).

25 s. auch die Zusammenfassung und Analyse des Poems in: Brown 1973, S. 146-152.

26 übersetzt von Hugo Huppert, in: Majakowski 1980, Band II, 1, S. 56-57.

27 Welche Rolle Rosanowa bei der Entstehung des zweiten Werks genau spielte, ist nicht ganz deutlich. Siehe dazu Markov 1968, S. 336, Krutschonych 2001, S. 78, und Stapanian 1985.

28 Diese Übersetzung soll nur einen Eindruck vermitteln; übersetzt nach drei verschiedenen englischen Übersetzungen in Markov 1968, S. 336, Stapanian 1985, S. 33, und Krutschonych 2001, S. 80-81.

29 Markov 1968, S. 336; Krutschonych 2001, S. 68.

30 aus dem Russischen von Birgit Veit, Original in: Buelens 2008.

31 Eine Einführung in sein Denken geben Charlotte Douglas, »Kindred Spirits«, in: Chlebnikow 1987, S. 165-194; zu seinem Leben, Werk, seiner Zahlenlehre und Sprachauffassung s. Weststeijn 1986, S. 7-27, und Peter Urban in Chlebnikow 1972, Bd. 2, S. 567-606.

32 Chlebnikow 1972, Bd. 2, S. 481.

33 aus dem Russischen von Birgit Veit, Original in: Buelens 2008.

34 Chlebnikow 1987, S. 160. Während des Krieges, der darauf folgenden Revolution und des Bürgerkriegs fanden in Russland mehr als tausend Pogrome statt (Marks 2003, S. 144).

35 s. American Jewish Committee 1916, Roshwald 2002, S. 92-96, Strachan 2004 (b), S. 182-183, und Kramer 2004, S. 132.

36 Burgin 1994, S. 127.

37 übersetzt von Irmgard Wille, in: Zwetajewa 1989, S. 113.

38 zitiert von Hippius 2006, S. 263. Übrigens benutzte Hippius selbst auch das negativ konnotierte Wort »Jid« (Žid), als sie 1918 sarkastisch feststellte, dass die russische Delegation »außer 8 Jidden nun doch auch einen Russen hat« (ebd., S. 362).

39 Hellman 1995, S. 81-84.

40 Levison 1916, S. 3-7.

41 Wilna (Vilnius) war damals das Zentrum des jüdischen religiösen Lebens in Litauen. Übersetzung aus dem Jiddischen von Efrat Gal-Ed. Fragment des Gedichts »Far unser chorew idisch leben ...«, in: Landau 1937.

42 Dieses Fragment ist ein Teil der ersten Version, die 1916 in New York in der jiddischen Anthologie *East Broadway* erschien; Übersetzung aus dem Jiddischen von Efrat Gal-Ed.

43 vgl. Roshwald 2002, S. 94, Roskies 1984, S. 79 ff.

8 Totaler Krieg

1 übersetzt nach: Hippius 2006, S. 128.

2 Verwey 1916, S. 10.

3 zu einer spezifisch französischen Auffassung des Begriffs »culture de guerre« s.: Audoin-Rouzeau/Becker 2000, S. 145-148, und Prost/Winter 2004, S. 217-224; zu einer Kritik an dieser als elitär betrachteten Auffassung: Rousseau 2003, S. 9-23.

4 Audoin-Rouzeau/Becker 2000, S. 135-145.

5 Rousseau 2003, S. 337-340.

6 Informationen für diese Passage aus Ferguson [2]2002, S. 216-310, Winter 2004 und Kramer 2007, S. 152-155.

7 Loveling 2004, S. 614-615.

8 Dieser Teil basiert auf dem Kapitel »War Aims and Peace Negotiations« in: Stevenson 2004.

9 zu den Friedensvorschlägen bis 1916 s. Bourne 1916; zu den von Dezember 1916 bis November 1918 Scott 1921.

10 Arnold Toynbee, in: Bourne 1916, S. 54-55.

11 Zitat aus Owen Seaman, »More Peace-Talk in Berlin«. In: Noakes 2006, S. 267. Fünf weitere britische Gedichte über die deutschen Friedensvorschläge S. 267-270.

12 zu den Friedensvorschlägen und allen Reaktionen darauf sowie zur Ankündigung eines uneingeschränkten U-Boot-Krieges s. Scott 1921, S. 1-66; eine Zusammenfassung der Friedensvorschläge, Reaktionen und verdeckten Ziele gibt Tucker 1996, S. 549-551.

13 Informationen aus: Stevenson 2004, S. 247-254, Figes 2001, S. 333-429, und Hellman 1995, S. 249-280.

14 Stevenson 2004, S. 248. Figes 2001, S. 333 spricht für Februar von einem Durchschnitt von 15 Grad unter null.

15 Die Februarrevolution fand also, nach dem westlichen/gregorianischen Kalender, im März statt (und die Oktoberrevolution im November.) Alle hier folgenden Daten beziehen sich auf den gregorianischen Kalender und entsprechen deshalb nicht den Daten, die in den russischen Quellen (Tagebücher, datierte Gedichte usw.) angegeben werden.

16 Keegan 2004, S. 465, und Figes 2001, S. 334.

17 Woroszylski 1970, S. 173-174.

18 Reeder 1994, S. 107.

19 Hippius 2006, S. 135.

20 Minne 2003 I, S. 48.

21 Mihályhegyi, in: Vondung 1980, S. 300.

22 übersetzt nach: Cross 1989, S. 349.

23 Datierung Martinet 2003, S. 192.

24 übersetzt nach: Guilbeaux 1917, S. 75.

25 Figes 2001, S. 347 bezeichnet es als »liberalen Mythos«, dass die Februarrevolution unblutig verlaufen sei. Allein in Petrograd soll es etwa 1500 Tote und 6000 Verletzte gegeben haben.

26 Hippius 2006, S. 133.

27 nach Schweitzer 1996, S. 167, Figes 2001, S. 377, und Mochulsky 1983, S. 380-381.

28 Hippius 2006, S. 171.

29 Parrot 2002, S. 144.

30 s. die acht Punkte, die der Arbeiter- und Soldatenrat zur Bedingung für die Anerkennung der Provisorischen Regierung machte, Figes 2001, S. 361.

31 s. dazu Keegan 2004, S. 424-426.

32 Figes 2001, S. 430-445.

33 Leonid Kannegiesser, zitiert in: Figes 2006, S. 509.

34 Helmann 1995, S. 249.

35 1916 desertierten 1203 Soldaten, 1917 waren es schon 5603 (Stichwort »Frontbeweging«, NEVB 1998).

36 Vandeweyer 2005, S. 266.

37 Van Severen 2005, S. 166.

38 so zum Beispiel Van Severen 2005, S. 169 (»aufrechter Revolutionär«), S. 170 (»ernsthaft revolutionär«), S. 175 (»Ich werde, was ich werden muss … zum Teufel alles … revolutionär, hart«).

39 in: De Pillecyn/Simons 1920, S. 43.

40 vgl. Stichwort »Frontbeweging« in: NEVB.

41 s. Rombouts 1951, S. 18, und Van Severen 2005, S. 368. Die Charakterisierung aus: Van Severen 2005, S. 120.

42 Anfangsstrophe von August Van Cauwelaert, »An unsere Regierung«, nicht aufgenommen in Van Cauwelaert 1918, aber vollständig zitiert in: Rombouts 1951, S. 19-21.

43 De Clercq 1916, S. 13; deutsche Übersetzung in: *Das Nothorn*, Leipzig 1917, S. 17.

44 Rombouts 1951, S. 21.

45 zitiert in: De Schaepdrijver 1997, S. 188.

46 Keegan 2004, S. 448-462.

47 übersetzt nach der Schluss-Strophe der Version auf: ⟨http://www.crid 1418.org/espace_pedagogique/documents/ch_craonne.htm⟩

48 Die Rede ist zu finden auf: ⟨http://www.reichstagsprotokolle.de/Blatt_ k13_bsb00003405_00049.html⟩

49 s. Lexikoneintrag »Desertion« von Christoph Jahr in: Hirschfeld et al.:
    Enzyklopädie Erster Weltkrieg, 2003, S. 435-437.

50 s. Tucker 1996, S. 298-299.

51 Carl Zuckmayer (1896-1977), »1917«. In: Carl Zuckmayer: *Als wär's ein
    Stück von mir. Horen der Freundschaft*, Frankfurt am Main 1966, S. 201.

52 nach Jouves in: Goldberg 1993, S. 155 (»Hi! Hi! Hi! / L'Europe a la bar-
    barie! / Elle s'y vautre, elle en jouit, / Elle s'amuse et se suicide«).

53 [Pierre Albert-Birot], »Les tendances nouvelles. Interview avec Guil-
    laume Apollinaire«, in: *SIC*, August-Oktober 1916 (Reprint S. 58-59).

54 Steegmuller 1986, S. 257-260.

55 zitiert in: Prochasson 1993, S. 151.

56 Steegmuller 1986, S. 259-260.

57 Sassoon 1983, S. 119.

58 »A Listening Post« in: Roberts 1996, S. 287; übersetzt von Hans Hen-
    necke, in: *Sie alle fielen ...*, S. 39.

59 Sassoon 1983, S. 133.

60 Sassoon 1983, S. 173-174.

61 Sassoon 1983, S. 175.

62 Eddie Marsh in: Sassoon 1983, S. 179.

63 Informationen über militärische Operationen und Entwicklungen
    aus: Keegan ³2004, S. 482-486, Berrafato/Berrafato/Verney 2006, S.
    77-106, Bazzanella 1980 und Strachan 2004 (b), S. 311-315.

64 Bazzanella 1980, S. 341.

65 s. dazu Bonadeo 1995, S. 69-124, und Woodhouse 1998, S. 294-312.

66 übersetzt nach: Bonadeo 1995, S. 89.

67 von 2137 im April auf 5471 im August (Strachan 2004 (b), S. 313) – in
    diesem Monat zählte Italien also fast ebenso viele Deserteure wie Bel-
    gien im ganzen Jahr 1917.

68 Woodhouse 1998, S. 306.

69 übersetzt nach: Bonadeo 1995, S. 79.

70 vgl. Baranski 1980, S. 161-165.

71 aus dem Italienischen von Martina Kempter. Original in: *La Riviera
    Ligure*, November 1916, auch in: Piero Jahier: *Con me e con gli alpini*,
    Rom 1919.

72 Keegan 2004, S. 481.

73 aus dem Italienischen von Martina Kempter. Fragment aus »Ospedale
    da campo 026«, in: Ardengo Soffici: *Marsia e Apollo*, Florenz 1938.

74 zitiert in: Tucker 1996, S. 373.

75 D'Annunzio 1918, S. 15.

76 übersetzt von Inés Koebel und Georg Rudolf Lind, in: Pessoa (Caeiro)
    2004, S. 139.

77 Pessoa 2007, S. 717.
78 ebd., S. 717-718.

9 Wer den längsten Atem hat

1 Duhamel 1918, S. 178.
2 Zahlen aus: Dumenil 2004, S. 323.
3 Apollinaire 1918, S. 388.
4 Gilbert 1994, S. 106-109.
5 Keegan 2004, S. 472-477, Parrott 2002, S. 139, Figes 2001, S. 465-529.
6 übersetzt nach: Hippius 2006, S. 222.
7 Hippius 2006, S. 266.
8 Information aus: Hellman 1995, S. 300-324.
9 Majakowski 1980, Band IV, 1, S. 26.
10 Chlebnikow 1972 Bd. 2, S. 290.
11 übersetzt nach: Broyde 1975, S. 29-30.
12 Serge 1991, S. 72.
13 Reeder 1994, S. 110.
14 Zwetajewa 1999, S. 155.
15 aus dem Russischen von Birgit Veit.
16 Hippius 2006, S. 235.
17 Helman 1995, S. 279-280.
18 übersetzt nach: Mochulsky 1983, S. 388.
19 übersetzt nach: Hellman 1995, S. 308.
20 Blok 1978, Bd. 3, S. 311.
21 übersetzt von Friedemann Berger, in: Blok 1978, Bd. 1, S. 235-246.
22 s. Figes 2001, S. 571-582.
23 Als *Le Sacre du printemps* bei der Premiere in Paris 1913 einen Skandal verursachte, waren es vor allem die asiatischen/skythischen Aspekte der Kostüme, die Kritiker schockierten. Figes 2011, S. 305-306.
24 übersetzt von Heinz Czechowski, Blok 1978 Bd. 1, S. 247.
25 Blok 1978 Bd. 3, S. 290.
26 Blok 1978 Bd. 1, S. 249.
27 Berechnung von Alan Moorehead in: Hellman 1995, S. 311-312. Figes 2001, S. 580 gibt etwas andere Zahlen an, basierend auf einer Studie von Wheeler-Bennett (*Brest Litovsk: The Forgotten Peace*, New York 1938): 34 Prozent der Bevölkerung (55 Millionen Menschen), 32 Prozent des Agrarlandes, 54 Prozent der Industriebetriebe und 89 Prozent der Kohlebergwerke.
28 zitiert in: Figes 2001, S. 579.

29 Hippius 2006, S. 374.

30 Figes 2001, S. 580-581.

31 nach Södergran 2002, S. 81.

32 s. Keegan 2004, S. 527-530. Keegan spricht von 30.000 Opfern. Ein offizieller finnischer Bericht geht von knapp 10.000 Toten während des eigentlichen Bürgerkriegs aus. Außerdem exekutierten beide Parteien sehr viele Gegner ohne Gerichtsverfahren. Nach dem Ende des Kriegs wurden 500 Gefangene zum Tode verurteilt, nicht alle Urteile wurden vollstreckt. In Gefangenschaft starben nach dem Krieg noch einmal fast 13.000 Zivilisten an Unterernährung und Epidemien. Siehe ⟨http://de.wikipedia.org/wiki/Finnischer_Bürgerkrieg⟩

33 Blunden 2006, S. 187.

34 zur Dritten Flandernschlacht siehe Keegan 2004, S. 493-511, Strachan 2004 (b), S. 304-310, Koch 2007; eine revisionistische Sicht vertritt Sheffield 2002, S. 204-216.

35 Blunden 2006, S. 258.

36 Cross 1989, S. 393, 37.

37 übersetzt nach: Cross 1989, S. 38.

38 übersetzt nach: *The Wipers Times* 2006, S. 205.

39 Gurney 1984, S. 186.

40 Gurney 1984, S. 196; zu der von dem belgischen Politiker Camille Huysmans initiierten Friedenskonferenz und der Haltung der verschiedenen sozialistischen Bewegungen in Europa s. Kirby 1982 und Hunin 1999, S. 165-192.

41 Gurney 1984, S. 201.

42 Koch 2007, S. 17.

43 Read 1973, S. 112.

44 Wie schon öfter finden sich in fast allen verwendeten Quellen leicht abweichende Angaben. Eine Übersicht gibt Koch 2007, S. 243.

45 s. das Gedicht »Sick Leave« (Genesungsurlaub), auch unter dem Titel »Death's Brotherhood« (Bruderschaft des Todes) erschienen, Sassoon 1999, S. 83.

46 Sassoon 1983, S. 192.

47 übersetzt von Joachim Utz, in: Meller/Reichert (Hg.): *Englische und amerikanische Dichtung*, Bd. 3, S. 126.

48 Anfangsstrophen aus: Boens 1918, S. 59.

49 Daan Boens, »Moed in lijden« (Mut im Leiden), Vortrag gehalten von Korporal Daan F. Boens im »Volkshuis« in Fulham – London, am 16. Dezember 1917.

50 Vermeylen 1900, S. 310.

51 In seinem Vortrag vermeidet Boens den Begriff »Aktivismus«, doch in

dieser Passage geht es unverkennbar darum: »Wenn es auch Menschen gab, die falsch gehandelt haben, die die Umstände missbrauchen wollten und auch missbraucht haben, um von einem großen Land, das vorübergehend ein Usurpator ist, diese Rechte anzunehmen und sogar noch auszuweiten, dann sollte man deshalb das saubere Kleid unseres Volkes nicht mit Schmutz bewerfen. Steinigt man den Nazarener, weil Judas ihn für dreißig Silberlinge verkaufte? Wie aufrecht stehen doch unsere jungen Männer an der Yser, neben ihrem König, voller Hoffnung und Zuversicht.« Der Aktivismus mag also eine Form von Verrat sein, aber das flämische Volk und sein Streben können dadurch in keinerlei Weise in Misskredit gebracht werden. Für die radikale (in mancher Hinsicht mit dem Aktivismus verwandte und verbündete) Frontbewegung an der Yser zeigte Boens mehr Verständnis. Zu den bestraften und verbannten Mitgliedern der Frontbewegung s. die Gedichte »De Boete-jongens I« und »De boete-jongens II« (»Die Büßer I« und »Die Büßer II«) in: Boens 1918, S. 86-89.

52 Zu den politischen Aspekten einschließlich der Episode von van Ostaijens Bewerbung bei der für die Zukunft geplanten flämischen Gendarmerie (Vlaamse Rijkswacht): Reynebeau 1997. Zu van Ostaijens poetologischer Entwicklung und deren Verhältnis zum Alltag im besetzten Belgien: Buelens 2001, S. 74-80.

53 Die deutschen Offensiven beginnen am 21. März (s. Keegan 2004, S. 557-575), wesentliche Teile von *Het Sienjaal* (Das Signal) hatte van Ostaijen zu diesem Zeitpunkt bereits verfasst.

54 van Ostaijen 1979 Bd. I, S. 105.

55 übersetzt von Klaus Reichert, in: van Ostaijen 1966, S. 13.

56 van Ostaijen 1979 Bd. 4, S. 165.

57 Fragment aus *Het Sienjaal*, in van Ostaijen 1979 Bd. 1, S. 147.

58 vgl. Spinoy 1994, S. 455-468.

59 übersetzt von Klaus Reichert, in: van Ostaijen 1966, S. 15.

60 die ursprüngliche Passage in Scott 1921, S. 236, und auch van Severen 2005, S. 360.

61 zum »Endspiel« s. Keegan 2004, S. 557-587, und Strachan 2004 (b), S. 351-393.

62 Fragment aus »Tagesanbruch in den Schützengräben« (Break of Day in the Trenches), übersetzt von Joachim Utz, in: Meller/Reichert (Hg.): *Englische und amerikanische Dichtung* Bd. III, S. 139.

63 übersetzt nach: Rosenberg 1979, S. 268.

64 übersetzt von Hansjürgen Bulkowski, in: van Ostaijen 1991, S. 253.

65 Gabriele D'Annunzio: »Preghiera di Aquileia«, in: *Prose di ricerca*, Bd. 1, Mailand 2005.

66 Cross 1989, S. 83.
67 Engelke 1960, S. 420-421.
68 Informationen für diese Passage aus: Hibberd 2002, S. 341-366.
69 übersetzt von Gerd Henniger, in: Apollinaire 1969, S. 317.

10 11/11 und danach

1 van Ostaijen 1979 III, S. 242.
2 Arnulf Øverland:»Det tusenårige rike«, in: Øverland 1919.
3 zitiert in: Goldstein 2002, S. 22.
4 Masaryk 1916, S. 31.
5 Mavrogordato 1918, S. 70.
6 zitiert in: De Liagre Böhl 1996, S. 396, deutsch: ⟨http://www.left-dis.nl/ d/kindo.htm⟩.
7 zitiert in: Moeyes 2001, S. 335.
8 zu Eisner und der Revolution in Bayern s. Haffner 2003, S. 197-212.
9 Rilke 1992, S. 230-231.
10 Rilke 1940, S. 102; zu Tschechen und Slowaken s. Wallace 1996, Mac-Millan 2002, S. 240-253, und Goldstein 2002, S. 22-31.
11 Etwa 100.000 der 450.000 Kriegsgefangenen aus Ungarn kämpften schließlich auf der Seite der Roten Armee (Mihályhegyi, in: Vondung S. 300-301).
12 Miloš Jirko, Vitězný ústup. In: *Cesta. Básně, Aventinum* (Reise. Gedichte), Prag 1920. Übersetzt von Eduard Schreiber.
13 Fragment aus: Kanehl 1922, S. 28-29.
14 englische Übersetzung in: Manning 1929, S. 37-38.
15 englische Übersetzung in: Selver 1929, S. 241-243.
16 Leppmann 1990, S. 323.
17 MacMillan 2002, S. 257.
18 Endre Ady:»Üdvözlet a győzőnek«, übersetzt von Wilhelm Droste, in: Ady 2011, S. 239.
19 Agnes Huszar Vardy 1982.
20 Nyerges 1983, S. 66-67.
21 Neubauer 2004a, S. 186.
22 Rilke 1992, S. 237.
23 s. Woroszylski 1970, S. 242-260, und Brown 1973, S. 191-218.
24 übersetzt von Johannes von Guenther, in: Majakowski 1985, S. 271.
25 nach der niederländischen Fassung in: Majakowski 1993, S. 357.
26 Blok 1978 Bd. III, S. 328.
27 nach der niederländischen Fassung in: Majakowski 1993, S. 359.

28 s. dazu Calinescu 1987, S. 112-113.

29 Majakowski 1980, Bd. II, 1, S. 122.

30 übersetzt von Kay Borowsky, in: Achmatowa 1994, S. 46.

31 Hippius 2004, S. 101-102.

32 Goldstein 2002, S. 11-21, und MacMillan 2002, S. 167-214.

33 Verwey in: *De Beweging*, März 1919, auch zitiert in: Verwey 1965, S. 282-283.

34 Nach dem Krieg mussten sich die Aktivisten vor belgischen Gerichten wegen Hochverrats und Landesverrats verantworten. Viele von ihnen flüchteten in die Niederlande oder nach Deutschland (auch Paul van Ostaijen), um einer Haftstrafe zu entgehen. (Anm. d. Üb., vgl. Johannes Koll (Hg.): Nationale Bewegungen in Belgien, Münster 2009, S. 83.)

35 NEVB Stichwörter Ward Hermans und »Houthakkers« (Holzfäller).

36 van Ostaijen 1979 I, S. 137.

37 van Ostaijen 1979 IV, S. 126.

38 übersetzt von Hansjürgen Bulkowski, in: van Ostaijen 1991, S. 25.

39 van Ostaijen 1979 I, S. 147.

40 Sassoon 1983, S. 280.

41 s. Saunders 1996 Bd. II, S. 26, 77-79.

42 Informationen für diese Passage aus: Lucas 1999.

43 Graves 1990, S. 339.

44 Informationen aus: MacMillan 2002, S. 288-314, Woodhouse 1998, S. 315-352, und Bonadeo 1995, S. 125-143.

45 übersetzt nach: MacMillan 2002, S. 304.

46 Woodhouse 1998, S. 347, Ledeen 1977, S. 177-181.

47 Berghaus 1996, S. 134-143, Marinetti 2006, S. 269-284.

48 Marinetti 2006, S. 45. D'Annunzio solle bekämpft werden, weil er für Dekadenz, Sentimentalität, Erotismus und Nostalgie stehe.

49 Bonadeo 1995, S. 134.

50 MacMillan 2002, S. 124.

51 Siegel 1992, S. 378.

52 »Manifest an die Barbaren des Geistes und Denkens auf allen Kontinenten«, in: Siegel 1992, S. 130.

53 Ball 1919, S. 10.

54 Huelsenbeck 1920, S. 108-109.

55 s. Buelens 2001, S. 131-146.

56 s. Kee 1972 und Dunn/Hennessey 1996.

57 MacMillan 2002, S. 19.

58 übersetzt nach: Brown 1999, S. 300.

59 ⟨http://www.nobelprize.org/nobel_prizes/literature/laureates/1923/yeats-lecture.html⟩

60 aus der »Verleihungsrede von Dr. Harald Hjärne anläßlich der feierlichen Überreichung des Nobelpreises für Literatur des Jahres 1919 an Carl Spitteler am 1. Juni 1920«, in: Spitteler 1968, S. 20.

61 übersetzt von Matthias Knoll; andere Informationen zu dieser Passage aus: Stahnke 1984, S. 114-117, und Rubulis 1970, S. 117.

62 s. Livezeanu 1995, S. 277-279.

63 [anon.], »Charges Officials Aided in Pogroms. German Correspondent in Lemberg Says They Encouraged Killing of Jews. Ghetto was Laid in Ruins. Looting by the Polish Officers and Soldiers Widespread in Three Days of Slaughter«. In: *The New York Times*, 2. Dezember 1918.

64 zu diesen Pogromen s. Hagen 2005.

65 Anfang aus »Im Reich des Kreuzes«, übersetzt von Efrat Gal-Ed, Original »In malches fun zejlem« in: *Albatros* 1923.

66 zum neuen Polen s. MacMillan 2002, S. 217-239.

67 Fakten über diesen Abend und die literarische Gruppe aus Keane 2004, S. 15 ff., und Shore 2006, S. 1-26.

68 übersetzt von Esther Kinsky, Original in: Lechoń/Słonimski: *Facecje Republikańskie*, Warschau 1919.

69 übersetzt nach der englischen Fassung in: Keane 2004, S. 16.

70 Keane 2004, S. 17.

71 Tuwim und seine Freunde gaben ab 1920 die Literaturzeitschrift »Skamander« heraus. 1921 bezeichnete Wat die vorübergehende Zusammenarbeit mit den *Skamander*-Dichtern als »einen der größten taktischen Fehler des polnischen Futurismus« (Carpenter 1983, S. XVII).

72 Keane 2004, S. 19, und Shore 2006, S. 24-25.

73 Ivo Andrić: »Über allen Siegen«, in: Siegel 1992, S. 68.

74 übersetzt von Carl Dedecius, in: *Panorama der polnischen Literatur des 20. Jahrhunderts*, Bd. 1, S. 393-402.

75 ebd., S. 395.

Nachwort

1 zuerst auf Englisch erschienen unter dem Titel »The Crisis of the Mind«, 2 Teile, in: *The Athenaeum* (London), 11. April und 2. Mai 1919. Die französische Version »La Crise de l'esprit« erschien im August 1919 in *La Nouvelle Revue Française*. Die Zitate stammen aus der deutschen Übersetzung »Die Krise des Geistes« von Herbert Steiner, Frankfurt am Main 1956.

2 s. dazu unter anderem von Vegesack 1989.

3 s. Sloterdijk 2008.

4 Diese Passage ist von Sheehan 2008 inspiriert.

5 Ausnahmen, speziell für die Lyrik: Garcia Games 1921, Bowra 1961, Hamburger 1985, S. 199-239; Marsland 1991 und Perloff 2005. Zu einem komparatistischen Blick auf das intellektuelle und literarische Klima im Allgemeinen: Wohl 1979, Stromberg 1982, Wohl 1989, Cross 1989, Eksteins 1990, Winter 1995 und Roshwald/Stites 2002. Zu einer Übersicht über andere, meist landes- oder sprachgebundene Studien und Anthologien: Buelens 2008, S. 675-678. Zum Stand der angelsächsischen Forschung zur Literatur des Ersten Weltkrieges: Scutts 2006. Ein Übersichtsartikel mit Fokus auf die großen Sprachgebiete und zu einer umfangreichen Bibliographie: Kepos 1990. Interessante vergleichende Studien zur bildenden Kunst sind u. a. Jürgens-Kirchhoff 1993 und Cork 1994.

6 s. dazu u. a. Leerssen 1999.

Bibliographie

Primär (Gedichte, Romane, Memoiren, Tagebücher, Briefe, Anthologien und zeitgenössische Essays und Zeitungsartikel)

Abbott, Lyman (Hg.): *King Albert's book. Een hulde aan den koning der Belgen en het Belgische volk vanwege voorname en gezaghebbende personaliteiten door de wereld heen. The Daily Telegraph / The Daily Sketch / The Glasgow Herald*, London 1914.

Achmatowa, Anna: [Anna Achmatova] *Belaja staja*, Petrograd 1917.

–: [Anna Achmatova] *De laatste roos. Gedichten*, Amsterdam 1983.

–: *Briefe, Aufsätze, Fotos.* Aus dem Russischen von Irmgard Wille, Johanne Peters, Rosemarie Düring und Kay Borowsky, hg. von Siegfried Heinrichs, Berlin 1991.

–: [Anna Akhmatova] *My Half Century. Selected Prose*, Ann Arbor 1992.

–: *Im Spiegelland. Ausgewählte Gedichte.* Hg. von Efim Etkind, aus dem Russischen von Kay Borowsky, Peter Engel, Christoph Meckel, Felix Zielinski u.a., München ⁴1994.

–: [Anna Akhmatova], *The Complete Poems. Updated & Expanded Edition*, Boston / Edinburgh 1997.

–: [Anna Achmatova] *Werken*, Amsterdam 2007.

Adama van Scheltema, C.S.: *Zingende stemmen*, Rotterdam ²1918.

Adler, Jeremey D. / John J. White (Hg.): *August Stramm. Kritische Essays und unveröffentlichtes Quellenmaterial aus dem Nachlaß des Dichters*, Berlin 1979.

Ady, Endre: »Az új militarizmus«, in: *Nyugat*, Jg. 7, Nr. 21, 1. November 1914.

–: *Poems,* Buffalo (New York) 1969.

–: *The Explosive Country. A Selection of Articles and Studies 1898-1916,* Budapest 1977.

–: *Gib mir deine Augen. Gedichte Ungarisch/Deutsch,* übertragen und herausgegeben von Wilhelm Droste, Wuppertal 2011.

Die Aktion, Berlin, 1911-1931. Siehe auch: Pfemfert 1973.

Albert-Birot, Pierre: »Les tendances nouvelles. Interview avec Guillaume Apollinaire«, in: *SIC*, August-Oktober 1916 (Reprint S. 58-59).

American Jewish Committee: *The Jews in the eastern war zone,* New York 1916.

Andrić, Ivo: *Ex Ponto / Unruhen.* Aus dem Serbokroatischen übersetzt, eingeleitet und mit Übersichten zu Leben und Werk des Autors versehen von Leonore Scheffler, Frankfurt am Main 1988.

–: »Über allen Siegen«, in: Siegel 1992, S. 68.

[Anon.]: »Austrian Attacks on Servia. ›A Nest of Plague Rats‹«, in: *The Times*, 9. Juli 1914.

[Anon.]: »Het oproer in Dublin«, in: *Nieuwe Rotterdamsche Courant*, 30. April 1916.

[Anon.]: »Pogroms in Roumania on Outbreak of War; Jews Flee for Their Lives«, in: *The Washington Post,* 8. Oktober 1916.

[Anon.]: »The New Europe«, in: *The New Europe*, Jg. 1, Nr. 1, 19. Oktober 1916, S. 1.

[Anon.]: »The Story Told by the Dead«, in: *The Guardian*, 22. November 1916.

[Anon.]: »Tragic Death of Emile Verhaeren. Belgium's most famous poet«, in: *The Times*, 29. November 1916.

[Anon.]: »Charges Officials Aided in Pogroms. German Correspondent in Lemberg Says They Encouraged Killing of Jews. Ghetto was Laid in Ruins. Looting by the Polish Officers and

Soldiers Widespread in Three Days of Slaughter«, in: *The New York Times*, 2. Dezember 1918.

Anz, Thomas / Joseph Vogl (Hg.): *Die Dichter und der Krieg. Deutsche Lyrik 1914-1918*, München 1982.

Apollinaire, Guillaume: »L'Esprit nouveau et les Poètes«, in: *Mercure de France*, Bd. 130, 1. Dez. 1918, S. 385-396.

–: *Alcools. Poèmes 1998-1913*, Paris 1920 (1913).

–: *Alkohol. Gedichte französisch-deutsch.* Aus dem Französischen von Johannes Hübner und Lothar Klünner, Darmstadt und Neuwied ²1980.

–: *Calligrammes. Poemes de la paix et de la guerre (1913-916)* (Vorwort von Michel Butor), Paris 1993 (1918).

–: *… zart wie dein Bild.* Aus dem Französischen von Werner Klesse (Text) und Joe Cavelt (Gedichte), Starnberg 1961.

–: *Poetische Werke.* Ausgewählt und herausgegeben von Gerd Henninger. Deutsch von Gerd Henninger, Johannes Hübner, Lothar Klünner, Neuwied / Berlin 1969.

–: *Œuvres Poétiques*, Paris 1971.

–: *Œuvres en prose complètes III*, Paris 1993.

–: *Lettres à Madeleine. Tendre comme le souvenir.* Paris 2005.

–: »Das kleine Auto«, übersetzt von Oskar Pastior, in: *Apollinaire. Wortführer der Avantgarde – Avantgardist des Wortes.* Ausstellungskatalog, Remagen 1999/2000.

–: *De mooiste van Apollinaire*, Tielt / Amsterdam 2007.

Arp, Hans: *Collected French writings: Poems, Essays, Memoirs*, London 2001.

Bab, Julius (Hg.): *1914. Der Deutsche Krieg im Deutschen Gedicht.* Bd. 2, Berlin 1914.

Bacovia, George: *Lead. Romanian-English bilingual edition*, Bukarest 1980.

Bächtold-Stäubli, Hanns: *Aus Leben und Sprache des Schweizer Soldaten. Proben aus den Einsendungen schweizerischer Wehrmänner*, Basel 1916.

Balász, Béla: »Párisz-e vagy Weimar?«, in: *Nyugat*, Jg. 7, Nr. 16-17, 16. August-1. September 1914, S. 200-203.

Ball, Hugo (Hg.): *Cabaret Voltaire: eine Sammlung künstlerischer und literarischer Beiträge*, Zürich 1916.

–: *Zur Kritik der deutschen Intelligenz*, Bern 1919.

–: *Briefe 1911-1927*. Einsiedeln / Zürich / Köln 1957.

Bartsch, Ingo / Maurizio Scudiero (Hg.): *... auch wir Maschinen, auch wir mechanisiert! ... Die zweite Phase des italienischen Futurismus 1915-1945*, Bielefeld 2002.

Baum, Peter: *Gesammelte Werke*, hg. von Hans Schlieper, Berlin 1920.

Becher, Johannes R.: »An Deutschland«, in: *Das Tribunal*, Jg. 1, Nr. 5, Mai 1919, S. 1.

Benemann, Maria: *Leih mir noch einmal die leichte Sandale. Erinnerungen und Begegnungen*, Hamburg 1978.

Bent, Christine: *The New York Times Book of World War I*, New York 1980.

Bergson, Henri: *L'évolution créatrice*, Paris 1986 (1907).

–: *Schöpferische Evolution*. Neu aus dem Französischen übersetzt von Margarethe Drewsen, mit einer Einleitung von Rémi Brague, Hamburg 2013.

Bernaerts, Jan / Hendrik Heyman (Hg.): *Oorlogspoëzie. Verschenen in 1914 en 1915 en onuitgegeven gedichten*, Port-Villez 1916.

Bickley, Francis: »Emile Verhaeren: The Poet of Belgium and of Europe«, in: *The Living Age*, 5. Dezember 1914.

Blast, Nr. 1-2, 1914-1915, Santa Barbara, Kalifornien 1981 (Reprint).

Blok, Alexander: »De Skythen«, in: Dick Voerman / W. A. Braasem (Hg.): *De muze kent geen babel. Poezie uit alle werelddelen in vertaling*, Amsterdam 1959, S. 98-101.

–: [Alexander Block] Ausgewählte Werke. Hg. von Fritz Mierau. 3 Bde., Berlin (Ost) 1978.

–: *Gedichten (gevolgd door enkele gedichten van Solovjov en Fet)*, Leiden 1991.

Blunden, Edmund: *Oorlogsgedruis [Undertones of War]*, Amsterdam / Antwerpen 2006.

Bodea, Cornelia / Hugh Seton-Watson (Hg.): *R.W. Seton-Watson Si Românii: 1906-1920*, 2 Bde., Bukarest 1988.

Boens, Daan F.: *Van glorie en lijden. Sonnetten uit de loopgraven aan den Yser*, Kamp van Hardewijk 1917.

–: *Menschen in de grachten. Werk gedegen in de loopgraven*, Nieuwpoort 1918.

Bosquet, Alain (Hg.): *Anthologie de la poésie roumaine*, Paris 1968.

Bourne, Randolph Silliman (Hg.): *Towards an Enduring Peace. A Symposium of Peace Proposals and Programs, 1914-1916*, New York 1916.

Brooke, Rupert: *The Letters of Rupert Brooke*, New York 1968.

Bryce Report: The Report of the Committee on Alleged German Outrages, 1914. Online: <http://www.gwpda.org/comment/bryce.html>.

Buelens, Geert (Hg.): *Het lijf in slijk geplant. Gedichten uit de Eerste Wereldoorlog*, Amsterdam 2008.

Burssens, Gaston: *Alles is mogelijk in een gedicht. Verzamelde verzen 1914-1965*, Antwerpen 2005.

Buzzi, Paolo: *Conflagrazione. Epopea Parolibera*, Florenz 1963.

Carrà, Carlo: *Guerra pittura. Futurismo politico, dinamismo plastico, 12 disegni guerreschi, parole in libertà*, Mailand 1915.

Carrara, Jules: *Solidarité. Poèmes*, Genf 1914.

Cauwelaert, August Van: *Liederen van droom en daad*, Bussum 1918.

Cendrars, Blaise: *Aujourd'hui: 1917-1929. Suivi de Essais et Réflexions 1910-1916*, Paris 1987.

Chlebnikow, Welimir: [Velimir Chlebnikov] *Werke. Poesie, Prosa, Schriften*. Hg. und übersetzt von Peter Urban. 2 Bde. Reinbek bei Hamburg 1985.

–: [Velimir Chlebnikov] *Ik en Rusland*, Amsterdam 1986.

–: [Velimir Chlebnikov] *Collected Works. Volume 1. Letters and Theoretical Writings*, Cambridge, Massachusetts / London 1987.

Clercq, René De: *Toortsen*, Amsterdam 1909.

–: *De zware kroon. Verzen uit den oorlogstijd*, Bussum 1915.

–: *De Noodhoorn. Vaderlandsche Liederen*, Utrecht 1916.

–: *Das Nothorn*. Aus dem Flämischen übertragen von Wolfgang von Unger, Leipzig 1917.

Colum, Padraic (Hg.): *Poems of the Irish Revolutionary Brotherhood, Thomas MacDonagh, P. H. Pearse (Padraic MacPiarais), Joseph Mary Plunkett, Sir Roger Casement*, Boston 1916.

Couperus, Louis: *Brieven van den nutteloozen toeschouwer*, Amsterdam 1918.

Crnjanski, Miloš: *Kommentare zu ›Ithaka‹*. Autorisierte Übersetzung aus dem Serbischen von Peter Urban, Frankfurt am Main 1967.

Cross, Tim (Hg.): *The Lost Voices of World War I. An International Anthology of Writers, Poets and Playwrights*, Iowa City 1989.

D'Annunzio, Gabriele: »Gabriele d'Annunzios Rede für das Weihefest der Tausend. (5. Mai 1860-5. Mai 1915)«, in: *Süddeutsche Monatshefte*, 12. Jg. 1915, S. 492-500.

–: *The Rally*, Mailand 1918.

–: *Versi d'amore e di Gloria*, Mailand 1968.

Dedecius, Karl (Hg. und Üb.): *Panorama der polnischen Literatur des 20. Jahrhunderts, Poesie*, Bd. 1, Zürich 1996.

Demets, Gilbert (Hg.): *Alle schoonheid is vermetel. Bloemlezing Russische poëzie*, Brügge 1977.

Duhamel, Georges: *Civilisation 1914-1917*, Paris 1918.
–: *Civilisatie 1914-1917. Arts aan het front van WO I*, Amsterdam /
Antwerpen 2007.

Eijkelboom, J.: *De War Poets. Engelstalige gedichten over de Eerste
en Tweede Wereldoorlog*, Sliedrecht 2002.
Elliott, H.B.: *Lest We Forget. A War Anthology*, London 1915.
Engelke, Gerrit: *Rhythmus des neuen Europa*, Jena 1921.
–: *Das Gesamtwerk*, hg. von Hermann Blome, München 1960.
Eyck, P.N. van / Albert Verwey: *De briefwisseling tussen P.N. van
Eyck en Albert Verwey*, Den Haag 1988-1995.

F. [= Ford Madox Hueffer]: »The Critical Attitude. Blue Water and
the Thin Red Line«, in: *The English Review*, April 1909, S. 135-144.
–: »The Critital Attitude. Little States and Great Nations«, in: *The
English Review*, Mai 1909, S. 355-364.
Falkenhayn, Erich von: *Die oberste Heeresleitung 1914-1916 in ihren
wichtigsten Entschließungen*, Berlin 1920.
Fassmann, Kurt (Hg.): *Gedichte gegen den Krieg*, München 1961.
Ford, Ford Madox: *When Blood Is Their Argument. An Analysis of
Prussian Culture*, London 1915.
–: *Collected Poems of Ford Madox Hueffer*, London 1916.
–: *Selected Poems*, Manchester 1997.
–: *War Prose*, New York, 2004.
Siehe auch: F.

Gardner, Brian (Hg.): *The Terrible Rain: The War Poets, 1939-1945*,
London 1966.
George, Stefan: *Der Stern des Bundes*, Stuttgart 1993.
Gernaert, Jules: *Souvenirs de la grande guerre. Les derniers jours de
Duffel*, Brüssel 1919.
Gippius, Zinaida: siehe Hippius, Sinaida.
Goga, Octavian: *Opere*, Bukarest 2001.

Gorter, Herman: *Het imperialisme, de wereldoorlog en de sociaal-democratie*, SDP, Amsterdam 1915.

–: *Der Imperialismus, der Weltkrieg und die Sozialdemokratie*. Hg. v. d. Sozialdemokratischen Partei Hollands (S.D.P.), Amsterdam 1915.

–: *Pan* (2., stark vermehrte Auflage), Bussum 1916.

Grassi, Ernesto (Hg.): *Ohne Haß und Fahne. Kriegsgedichte des 20. Jahrhunderts*, Hamburg 1959.

Graves, Robert: *Goodbye to All That*. Harmondsworth / Victoria, 1965 (1929).

–: [Robert von Ranke-Graves] *Strich drunter!* Aus dem Englischen von Gottfried Treviranus, durchgesehen und überarbeitet von Birgit Otte. Reinbek bei Hamburg 1990.

Grinberg, Uri Zvi: »In malches fun zejlem«, in: *Albatros*, 1923.

Guilbeaux, Henri: »et demain?…«, in: *Demain. Pages et Documents*, Jg. 1, Nr. 1, Januar 1916, S. 1-7.

–: *Du champ des horreurs*, Genf 1917.

Gumiljow, Nikolai: [Nikolaj Goemiljov] *De giraffe*, Amsterdam 1985.

–: [Nikolay Gumilyov] *The Pillar of Fire. Selected Poems*, London 1999.

–: [Nicolai Gumiljov] *Ausgewählte Gedichte*, ausgewählt und übertragen von Irmgard Wille, Berlin 1988.

–: [Nikolaj Gumiljow] *Pavillon aus Porzellan, Gedichte*. Aus dem Russischen und mit einem Nachwort von Alexander Nitzberg, Düsseldorf 2000.

Gundolf, Friedrich: »Tat und Wort im Krieg«, in: *Frankfurter Zeitung und Handelsblatt*, 11. Oktober 1914, 59. Jg., Nr. 282, Erstes Morgenblatt, S. 1-2.

Gurney, Ivor: *War Letters*, London 1984.

Halpern, Moyshe-Leyb: »A nacht«, in: *East Broadway*, New York 1916.

Hartmann, Wolf Justin (Hg.): *Sie alle fielen ... Gedichte europäischer Soldaten*, München / Berlin 1939.

Heym, Georg / Nina Schneider: *Am Ufer des blauen Tags. Georg Heym, sein Leben und Werk in Bildern und Selbstzeugnissen*, Glinde 2000.

Higgins, Ian (Hg.): *Anthology of First World War French Poetry*, Glasgow 1996.

Higonnet, Margaret R. (Hg.): *Lines of Fire. Women Writers of World War I*, New York 1999.

Higonnet-Dugua, Elisabeth (Hg.): *Anna de Noailles, cœur innombrable. Biographie, correspondance*, Paris 1989.

Hippius, Sinaida: [Zinaïda Hippius] *Journal sous la Terreur*, Monaco 2006.

–: *Verschiedener Glanz. Briefe, Gedichte, Dokumente.* Aus dem Russischen von Kay Borowsky (Gedichte) und Johanne Peters (Briefe), hg. von Siegfried Heinrichs, Berlin 2002.

–: Petersburger Tagebuch 3. 1919 [Übersetzer unbekannt], Berlin 2004.

Hjärne, Harald: »Presentation Speech« (Nobelpreis 1919 Carl Spitteler). Online: <http://www.nobelprize.org/nobel_prizes/literature/laureates/1919/press.html>.

–: »Verleihungsrede bei der feierlichen Überreichung des Nobelpreises an Carl Spitteler von Dr. Harald Hjärne«, in: Carl Spitteler: *Prometheus. Imago. Nobelpreis für Literatur* 1919, Zürich [1968].

Höglund, Zeth: *Bläck och blod. Dikter*, Stockholm 1917.

Hueffer, Ford Madox: siehe Ford, Ford Madox.

Huelsenbeck, Richard (Hg.): *Dada Almanach. Im Auftrag des Zentralamts der deutschen Dada-Bewegung*, Berlin 1920.

Ignotus: »Háború«, in: *Nyugat*, Jg. 7, Nr. 15, 1. August 1914.

Imber, S.J. (Hg.): *Modern Yiddish Poetry. An Anthology*, New York 1927.

Jahier, Piero: *Con me e con gli alpini*, Rom 1919.

Miloš Jirko: Vítězný ústup, in: *Cesta. Básně, Aventinum*, Prag 1920.

Jouve, Pierre-Jean: *Vous etes des Hommes*, Paris 1915.

–: *Ihr seid Menschen*. Alleinberechtigte deutsche Übertragung von Felix Beran, Zürich 1918.

Kammelar, Rob / Jacques Sicking / Menno Wielinga (Hg.): *De Eerste Wereldoorlog door Nederlandse ogen. Getuigenissen, verhalen, betogen*, Amsterdam 2007.

Kanehl, Oskar: *Die Schande. Gedichte eines dienstpflichtigen Soldaten aus der Mordsaison 1914-18*, Berlin 1922.

Kautsky, Karl: »War and Peace«, in: *Justice*, 29. April 1911, S. 2. Online: <http://www.marxists.org/archive/kautsky/1911/04/war1911. htm>.

–: »Krieg und Frieden. Betrachtungen zur Maifeier«, in: *Die Neue Zeit*, Stuttgart, 29. Jg., 1910/11, 2. Bde., S.105-106.

Kettle, Tom: *Poems & parodies*, Dublin 1916.

–: *The Ways of War*, New York 1917.

Kilmer, Joyce: »Poets Marched in the Van of the Irish Revolt. Pearse and MacDonagh, Executed Last Week, Well Known for Their Verse – Other Writers Prominent in Sinn Fein Ranks«, in: *The New York Times*, 7. Mai 1916.

Klemm, Wilhelm: *Gloria! Kriegsgedichte aus dem Feld*, München 1915.

–: *Ich lag in fremder Stube. Gesammelte Gedichte*, München 1981.

Kohlbauer-Fritz, Gabriele (Hg.): *In a Schtodt woss schtarbt. In einer Stadt, die stirbt. Jiddische Lyrik aus Wien*, herausgegeben und übersetzt von Gabriele Kohlbauer-Fritz, Wien 1995.

Kraus, Karl: *Weltgericht*, München 1965.

Krleža, Miroslav: »Vervlogen dagen. Dagboek maart 1916«, in: *Raster*, Nr. 73, 1996, S. 27-48.

–: »Achter de coulissen van het jaar 1918« und »Dagboeken 1942-1943«, in: *Raster*, Nr. 75, 1996, S. 103-133.

Krutschonych, Alexei: [Alexei Kruchenykh] *Suicide Circus. Selected Poems*, Kopenhagen / Los Angeles 2001.

Lacerba, 1913-1915. Archivi d'arte del XX secolo / G. Mazzotta, Rom / Mailand 1970 (Reprint).

Lademacher, Horst (Hg.): *Die Zimmerwalder Bewegung. Protokolle und Korrespondenz*, 2 Bde., Den Haag / Paris 1967.

Landau, Zishe: »Far unser chorew idisch leben …«, in: *Lider*, New York 1937.

Langner, Ingo (Hg.): *Achtung! Achtung! Hier spricht der Krieg!*, Bundeszentrale für politische Bildung, Bonn 2014.

Larreguy de Civrieux, Marc de: *La Muse de Sang* (Vorwort von Romain Rolland), Paris 1926.

Lawton, Anna / Herbert Eagle (Hg.): *Russian Futurism through its Manifestoes*, 1912-1928. Ithaca, NY 1988.

Leftwich, Joseph (Hg.): *The Golden Peacock. An Anthology of Yiddish Poetry Translated into English Verse*. Cambridge, Mass. 1939.

Lenin, W.I: »De socialistische revolutie en het recht der naties op zelfbeschikking« (1916). Online auf: <http://www.marxists.org/nederlands/lenin/1916/1916stellingnaties.htm>.

–: »Die sozialistische Revolution und das Selbstbestimmungsrecht der Nationen« (1916). Online auf: <http://www.marxists.org/deutsch/archiv/lenin/1916/01/nationen.html>.

Levison, Leon: *The Tragedy of the Jews in the European War Zone*, Edinburgh 1916.

Leybold, Hans: *Gegen Zuständliches. Glossen, Gedichte, Briefe*. Hg. von Eckhard Faul, Hannover 1989.

Lichtenstein, Alfred: *Gesammelte Gedichte*. Hg. von Klaus Kanzog, Zürich 1962.

Lotz, Ernst Wilhelm: *Gedichte, Prosa, Briefe*, München 1994.

Loveling, Virginie: *Oorlogsdagboeken 1914-1918*, Antwerpen / Amsterdam 2005.

Majakowski, Wladimir: [Majakovski, V.V.] *Werken*, Amsterdam 1993.

–: *Werke*. Werkausgabe edition suhrkamp in zehn Bänden, hg. von Leonhard Kossuth, deutsche Nachdichtung von Hugo Huppert, Frankfurt am Main 1980.

–: *Gedichte*, russisch und deutsch, hg. von Gerhard Schaumann, Leipzig 1985.

Manning, Clarence Augustus (Hg.): *An Anthology of Czechoslovak Poetry*, New York 1929.

Marc, Franz: *Schriften*, Köln 1978.

Marinetti, Filippo Tommaso: *Marinetti, Selected Writings*, New York 1972.

–: *Taccuini, 1915-1921*, Bologna 1987.

–: *Selected Poems and Related Prose*, New Haven, Conn. 2002.

–: *Critical Writings*, New York 2006.

Martinet, Marcel: *Les temps maudits. Suivi De la Nuit.* (Vorwort von Leo Trotzki), Paris 1975.

–: *Die Tage des Fluches*. Deutsch von Felix Beran, Zürich 1919.

–: *Les temps maudits. À bas les pharisiens de l'art. Carnets des années de guerre (1914-1918)*, Marseille 2003.

Masaryk, Thomas G.: *The Problem of Small Nations in the European Crisis*. The Council for the Study of International Relations, London 1916.

Mavrogordato, John: »From Nationalism to Federation«, in: *The New Europe*, 2. Mai 1918, S. 69-71.

Meller, Horst / Klaus Reichert (Hg): *Englische und amerikanische Dichtung 3. Von R. Browning bis Heaney.* München 2000.

Micić, Ljubomir: »Manifest an die Barbaren des Geistes und Denkens auf allen Kontinenten«, in: Siegel 1992, S. 130-134.

Minne, Richard: *In duizenden varianten. Historisch-kritische uitgave van Richard Minnes gedichten.* 3 Bde., Gent 2003.

Moere, Evermar van: *Soldatenleven. Eene bijdrage tot de oorlogs-folklore van den Vlaamschen soldaat,* Leuven 1919.

Mokveld, L.: *De overweldiging van België beschreven,* Rotterdam 1917.

Morris, Charles: *Morris's Story of the Great Earthquake of 1908, and Other Historic Disasters,* Philadelphia 1909.

Mysjkin, Jan H. (Hg.): *Een avond in Cabaret Voltaire,* Nijmegen 2003.

Nerman, Ture: *I fiendeland. Dikter till det första värdskriget,* Stockholm 1916.

Nietzsche, Friedrich: *Also sprach Zarathustra. Ein Buch für Alle und Keinen.* In: Friedrich Nietzsche: *Sämtliche Werke.* Kritische Studienausgabe in 15 Bänden. Herausgegeben von Giorgio Colli und Mazzino Montinari, Bd. 4, München / Berlin / New York 1980.

Nijland-Verwey, Mea: *Wolfskehl – Verwey. Die Dokumente ihrer Freundschaft* 1897-1946, Heidelberg 1968.

Noailles, Anna de: *Les forces éternelles,* Paris 1920.

Noakes, Vivien (Hg.): *Voices of Silence. The Alternative Book of First World War Poetry,* Gloucestershire 2006.

Noyes, George Rapall / Leonard Bacon: *Heroic Ballads of Servia,* Boston 1913.

Nyugat, Budapest, 1908-1941. Online: <http://epa.oszk.hu/00000/00022/nyugat.htm>.

Oever, Karel van den: *Verzen uit oorlogstijd (1914-1919),* 's-Hertogenbosch 1919.

Ostaijen, Paul van: *Poesie,* flämisch / deutsch, hg. von Hans Magnus Enzensberger, Übertragung und Nachwort von Klaus Reichert, Frankfurt am Main 1966.

–: I = *Verzameld werk. Poëzie. Music-Hall, Het Sienjaal, De Feesten van Angst en Pijn*, Amsterdam 1979.

–: II = *Verzameld werk. Poëzie. Bezette Stad en Nagelaten Gedichten*, Amsterdam 1979.

–: III = *Verzameld werk. Proza. Grotesken en ander Proza*, Amsterdam 1979.

–: IV = *Verzameld werk. Proza. Besprekingen en Beschouwingen*, Amsterdam 1979.

–: *Besetzte Stadt*. Niederländisch / Deutsch, übersetzt und herausgegeben von Hansjürgen Bulkowski, München 1991.

Øverland, Arnulf: »Det tusenårige rike«, in: Arnulf Øverland, *Brød og vin: digte*, Kristiania 1919.

Payne, Roberta L. (Hg.): *A Selection of Modern Italian Poetry in Translation*, Montreal 2004.

Péguy, Charles: *Œuvres en prose, 1909-1914*, Paris 1957.

–: *Die letzten großen Dichtungen*, hg. von Oswalt von Nostitz, übertragen von Oswalt von Nostitz und Friedhelm Kemp, Wien / München 1965.

–: *Œuvres poétiques complètes*, Paris 1975.

–: *Œuvres en prose complètes*, Paris 1988.

Pessoa, Fernando: *Dokumente zur Person und ausgewählte Briefe*. Aus dem Portugiesischen übersetzt und mit einem Nachwort versehen von Georg Rudolf Lind, Zürich 1988.

–: *De anarchistische bankier & ander proza*, Amsterdam 1997.

–: [Alberto Caeiro] *De hoeder van kudden en andere gedichten*, Amsterdam / Antwerpen 2003.

–: *Alberto Caeiro. Poesia – Poesie*. Aus dem Portugiesischen von Inés Koebel und Georg Rudolf Lind, hg. von Fernando Cabral Martins und Richard Zenith, revidierte und erweiterte Ausgabe, Zürich 2004.

–: *Brieven [1905-1919]*, Amsterdam / Antwerpen 2004.

–: [Álvaro de Campos], *Gedichten 1913-1922*, Amsterdam / Antwerpen 2006.

–: *Álvaro de Campos. Poesia – Poesie*. Aus dem Portugiesischen übersetzt, herausgegeben und mit Anmerkungen versehen von Inés Koebel, mit einem Nachwort von Hans-Jürgen Schmitt, Zürich 2007.

Pfemfert, Franz (Hg.): *Die Aktions-Lyrik. Nummern 1-7, 1916-1922*. Kraus Reprint, Nendeln / Liechtenstein 1973.

Pillecyn, Filip de / Jozef Simons: *Onder den hiel,* Tielt 1920.

Podraza-Kwiatkowska, Maria (Hg.): *Jahrhundertwende*, Leipzig und Weimar 1979.

Porché, François: *Le poème de la tranchée*, Paris 1916.

Rademacher, Jörg W. (Hg.): *Vater und Sohn: Franz Hüffer und Ford Madox Ford (Hüffer)*, Münster 2003.

Riha, Karl / Waltraud Wend-Hohenberger (Hg.): *Dada Zürich. Texte, Manifeste, Dokumente*, Stuttgart 1992.

Rilke, Rainer Maria: *Wartime Letters of Rainer Maria Rilke, 1914-1921*, New York 1940.

–: *Briefe zur Politik*, hg. von Joachim W. Storck, Frankfurt am Main / Leipzig 1992.

Roberts, David (Hg.): *Minds at War. The Poetry and Experience of the First World War*, London 1996.

Romains, Jules: *Europe*, Paris 1919.

Rony, Olivier (Hg.): *Correspondance Jacques Copeau – Jules Romains. Deux êtres en marche [1913-1946]*, Paris 1978.

Rootham, Helen (Hg.): *Kossovo, Heroic Songs of the Serbs*, Oxford 1920.

Rosenberg, Isaac: *The Collected Works. Poetry, Prose, Letters, Paintings and Drawings* (mit einem Vorwort von Siegfried Sassoon), New York 1979.

Rostand, Edmond et al.: *Les livres de la guerre, août 1914 - août 1916*, Paris 1916.

Rubiner, Ludwig: »Ihr seid Menschen«, in: *Die weißen Blätter*, Jg. 3, Januar bis März 1916, S. 389-391.

Samuleit, Paul: *Kriegsschundliteratur. Vortrag, gehalten in der öffentlichen Versammlung der Zentralstelle zur Bekämpfung der Schundliteratur zu Berlin am 25. März 1916*, Berlin 1916. Online: <http://nbn-resolving.de/urn:nbn:de:bvb:355-ubr12584-8>.

Sassoon, Siegfried: *Diaries 1915-1918*, London 1983.

–: *The War Poems*, London 1999.

Schnack, Anton: *Werke in zwei Bänden*, Band 1 – *Lyrik*, hg. von Hartmut Vollmer, Berlin 2003.

Scott, James (Hg.): *Official statements of war aims and peace proposals, December 1916 to November 1918*, Washington 1921.

Selver, Paul (Hg.): *Modern Czech Poetry*, London 1929.

Severen, Joris van: *Die vervloekte oorlog. Dagboek 1914-1918*, Ypern 2005.

SIC, Nr. 1-54, 1916-1919, Paris 1993 (Reprint).

Siegel, Holger (Hg.): *In unseren Seelen flattern schwarze Fahnen. Serbische Avantgarde 1918-1939*, Leipzig 1992.

Słonimski, Antoni: »Alles, alles über Deutschland«, in: Jan Lechoń / Antoni Słonimski: *Facecje Republikańskie*, Warschau 1919.

Słoński, Edward: »Ta, co nie zginęła«, in: Zdzisław Debicki und Edward Słoński: *Ta, co nie zginęła. Poezyje Zdzisława Debickiego i Edwarda Słońskiego*, Warschau 1915.

Södergran, Edith: *De mooiste van Södergran*, Tielt / Amsterdam 2002.

Soffici, Ardengo: *Marsia e Apollo*, Florenz 1938.

Solschenizyn, Alexander: [Solzjenitsyn, Alexander] *Augustus veertien*, Baarn 1972.

–: *August Vierzehn*, Darmstadt und Neuwied ^{5}1972.

Sorley, Charles Hamilton: *The Poems and Selected Letters of Charles Hamilton Sorley*, Dundee 1978.

–: *The Collected Letters of Charles Hamilton Sorley*, London 1990.

Spitteler, Carl: *Gesammelte Werke*. Bd. 8, »Land und Volk«, hg. von Gottfried Bohnenblust, Zürich 1947.

Stadler, Ernst: *Dichtungen, Schriften, Briefe. Kritische Ausgabe*, hg. von Klaus Hurlebusch und Karl Ludwig Schneider, München 1983.

Stephen, Martin (Hg.): *Never Such Innocence. Poems of the First World War*, London 2003.

Stern, Anatol (und Mieczyslaw Szczuka): *Europa*, London 1962.

Stramm, August: *Briefe an Nell und Herwarth Walden*, Berlin 1988.

–: *Gedichte. Dramen. Prosa. Briefe, hg. v*on Jörg Drews, Stuttgart 1997.

Tienhoven, A. van: *De gruwelen van den oorlog in Servië. Het dagboek van den oorlogs-chirurg Dr. W.L. & J. Brusse*, Rotterdam 1915.

Trakl, Georg: *Werke. Entwürfe. Briefe*, hg. von Hans-Georg Kemper und Frank Rainer Max, Nachwort und Bibliographie von Hans-Georg Kemper, Stuttgart 1984.

Tzara, Tristan: *Œuvres complètes. Tome 1, 1912-1924*, Paris 1975.

–: *Die frühen Gedichte*. Übersetzt aus dem Rumänischen und herausgegeben von Oskar Pastior, München 1984.

Ugrin, Aranka / Kálmán Vargha (Hg.): *»Nyugat« und sein Kreis. 1908-1941. Anhang: »Magyar Csillag« 1942-1944,* Leipzig 1989.

Valéry, Paul: »The Crisis of the Mind«, in: *The Athenaeum* (London), 11. April und 2. Mai 1919. Online: <http://www.history guide.org/europe/valery.html>.

–: »Le Crise de l'esprit«, in: *La Nouvelle Revue Française* (Paris), August 1919. Online: <http://classiques.uqac.ca/classiques/Valery_paul/crise_de_lesprit/crise_de_lesprit.html>.

–: *Die Krise des Geistes. Drei Essays*. Hg. und übers. von Herbert Steiner, Frankfurt am Main 1956.

Verband Ungarischer Schriftsteller in Zusammenarbeit mit Paul Kárpáti (Hg.): *Ungarische Lyrik des zwanzigsten Jahrhunderts*, Berlin / Weimar 1987.

Verhaeren, Emile: *Les ailes rouges de la guerre. Poèmes*, Paris 1916.

Vermeylen, August: »Vlaamsche en Europeesche Beweging«, in: *Van Nu en Straks, Nieuwe Reeks*, Jg. 4, Nr. 5-6, November 1900, S. 299-310.

Verwey, Albert: *Holland en de oorlog*, Amsterdam 1916.

–: *Albert Verwey en Stefan George. De documenten van hun vriendschap*, hg. von Mea Nyland-Verwey, Amsterdam 1965.

–: *Wolfskehl – Verwey. Die Dokumente ihrer Freundschaft 1897-1946*, hg. von Mea Nijland-Verwey, Heidelberg 1968.

Volkmann, Ernst (Hg.): *Deutsche Dichtung im Weltkrieg, 1914-1918*, Leipzig 1934.

Walling, William English (Hg.): *The Socialists and the War. A Documentary Statement of the Position of the Socialists of all Countries; with special Reference to their Peace Policy: Including a Summary of the Revolutionary State Socialist Measures Adopted by the Governments at War*, New York 1915.

Ward, Robert De Courcy: »The Weather Factor in the War«, in: *The Journal of Geography*, 1 (Dezember 1914), S. 169-171.

War Poems: s. Eijkelboom, J.

Wildon Carr, H.: »Introduction«, in: Henri Bergson: *The Meaning of the War. Life & Matter in Conflict*, London 1915, S. 9-13.

Wipers Times, The. The Complete Series of the Famous Wartime Trench Newspaper, 1916-1918. London 2006 (Reprint).

Yeats, William Butler: *Al keert het grote zingen niet terug. Gedichten*, Dordrecht 1999.

–: Nobel Lecture, 1923. Online: <http://nobelprize.org/nobel–prizes/literature/laureates/1923/yeats-lecture.html>.

Zuckmayer, Carl: *Als wär's ein Stück von mir. Horen der Freundschaft*, Frankfurt am Main 1966.

Zwetajewa, Marina: [Marina Tsvetajeva] *Stichotvorenija i poemy v pjati tomach*, Bd. 1, Stichotvorenija 1908-1916, New York 1980.

–: *Briefe an Bachrach und Ausgewählte Gedichte*, ausgewählt und übertragen von Irmgard Wille, Berlin 1989.

–: *Auf eigenen Wegen. Tagebuchprosa. Moskau 1917-1920, Paris 1934*. Aus dem Russischen und mit einem Nachwort von Marie-Luise Bott, Frankfurt am Main 1991.

–: [Marina Tsvetajeva] *Werke*, Amsterdam 1999.

Sekundär

Adamson, Walter L.: »Apollinaire's Politics: Modernism, Nationalism, and the Public Sphere in Avant-garde Paris«, in: *Modernism/Modernity* 6 (1999), S. 33-56.

Adéma, Pierre-Marcel / Michel Décaudin: *Album Apollinaire. Iconographie*, Paris 1971.

Ahlund, Claes: *Diktare i krig. K.G. Ossiannilsson, Bertil Malmberg och Ture Nerman från debuten till* 1920, Hedemora 2007.

Anderson, Nancy K.: *Anna Akhmatova. The Word That Causes Death's Defeat. Poems of Memory*, New Haven / London 2004.

Asholt, Wolfgang / Walter Fähnders: *Manifeste und Proklamationen der europäischen Avantgarde (1909-1938)*, Stuttgart / Weimar 1995.

Association des écrivains combattants: *Anthologie des Écrivains Morts à la Guerre, 1914-1918*, Teil 3, Amiens 1925.

Audoin-Rouzeau, Stéphane / Annette Becker: *14-18, retrouver la Guerre*, Paris 2000.

Audoin-Rouzeau, Stéphane / Jean-Jacques Becker: *Encyclopédie de la Grande Guerre 1914-1918. Histoire et culture*, Paris 2004.

Baranski, Zygmunt G.: »Italian Literature and the Great War: Soffici, Jahier, and Rebora«, in: *Journal of European Studies*, 10 (2), Nr. 39 (September 1980), S. 155-177.

Barnard, Benno: *Dichters van het Avondland*, Amsterdam / Antwerpen 2006.

Basker, Michael: »Introduction« und »Notes«, in: Gumiljow 1999, S. 17-32, 219-242, 248-252.

Bazzanella, Angelo: »Die Stimme der Illiteraten. Volk und Krieg in Italien 1915-1918«, in: Vondung 1980, S. 334-351.

Beaupré, Nicolas: *Écrire en guerre, écrire la guerre. France-Allemagne, 1914-1920*, Paris 2006.

Becker, Jean-Jacques: *1914. Comment les Français sont entrés dans la guerre. Contribution à l'étude de l'opinion publique printemps-été 1914*, Paris 1977.

–: »Mourir à Verdun«, in: *14-18: Mourir pour la patrie*, Paris 1992, S. 152-167.

Siehe auch: Audoin-Rouzeau, Stéphane / Jean-Jacques Becker

Benesch, Evelyn / Ingried Brugger (Hg.): *Futurismus. Radikale Avantgarde*, Wien / Mailand 2003.

Berghaus, Günter: *Futurism and Politics. Between Anarchist Rebellion and Fascist Reaction, 1909-1944*, Providence [R.I.] 1996.

Berrafato, Enzo / Laurent Berrafato / Jean-Pierre Verney: *L'Italie en Guerre: 1915-1918*, Verdun 2006.

Billington, James H.: *The Icon and the Axe. An Interpretative History of Russian Culture*, New York 1966.

Blobaum, Robert: *Antisemitism and Its Opponents in Modern Poland*, Ithaca, NY, 2005.

Bonadeo, Alfredo: *D'Annunzio and the Great War*, Madison [N.J.] 1995.

Bowra, C.M.: *Poetry and the First World War*, Oxford 1961.

Bridgwater, Patrick: *The German Poets of the First World War*, London / Sidney 1985.

Broche, François: *Anna de Noailles. Un mystère en pleine lumière*, Paris 1989.

Brown, Edward J.: *Mayakovsky. A Poet in the Revolution*, New York 1973.

Brown, Terence: *The life of W.B. Yeats. A critical biography*, Malden, Mass., 1999.

Broyde, Steven: *Osip Mandel'štam and his age. A commentary on the themes of war and revolution in the poetry 1913-1923*, Cambridge, Mass., 1975.

Brustein, William / Ryan D. King: »Anti-Semitism As a Response to Perceived Jewish Power: The Cases of Bulgaria and Romania before the Holocaust«, in: *Social Forces* 83 (2) (Dezember 2004), S. 691-708.

Buelens, Geert: *Van Ostaijen tot heden. Zijn invloed op de Vlaamse poezie*, Nijmegen 2001.

–: »Reciting Shells. Dada *and*, Dada *in* & Dadaists *on* the First World War«, in: *Arcadia* 41 (2) (2006), S. 275-295.

Buelens, Geert / Matthijs de Ridder: »'t Is allemaal een boeltje‹: over activisme, frontisme, zaktivisme, arrivisme, neo-activisme, Vlaamsch idealisme, jusqu'auboutisme, Nieuw-Aktivisme, post-activisme en naoorlogs activisme«, in: Geert Buelens / Matthijs de Ridder / Jan Stuyck (Hg.): *De Trust der Vaderlandsliefde. Over literatuur en Vlaamse Beweging 1890-1940*, Antwerpen 2005, S. 162-198.

Bugge, Peter: »Shatter Zones‹: The Creation and Re-creation of Europe's East«, in: Spiering / Wintle 2002, S. 47-68.

Buot, François: *Tristan Tzara. L'homme qui inventa la Révolution Dada*, Paris 2002.

Burg, David F. / L. Edward Purcell: *Almanac of World War I*, Lexington 1998.

Burgin, Diana: *Sophia Parnok. The life and work of Russia's Sappho*, New York 1994.

Butnaru, I. C.: *The Silent Holocaust. Romania and Its Jews*, New York 1992.

Cabral, Manuel Villaverde: »The Aesthetics of Nationalism. Modernism and Authoritarianism in Early Twentieth-Century Portugal«, in: *Luso-Brazilian Review*, 26 (1) (Sommer 1989), S. 15-43.

Calinescu, Matei: *Five Faces of Modernity. Modernism, Avant-garde, Decadence, Kitsch, Postmodernism*, Durham 1987.

Carpenter, Bogdana: *The Poetic Avant-garde in Poland, 1918-1939*, Seattle 1983.

Cendrars, Miriam: *Blaise Cendrars*, Paris 1984.

–: *Blaise Cendrars*. Ins Deutsche übertragen von Giò Waeckerlin Induni, Basel 1986.

Chielens, Piet / Wim Chielens: *De troost van de schoonheid. De literaire Salient (Ieper 1914-1918)*, Groot-Bijgaarden 1996.

Cohen, Milton A.: *Movement, Manifesto, Melee: The Modernist Group, 1910-1914*, Lanham, MD 2004.

Compère-Morel, Thomas (Hg.): *Apollinaire au feu*, Paris 2005.

Compton, Susan P.: *The World Backwards. Russian Futurist Books, 1912-16*, London 1978.

Congdon, Lee: »Endre Ady's Summons to National Regeneration in Hungary, 1900-1919«, in: *Slavic Review* 33 (2) (Juni 1974), S. 302-322.

Cork, Richard: *A Bitter Truth. Avant-Garde Art and the Great War*, New Haven / London 1994.

Cornis-Pope, Marcel / John Neubauer (Hg.): *History of the Literary Cultures of East-Central Europe: Junctures and Disjunctures in the 19th and 20th Centuries*, 2 Bde., Amsterdam 2004a u. 2004b.

Crespo, Ángel: *Het meervoudige leven van Fernando Pessoa*, Baarn 1992.

–: Fernando Pessoa. *Das vervielfältigte Leben. Eine Biographie.* Aus dem Spanischen und Portugiesischen übersetzt von Frank Henseleit-Lucke, Zürich 1996.

Davies, Jessie: *Anna of all the Russias. The Life of Anna Akhmatova (1889-1966)*, Liverpool 1988.

Davies, Norman: *Heart of Europe. A Short History of Poland*, Oxford [Oxfordshire] 1984.

–: *Im Herzen Europas: Geschichte Polens*. Aus dem Englischen von Friedrich Griese, München 2000.

Décaudin, Michel (Hg.): *Amis européens d'Apollinaire*, Paris 1995.

Delanty, Gerard: *Inventing Europe. Idea, Identity, Reality*, New York 1995.

Derenthal, Ludger: »Dada, die Toten und die Überlebenden des Ersten Weltkriegs«, in: *zeitenblicke* 3 (2004), Nr. 1 [9.6.2004]. Online: <http://zeitenblicke.historicum.net/2004/01/derenthal/index.html>.

Dörr, Gerhard: »Apollinaire et *Der Sturm*, Berlin, janvier 1913«, in: Décaudin 1995, S. 151-161.

Drijkoningen, F. / J. Fontijn (Hg.): *Historische avantgarde. Programmatische teksten van het Italiaans futurisme, het Russisch futurisme, dada, het constructivisme, het surrealisme, het Tsjechisch poëtisme*, Amsterdam 1982.

Dulcert, Vincent: »La destruction des Arméniens«, in: Audoin-Rouzeau / Becker 2004, S. 381-392.

Duménil, Anne: »Les combattants«, in: Audoin-Rouzeau / Becker 2004, S. 321-338.

Dunn, Seamus / Thomas W. Hennessey: »Ireland«, in: Dunn / Fraser 1996, S. 177-196.

Dunn, Seamus / T. G Fraser: *Europe and Ethnicity. The First World War and Contemporary Ethnic Conflict*, London 1996.

Eby, Cecil D.: *The Road to Armageddon. The Martial Spirit in English Popular Literature, 1870-1914*, Durham 1987.

Eksteins, Modris: *Rites of Spring. The Great War and the Birth of the Modern Age*, Boston 1989.

–: Tanz über Gräben. Die Geburt der Moderne und der Erste Weltkrieg. Aus dem Englischen von Bernhard Schmid, Reinbek 1990.

Etty, Elsbeth: *Liefde is heel het leven niet. Henriette Roland Holst, 1869-1952*, Amsterdam 1996.

Ezergailis, Andrew / Gert von Pistohlkors: *Die Baltischen Provinzen Russlands zwischen den Revolutionen von 1905 und 1917 = The Russian Baltic Provinces Between the 1905/1917 Revolutions*, Köln 1982.

Faul, Eckhard: »Nachwort«, in: Leybold 1989, S. 101-112.

Favez, Jean-Claude: »La Suisse pendant la guerre«, in: Audoin-Rouzeau / Becker 2004, S. 867-875.

Fenyo, Mario D.: »Writers in Politics. The Role of Nyugat in Hungary, 1908-19«, in: *Journal of Contemporary History*, 11 (1), (1976), S. 185-198.

–: *Literature and Political Change. Budapest, 1908-1918*, Philadelphia 1987.

Ferguson, Niall: *The Pity of War*, New York 1999.

–: *Der falsche Krieg. Der Erste Weltkrieg und das 20. Jahrhundert.* Aus dem Englischen von Klaus Kochmann, Stuttgart [2]2002.

Figes, Orlando: *Natasja's dans. Een culturele geschiedenis van Rusland*, Utrecht 2003.

–: *Nataschas Tanz. Eine Kulturgeschichte Russlands.* Aus dem Englischen von Sabine Baumann und Bernd Rullkötter, Berlin 2003.

–: *Tragedie van een volk. De Russische Revolutie 1891-1924*, Amsterdam / Antwerpen 2006.

–: *Die Tragödie eines Volkes. Die Epoche der russischen Revolution 1891-1924.* Aus dem Englischen von Barbara Conrad unter Mitarbeit von Brigitte Flickinger und Vera Stutz-Bischitzky, München 2001.

Fromkin, David: *Europe's Last Summer. Who Started the Great War in 1914?* New York 2004.

–: *Europas letzter Sommer. Die scheinbar friedlichen Wochen vor dem Ersten Weltkrieg.* Aus dem Amerikanischen von Hans Freundl und Norbert Juraschitz, München 2005.

Galántai, József: *Hungary in the First World War*, Budapest 1989.

García Games, Julia: *Contribución al estudio de la poesía de la Gran Guerra*, Buenos Aires 1921.

Gartner, John D.: *The Hypomanic Edge: The Link Between a Little Craziness and a Lot of Success in America*, New York 2005.

Geiss, Imanuel (Hg.): *Juli 1914. Die europäische Krise und der Ausbruch des Ersten Weltkriegs*, München 1980.

Gilbert, Martin: *Atlas of World War I. The Complete History*, New York 1994.

Gleichen, Edward: *Chronology of the Great War, 1914-1918*, London 2000.

Goldstein, Erik: *The First World War Peace Settlements, 1919-1925*, London / New York 2002.

Gregory, Adrian: *Ireland and the Great War. A War to Unite Us All?*, Manchester / New York 2002.

Hässner, Wolfgang: *Anna Achmatowa*, Reinbek 1998.

Haffner, Sebastian: *Die sieben Todsünden des Deutschen Reiches. Grundfehler deutscher Politik nach Bismarck damals und auch heute*, Hamburg 1965.

–: *Die deutsche Revolution. 1918/19*, Köln 2008.

Hagen, William H.: »The Moral Economy of Popular Violence: The Pogrom in Lwow, November 1918«, in: Blobaum 2005, S.124-147.

Halliday, John D: *Karl Kraus, Franz Pfemfert, and the First World War: a comparative study of »Die Fackel« and »Die Aktion« between 1911 and 1928*, Passau 1986.

Hamburger, Michael: *The Truth of Poetry. Tensions in Modern Poetry from Baudelaire to the 1960's*, New York 1970.

–: *Wahrheit und Poesie. Spannungen in der modernen Lyrik von Baudelaire bis zur Gegenwart*. Aus dem Englischen von Hermann Fischer, Frankfurt / Berlin / Wien 1985.

Hausleitner, Mariana: »Rumänien«, in: Wolfgang Benz (Hg.): *Handbuch des Antisemitismus. Judenfeindschaft in Geschichte und*

Gegenwart, Bd. 1, Länder und Regionen, S. 290-298, München 2008.

Hellman, Ben: *Poets of Hope and Despair. The Russian Symbolists in War and Revolution (1914-1918)*, Helsinki 1995.

Hibberd, Dominic: *Wilfred Owen. A New Biography*, Chicago 2002.

Hirschfeld, Gerhard / Gerd Krumreich / Irina Renz / Markus Pohlmann (Hg.): *Enzyklopädie Erster Weltkrieg*, Paderborn 2003.

Hobsbawm, Eric J.: *Nations and Nationalism since 1780. Programme, Myth, Reality*, Cambridge 1990.

–: *Nationen und Nationalismus. Mythos und Realität seit 1780*. Mit einem aktuellen Vorwort des Autors und einem Nachwort von Dieter Langewiesche. Aus dem Englischen von Udo Rennert, Frankfurt am Main / New York 2004.

–: *Age of Extremes. The Short Twentieth Century 1914-1991*, London 1995.

–: *Das Zeitalter der Extreme. Weltgeschichte des 20. Jahrhunderts*, München / Wien 1995.

Holton, Milne / Vasa D. Mihailovich (Hg.): *Serbian Poetry from the Beginnings to the Present*, Columbus, OH, 1988.

Horne, John (Hg.): *State, Society, and Mobilization in Europe During the First World War*, Cambridge 1997.

Horne, John / Alan Kramer: *German Atrocities, 1914. A History of Denial*, New Haven, CT, 2001.

–: *Deutsche Kriegsgreuel 1914. Die umstrittene Wahrheit*. Aus dem Englischen von Udo Rennert, Hamburg 2004.

Horváth, Zoltán: *Die Jahrhundertwende in Ungarn. Geschichte der zweiten Reformgeneration (κ1896-1914)*. Aus dem Ungarischen von Géza Engl, Neuwied / Berlin-Spandau 1966.

Hulpiau, Koen: *René De Clercq (1877-1932). Een monografie*, Gent 1986.

Hunin, Jan: *Het enfant terrible Camille Huysmans 1871-1968*, Amsterdam 1999.

Hynes, Samuel Lynn: *A War Imagined. The First World War and English Culture*, New York 1991.

Ilnytzkyj, Oleh S.: *Ukranian Futurism, 1914-1930. A Historical and Critical Study,* Cambridge, Mass., 1997.

Jahn, Hubertus F.: *Patriotic Culture in Russia during World War I,* Ithaca, NY / London 1995.
Jaumain, Serge / Michaël Amara / Benoit Majerus / Antoon Vrints (Hg.): *Une guerre totale? La Belgique dans la Première Guerre mondiale. Nouvelles tendances de la recherche historique,* Brüssel 2005.
Jay, Mike / Michael Neve (Hg.): *1900. A Fin-de-siècle Reader,* London 1999.
Jelavich, Peter: »German Culture and the Great War«, in: Roshwald / Stites 2002, S. 32-57.
Johnston, John H.: *English Poetry of the First World War. A Study in the Evolution of Lyric and Narrative Form,* Princeton, New Jersey, 1964.
Jones, Nigel H.: *Rupert Brooke. Life, Death & Myth,* London 1999.
Jürgens-Kirchhoff, Annegret: *Schreckensbilder. Krieg und Kunst im 20. Jahrhundert,* Berlin 1993.

Kardos, László: *Az Ady-Rákosi-vita. Egy irodalmi per aktái 1915-16-ból,* Debrecen 1940.
Keane, Barry: *Skamander. The Poets and Their Poetry 1918-1929,* Warschau 2004.
Kee, Robert: *The Green Flag. The Turbulent History of the Irish National Movement,* New York 1972.
Keegan, John: *The First World War,* New York 1999.
–: *Der Erste Weltkrieg. Eine europäische Tragödie.* Deutsch von Karl und Heidi Nicolai, Reinbek ³2004.
Kepos, Paula (Hg.): »World War I Literature«, in: *Twentieth-Century Literature Criticism, Topics Volume 34, Includes The Bloomsbury Group; German Expressionism; The Muckraking Movement in American Journalism; New Criticism; World War I Literature, and excerpts from Criticism of Various Topics in 19th Cent. Literature,*

including *Literary and Critical Movements, Prominent Themes and Genres, Anniversary Celebrations, and Surveys of National Literatures*. Gale Research, Farmington Hills, MI, 1990, S.320-414.

Kiraly, Bela K. et. al.: *Essays on World War I. Total War and Peacemaking, a Case Study on Trianon*, New York 1982.

Kirby, David: »International Socialism and the Question of Peace. The Stockholm Conference of 1917«, in: *The Historical Journal,* 25 (3) (1982), S.709-716.

Kisch, Cecil: *Alexander Blok. Prophet of the Revolution. A Study of his Life and Work Illustrated by Translations from his Poems and Other Writings*, London 1960.

Koch, Koen: *De derde slag bij Ieper 1917*, Amsterdam 2007.

Koll, Johannes (Hg.): *Nationale Bewegungen in Belgien*, Münster 2009.

Kraft, Barbara: *The Peace Ship. Henry Ford's Pacifist Adventure in the First World War*, New York 1978.

Kramer, Alan: *Dynamic of Destruction. Culture and Mass Killing in the First World War*, Oxford / New York 2007.

Siehe auch: Horne, John / Alan Kramer

Krenzel-Zingerle, Veronika: *Apollinaire-Lektüren. Sprachrausch in den Alcools*, Tübingen 2003.

Kuenzli, Rudolf E.: »Dada gegen den Ersten Weltkrieg: Die Dadaisten in Zürich«, in: Wolfgang Paulsen / Helmut G. Hermann (Hg.): *Sinn aus Unsinn. Dada International*, Bern / München 1982, S.87-100.

Lauer, Reinhard: »Ivo Andrić – der Lyriker«, in: Thiergen 1995, S.53-77.

Ledeen, Michael: *The First Duce. D'Annunzio at Fiume*, Baltimore 1977.

Leerssen, Joseph Th.: *Nationaal denken in Europa. Een cultuurhistorische schets*, Amsterdam 1999.

Lepick, Olivier: »Les armes chimiques«, in: Audoin-Rouzeau / Becker 2004, S. 269-279.

Leppmann, Wolfgang: *Rilke. Sein Leben, seine Welt, sein Werk*, Bern / München 1981.

Liagre Böhl, Herman de: *Herman Gorter. Zijn politieke aktiviteiten van 1909 tot 1920 in de opkomende kommunistische beweging in Nederland*, Nijmegen 1973.

–: *Met al mijn bloed heb ik voor U geleefd. Herman Gorter 1864-1927*, Amsterdam 1996.

Liptzin, Solomon: *A History of Yiddish Literature*, New York 1972.

Lista, Giovanni: *F.T. Marinetti. L'anarchiste du Futurisme. Biographie*, Paris 1995.

Litván, György: *A Twentieth-century Prophet. Oscár Jászi, 1875-1957*, New York 2006.

Livezeanu, Irina: *Cultural Politics in Greater Romania. Regionalism, Nation Building & Ethnic Struggle, 1918-1930*, Ithaca, NY, 1995.

Loewy, Hanno: *Medium und Initiation. Béla Bálazs. Märchen, Ästhetik, Kino*. (Diss.), Frankfurt am Main 1999. Online: <http://nbn-resolving.de/urn:nbn:de:bsz:352-opus-4003>.

Lohr, Eric: »The Russian Press and the ›Internal Peace‹ at the Beginning of World War I«, in: R.E. Paddock 2002, S. 91-113.

Lucas, John: *The Radical Twenties. Writing, Politics, and Culture*, New Brunswick, New Jersey, 1999.

MacMillan, Margaret: *Peacemakers. The Paris Conference of 1919 and Its Attempt to End War*, London 2002.

Man, Hendrik de: *Persoon en ideeën. V. Een halve eeuw doctrine. Verspreide geschriften*, Antwerpen / Amsterdam 1976.

Markov, Vladimir: *Russian Futurism. A History*, Berkeley 1968.

Marks, Steven: *How Russia Shaped the Modern World. From Art to Anti-semitism, Ballet to Bolshevism*, Princeton, NY, 2003.

Marsland, Elizabeth A.: *The Nation's Cause. French, English and German Poetry of the First World War*, London / New York 1991.

Masoero, Ada / Renato Miracco: *Futurismo 1909-1926*, Mailand / Gent 2003.

McAdie, Alexander: *War Weather Vignettes*, New York 1925.

Melching, Willem / Marcel Stuivenga (Hg.): *Ooggetuigen van de Eerste Wereldoorlog in meer dan honderd reportages*, Amsterdam 2006.

Middlebrook, Martin: *The First Day on the Somme, 1 July 1916*, London 1971.

Mihályhegyi, András: »Ambivalente Gefühle – eindeutige Stellungnahmen. Die ungarische Intelligenz im Ersten Weltkrieg«, in: Vondung 1980, S. 286-311.

Miłosz, Czesław: *Geschichte der polnischen Literatur*. Aus dem Englischen und Polnischen von Arthur Mandel, Köln 1981.

–: *The History of Polish Literature*, Berkeley 1983.

Mochulsky, Konstantin: *Aleksander Blok*, Detroit 1983 (1948).

Moeyes, Paul: *Buiten schot. Nederland tijdens de Eerste Wereldoorlog 1914-1918*, Amsterdam 2001.

Molnár, Miklós: *A Concise History of Hungary*, Cambridge 2001.

Mommsen, Wolfgang J.: »German artists, writers and intellectuals and the meaning of war, 1914-1918«, in: John Horne 1997, S. 1-38.

Müri, Walter: *Carl Spittelers Rede vom 14. Dezember 1914. Unser Schweizer Standpunkt rhetorisch betrachtet*, Bern 1972.

Nation, R. Craig: *War on War. Lenin, the Zimmerwald Left, and the Origins of Communist Internationalism*, Durham 1989.

Neubauer, John: »1918. Overview«, in: Cornis-Pope / Neubauer 2004a, S. 177-191.

Neubauer, John / Marcel Cornis-Pope / Sándor Kibédi-Varga / Nicolae Harsanayi: »Transylvania's Literary Cultures: Rivalry and Interaction«, in: Cornis-Pope / Neubauer 2004b, S. 245-282.

NEVB 1998 = *Nieuwe Encyclopedie van de Vlaamse Beweging*. Lannoo, Tielt 1998, 3 Bde. und CD-ROM.

Nyerges, Anton N.: »Endre Ady. The World of Gog and God«, in: Ady 1969, S. 13-56.

–: *Arpad Toth. Song of Drywood*, Richmond, Kentucky 1983 (unveröffentlichtes Typoskript in der Sammlung der Library of Congress, Washington).

Orlov, Vladimir: *Hamayun. The Life of Alexander Blok*, Moskau 1980.

Orzoff, Andrea: »The Empire without Qualities. Austro-Hungarian Newspapers and the Outbreak of War in 1914«, in: Paddock 2004, S. 161-198.

Pachmuss, Temira: *Zinaida Hippius. An Intellectual Profile*, Carbondale 1971.

Paddock, Troy R.E. (Hg.): *A Call to Arms. Propaganda, Public Opinion, and Newspapers in the Great War*. Westport, Conn., 2004.

Parrott, Andrew: »The Baltic States from 1914 to 1923: The First World War and the Wars of Independence«, in: *Baltic Defence Review*, 2 (8) 2002, S. 131-158.

Pauwels, J.: »De daad van August van Cauwelaert«, in: *Dietsche Warande en Belfort*, 1945, S. 348-354. Online: <http://www.dbnl. org/tekst/_die004194501_01/_die004194501_01_0071.php>.

Peppis, Paul: *Literature, Politics, and the English Avant-Garde. Nation and Empire, 1901-1918*, Cambridge 2000.

Perloff, Marjorie: *The Futurist Moment. Avant-Garde, Avant Guerre, and the Language of Rupture*, Chicago 1986.

–: *Wittgenstein's Ladder. Poetic Language and the Strangeness of the Ordinary*, Chicago / London 1996.

–: »The Great War and the European avant-garde«, in: Sherry 2005, S. 141-165.

Petrović, Njegoš M.: *Ivo Andrić. L'homme et l'œuvre*, Montréal 1969.

Plakans, Andrejs: *The Latvians. A Short History*, Stanford 1995.

Poggi, Christine: *In Defiance of Painting. Cubism, Futurism, and the Invention of Collage*, New Haven 1992.

Prochasson, Christophe: *Les intellectuels, le socialisme et la guerre: 1900-1938*, Paris 1993.

Prost, Antoine / Jay Winter: *Penser la Grande Guerre. Un essai d'historiographie*, Paris 2004.

Reeder, Roberta: *Anna Akhmatova. Poet and prophet*, New York 1994.

Reynebeau, Marc: »Geschapen als activistisch mannequin. Het politieke avontuur van Paul van Ostaijen in de Eerste Wereldoorlog«, in: *Spiegel der Letteren*, Jg. 39, Nr. 2, 1997, S. 161-181.

Richard de la Fuente, Véronique: *Valentine de Saint Point (1875-1953). Une poétesse dans l'avant garde futuriste et méditerranéiste*, Céret 2003.

Rombouts, J.: *August Van Cauwelaert en zijn tijd*, Antwerpen 1951.

Rony, Olivier: *Jules Romains ou l'appel au monde*, Paris 1993.

Roodt, Evelyn de: *Onsterfelijke fronten. Duitse schrijvers in de loopgraven van de Eerste Wereldoorlog*, Soesterberg 2005.

Roshwald, Aviel / Richard Stites (Hg.): *European Culture in the Great War. The Arts, Entertainment, and Propaganda, 1914-1918*, Cambridge 2002.

Roskies, David G.: *Against the Apocalypse. Responses to Catastrophe in Modern Jewish Culture*. Cambridge, Mass. / London, 1984.

Rousseau, Frédéric: *La guerre censurée. Une histoire des combattants européens de 14-18*, Paris 2003.

Rowell, Margit (Hg.): *The Russian Avant-Garde Book, 1910-1934*, New York 2002.

Rubulis, Aleksis: *Baltic Literature. A Survey of Finnish, Estonian, Latvian, and Lithuanian Literatures*, Notre Dame 1970.

Rusinko, Elaine: »The Theme of War in the Works of Gumilev«, in: *The Slavic and East European Journal*, 21 (2) (Sommer 1977), S. 204-213.

Sadlier, Darlene J.: »Nationalism, Modernity, and the Formation of Fernando Pessoa's Aesthetic«, in: *Luso-Brazilian Review*, 34 (2) (Winter 1997), S. 109-122.

Saunders, Max: *Ford Madox Ford. A Dual Life* (2 Bde.), New York 1996.

Schaepdrijver, Sophie De: *De Groote Oorlog. Het koninkrijk Belgie tijdens de Eerste Wereldoorlog*, Amsterdam / Antwerpen 1997.

–: »Gemartelde steden en verwoeste gewesten. Twee legaten van 1914-1918«, in: *Belgie: Een parcours van herinnering*, Amsterdam 2008.

Schklowski, Wiktor Borissowitsch: [Viktor Šklovskij] *Erinnerungen an Majakovskij*. Aus dem Russischen von Roger Reimar, Frankfurt am Main 1966.

–: [Viktor Borisovich Shklovsky] *Mayakovsky and His Circle*, New York 1972.

Schneider, Uwe / Andreas Schumann (Hg.): *Krieg der Geister. Erster Weltkrieg und literarische Moderne*, Würzburg 2000.

Schweitzer, Viktoria: *Tsvetajeva. Marina Tsvetajeva, een biografie*, Amsterdam 1996.

Scutts, Joanna: »Contemporary Approaches to the Literature of the First World War. A Critical Survey«, in: *Literature Compass*, 3(4) (Juni 2006), S. 914-923.

Segel, Harold B.: »Culture in Poland during World War I«, in: Roshwald / Stites 2002, S. 58-88.

Serge, Victor: *Erinnerungen eines Revolutionärs 1901-1941*. Aus dem Französischen von Cajetan Freund, Hamburg 1990.

–: *Memoirs of a Revolutionary*, Iowa City 2002.

Sheehan, James J.: *Where Have All the Soldiers Gone? The Transformation of Modern Europe*, Boston / New York 2008 (a).

–: *Kontinent der Gewalt. Europas langer Weg zum Frieden.* Aus dem Englischen von Martin Richter, München 2008 (b).

Sheffield, Gary: *Forgotten Victory. The First World War. Myths and Realities,* London 2002.

Sherry, Vincent (Hg.): *The Cambridge Companion to the Literature of the First World War,* Cambridge 2005.

Shore, Marci: *Caviar and Ashes. A Warsaw Generation's Life and Death in Marxism, 1918-1968,* New Haven 2006.

Singh Mukerji, Vanita: *Ivo Andrić. A Critical Biography,* Jefferson, NC, 1990.

Sloterdijk, Peter: *Theorie der Nachkriegszeiten. Bemerkungen zu den deutsch-französischen Beziehungen seit 1945,* Frankfurt am Main 2008.

Smith, Leonard V. / Stephane Audoin-Rouzeau / Annette Becker: *France and the Great War, 1914-1918,* Cambridge 2003.

Spear, Hilda D. / Sonya A. Summersgill: »Poison Gas and The Poetry of War«, in: *Essays in Criticism, XLI,* 1991, S. 308-322.

Spiering, Menno / Michael J. Wintle: *Ideas of Europe Since 1914: The Legacy of the First World War,* New York 2002.

Spignesi, Stephen J.: *Catastrophe! The 100 Greatest Disasters of All Time,* New York 2004.

Spinoy, Erik: *Twee handen in het lege. Paul van Ostaijen en de esthetica van het verhevene (Kant, Lyotard).* Leuven 1994 (unveröffentlichte Dissertation).

Stahnke, Astrida B.: »Azpazija's Drama *The Silver Veil* and her role in the 1905 Revolution«, in: Ezergailis / von Pistohlkors 1982, S. 219-243.

–: *Aspazija, Her Life and Her Drama.* Lanham, MD, 1984.

Stallano, Jacqueline: »Une relation encombrante: Gery Piere«, in: Decaudin 1995, S. 11-29.

Stapanian, Juliette R.: »*Universal War* and the Development of *Zaum*: Abstraction Toward a New Pictorial and Literary Realism«, in: *The Slavic and East European Journal*, 29 (1) (Frühjahr 1985), S. 18-38.

Steegmuller, Francis: *Apollinaire. Poet Among the Painters*, New York 1986 (1963).

Steinberg, Jonathan: *Why Switzerland?*, Cambridge / New York 1976.

Stevenson, David: *Cataclysm. The First World War as Political Tragedy*, New York 2004.

»The Story of Latvia. The First World War«. Online: <http://www.latvians.com/index.php?en/CFBH/TheStoryOfLatvia/SoLatvia-05-chap.ssi>.

Strachan, Hew: *The First World War. Volume I: To Arms*, Oxford 2001.

–: *The First World War*, New York 2004 (a).

–: *Der Erste Weltkrieg. Eine neue illustrierte Geschichte*. Aus dem Englischen von Helmut Etting, München 2004 (b).

Strakhovsky, Leonid I., »Nicholas Gumilyov, the Poet-Warrior 1886-1921«, in: *Slavonic and East European Review. American Series* 3 (3) (1944), S. 1-32.

–: »Georgi Ivanov – Paragon of Verse«, in: *Russian Review*, 8 (1) (Januar 1949), S. 70-77.

–: »Three Sojourners in the Acmeist Camp: Sergei Gorodetsky, Vladimir Narbut, Mikhail Zenkevich«, in: *Russian Review* 9 (2) (1950), S. 131-145.

Stromberg, Roland N.: *Redemption by War. The Intellectuals and 1914*, Lawrence 1982.

Swann, Thomas Burnett: *The Ungirt Runner. Charles Hamilton Sorley, Poet of World War I*, Hamden, Conn., 1965.

Tames, Ismee: *Oorlog voor onze gedachten. Oorlog, neutraliteit en identiteit in het Nederlandse publieke debat, 1914-1918*, Hilversum 2006.

Taylor, A.J.P.: *The Struggle for Mastery in Europe 1848-1918*, London / Oxford / New York 1971 (1954).

Terras, Victor: *Handbook of Russian literature*. New Haven 1985.

Thiergen, Peter (Hg.): *Ivo Andrić, 1892-1992. Beiträge des Zentenarsymposions an der Otto-Friedrich-Universität Bamberg im Oktober 1992* (Vorträge und Abhandlungen zur Slawistik Bd. 25), München 1995.

Thun, Nyota: *Ich – so groß und so überflüssig. Wladimir Majakowski. Leben und Werk*, Düsseldorf 2000.

Tisdall, Caroline / Angelo Bozzolla: *Futurism*, London 1977.

Torrey, Glenn E.: »Rumania and the Belligerents 1914-1916«, in: *Journal of Contemporary History*, 1 (3) (1966), S. 171-191.

Tosi, Guy: *La vie et le rôle de D'Annunzio en France au début de la grande guerre (1914-1915). Exposé chronologique d'après des documents inédits*, Florenz 1961.

Tucker, Spencer (Hg.): *The European Powers in the First World War. An Encyclopedia*, New York 1996.

Vandeweyer, Luc: *De Eerste Wereldoorlog. Koning Albert en zijn soldaten*, Antwerpen 2005.

Vardy, Agnes Huszar: »Trianon in Transylvanian Hungarian Literatur: Sándor Reményik's ›Végvári Poems‹«, in: Király et al. 1982, S. 407-422.

Vegesack, Thomas von: *De intellectuelen. Een geschiedenis van het literaire engagement 1898-1968*, Amsterdam 1989.

Verhey, Jeffrey: *The Spirit of 1914. Militarism, Myth, and Mobilization in Germany,* Cambridge 2000 (a).

–: Der »Geist von 1914« und die Erfindung der Volksgemeinschaft. Aus dem Englischen von Edith Nerke und Jürgen Bauer, Hamburg 2000 (b).

Vondung, Klaus (Hg.): *Kriegserlebnis. Der Erste Weltkrieg in der literarischen Gestaltung und symbolischen Deutung der Nationen,* Göttingen 1980.

Vos, Luc de: *De Eerste Wereldoorlog,* Leuven 1996.

Wallace, W.V.: »From Czechs and Slovaks to Czechoslovakia, and from Czechoslovakia to Czechs and Slovaks«, in: Dunn / Fraser 1996, S. 47-66.

Weichselbaum, Hans: *Georg Trakl. Eine Biographie mit Bildern, Texten und Dokumenten,* Salzburg 1994.

Weststeijn, Willem G.: »Inleiding«. In: Chlebnikov 1986, S. 7-27.

Wils, Lode: *Flamenpolitik en Aktivisme. Vlaanderen tegenover België in de Eerste Wereldoorlog,* Leuven 1974.

Winter, Jay: *Sites of Memory, Sites of Mourning. The Great War in European Cultural History,* Cambridge 1995.

–: »Nourrir les populations«, in: Audoin-Rouzeau / Becker 2004, S. 581-589.

Siehe auch: Prost / Winter

Wohl, Robert: *The Generation of 1914,* Cambridge, Mass., 1979.

–: »Introduction«, in: Cross 1989, S. 1-10.

Woodhouse, John Robert: *Gabriele D'Annunzio. Defiant Archangel,* Oxford 1998.

Woroszylski, Wiktor: *The Life of Mayakovsky,* New York 1970.

Zeckovic, Lela: »Miroslav Krleža 1893-1981«, in: *Raster,* Nr. 73, 1996, S. 6-20.

Ziedonis, Arvids: *The Religious Philosophy of Jānis Rainis, Latvian Poet,* Waverly, Iowa, 1969.

Zuber, Terence: *Inventing the Schlieffen Plan. German War Planning, 1871-1914,* Oxford 2002.

Zuckerman, Larry: *De verkrachting van België. Het verzwegen verhaal over de Eerste Wereldoorlog,* Antwerpen / Utrecht 2004.

Personenregister

Kursive Seitenzahlen verweisen auf die Anmerkungen

Ortsregister

Kursive Seitenzahlen verweisen auf die Anmerkungen

Danksagung

Ohne Amerika wäre dieses Buch über Europa nie entstanden. Konzipiert wurde es, als ich im Frühjahr 2005 den Peter-Paul-Rubens-Lehrstuhl an der University of California in Berkeley innehatte. Der größte Teil der Recherchen und der Schreibarbeit fanden während eines Kluge Fellowship in der Library of Congress in Washington vom 1. Februar bis 31. Juli 2008 statt. Ich danke Tom Lanoye, der mein großes Interesse für den Ersten Weltkrieg teilt und mich bat, die Recherchearbeit für sein Buch *Overkant. Moderne verzen uit de Groote Oorlog* (Gegenseite. Moderne Lyrik aus dem Großen Krieg) zu übernehmen; dabei entdeckte ich, dass ein Buch wie dieses noch nicht existierte, und fasste den Plan, es selbst zu schreiben. Ich danke den Kulturbehörden der Flämischen Gemeinschaft, die mich für ein Semester nach Berkeley schickte, damit ich dort mein Wissen über Belgien und die Niederlande und die europäische Literatur aus dem Ersten Weltkrieg mit Studenten teilte; der Universität Antwerpen, die mich ziehen ließ; den CAL-Studenten, die in Berkeley an meinem Seminar teilnahmen und in ihren Referaten scharfsinnige Analysen der besprochenen Texte formulierten; dem Dekan der Humanities Tony Kaes, Inez Hollander und allen anderen Dozenten des German Department und der Dutch Studies in Berkeley, die alles daransetzten, meinen Aufenthalt angenehm und produktiv zu gestalten; Robert Holub, der es meist mit stoischer Gelassenheit ertrug, dass ich sein aufgeräumtes Büro in Berkeley in die papierene Replik eines Schlachtfeldes verwandelte; Kitty Zijlmans, die in jenem Semester meine nächste Nachbarin war und auch danach eine ungemein inspirierende Kollegin blieb; Johan Snapper und Riet Samuels für ihre besondere Gastfreundschaft; den belgischen, britischen, deutschen, italienischen und niederländischen Kollegen, die im Sommer 2005 an dem stimulierenden ACUME-Kongress *Writing and Visualising War* in Gießen teilnahmen, und insbesondere Max Saunders für seine wertvollen Informationen über Ford Madox Ford, Dan Todmann, der mir den Weg zur revisionistischen Schule wies, und Astrid Erll für ihre komparatistischen Tipps aus der deutschen Schule; den Kollegen des Fachbereichs Niederländisch, dem Forschungsinstitut für Kulturgeschichte (OGC) und der Fakultät Geisteswissenschaften der Universität Utrecht, die mit dazu beitrugen, meinen Aufenthalt in Washington zu ermöglichen; allen Dozenten und Gästen des Kluge Center in der Library of Congress; den außerordentlich hilfsbereiten Mitarbeitern im Main Reading Room, insbesondere Thomas Mann; den Kluge-Kollegen Karen Carter, Owen Stanwood, Kate Nichols, Subarno Chattarji, Joel Seltzer und Chitralekha Zutshi für die vielen anregenden Gespräche und netten Lunch-Pausen, und vor allem Blayne Haggart, der so freundlich war, große Stapel Material für mich zu kopieren; David Van Reybrouck, der mich mit Thomas Hardys Gedicht vom *Drummer Hodge* bekannt machte, mich auf die Wichtigkeit von Untertiteln hinwies und dem ich unendlich viele Anregungen verdanke; Harold Polis und Johan de Koning für ihre Unterstützung zu Beginn des Projekts; meinem unermüdlichen studentischen Assistenten Willem Bongers, der in der Endphase die Register des Buchs erstellte, vorher kiloweise Material heranschleppte und mit unerschütterlicher Ruhe die Rüffel des Bibliothekspersonals einsteckte, wenn er wieder einmal mehr Bücher ausleihen wollte, als die Bibliotheksordnung zuließ; Janneke van der Veer für die Hilfe beim Erstellen der Bibliographie; Piet Joostens, der mir half, italienische Passagen zu deuten;

Miriam Van hee, Willem Weststeijn, Martina Louckova und Agnieszka Marczyk, die mich bei den slawischen Quellen unterstützten; Peter Vermeersch für unausgesetzten Rat über Ost- und Mitteleuropa; Michaël Stoker, der mir eine Übersicht des relevanten Pessoa-Materials schickte; Claes Ahlund, Bjarne Søndergaard Bendtsen und Lisette Keustermans für Informationen über skandinavische Fragen; Györgyi Dandoy für Rat und die Übersetzung, die sie spontan von einer komplizierten Ady-Passage anfertigte; meinen Eltern für logistische und moralische Unterstützung und vor allem meiner Mutter für das Transkribieren einiger handgeschriebener Dokumente; Haye Koningsveld, Laurens Ubbink und Fieke Janse vom Verlag Ambo, die dem Begriff *call of duty* eine ganz neue Bedeutung gaben; Sascha van der Aa von Poetry International für die Hilfe bei der Anthologie *Het lijf in slijk geplant*. Ferner, für allerlei Rat und Hilfe: Anne Becking, Christian Berg, Hubert van den Berg, Dorian Van der Brempt, Bert Bultinck, Evelien Edelbroek, Laurens Ham, Kristina Van Hecke, Kris Humbeeck, Jos Joosten, Martin Krol, Joep Leerssen, Vivian Liska, Ton Naaijkens, Hendrik Neel, Peter Nijssen, Luc Rasson, Matthijs de Ridder, Ann Rigney, Hubert Roland, Sophie De Schaepdrijver, Jan Stuyck, Thomas Vaessens en Luc De Vos. Und Annette, die immer da war, in Europa und in Amerika.